"西安交通大学人文社会科学学术著作出版基金"
和"中央高校基本科研业务费专项资金资助"
（Supported by "the Fundamental Research Funds for the Central Universities"）

"一带一路"
人民币国际化
推进研究

Research on Promption
of RMB Internationalization
along The Belt and Road

王晓芳　　周驭舰　　著

中国财经出版传媒集团
经济科学出版社
Economic Science Press

图书在版编目（CIP）数据

"一带一路"人民币国际化推进研究/王晓芳，周驭舰著．－－北京：经济科学出版社，2022.11
ISBN 978 － 7 － 5218 － 4201 － 2

Ⅰ.①一… Ⅱ.①王…②周… Ⅲ.①人民币 － 金融国际化 － 研究 Ⅳ.①F822

中国版本图书馆 CIP 数据核字（2022）第 203706 号

责任编辑：杨 洋 赵 岩
责任校对：齐 杰
责任印制：范 艳

"一带一路"人民币国际化推进研究
王晓芳 周驭舰 著
经济科学出版社出版、发行 新华书店经销
社址：北京市海淀区阜成路甲 28 号 邮编：100142
总编部电话：010 － 88191217 发行部电话：010 － 88191522
网址：www. esp. com. cn
电子邮箱：esp@ esp. com. cn
天猫网店：经济科学出版社旗舰店
网址：http：//jjkxcbs. tmall. com
北京季蜂印刷有限公司印装
710 × 1000 16 开 22.75 印张 370000 字
2022 年 11 月第 1 版 2022 年 11 月第 1 次印刷
ISBN 978 － 7 － 5218 － 4201 － 2 定价：132.00 元
（图书出现印装问题，本社负责调换。电话：010 － 88191545）
（版权所有 侵权必究 打击盗版 举报热线：010 － 88191661
QQ：2242791300 营销中心电话：010 － 88191537
电子邮箱：dbts@ esp. com. cn）

目　录

第1章

绪　　论

1.1　研究背景和问题的提出

随着我国经济的腾飞，国际地位显著提升，人民币国际化逐步推进。人民币国际化战略从根本上讲是我国为了发挥人民币在全球范围内商品贸易与金融交易中充当计价结算货币、投资货币以及国际储备货币的重要职能，深化国际货币体系改革，维护国际经济运行秩序，承担大国责任而提出的重要战略。我国于 2009 年启动跨境贸易人民币结算试点，自此人民币国际化进程的序幕正式拉开。此后，人民币国际化以跨境贸易结算和离岸人民币市场发展为重点快速推进。然而，"8.11 汇改"后，受人民币兑美元汇率贬值、中美利差收窄、资本外流管制增强、国内金融风险暴露等因素的影响，跨境人民币结算规模及香港离岸人民币存款规模双双下滑，人民币国际化推进速度明显放缓。人民币国际化进程的转折引发了学术界反思，以往发展模式中存在着人民币离岸与在岸市场割裂、过度重视人民币结算职能等问题，传统模式存在不可持续性。因此，人民币国际化亟须创造新的推进模式，寻觅新的发展动力。

在探索新的人民币国际化推进模式之前，我们需要对国际货币体系的发展历程有充分的把握。

1976 年，终结了布雷顿森林体系的"牙买加协定"开启了现行国际货币体系。牙买加协定是布雷顿森林体系无法继续维持后，由主要西方发达国家经过一系列谈判所形成的关于国际货币体系安排的协议，实质上是应对布雷顿森林体系解体后弥补国际货币体系缺失的一种制度安排。从根本上讲，这一协定的主要功能远不及布雷顿森林体系。就像国际金本位制瓦解后，金块本位制或金汇兑本位制的替代一样是一种不得已的选择，有其自身的诸多缺陷。这诸多缺陷中最主要的缺陷有两个，一是作为世界货币的美元本位制受发行国美国的经济和美元信用影响，二是多种汇率制度并存加剧了汇率体系运行的复杂性。第一个缺陷使得全球经济和金融市场受到美联储货币政策的影响，也就难免遭受来自美国的冲击，第二个缺陷造成汇率波动加剧和汇率战不断爆发，助长了国际金融投机活动，增大了爆发金融危机的风险。其中的逻辑简单明了，当一种主要定价货币的价值发生变化时，引致的国际价格中枢的波动迅速向开放经济体传递扩散；一旦不同货币的相对价值发生变化，或者预期发生变化，资本就会从一种货币快速涌向另一种货币，无论哪种情况对于一国经济都会造成不同程度的冲击，有时甚至会引发危机，1998 年的亚洲金融危机就是一个很好的例子。由于这种冲击缺乏自动调节机制，即使不发生危机，也会作为风险因素不断累积。牙买加体系建立后全球各国爆发金融危机和货币危机的次数大大增加。在 2008 年危机爆发之前，这一体系就不断暴露出自身缺陷，积累了一定矛盾。

2008 年金融危机后，全世界的学界和政界更加质疑美元单极货币体系，出现了从根本上改革既有国际货币体系中美元独大局面以消除全球金融和货币体系弊端，建立更加具有包容性和合作性的国际货币体系的呼声。其中就包括中国人民银行原行长周小川于 2009 年 3 月提出的改革现行国际货币体系的主张。中国政府清晰地意识到，随着中国积累的国家财富越来越多，过多的美元资产会带来更多的不确定性，影响中国的国家利益，有必要寻求一些解决办法。然而，寻求美元的替代方案并不容易，欧洲债务危机放大了欧元区内部固有的矛盾，意味着欧元并不会比美元更可靠。中国人民银行原行长周小川曾指出"SDR 的存在为国际货币体系改革提供了一线希望，超主权储备货币不仅克服了主权信用货币的内在风险，也为调节全球流动性提供了可能"[①]。但要改变特别提款权的分配机制或者再通过推出超主权货币来克服现有体系的弊端不现实，从整体上看国际的多边政策合

---

① 早在 1969 年国际货币基金组织就创设了特别提款权（以下简称"SDR"），以缓解主权货币作为储备货币的内在风险。遗憾的是由于分配机制和使用范围上的限制，SDR 的作用至今没能充分发挥。

作需要多方长时间的协调博弈。因此，基于现实考虑，中国选择的另外一条路径便是基于自身需求推进人民币国际化。

从根本上看，推动人民币国际化的基本动因源自两个方面：一方面，2008 年金融危机后，我国政府认识到过于依赖美元并不利于我国经济的进一步发展，特别是中美相对实力差距缩小的趋势会不断挤压我国发展空间，我们早晚都要面对这一挑战，尽早谋划人民币国际化的战略会为我国带来较长的时间调整窗口。另一方面，我国经济高速增长和社会进步带来了综合国力提升，成为世界第二大经济体和世界经济稳定增长的重要力量。但彼时在国际贸易中不断增强的国际影响以及人民币在国际金融市场上的地位与之大不相符，人民币的国际地位并没有伴随着我国国际地位提高而"水涨船高"。就目前看，人民币已经具备了逐步扩大在国际货币体系中发挥作用的基础与条件，至少可以在经贸往来中淡化对美元和欧元的依赖，最终让人民币赢得中国经济和贸易地位相匹配的货币地位。

2008 年开始，中国政府开始尝试推进人民币的国际使用范围与程度。在推进人民币国际化的最初几年里将重点放在了贸易结算方面。主要是通过一系列试点措施鼓励金融机构和企业在跨境贸易和投资中使用人民币进行结算。2009 年 7 月 3 日，中国人民银行印发了《跨境贸易人民币结算试点管理办法实施细则》，上海等五个境内城市率先启动跨境贸易人民币结算试点，由此可视作正式掀开人民币国际化的序幕。此后的数十年间，跨境贸易试点从区域向全国拓展，业务范围逐步扩大。除经常项目结算以外，跨境投融资人民币业务也不断开展，人民币在对外直接投资、外商直接投资、对外项目贷款、证券市场投资等业务中得到越来越广泛的使用。

为了更好地配合跨境人民币结算，2010 年 7 月至 8 月，中国人民银行与中银香港签署了《香港银行人民币业务的清算协议》，批准了多家国有商业银行的海外分支机构成为人民币当地的清算行，随后又发布《关于境外人民币清算行等三类机构运用人民币投资银行间债券市场试点有关事宜的通知》，一系列举措，增大了人民币境外存量规模、打开了人民币产品空间，对于人民币离岸市场的活跃与发展发挥了重要作用。中国香港、新加坡等地的离岸人民币市场业务得到迅速发展。

随着"一带一路"倡议的实施，中国央行又积极与很多国家的央行签订了双边本币互换协议，一些央行或货币当局已经或者准备将人民币纳入其外汇储备。十多年来，人民币的国际化在探索中波动前行，特别是在正式成为特别提款权（SDR）货币篮子的成分货币后，人民币正式成为他国的官方储备货币且占比不断提高，份额权重达到 10.92%，位列美元、欧元之后，超过了英镑和日元，人民币资产也不断获得国际市场的青睐，人民币在国际化上的认可度和使用度都在不断提高。据中国人民大学推出的人民币国际化指数（RII）测算，人民国际化程度已经由 2009 年的 0.02%增加到 2020 年底的 5.02%。在此期间，我国也建立起了丰富多样、便利通畅的人民币跨境循环使用渠道，并建立了有效的跨境人民币结算业务风险防范机制[1]。毫无疑问，人民币国际化取得的进展是令人瞩目的。

但人民币的国际化之路并不平坦。2015 年，经过多年高速增长之后，中国 GDP 增速收于 6.9%，创 25 年来的新低[2]。市场对中国经济基本面的看法出现了分歧，加之当年股市大跌也使得一些短期资本尤其是过去依靠境外配资的那些短期资本大量逃离境内，为了遏制这一趋势，外汇管理部门一度加强了资本流出的管制。同年的"8·11"，人民币汇率机制在人民币贬值预期中的大胆改革，更加重了市场的担忧和恐慌，当日人民币对美元的汇率创汇改 20 年以来 1.8%的最大单日跌幅，在随后三个交易日，人民币汇率累计下跌 3000 个基点，为全球市场所关注。这一系列因素的叠加使人民币国际化的速度开始放缓，一些主要指标出现逆转：跨境贸易人民币结算规模骤然降低，对外直接投资的人民币结算规模大幅下滑，人民币离岸金融市场的业务出现一定程度的萎缩，陷入了停滞甚至倒退。虽然2009~2015 年中国央行同许多国家签订了总额接近 4 万亿元人民币的互换额度，但真正用于协议设想的双边贸易结算的激活使用还很有限[3]。在市场对未来人民币国际化走向疑虑重重时，国家外汇管理部门于 2017 年重申"不会重回资本管制的老路，打开的窗户不会再关上，时下恰是推进流入端改革的重要时间窗口，亟须从战略的视角继续推进中国金融市场的改革开放"。官方的态度，坚定了国内外对人民币国际化走向的信心。

2013 年，习近平总书记提出"一带一路"合作倡议，我国逐渐在对外贸易、基础设施建设、海外投资、金融市场开放等多方面加强与"一带一

---

①③　资料来源：中国人民银行网站。
②　资料来源：国家统计局官网。

路"沿线国家的合作，不断扩大与沿线国家经济合作的深度。随着我国对外贸易和投资规模的持续扩大，经济增长态势良好，经济实力的增长为人民币国际化提供了良好的条件和更高的要求。但我国作为新兴经济体，人民币国际化还处于初期发展阶段。目前，百年变局和世纪疫情相互交织，地缘政治风险不断加剧，外部环境更趋复杂严峻和不确定，经济下行压力不断加大。在此背景下，"一带一路"倡议构想的提出和积极推进，为人民币国际化提供了新的历史机遇。一方面，"一带一路"倡议以政策沟通、贸易畅通、资金融通、民心相通作为主要内容和共同目标，致力于打造开放包容的利益共同体，其理论逻辑与蒙代尔最优货币区理论具有契合性。另一方面，"一带一路"沿线区域覆盖我国周边国家，基础设施建设以"六廊六路多国多港"为主骨架的一批标志性项目取得了实际进展，能源合作遍布巴基斯坦、越南等三十余个沿线国家与地区，产业投资层面以中白工业园、中阿产能合作园区为代表的建设项目纷纷落地，未来将产生巨大的投融资需求，这给予了人民币在沿线国家广阔的流通和使用空间，长期看有利于人民币国际货币地位的提升。所以，有必要将推进"一带一路"建设作为人民币国际化的突破口和加速器，助推人民币国际化上一个新台阶。

利用"一带一路"建设助推人民币国际化，客观上需要我国与沿线国家强化贸易、投资、金融和货币合作，构建包容性的区域合作新模式。基于此，本书提出贸易投资推进—金融推进—货币合作的整体第次推进的模式，将"一带一路"沿线贸易投资的"重点国家"作为人民币国际化的首选国家，从贸易和投资、金融和货币的国际合作三个方面协调推进人民币国际化，为探索人民币推广的新模式、新道路，有序推进人民币国际化进程提出相应建议。

1.2 理论价值与现实意义

1.2.1 理论价值

从理论意义上讲，现有关于货币国际化的研究多着眼于发达国家的货币国际化，对新兴经济体的货币国际化研究较少。本书在相关理论的基础上，研究人民币国际化在"一带一路"沿线上的推进，为广大新兴经济体的货币国际化探索出一条有借鉴意义的发展模式，从而弥补现有理论多适用于发达国家主权货币国际化的不足。另外，从理论上厘清人民币国际化在"一带一路"沿线贸易投资推进、金融推进、货币合作推进的层次递进关系，有助于对人民币实现"周边化—区域化—国际化"的发展模式提供证据支持。

1.2.2 现实意义

从现实意义上讲，"一带一路"倡议的提出为人民币国际化提供了新的发展平台，"一带一路"建设有助于实现人民币在既有适用范围和地理空间上的突破。目前学术界对人民币国际化程度测算和推进路径的研究主要面向世界范围，缺乏专门针对"一带一路"沿线人民币国际化的程度测算和推进路径的分析。首先，本书通过构建人民币国际化"一带一路"指数，量化测算人民币在"一带一路"沿线的国际化程度，并通过与其在全球的国际化程度进行比较分析，为"一带一路"对人民币国际化具有重要意义提供实证证据。其次，本书通过探索"一带一路"沿线人民币国际化的贸易投资推进、金融推进、货币合作推进，试图为人民币区域化、周边化提供新的发展模式，进而提出人民币从主权货币转变为国际货币的切实可行的路径，为有关部门制定相关政策提供参考。

1.3 研究目标与核心内容

本书在经典理论与主要文献梳理的基础上，进行深入的理论解析，提炼人民币国际化的基础性条件，结合对当下人民币国际化现实情况，明晰人民币国际化推进策略的方向与主要路径。从贸易、金融、货币合作三个方面系统提出并论证人民币国际化的推进策略。本书的研究目标如下：

（1）构建人民币国际化"一带一路"指数，测算人民币国际化在"一带一路"沿线上的推进程度。

（2）对我国与"一带一路"沿线国家贸易效率、投资效率进行综合评价，评判合作价值，筛选我国在"一带一路"沿线推进人民币国际化的贸易投资"重点国家"。

（3）寻找制约人民币国际化的金融瓶颈和推进人民币国际化的金融服务着力点，探寻国内金融市场发展和开放的方向，为"一带一路"沿线"重点国家"贸易投资合作提供金融支持。

（4）基于人民币货币互换和"一带一路"货币锚定效应分析，研究我国与沿线贸易推进、金融推进的"重点国家"中形成货币区的可行性以及数字货币的国际合作，探讨我国与"一带一路"沿线国家的货币合作模式。

（5）基于上述研究结论，提出相关政策建议。

本书的核心内容包括以下几点。

（1）"一带一路"人民币国际化指数构建。

"一带一路"沿线是本书提出的当下人民币国际化推进的重点区域。对于人民币在"一带一路"沿线的国际化程度，一直以来都没有直观的数据得以观察。本书基于现有多个人民币国际化指数构建方法和原理的基础上，运用货币锚模型构建出契合本书的人民币国际化指数以及"一带一路"人民币国际化指数。进一步分析"一带一路"人民币国际化指数对于总指数的贡献，捕捉人民币国际化在"一带一路"沿线的立足点，并勾勒出未来可能取得突破的要点。

（2）"一带一路"沿线贸易投资推进人民币国际化的"重点国家"选择。

在"一带一路"沿线推进人民币国际化中选择贸易投资合作的"重点国家"，旨在为人民币"走出去"提供一个具有辐射力的着力点，发挥以点带面的示范作用，较快拓展人民币的使用范围。而"重点国家"的选择要考虑这些国家与我国是否具有合作意愿，合作是否稳定和可持续，风险大小、效率高低。本书综合这些因素，选择合作空间、合作意愿、合作效率、合作风险等 53 个指标，通过 AHP 法和熵权法构建我国与"一带一路"沿线国家的贸易投资合作评价体系，据此筛选出"重点国家"。

（3）"一带一路"沿线"重点国家"贸易投资合作的金融支持分析。

如何为贸易与投资合作的"一带一路"沿线"重点国家"提供金融

支持是本书的重要内容。本书从金融规模、效率、结构、开放及可持续五个层面对我国 31 个省份（港澳台除外）的金融发展状况进行全面评价，比较中东西部地区以及"一带一路"建设重点地区的金融发展水平差异，考察金融发展对"一带一路"沿线的我国直接投资的影响，测算我国对沿线"重点国家"金融服务输出的潜力和效率，提出金融支持沿线贸易与投资的相关政策建议。

（4）"一带一路"沿线货币合作模式研究。

蒙代尔（Mundell，1961）的最优货币区理论为组建货币区提供了众多的决策指标以及相对应的计量检验工具。本书拟通过将贸易因素、金融因素、货币合作因素纳入，拓展这一研究。通过对我国与沿线国家货币互换效用、货币合作成本和人民币"锚定效应"的考察以及数字货币国际合作研究，探讨我国与沿线"重点国家"可能的货币合作模式。

因此，本书提出人民币国际化应将"一带一路"沿线"重点国家"作为人民币国际化的首选国家，从贸易和投资、金融和货币的国际合作三个方面协调推进人民币国际化。

1.4 研究思路与研究方法

1.4.1 研究思路

在综合货币国际化相关理论和对人民币国际化实践考察的基础上，从贸易与投资、金融服务以及货币合作三个方面提出依托"一带一路"有序推进人民币国际化的策略和政策建议。首先，构建我国与沿线国家合作价值评价体系，筛选贸易与投资维度的"重点国家"，提出通过产品和服务差异化提升我国贸易与投资的国际竞争力，拓展目标市场推进人民币国际化的贸易推进策略；其次，基于金融发展对沿线国家对外直接投资（outward foreign direct investment，OFDI）的影响分析以及对沿线金融服务输出潜力分析，提出通过金融功能拓展和工具创新提升对"重点国家"金融服务质量的金融推进策略；最后，以最优货币区理论为指导，结合人民币的货币锚效应分析，探讨与"重点国家"形成货币区的可能性以及基于货币互换、锚定效应和"篮子货币"、数字货币等货币合作模式推进人民币国际化的货币合作策略。

1.4.2 研究方法

本书采用以下研究方法和研究手段。

（1）文献归纳法。

本书对人民币国际化的程度测算和在"一带一路"沿线推进人民币国际化的相关文献进行了整理，在前人研究的基础上梳理研究思路，并对相关研究成果进行归纳，以期能从前人研究中找出问题，同时对本文研究思路和方法提供指导。

（2）定性分析与定量分析法。

本书定性地分析了"一带一路"人民币国际化的贸易推进、投资推进、金融推进、货币合作现状以及人民币国际化在"一带一路"的推进程度；同时，采用定量分析法构建人民币国际化"一带一路"指数和"一带一路"贸易与投资合作价值评价体系，对人民币在"一带一路"沿线的国际化程度进行量化测算，并确定最适合与我国合作的"一带一路"沿线"重点国家"。

（3）实证研究法。

本书对多时间序列变量构建动态面板模型、引力模型、货币锚等，分析金融发展、人民币货币互换等对"一带一路"沿线人民币国际化的推进作用以及人民币在"一带一路"沿线的锚货币效应。

（4）博弈论方法。

与强势货币的博弈将伴随着人民币国际化的全过程，人币国际化的研究离不开博弈论方法。不同国际货币合作模式效果数据难以获得，本书采用博弈论方法评估人民币与其他货币合作的效果。

1.5 本书结构安排与技术路线

本书的技术路线如图 1-1 所示：

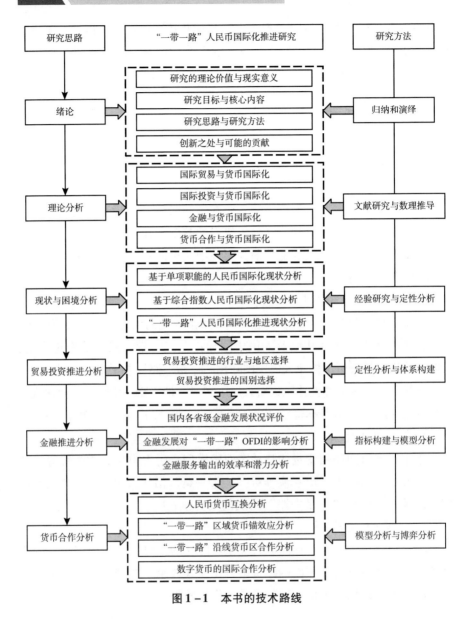

研究思路 | "一带一路"人民币国际化推进研究 | 研究方法

绪论
- 研究的理论价值与现实意义
- 研究目标与核心内容
- 研究思路与研究方法
- 创新之处与可能的贡献

归纳和演绎

理论分析
- 国际贸易与货币国际化
- 国际投资与货币国际化
- 金融与货币国际化
- 货币合作与货币国际化

文献研究与数理推导

现状与困境分析
- 基于单项职能的人民币国际化现状分析
- 基于综合指数人民币国际化现状分析
- "一带一路"人民币国际化推进现状分析

经验研究与定性分析

贸易投资推进分析
- 贸易投资推进的行业与地区选择
- 贸易投资推进的国别选择

定性分析与体系构建

金融推进分析
- 国内各省级金融发展状况评价
- 金融发展对"一带一路"OFDI的影响分析
- 金融服务输出的效率和潜力分析

指标构建与模型分析

货币合作分析
- 人民币货币互换分析
- "一带一路"区域货币锚效应分析
- "一带一路"沿线货币区合作分析
- 数字货币的国际合作分析

模型分析与博弈分析

图 1-1 本书的技术路线

第 1 章绪论。阐述本书的研究背景与研究意义。结合现实背景分析当前人民币国际化推进的内外部条件变化，确定本书研究思路，介绍研究方法、核心内容、研究框架及可能的创新与贡献。

第 2 章人民币国际化推进的理论基础。分析货币国际化的贸易、投资、金融、货币合作的相关经典理论，作为本书人民币国际化推进研究的理论基础。

第3章人民币国际化现状分析。首先从国际货币的单项职能展开分析，分析人民币在国际结算、国际储备、国际计价和国际投资方面的国际化进展；其次对现有人民币国际化指数进行考察，构建基于货币锚模型的综合反映人民币国际化进展的指数，反映人民币国际化推进的总体程度；最后概述人民币国际化在"一带一路"的发展状况，并编制人民币国际化"一带一路"指数，通过指数的比较分析，挖掘"一带一路"建设对于人民币国际化推进的重要贡献，为本书在人民币国际化推进中选择"一带一路"沿线为依托提供现实依据。

第4章"一带一路"人民币国际化的贸易与投资推进研究。首先，对我国各行业对外贸易状况、我国与"一带一路"沿线和区域全面经济伙伴关系协定（Regional Comprehensive Economic Partnership，RCEP）成员国国家的贸易投资情况进行深入考察，选出我国的进出口优势行业，并确立人民币国际化贸易投资推进的重点地区为"一带一路"沿线及 RCEP 国家；其次，利用 AHP 方法和熵权法构建三个层次共 53 个指标评估我国与"一带一路"沿线及 RCEP 国家贸易投资的合作价值；最后，根据合作价值评分，从地缘政治、资本依存度、能源依存度三个方面筛选贸易投资的"重点国家"，并提出依托"重点国家"推进人民币国际化的相关政策建议。

第5章"一带一路"人民币国际化的金融推进研究。首先从金融规模、效率、结构、开放以及可持续五个层面构建综合指标，对我国金融发展状况进行全面评价。其次，运用该金融发展指标实证分析金融发展对"一带一路"沿线中我国直接投资的影响，并挖掘影响我国在沿线直接投资的微观金融因素，针对我国在金融规模、效率、结构、开放、可持续性方面的不足之处提出相关政策建议。最后，运用引力模型测算我国对沿线"重点国家"的金融服务输出效率和潜力，针对较高潜力的国家提出促进我国金融服务输出效率的相关政策建议。

第6章"一带一路"人民币国际化的货币合作研究。本章主要探讨"一带一路"货币合作模式，提出促进货币合作的政策建议。首先，梳理人民币互换的规模与分布，分析对我国与"一带一路"沿线国家贸易的影响。其次，探究人民币成为货币锚的现实条件，借助货币锚模型对人民币在"一带一路"沿线的货币锚定效应进行了全面评估，据此提出我国与沿线国家货币合作的"货币篮子"锚定模式；再次，以最优货币区（optimal currency areas，OCA）指数考察我国与沿线国家的货币合作成本，并提出在"一带一路"沿线国家培育货币合作区的政策建议；最后，分析我国数字货币政策与 DC/EP 的发展以及数字货币国际合作对人民币国际化的影响，提出将数字货币合作作为人民币国际化新方向推进的政策建议。

1.6　创新之处与可能的贡献

本书旨在提出并论证"一带一路"人民币国际化推进的路径。因此，对于既有国际化状况及其背后原因的深刻把握是本书拟解决的第一个关键性问题。现实中既有主权货币国际化演进的模式不尽相同，那么究竟哪些因素对国际货币履行不同功能起着决定性作用？在"双循环"战略提出的国内背景下和强势货币竞争的国际环境下，人民币国际化应如何有序推进？这些都是本书需要解决的关键问题。在解决这些关键问题中，有一些新的视角和新的观点。本书可能的贡献和创新如下。

1. 独特的研究视角

一是本书将人民币国际化视作"过程"而非结果，这样的视角下在当前及今后较长时期内，人民币国际化还都不会是"货币整体功能"的国际化，而是货币的"部分功能"国际化，因此，推进货币国际化策略应该是先选择便于国际化的功能先国际化。这是一种面对其他强势货币竞争的策略。二是本书将人民币国际化视为我国主动参与改革既有单一国际货币体系，承担国际责任的行动。人民币国际化要为全球提供流动性与安全资产，人民币国际化应由政府力量和市场力量共同推动。三是按照人民币国际化的推进过程，提出贸易投资推进—金融推进—货币合作推进的时间上的第一次与"一带一路""重点国家"推进的空间范围纵横交叉策略。

2. 人民币国际化"一带一路"指数的构建

本书通过构建人民币国际化"一带一路"指数（BRRI）来全面、科学地衡量人民币在"一带一路"沿线国家的综合发展水平。通过对比人民币国际化"一带一路"指数（BRRI）与人民币国际化指数的分布及变动，判断人民币在"一带一路"沿线国家的使用对推进人民币国际化进程的作用与意义。

3. 贸易投资推进人民币国际化的评价体系构建

从现有文献上看，既有关于通过贸易投资推进人民币国际化的研究大多基于经验数据的描述性研究，视角也主要基于贸易投资规模、结构、方式及风险的单边视角，本书的研究较为综合，通过构建我国与"一带一路"沿线国家贸易投资推进人民币国际化的量化评价体系，评估人民币国际化的可行性及其可能的效果，选择和确定贸易与投资推进的"重点国家"。评价指标设计包括经济发展状况、政治环境、社会文化宗教和受强势货币的影响程度与我国的政治经济关系是否稳定和可持续，尤其是与我国的贸易投资是否具有可持续性以及这些国家对周边地区的辐射效应，人民币定价权优势等多种因素。评价体系的构建可为确立人民币国际化推进路径提供可靠依据，对于既有研究无疑是一个创新。

4. 我国对"重点国家"金融服务输出效率评价

在"一带一路"众多国家中筛选出贸易投资的"重点国家"之后，金融如何为"重点国家"提供服务是一个需要重点考虑的问题。然而，在既有研究金融发展的文献中鲜有从金融发展视角去探究在与"一带一路"沿线国家贸易与投资中的金融支持，同样地也缺乏从金融发展视角考察东道国，进而评判与我国的合作效率。因此，金融对贸易投资支持的相关研究也仅限于单方面或某些方面，难以全面深入。本书通过构建国内金融发展评价指标来捕捉国内金融发展的特征事实，在此基础上考察金融发展对"重点国家"贸易和投资的作用机理及其效率，是本书中的一个创新。

5. 基于最优货币区理论的人民币货币合作分析

鲜有研究将最优币区理论应用至发展中国家的主权货币国际化研究。本研究从货币合作的内涵出发，通过对我国与沿线国家货币互换效用、货币合作成本以及人民币在"一带一路"的货币锚效应的考察，对最有货币区理论的六大要素——要素自由流动状况、对外开放状况、贸易一体化状况、贸易结构状况、冲击对称性、产业结构相似性进行进一步筛选，构建契合我国经济金融建设现状的最优货币区模型，在沿线贸易投资"重点国家"的基础上进一步甄别出最适合与我国进行货币合作的国家，并针对性地提出货币合作策略。

　　本书在对人民币国际化现状和问题分析的基础上，整合经典理论，提出并论证了人民币国际化推进的"贸易投资—金融服务—货币合作"路径，即如何在"一带一路"沿线通过贸易和投资推进人民币国际化，如何在"重点国家"提供金融服务以及如何通过货币合作扩大人民币的区域影响。

　　综上所述，本书可望在学术思想上有所突破，为研究机构提供研究参考，为政府和金融部门提供决策支持。

第 2 章

人民币国际化推进的理论基础

本章就人民币国际化推进的基础理论进行梳理和分析，为后续研究提供方向指引和理论依据。

2.1　国际贸易与货币国际化

国际贸易理论阐述国与国之间贸易产生的原因以及一国相应的贸易政策。下面先就经典的传统贸易理论以及现代贸易理论进行归纳和分析。

2.1.1　传统贸易理论

1. 重商主义理论

15 世纪兴起的重商主义学说是传统贸易理论的起源。重商主义认为财富即贵金属货币金银，金银是衡量一国富裕程度的唯一尺度。一国积累的货币越多就越富裕。由于获得货币的主要手段是进行国际贸易并维持顺差，国际贸易就成为财富增长的源泉。顺差时金银流入，国家则富裕，逆差时金银流出，国家就贫穷，故而重商主义提出增加国家财富的政策主张是通过对外贸易且在对外贸易中保持输出大于输入。国际贸易创造国家财富的观点起源于"新航路"的开辟，"新航路"的开辟促进了国际贸易的发展，同时也促进了国际贸易与财富积累关系的理论探索。W.S 所编辑的《论英格兰王国共同福利》中提到"我们向国外购买商品所支出的货币不能超过他们从我们国家所得到的金银货币，否则财富流向别国，我国会愈来愈穷"[1]。配第（1981）区分了金属货币与国家财富认为"在国际贸易中，出口商品的数量多于进口商品的数量，会给国家带来更多的金属货币"，而非财富。芒（Mun，1895）在《英国对外贸易的财富》中提出"贸易均衡"思想，认为货币需要流入和流出才能增加国家财富，货币流出增加了别国购买本国商品的能力，会扩大本国商品贸易规模，加快财富积累。17 世纪的塞拉（Sela）在《略论可以使无矿之国金银充裕的原因》中尖锐地提出，经济实力强大的国家如果禁止货币流出，会损害本国出口贸易[2]。诺斯（North，1822）继承了配第"货币≠财富"的观点，认同国际贸易对国家财富增长的贡献，但他认为国际分工和对外贸易才是国家财富积累的手段，金属货币的积累并不是财富的积累。一国财富由两部分组成，货币贮藏和生产出超过本国消费需求的商品，国际分工和对外贸易能够将满足本国居民消费需求之外的商品与他国换来更多的财富。

2. 绝对优势理论

古典经济学的创始人亚当·斯密（1776）对重商学派误把黄金看作财富的观点进行了抨击，认为一国的财富应以商品劳务的生产来衡量，而非金银。以国际分工为基础进行专业化生产，通过国际贸易进行交换，会为参与双方带来福利。亚当·斯密（1776）的绝对优势理论着重强调分工的作用，深刻指出了分工对于国际贸易非比寻常的意义即"劳动生产力上的最大的增进，以及运用劳动时所表现的更大的熟练、技巧和判断力，似乎都是分工的结果"。至今，在经济学家那里，分工和专业化仍是少有的、没有争议的问题之一（盛洪，1994）。按照绝对优势理论，一国应将生产要素投入到劳动生产率较高即具有绝对优势的产品生产上并通过国际贸易出口产品到其他国家，放弃劳动生产率低的产品生产并通过进口获取。贸易越自由，获益越丰厚。正因为如此，亚当·斯密反对政府干预贸易，主张自由经济。显而易见，国际贸易之于贸易双方的益处，乃国际分工于一国的益处。

3. 相对优势理论

在亚当·斯密绝对优势理论的基础上，大卫·李嘉图 19 世纪初在其

---

① 乔臣. 货币国际化思想的流变——兼论人民币国际化的前景 [D]. 福州：福建师范大学博士论文，2011.

② 门罗. 早起经济思想 [M]. 北京：商务印刷馆，1985.

代表作《政治经济学及赋税原理》中提出了相对优势理论，也称比较优势理论。比较优势理论同样基于劳动生产率差异，所不同的是其认为在国际贸易中起决定作用的是相对优势，是不同国家在生产技术上的相对差别所导致的相对生产成本优势。比较优势理论认为，即使一国对两种商品生产的劳动生产率都处于优势或劣势，两者有利或不利的程度也不尽相同，专业化分工和国际贸易仍然会使贸易双方获利，为此每个国家应集中出口具有"相对优势"的产品，进口具有"相对劣势"的产品。

在较长的时间内，国际贸易实际数据支持了李嘉图的比较优势理论，即各国倾向于出口劳动生产率较高的产品。一些学者以"二战"后初期的数据比较美英两国的生产率和贸易后发现，在许多部门生产率都比美国低的英国同一时期出口量几乎与有着绝对优势的美国一样，其中的原因就在于英国虽然生产率低下但拥有比较优势。正如保罗·克鲁格曼所言（Paul Krugman et al.，1998），"李嘉图模型的两个主要含义——生产率差异在国际贸易中扮演着重要角色以及重要的是比较优势而非绝对优势——似乎确实得到了经验事实的支持"。比较优势理论与绝对优势理论最大区别就在于前者认为一国的劳动生产率优势仅是"相对"的，是相较他国而言的优势。这一理论在更加普遍的基础上解释了国家间的贸易，具有较强的解释力，至今仍具有一定的实用价值。

传统贸易理论为现代国际贸易奠定了理论基础，也为不同国家在进口和出口商品类型的选择提供了理论依据。无疑对我国在对外贸易中确立优势以及凭借优势选择人民币计价结算具有一定的指导意义。

2.1.2　现代国际贸易理论

国际贸易的现代理论多被认为发轫于 20 世纪初，传统国际贸易理论向现代国际贸易理论的转折点是要素禀赋论。也有学者认为，现代国际贸易理论主要指产生于 20 世纪六七十年代之后的贸易理论（海闻，1995；高谦和何蓉，1997；李宗凯，1998）。主要包括 20 世纪 60 年代之后产生的新贸易理论、80 年代以后产生的新兴古典贸易理论和 21 世纪初产生的新新贸易理论。

1. 要素禀赋论

瑞典经济学家赫克歇尔认为劳动生产率的差异只能部分地解释现实国际贸易，在其《对外贸易对收入分配的影响》（Heckscher，1919）中，使用生产要素密集度分析国际贸易，之后经其学生奥林（Ohlin）补充发展，形成要素禀赋论或 H – O 理论，成为国际经济学最具影响力的理论之一。H – O 理论用资源差异解释国际贸易的原因，因其强调不同生产要素在不同国家资源中所占的比例和在不同产品的生产投入中所占比例，也被称作要素比例论。该理论认为各个国家要素禀赋不同导致其要素价格的差异，要素价格的差异导致同一商品价格的差异，而同一商品在不同国家的价格差异就是国际贸易产生的直接基础。按照要素禀赋论，一个国家选择出口和进口时，应该选择在要素禀赋上具有比较优势的产品，即出口那些以相对充裕且价格低廉的要素生产的产品，进口那些需要用相对稀缺且昂贵的生产要素生产的产品。H – O 模型提出后经萨缪尔森进一步数学演绎，形成了现代国际贸易理论的完整体系。

2. 新国际贸易理论

第二次世界大战之后，国际贸易出现了一系列新变化，科技进步、国际专业化分工的纵深发展，国际贸易产品结构和区域结构的改变，同类产品之间以及发达工业国之间的贸易规模增加，跨国公司内部化和对外直接投资的兴起等，贸易实践与既有贸易理论无论在结论上还是假设前提上都不尽一致，引发了学术界对于国际贸易主流思想的反思。国际贸易实践对既有贸易理论的挑战，推动了新国际贸易理论的诞生。其中最著名的是"里昂惕夫悖论"。里昂惕夫（Leontief，1952）发现美国的贸易现实与要素禀赋理论的 H – O 模型相悖。美国资本量巨大，按照要素禀赋理论应该出口资本密集型产品，而现实是美国出口产品的资本密集程度要低于其进口产品的资本密集程度（Krugman，1998）。此后，随着国际贸易实践的发展，新的理论不断涌现，包括新要素理论、国际贸易产品的生命周期理论和产业内贸易理论以及将对策论应用于国际贸易政策中的理论等一系列新贸易理论的诞生。

新要素理论拓宽了对生产要素的界定范围，除了传统贸易理论中的资本和劳动之外，将人力资本、研究与开发、信息等作为新生产要素纳入分析中，从不同层面和视角，拓宽了贸易中"比较优势"的来源渠道，而将生产要素视作贸易对象，无疑拓宽了研究范围，增强了理论解释的一般性；产品生命周期理论从技术创新、技术进步和技术传播的角度来分析国际贸易，认为产品生命周期分为创新、模仿、模仿国向第三国出口、外国产品进入本国市场这四个阶段，这就将国际贸易的比较优势理论动态化同时也将研究范围延伸到探索对外直接投资的动因；产业内贸易理论则将研究引向了传统贸易理论无法解释的一国在进口的同时出口同种产品从而形成的产业内贸易以及跨国公司内部贸易等现象。随着现代经济学的发展，国际贸易理论在方法论上将对策论中如纳什均衡、动态博弈、重复博弈、不完全信息博弈等概念引入。

3. 新兴古典贸易理论

20 世纪 80 年代后，以杨小凯为代表的一批经济学家将传统贸易理论和新贸易理论的思想相结合，关注内生分工与专业化，提出了内生性贸易理论。内生性贸易理论以个人专业化决策以及均衡分工水平的演进为基础发展了亚当·斯密关于分工的论述，认为贸易是个体专业化决策和社会分工的直接结果，这一理论将比较优势看作内生的，与个体决策的专业化水平和社会分工水平息息相关。贸易产生的原因是分工和专业化进一步强化后的内生优势。由于其继承和发展了古典贸易理论中关于分工和专业化的理论，因此被称为新兴古典贸易理论。

4. 新新贸易理论（new-new trade theory）及其发展

目前国际贸易理论中影响较大的是新新贸易理论，是国际贸易理论在微观层面的最新发展。新新贸易理论兴起于 21 世纪初，与之前的国际贸易理论明显不同的是其对于企业的非同质性假设。企业的异质性主要表现为生产率差异和企业内部化生产组织的差异，包括内部化、一体化和外包等形式。新新贸易理论从微观层面出发，分析企业生产效率和企业生产组织形式的差异如何影响企业的国际化决策和路径选择，这对于企业在贸易中究竟是只选择国内贸易，还是选择国际贸易，是选择出口还是选择对外直接投资等决策有着关键影响。比如生产率高的企业更倾向于选择出口和外国直接投资（FDI）实现国际化，FDI 更适用于国外市场规模大但贸易壁垒较多、出口成本较高的情况（Melitz，2003；Antras，2003；Helpman et al.，2004；Yeaple，2005）。由于新新贸易理论讨论了企业通过国际贸易还是对外直接投资的国际化的决策，在理论分析与归纳时，将其归并在对外直接投资理论中进行阐述。

综上所述，国际贸易理论从传统贸易理论到现代贸易理论，研究经久不衰。18 世纪末在抨击重商学派的基础上，亚当·斯密提出的绝对优势理论与大卫·李嘉图提出的相对优势理论共同构成了经典的古典贸易理论，为国际贸易理论的形成和发展奠定了基础。20 世纪初，赫克·歇尔与俄林不同于古典贸易理论把劳动作为唯一生产要素，加入资本要素后提出要素禀赋理论，成为国际经济学最具有影响力的理论之一。传统贸易理论为现代贸易理论的形成和发展奠定了基础，也指导着当时的国际贸易实践。"二战"后新的贸易现象催生了基于规模经济、不完全竞争、产业内贸易、生产要素多样化等的新贸易理论以及基于企业异质性的新新贸易理论等现代贸易理论更具普遍的解释力。传统与现代贸易理论为我国的对外贸易实践与政策决策提供了理论依据与参考，也对我国如何在对外贸易中保持优势，以及凭借优势选择人民币进行计价结算具有一定的指导意义。我们要明确我国在国际贸易中的比较优势，从我国的比较优势出发才能增强在国际贸易中的核心竞争力，也才能更好地在贸易中获得货币选择权。

2.1.3　跨境贸易货币选择的相关理论

跨境贸易货币选择指跨境贸易计价货币和交易货币的选择，也即国际贸易中选择何种货币作为计价手段和交易手段。跨境贸易货币选择理论是研究货币充当贸易计价单位和交易媒介的市场选择机制。国际货币的基本职能是在交换中作为价值尺度和交易媒介，在跨境贸易中的运用体现了货币的这些职能，反映了在国际贸易中对于该种货币的市场需求。

在最初对于跨境贸易货币选择的相关研究中，学者一般考察的是货币的交易成本、贸易对象的差异和产品特性等方面对货币选择的影响。布雷顿森林体系解体后，牙买加体系实行自由汇率制，汇率风险成为国际贸易进出口双方面临的重要风险，货币选择的研究也就更加关注于汇率风险。同时也使得跨境贸易中货币选择的研究更加重要，相关研究也大量出现。

大部分学者认为斯沃博达（Swoboda，1969）最早开始研究国际贸易的货币选择问题，斯沃博达提出交易成本低的货币具有较高的市场流动性，从而这类货币容易成为国际贸易的交易媒介。在斯沃博达之后，又出现了更多的研究成果，格拉斯曼（Grassman）法则和麦金农（McKinnon）假说分别研究了基于不同贸易对象和不同贸易产品的货币选择的问题，进一步丰富了跨境贸易货币选择的相关理论。20世纪80年代末，厂商利润最大化模型的建立，将跨境贸易货币选择带入一个新的研究阶段。在考虑汇率风险的基础上，学术界开始从厂商的利润最大化角度研究贸易结算货币选择问题，进而出现了局部均衡的结算货币选择理论。随着研究的深入，到了20世纪90年代末，一般均衡分析模型又被引入到跨境贸易货币选择的研究中，进而建立了一般均衡的结算货币选择理论，同时新的影响贸易结算货币选择的因素也被纳入理论分析框架。

1. 斯沃博达（Swoboda）假说

斯沃博达（1969）从交易成本的视角出发对跨境贸易货币的选择进行了相关研究，认为流动性高的货币其交易成本较低，据此得出了交易成本低的货币更容易成为跨境贸易结算交易媒介的结论。接下来自然会引出一个问题，货币交易成本与哪些因素有关，格鲁格曼（1980）研究发现，当某种货币交易量越大时，其平均交易成本会越低，货币交易规模能通过两种效应降低交易成本。一是通过网络效应，由于网络外部性的存在，大量使用单一货币能够提高效率和减少成本；二是通过规模效应，由于规模效应，货币在外汇市场中使用的规模越大，其交易成本就越低廉。研究还发现，货币一旦作为交易媒介在贸易中使用后就产生了一定的惯性，即一旦某种货币在国际贸易结算货币中占据主导地位，这种货币就很难被另外一种货币所取代，其原因就在于货币的取代是需要替换成本的，即使出现了另外一种成本略为低廉的货币，也很难撼动原来货币的主导地位。菲尔伯格（Firberg，1998）在对美国以及使用美元的国际贸易的研究中发现，以美元作为跨境贸易计价结算货币在国际中的占比远远高于美国自身贸易额在国际上的占比，主要原因就是美元低廉的交易成本。按照斯沃博达（Swoboda）假说，可以通过降低贸易中货币交易成本的角度推进货币国际化。不过由于货币的使用惯性，降低交易成本推进货币国际化受到限制。

2. 格拉斯曼（Grassman）法则

Grassman 法则是格拉斯曼（Grassman，1973；1976）在对瑞典进出口贸易中货币选择进行研究所发现的一个现象：在发达国家之间的工业制成品贸易中，贸易双方首先会考虑以商品生产国的货币作为双方贸易的计价货币，其次选择进口国货币作为计价货币，很少使用这两种货币之外的第三国货币计价，这种现象也被为 Grassman 法则。佩奇（Page，1977）通过研究日本等发达国家的计价货币，进一步验证了 Grassman 法则，即这些发达国家在进出口贸易中会更多考虑使用商品出口国的货币进行计价。Grassman 法则只是 Grassman 所发现的发达国家之间的工业制成品贸易货币选择现象的描述，缺乏成因解释。麦吉（Magee，1973）对 Grassman 法则进行了解释，认为由于出口商在国际贸易谈判中其出口商品专业化程度高于进口商品，具有一定的议价能力，所以出口国货币在计价货币选择中具有相对优势。比尔森（Bilson，1983）对 Grassman 法则的解释是，如果出口国市场汇率与成本之间的关联性低于进口国汇率传导与价格风险之间的相关性，那么对于进口商而言，会更乐于使用出口国货币进行计价，因为这相当于为进口商自身提供了一个天然的套期保值的保护。

随着发展中国家在国际贸易中占比的增加，研究发达国家之间贸易计价货币选择的 Grassman 法则不再具有解释力。发展中国家与发达国家间的贸易，无论是进口还是出口，计价结算实际上采用的都是发达国家货币。这意味着，对于发展中国家与发达国家以及发展中国家之间的跨境贸易货币选择，Grassman 法则无法给出合理的解释。基于 Grassman 法则的 McKinnon 假说则突破了国家类型的限制。

3. 麦金农（McKinnon）假说

美国经济学家麦金农（McKinnon）在对国际贸易货币选择的研究中强调了出口商品差异性的作用，认为当一国的出口产品存在很强的差异性时，这时出口商在货币的选择上具有优势。麦金农（1979）将贸易产品分为两类：第一类是高度同质的初级产品，生产这类产品的单个厂商不具有价格支配能力；第二类是高度差异化的高级产品，这一类产品的出口商议价能力强，并且具有价格支配能力。对于第一类产品，麦金农认为使用单一货币计价能够降低成本，但受限于产品生产厂商议价能力的不足，因此主要以国际货币（主要是以美元等其他国际货币）进行计价，而不是以出口商所在国货币进行计价。对于第二类产品，贸易货币选择中出口商具有较强的决定权，这一点是符合 Grassman 法则的，对这类产品的贸易货币选择，出口商具有较高的价格支配能力，因此在货币的选择上具有较高的话语权，主要使用出口国货币。后续学者延伸了产品差异性的分析（Tavlas，1991；Goldberg and Tille，2006；Imbs and Mejean，2010）。

McKinnon 假说忽略了国家类型，单纯从出口产品角度解释计价货币的选择问题，可以看作是 Grassman 法则的发展。其在 Grassman 法则的基础上进一步解释了发达国家与发展中国家之间的进出口贸易都采用发达国家货币进行计价的现象。发达国家和发展中国家之间进行贸易时的计价货币选择问题往往与出口产品类型相关。发达国家出口的商品缺乏可替代性、产品技术和产品质量较高，产品差异性大；相对而言，发展中国家的生产制造和创新能力低，出口的大多是初级产品，其同质化程度较高，因此发展中国家在贸易谈判中往往处于弱势地位，在国际贸易中不具有主动权。只能被动接受发达国家提出的结算计价条件，在双方的进出口贸易中大多使用发达国家货币或以主要国际货币进行计价结算。这一结论也为我国从贸易方面推进人民币国际化提供了启示，要从贸易产品特性出发，提高商品差异化程度，才能创造人民币充当结算计价货币的相对优势。

4. 局部均衡的结算货币选择理论

该理论在局部均衡框架下考察了利润最大化的出口企业的贸易结算货币选择问题。通过引入汇率传递弹性，对比分析出口商分别采用出口国货币和进口国货币结算时的期望利润大小，发现均衡条件下结算货币选择对出口企业的利润无影响，但在非均衡条件下，若利润函数为凸函数，以出口国货币结算对出口企业有利，若利润函数为凹函数，以进口国货币结算对出口企业有利。这一研究有诸多的拓展。如有学者将国际区域分工中参与广度指标，即出口市场占有率引入局部均衡分析，发现当出口商品的价格需求弹性较小时，以出口国货币结算最优；当出口商品的价格需求弹性较大时，以进口国货币结算最优。

5. 一般均衡的结算货币选择理论

一般均衡结算货币选择理论是局部均衡理论的拓展，更多的影响结算货币选择的市场因素被纳入理论模型。该理论在一般均衡框架下，对比分析了分别采用出口国货币、进口国货币和第三国货币结算时，出口商期望利润的大小和结算货币的选择，得出如下结论：三者中若以出口国货币结算的出口商期望利润最大，则出口贸易会以出口国货币结算；若以进口国货币结算的出口商期望利润最大，则出口贸易会以进口国货币结算；若以第三国货币结算的出口商期望利润最大，则出口贸易会以第三国货币结算。在名义工资刚性条件下，进一步的分析还表明：

（1）如果需求价格弹性和成本弹性较小时，使用进口国货币进行贸易结算为最劣选择。此时如进口国货币与第三国货币之间的汇率波动小于进口国货币与出口国货币之间的汇率波动时，贸易结算货币最优选择为出口国货币。

（2）如果需求价格弹性和成本弹性较大时，最优选择为以出口国货币结算；此时如进口国货币与第三国货币之间的汇率波动小于进口国货币与出口国货币之间的汇率波动时，次优选择为第三国货币结算。

6. 结算货币的其他相关理论

（1）市场占有率与结算货币选择。

有研究将市场占有率引入局部均衡分析，通过对比采用不同结算货币时的企业期望利润大小，进而分析贸易结算货币的选择，发现：当商品价格需求弹性较小时，以出口国货币结算为最优选择。当商品价格需求弹性较小时，且出口国市场占有率不高，则以进口国货币结算为最优选择；若出口国市场占有率较高，则以进口国货币结算、出口国货币结算或进出口国货币混合结算均可能是最优的。

（2）网络外部性与货币交易。

货币交易网络外部性指货币交易收益受到市场上其他交易者选择的影响。如货币交易规模增加和交易范围扩大形成的规模效应，可以增加货币交易者交易的效率，降低交易的成本，便利货币交易者对冲风险。

有研究通过构建含有网络外部性的外汇市场的离散选择模型，发现货币的网络效应较小时，货币交易决策主要取决于货币的直接收益。货币的网络效应较大且货币交易量高时，交易为最优决策；货币低交易量时不交易为最优决策；货币交易量处于中间状态时，按等概率决定交易与否是最佳决策等。

综上所述，从跨境贸易计价货币选择的相关理论来看，发达国家之间贸易中的货币选择，除了诸如石油和黄金等大宗商品采用美元计价结算，其他一些差异化产品，一般以出口国货币计价。而发展中国家之间的贸易，由于其出口产品的差异化程度较低且同质性较强，此时贸易结算货币选择分两种情况：第一，若一国出口商品市场占有率较低，往往选择单一货币计价结算模式，即选择交易成本低、使用比较广泛的货币；第二，若出口国商品的市场占有率较高，则有可能以出口国货币计价结算。

跨境贸易计价货币选择的相关理论和实践，对人民币如何成为国际主要计价结算货币的主要启示是我国需要不断扩大国际贸易规模，在贸易中强化比较优势，增加出口产品的科技含量以提高差异化水平，提高我国出口商在国际贸易中的议价能力，同时，通过金融市场的进一步改革和开放，通过不断提高金融服务水平，降低人民币使用的交易成本。

2.2　国际投资与货币国际化

对外直接投资（outward foreign direct investment，OFDI）按照国际货币基金组织（International Monetary Fund，IMF）的定义，是指一国企业通过跨国生产和经营活动所形成的国际资本转移，指一个国家或者地区的投资者将资本用于他国生产要素的产品或服务的生产或经营，并通过这一途径掌握一定的控制权的投资行为。经济合作组织（Organization for Economic Cooperation and Development，OECD）将对外直接投资定义为"经济体中的直接投资者（自然人和法人）通过对自身所处经济体以外的济体进行投资，并对其企业形成持久的权益"。我国商务部给出的对外直接投资定义是"中国企业、团体等在国外及港澳台地区以现金、实物、无形资产等方式投资，并以控制国（境）外企业的经营管理权为核心的经济活动"。

对外直接投资活动早在一个多世纪前就已经发生，而相关理论研究则兴起于 20 世纪 60 年代，近几十年来有了长足进展。有学者认为国际直接投资理论的诞生较之国际贸易理论晚了两个多世纪，与资本主义的发展进程密不可分。资本主义早期的自由贸易阶段并不具备产生国际直接投资的基础和条件，直到资本主义发展到垄断阶段，大量过剩资本促使了以货币资本流出为主要形式的资本国际运动的产生，而国际直接投资就是这种资本国际运动的表现形式。尤其是"二战"之后，两次工业革命推动了科技的飞速发展，生产力水平提升到一个新高度，资本国际运动也由流通层面扩展到生产层面，国际直接投资空前发展（张二震和方勇，2004）。

也有学者认为传统贸易理论的框架下不可能产生国际直接投资。传统贸易理论建立在一般均衡的分析框架下，假设市场完全竞争，生产要素只能在国家内部移动而无法在国与国之间转移，且规模报酬不变。在此条件下，劳动生产率差异或要素禀赋差异决定了两国生产产品的成本差异，进而导致了价格差异，这就是国际贸易产生的直接动因。各国只需要出口自己具有相对生产优势或生产要素充足的产品，进口自身具有相对生产劣势或生产要素稀缺的产品。在一般均衡框架下，经济处于出清状态，进出口达到均衡，因此不需要国际直接投资的存在（吴先明，1999）。以海默（Hymer，1960）提出的垄断优势理论为代表的早期国际直接投资理论的关键假设是市场不完全竞争，也就是垄断的存在。完全竞争市场下，单个企业不能影响价格，直接投资并不会给企业带来额外利润，而不完全竞争市场使得个别企业具有垄断优势，恰好能应对跨国直接投资带来的额外经营成本，使企业可以通过国际直接投资获利。企业的垄断优势是国际直接投资产生的条件，而这显然与传统贸易理论的完全竞争假设不相容。故而认为传统贸易理论和早期的国际直接投资理论是在完全不同的分析框架下各自发展出来的，并不存在交集。

直到 1966 年，美国经济学家弗农（Vernon，1966）提出的产品生命周期理论才正式把国际贸易和国际直接投资纳入一个理论体系中。产品生命周期理论基于动态比较优势，分析企业在何种情况下会选择出口、直接投资和许可证形式。该理论认为，产品在发明初期，企业拥有技术垄断，国内生产保证了较低的生产成本，因此会选择出口；产品"成熟"期，由于出口量剧增，技术扩散，其他国家纷纷模仿该产品开始生产，且由于边际成本递增和运输成本问题，企业会选择到他国投资建厂，以维护产品在该国的市场份额，同时降低生产成本；在产品"标准化"阶段，企业不再具有技术垄断优势，此时生产业务逐渐转移到要素价格较低的发展中国家，而本来发明产品的国家则选择向制造国进口该产品。产品生命周期理论基于比较优势在时间上的动态变化，解释了不同时期企业对出口和直接投资的选择，把国际贸易和国际直接投资统一到一个理论中来。

随着要素在国际上流动和国际直接投资的发展，学者们意识到直接投资和贸易不过是企业在开放经济下对跨国经营的不同选择，对二者的关系得到了较多的研究。蒙代尔（1957）提出贸易与直接投资之间是替代关系，另一些学者认为两者也存在互补关系（Markusen and Svensson，1985）。

20 世纪 70 年代以来，国际直接投资理论和国际贸易理论呈现出相互借鉴、融合的发展趋势。国际贸易理论放松了假设条件，引入了不完全竞争、规模经济、产品异质性等分析框架，而国际直接投资理论也越来越多研究贸易与直接投资之间的关系，在研究范围上和研究对象上进行了拓展。从早期主要着眼于美国和西欧发达国家跨国公司对外直接投资的研究，逐渐将研究范围扩大到包括不发达国家在内的全球范围。国际直接投资理论经典和影响较大的理论有海默（Hymer）的"垄断优势理论"、弗农（Vernon）的"产品生命周期理论"、小岛（Kojima）的"边际产业扩张理论"、邓宁（Dunning）的"折衷理论"，梅利兹（Melitz）的"新新贸易理论"及其理论发展。

2.2.1　垄断优势理论

海默（1960）在《一国企业的国际经营活动：对外直接投资研究》中提出垄断优势理论。对于为何由外来的跨国公司在东道国投资而不是由更加了解当地风俗、法律法规和政策环境等的本土企业进行的直接投资的核心问题的解释是，跨国企业投资能够抵消本土企业具有的天然优势在于跨国投资所拥有的垄断优势，这种优势是与该企业所有权相联系的、不容易丧失的、有形资产或无形资产的优势。"垄断优势理论"提出后，学者们在垄断的来源上进行了深入探讨。"垄断优势"的来源主要被归结为三个方面：市场不完全，知识产权和产品的异质性。金德尔博格（Kindleberger，1969）认为跨国企业在对外直接投资时具有规模优势、市场优势、生产要素优势，彭罗斯（Pearson，1976）认为规模经济优势是企业对外投资的垄断优势。约翰逊（Johnson，1970）提出知识也是一种资产，是一种生产要素。跨国企业母公司将知识资产转移到东道国子公司，子公司便获得知识产权的优势，而本土企业要想获得则需付出较高的成本，在这一点上，跨国企业显然具有垄断优势。卡夫斯（Caves，1971）从产品的异质化能力、知识和技术等核心资产的角度论证了跨国企业的垄断优势。在不完全市场竞争的条件下，企业间的竞争包含了价格、质量、品牌、商标、包装和广告等方面，而跨国企业在这些方面表现出强于本土企业的竞争优势即产品的异质化能力强于东道国本土企业。邓宁（Dunning，1977）在研究中进一步把这种优势发展为"所有权优势"。

2.2.2 产品生命周期理论

产品生命周期理论将企业生产的产品周期纳入企业的国际直接投资行为的解释框架中，该理论由弗农（1966）提出，得到了希尔索（Hirsoh，1976）和威尔斯（Wells，1983）的进一步发展，最终形成了著名的产品生命周期理论。弗农在其《产品周期中的国际投资与国际贸易》一文中将产品的生命周期划分为产品的创新、成熟和标准化三个不同时期。在产品创新时期，企业主要的市场是国内，在产品成熟时期，商品基本定型，这时在国内的技术垄断地位下降，企业会通过建立子公司的方式在东道国进行生产和销售，绕开贸易壁垒进行直接投资而占领国际市场；在产品标准化阶段，企业进行大规模生产，选定发展中国家作为直接投资的区域，其目的在于向国外转移已在国内丧失垄断优势的产业，并为产品更新换代进行新研发与创新积蓄力量。

2.2.3 国际生产折衷理论

邓宁（Dunning，1977）在综合跨国企业国际投资理论的基础上，提出了国际生产折衷理论。他认为国际直接投资是受多种因素共同影响的，从单一因素上分析国际直接投资是片面，国际生产折衷理论以所有权优势、内部化优势和区位优势作为解释企业对外直接投资行为的关键三大支柱。国际生产折衷理论认为，企业进行对外直接投资时，要满足所有权优势、内部化优势和区位优势。跨国公司的垄断优势主要是所有权优势，既包括有形和无形资产的垄断优势也包括企业规模优势、组织管理能力优势等跨国经营优势，这是跨国企业通过对外直接投资进行国际生产的重要基础。企业规模越大、分公司数量越多，跨国企业越能承担与分散创新风险。组织管理能力越强，越能有效进行资源配置。跨国公司还能通过内部化优势避免或降低对外投资因市场不完全带来的谈判成本、监督成本等交易成本。同时，跨国公司在何处投资还要看区位优势，区位优势包括地区的资源禀赋、基础设施条件、政府的外汇管理政策和税收政策、劳动力规模和素养、政治稳定性文化习俗等。区位优势决定了跨国公司对外投资的区域选择。

国际生产折衷理论为跨国企业对外直接投资的优势做出了综合且有影响力的解释，也对跨国公司对外直接投资的区域选择提供了指引。除了邓宁的区位优势理论外，以克拉维斯（Kravis，1982）、卡夫斯（Caves，1971）等学者及部分北欧学者为代表的市场学派理论，从市场的接近性、市场规模及增长潜力等因素来解释；以安哥多（Agodo，1978）、贝尔德伯斯（Belderbos，2003）、奥克荷姆（Oxelheil，2001）为代表的学者从东道国政治、经济、法律层面的解释；以斯密斯与佛罗里达（Smith and Florida，1993）、埃利森与格兰泽（Ellison and Glaeser，2010）为代表的以产业空间集聚带来产业的自然优势和技术溢出来解释。

2.2.4　边际产业扩张理论

1978 年，日本学者小岛（Kojima，1978）在其论著《对外直接投资论》中以 20 世纪 50 ~ 70 年代日本的对外直接投资为考察对象，提出边际产业扩张理论。边际产业扩张理论的基本观点是，比较成本优势能带来比较利润优势。对外直接投资应当将本国处于比较劣势的产业或优势不再明显的产业转移到经济发展相对较差的发展中国家。日本与发展水平较低的国家相比，在这类产业上依然存在比较优势，如就资源和劳动力密集型产业而言，日本相比其他发展中国家来说仍然具有比较优势，东道国相对低廉的资源和劳动力价格使得日本在这些区域的投资仍具有利润优势，该理论提出日本对外直接投资的次序应该是从日本处于劣势的产业即"边际产业"开始，依次展开。

2.2.5　小规模技术理论等关于发展中国家的国际直接投资理论

上述国际投资理论的相关研究都是针对美国等西方发达国家。随着发展中国家国际直接投资逐渐增多，相关理论研究也随之展开。有小规模技术理论、技术地方专业化理论以及技术积累理论，其核心内容都是在探索发展中国家对外投资的竞争优势。

小规模技术理论由威尔斯（Wells，1977）提出，他借用弗农的产品生命周期理论，认为标准化阶段为发展中国家企业的对外直接投资提供了机会。发展中国家企业存在特定的"比较优势"，分别是：小规模生产技术优势、在东道国采购和生产特殊产品优势以及产品低价销售优势。小规模技术理论提出打破了过去默认的拥有垄断技术才能进行国际直接投资的观点，发展中国家在没有垄断技术和规模经济的前提下也能够通过市场特征与生产技术的结合形成发展中国家的特定的比较优势进行直接投资。沿着威尔斯的思路，拉奥（Lail，1983）以印度企业为对象进行了研究，提出了技术地方化理论。拉奥认为发展中国家跨国公司所拥有的上述小规模优势中，其实包含着企业的创新活动，形成了自己新的特定优势。发展中国家可以凭借这种竞争优势进行对外直接投资。

对于发展中国家企业对外直接投资所具有的竞争优势的研究还包括坎特维尔和托兰惕诺（Cantwell and Tolentino，1987）的技术累积理论。该理论认为，发展中国家跨国企业的扩张过程也是其内部技术累积过程。发展中国家企业在对外直接投资中通过在海外建立生产基地可以获得先进技术，为本国技术累积创造条件。发展中国家对外直接投资的地理区域轨迹应该是：周边国家—发展中国家—发达国家、产业选择变动轨迹为：传统产业—高新技术产业。

邓宁（1981）在国际生产折衷理论之后，又提出了针对发展中国家的投资发展理论，他将发展中国家的发展阶段分为四个阶段，发展中国家在不同的阶段的所有权优势、内部化优势和区位优势存在区别，通过研究国家经济发展水平与该国家对外投资水平的关系，论证了国家在不同经济发展阶段的发展水平与对外直接投资倾向的关系是正向的。

总之，20 世纪 80 年代发展中国家对外直接投资的兴起引起了学者的关注，以发展中国家对外直接投资状况为研究对象的理论对于发展中国家的对外直接投资实践有着重要意义。我国作为发展中国家，企业的对外投资从改革开放以来才逐渐发展。目前在对外直接投资方面的研究远远落后于我国对外直接投资的发展速度，要以我国国情为基础，不断总结和借鉴经典的国际投资理论，建立适合我国对外直接投资不断发展的理论体系，更好地服务于我国对外直接投资实践。

2.2.6　新新贸易理论及其发展

垄断优势理论、产品生命周期理论、边际产业扩张理论、内部化理论、国际生产折衷理论大多基于企业同质性假设研究。进入 21 世纪后，梅利兹（Melitz，2003）引入"新新贸易理论"，即有关于异质企业模型（heterogeneity of new trade theory）和企业内生边界模型（endogenous boundary model）的理论，打破了传统理论对企业同质性的假设，将企业的异质性引入到国际贸易领域，阐释企业异质性对贸易的影响，将研究范畴从传统贸易的产业间贸易理论研究转变为研究同一产业内部有差异的企业在国际贸易中所作的选择。这一理论得到赫尔普曼等（Helpman et al.，2004）的进一步发展。赫尔普曼在《异质企业的出口与 FDI》（*Export versus FDI with heterogeneous firms*）中扩展了梅利兹的动态产业理论模型，将企业生产率的异质性假设应用到了出口与直接投资的决策上。与传统的对外直接投资理论不同的是，新新贸易理论强调了生产率在对外直接投资的作用。与出口相比，跨国企业进行对外直接投资需要付出在东道国建立生产企业所需的诸如厂房、机器设备等在内的固定支出，与企业出口相比，这类成本比企业出口所需的营销成本更高。因此，跨国企业对外直接投资要获取利润，要求企业具备更高水平的生产率。生产率较高的企业在支付出口成本后仍能获取利润。生产率高低不同，企业对对外直接投资选择也不同，生产率最高的企业、生产率中等企业与低生产率企业对对外直接投资的选择分别是对外直接投资、对外贸易出口以及在国内生产甚至退出国内市场。

2.2.7　通货区域理论

对于跨国公司对外直接投资决策和行为的理论解释中，还有学者将货币因素纳入，形成所谓通货区域理论。通货区域理论是由美国金融学家罗伯特·Z. 阿伯利（Aliber，1970；1971）分别发表的《对外直接投资理论》和《多元通货世界中的跨国企业》两篇论文中，把对外直接投资视为资产在各个通货区域之间流动的一种货币现象，提出了"通货区域优势理论"。

该理论从金融和货币的角度研究对外直接投资发生的动因，将对外直接投资看作是资产在各个通货区域之间流动的一种货币现象，从而将货币政策和汇率等宏观经济变量纳入国际投资研究框架之中。该理论认为现实中并不存在一个完全自由的世界货币市场，货币市场是不完全的，而是存在若干通货区域。不同货币地位强弱不同，币值的稳定性也各异。倘若一个公司所在国的货币强势，该公司的资产在金融市场上就会获得溢价，就具有通货区域的优势。如美元通货区的跨国公司，就拥有强币的优势，往往能因货币溢价获益，能够在市场上以较低的利率筹集资金，这种优势使得美国对外直接投资增长迅速。

按照通货区域优势理论，对外直接投资的流向与货币优势地位的变化相一致。这一以货币因素解释国际投资的观点在实践中得到了印证：首先，第二次世界大战后跨国公司对外直接投资的主要流向最初是美国对外直接投资的大量增加，其次，德国、日本两国对外投资的扩张，最后，20世纪七八十年代初欧洲跨国公司大量进入美国的情况。通货区域理论对当时国际直接投资的主要现象做出了合理的解释。但该理论无法解释不同货币区域之间的双向投资现象及发展中国家的弱币区仍有大量对外直接投资，以及无法解释美元相对疲软的情况下美国企业的对外直接投资仍然在不断增长的现象。

2.3　金融与货币国际化

人民币国际化的程度最终取决于国际市场上对人民币的接受意愿，其最主要的决定因素是本币的货币功能是否具有竞争性，即在国际交易中能否比其他货币的计价功能，媒介功能，价值储藏功能和国际货币功能有优势。在信用货币体制下，货币的国际竞争力主要取决于该货币币值的稳定性，使用的低成本以及进行国际投融资和资产管理的便利性。这些与金融密切相关。完善和发达的金融体系，能够提供种类繁多的金融工具和服务全面的金融机构，除了更好地服务于国际贸易和投资，为国际商品交换提供融资和资本输出便利，还可以提供以人民币计价结算的资产保值增值和风险管理工具，使境外持有者享受多样化的金融选择，以较低成本实现人民币计价金融资产的配置与不同金融资产的相互转换。另外，我国金融发展程度与发达经济体相比较低的实际情况，也使通过金融改革释放潜力具有一定空间，所以在讨论人民币国际化的金融策略时，需涉及诸多的国际经济理论和国际金融理论，如金融发展理论、国际资产管理理论、汇率和利率理论、金融创新理论、金融开放理论、金融脆弱性理论、金融监管理论等，需要诸多经济金融理论为本书提出金融推进人民币国际化策略提供理论支撑。

2.3.1 金融发展理论

金融发展理论旨在研究金融发展与经济发展的关系（Goldsmith，1969；Mckinnon，1973；Shaw，1973）。在古典经济学中，货币是中性的，信用也仅作为媒介外在于经济中。直到19世纪末10年代初，金融与经济的关系才进入一些经济学家的研究视野中。最早对金融发展与经济发展的关系做系统的专门研究的是20世纪中期美国经济学家戈德史密斯，其开拓性著作《金融结构与金融发展》奠定了金融发展理论的基础，20世纪70年代麦金农（Mckinnon）和肖（Shaw）分别提出了金融深化理论，丰富了金融发展理论，也引起了经济学家对金融发展与深化问题更多的关注。之后，金融发展理论基本循着经验研究的方向发展，即对发达和欠发达国家金融发展是否促进经济发展进行经验研究。

1. 戈德史密斯的金融发展理论

1969年，戈德史密斯从比较不同国家的金融结构入手，对几十个国家长达百余年的金融发展史进行了比较研究，指出了金融发展带有规律性的趋势，即金融发展理论。金融发展理论认为金融发展是金融结构的变迁，金融结构是一国现存金融工具和金融机构之和，金融发展过程就是决定一国金融结构、金融工具存量和金融交易流量的主要经济因素相互影响、相互作用的过程和趋势。金融发展理论的本质是找出决定一国金融结构、金融工具存量和金融交易流量的主要经济因素以及相互之间的作用，从而促进金融发展。戈德史密斯的金融发展理论为理解金融结构变迁过程以及金融发展与经济增长的关系作出了开拓性的思想贡献。

为揭示金融结构变迁的内在逻辑和规律，戈德史密斯提出对金融结构数量化描述的一系列指标。一是金融相关度，最经典也是最重要的指标，现存金融资产与国民财富的比值；二是金融工具总量分布状态，即金融工具和金融资产在经济部门的相应分布状态，有助于揭示不同金融工具和金融资产对经济渗透程度以及不同经济部门对金融工具和金融资产的偏好；三是金融中介所在金融机构总资产中所占份额，即金融机构所拥有的金融资产占整个金融资产的比率。通过指标对比后发现不同国家、地区在金融工具种类、金融机构设立、金融机构类别、金融工具创新程度、金融机构密集度、金融工具规模与金融机构资金量等方面都具有较大的差别，不同国家、地区的金融结构也即金融工具和金融机构在不同时间阶段增长速度不同，向实体经济部门渗透方式不同，这些造成金融发展与经济发展的关系具有不同特征。经济不发达国家金融相关度比率一般比较低，即这类国家金融体系不完善、金融工具单一、金融机构拥有的金融资产规模低；而发达国家金融结构最为明显的特征就是银行体系的相对地位下降，尽管银行体系绝对数量相对上升，但在整个金融结构中的资产份额下降。而私有制国家和计划经济国家在金融发展上的差距则主要表现在金融上层结构相对于国民经济基础结构的重要程度上，前者除了由于金融机构均为政府所有和经营规模小之外，重要的还有在计划经济金融不作为资源分配的独立要素发生作用。从我国金融发展的过程看，这些结论是中肯的。

虽然在经济发展与金融发展因果关系上，金融发展理论尚未有明确的结论，但在金融发展对经济发展的作用上，用大量数据论证了金融机构与金融资产种类越丰富，金融活动对经济的渗透力越强，经济因此越发受益于金融发展的结论。金融发展理论为本书探讨人民币国际化的金融推进策略提供了理论依据。

2. 金融深化理论

肖和麦金农（1973）基于金融市场不完善，从金融深化的反面"金融抑制"提出了金融深化的金融发展理论。他们以发展中国家的金融市场为研究对象，指出发展中国家普遍存在的金融抑制现象。而金融抑制指的是政府出于自身行政考量对金融市场进行干预，如政府利率管制行为，造成了金融市场本身应当由市场机制决定金融资源配置的活动这一作用难以发挥，这严重扭曲了金融市场的发展。与此同时，麦金农和肖也提出了"金融深化理论"，以应对"金融抑制"所造成的金融体系发展滞后、金融市场发展滞后、经济发展滞后的局面。推动放宽政府对金融市场的干预与管制，推进金融市场化改革，促进金融工具创新发展，发挥金融市场作用机制，使得金融市场的供需关系能够通过真实的市场价格机制反映出来。

金融抑制是指由于政府过多地干预国家的金融活动和金融体系，从而抑制了金融体系的发展，金融体系的发展滞后进一步地阻碍了经济的发展，从而造成了金融抑制和经济落后的恶性循环。麦金农和肖认为金融深化是通过减少政府部门的干预，来发挥市场机制的作用，具体主要表现在价格、业务、金融市场和资本流动的自由化上。价格的自由化即利率和汇率的自由化；业务的自由化即金融机构之间业务交叉的自由化；金融市场自由化即放宽各类金融机构进入市场的要求；资本流动自由化。金融深化理论被应用于不同国家。拉美国家进行过两次金融自由化改革，虽在一定程度上缓解了拉美国家的金融抑制现象，提高了金融在经济中的地位，但在改革过程中也出现了一些问题。由于政府放松对金融市场的管制，大量金融机构从事高风险业务，加大了银行部门的脆弱性，出现了银行危机。东南亚国家的金融深化过程相对平缓，大部分采取了渐进的金融自由化改革策略，取得了一定的进展，但随着进程的加快，这些国家进入了经济转型期，金融深化与经济转型的不同步，再加上政策的失误，最终导致了金融危机的发生。

拉丁美洲金融深化改革暴露出许多问题。麦金农因此修改了早期解除利率管制的条件，认为拉丁美洲地区发生金融崩溃的一个重要原因是这些国家在金融自由化中没有认识到需要采取官方行动去限制银行贷款利率。在对发展中国家金融改革实践进行总结的基础上，麦金农提出金融自由化的次序，认为发展中国家的金融自由化应循着先后次序。首先应当平衡中央政府财政，稳定宏观经济；其次开放国内资本市场，放松对利率的管制，使实际利率为正值；再次推进汇率的自由化，经常项目的自由兑换应大大地早于资本项目的自由兑换；最后是资本账户的开放。

卡普、弗莱和马西森等在原有金融深化理论基础上进行了补充，通过将既有理论模型化将原来的静态分析扩展为动态分析，并以此建立了相关的理论模型，如卡普－马西森模型、开放经济金融发展模型等，这些模型丰富了既有理论。

截至目前，众多研究结论倾向于金融深化利大于弊，对于发展中国家来说，应该思考的是如何降低金融深化的弊端，实现金融深化的最大收益。对我国而言，结论同样适用，金融自由化同样也是利弊并行的。我国金融开放经历了利率市场化、资本账户逐步放开等过程，取得了一定的成效，但从总体上看，我国的经济发展水平和开放水平较低，相关市场机制也不够完善，金融开放更应该安排合理的推进次序以及推进中的政策协调，使得金融开放与金融市场发展程度相适应，与我国风险抵御能力相适应。

2.3.2 金融创新理论

要准确地界定金融创新是比较困难的。从既有研究文献看，金融创新主要指通过金融要素重组或创造性的运用，形成新金融工具、新金融技术、新金融机构、新金融市场或新金融制度，为金融问题提供更低成本、更高效率或更系统化的解决方案的过程。金融创新理论旨在揭示金融创新动因、机理、效果。

1. 金融创新的动因

金融创新的动因一般由需求驱动或供给推动。需求推动源于对利润的追求和规避管制，供给推动源于环境变化。

顺应需求的创新动因主要来自避税、降低交易成本、降低代理成本、风险配置、增加流动性、规避监管、改变利率水平和波动率、改变价格水平和波动率、会计方面的好处以及技术进步等。由于金融领域中的规避管制动因，政府监管和金融制度改革往往成为金融创新的重要推动力量（Fuente and Marin，1996；Silber，1983）。

顺应供给的创新动因往往是新的科学技术、新的交易方式的出现以及新的经营模式与管理理念的应用等。尼汉斯（Niehans，1983），贾格蒂亚尼等（Jagtiani et al.，1995）认为降低交易成本是金融创新的主要动因。汉农等（Hannon et al.，1984）认为新技术是导致金融创新的主要因素；还有观点认为以计算机和通信技术为基础的金融交易产生了新的管理理念，会引致对公众有吸引力的新金融产品和新金融工具创新。

2. 金融创新的产生与扩散机制

金融创新的产生机制主要探讨金融创新活动的构成、构成因素之间的相互作用及其最终的创新效果。佩森多夫（Pesendorfer，1995）的研究表明，即使当金融市场上的资产结构处于均衡状态时，也会有金融创新的机会。贝齐格和亨斯（Bettzüge and Hens，2001）认为没有被普遍接受的金融创新理论，但对创新过程进行归纳仍是可能的。金融创新的成功取决于是否具有足够大的交易量和新的套利机会，成本较小的金融创新其效用也较小。

金融创新扩散机制指金融创新怎样由创新者传播给其他金融主体并加以应用的过程。莫利纽克斯和沙姆洛克（Molylneux and Shamroukh，1996）的研究具有代表性，他们运用产业经济学中创新的理论，提出以理性效率假说和群体压力假说解释银行由于内部影响而采用或拒绝一项创新的原因。理性效率假说认为，某银行是否采用其他银行的创新取决于该银行对这项创新的盈利性的评价。若经营环境的变化导致采用成本下降或预期收益上升，会促进创新的采用。群体压力假说认为，一个机构采用或拒绝创新是由于已采用此项创新的公司数量增加造成的群体压力。群体压力可分为制度性群体压力和竞争性群体压力两类。前者指压力来自失去合法性及失去股东支持的压力。后者指失去竞争优势的压力。

2.4　货币合作与货币国际化

货币合作一般指国家或地区决策当局在货币政策、汇率政策和外汇市场等有关货币领域进行协作的行为。近年来我国通过与不同国家签订货币互换协议等手段加强货币合作，有效推进了人民币国际化。如何进一步丰富货币合作形式，因地制宜地与不同国家地区进行货币合作，这都离不开理论的指导，本章节将对货币合作相关基础理论进行梳理，为通过货币合作推进人民币国际化提供理论依据。

2.4.1 最优货币区理论

最优货币区理论由罗伯特·蒙代尔（Mundell，1961）提出，后由麦金农（1963）、肯南（Kenen，1969）等进一步发展。从理论渊源看，最优货币区理论可以追溯到以弗里德曼为代表的"浮动汇率派"和以金德尔博格为代表的"固定汇率派"的争论中。蒙代尔认为在固定汇率制下，由于价格和工资刚性，贸易对经济失衡的调节作用会被削弱，而浮动汇率制下，汇率工具可以作为调节经济失衡的一种手段。不过蒙代尔认为浮动汇率并不是解决国际贸易平衡的唯一方法，多边合作可以解决国际经济中对于浮动汇率调节国际收支的依赖，据此提出最优货币区理论。所谓最优货币区，按照《新帕尔格雷夫经济学大辞典》的解释，是指"一种最佳地理区域，在此区域内，一国的货币或是一种单一的共同货币，或是几种货币，这几种货币之间具有无限可兑换性，其汇率在进行经常交易和资本交易时互相钉住，保持不变；但是区域内国家与区域以外的国家之间的汇率保持浮动"①。简言之，从经济学意义上，最优货币区是指这样的一个区域，即在这个区域内统一使用一种货币以实现经济利益最大化。

1. 最优货币区的标准

对于什么条件下适合建立货币区，不同学者提出了不同的标准：

（1）生产要素流动性。

蒙代尔（1961）认为，两个实行浮动汇率制的国家国际收支失衡可以由汇率调节，其实，即使两个固定汇率制的国家，只要生产要素可以自由流动，也可实现对收支失衡的调节。蒙代尔的最优货币区理论突破了固定汇率和浮动汇率之争的桎梏，弥补了浮动汇率制的缺陷，为国际合作中汇率政策的实施提供了一个新的思路，即区域内部实行固定汇率制，区域外部实行浮动汇率制。他通过研究浮动汇率制和固定汇率制运用的条件，为部分国家之间实行共同货币提供了理论基础（如欧元区的建立），具有重大的理论价值和实践指导意义。

在蒙代尔（1961）的研究中，生产要素的自由流动成为最优货币区形

---

① 新帕尔格雷夫经济学大辞典［M］. 北京：经济科学出版社，1996，1（3）：792.

成的一个重要条件，虽然现实中较难实现，究竟单一货币促成要素流动还是要素流动促成单一货币的理论争议似乎至今还没有定论，但我们认为其中的重要思想，即通过生产要素流动手段而非货币手段调节总供给以适应总需求的变化，为实施固定汇率制和建立统一货币区提供了重要思想，更重要的是，这一思想恰恰与我国供给侧改革的现实相吻合。我国面向"一带一路"国家的对外直接投资，尤其是高铁、公路等基础设施建设投资，在为对方国家带去资源、技术和人才的同时，也缓解了我国钢铁、水泥等行业的产能过剩问题。通过对外直接投资，社会总需求和总供给得到调节，从而改善了国际收支不平衡的状况，汇率渠道调节的压力得以放松，也为"一带一路"国家货币钉住人民币汇率提供了有利条件。

（2）经济开放程度。

1961年蒙代尔《最优货币区理论》发表后引起了经济学界很大反响，也激发学者对于最优货币区形成标准的研究兴趣。麦金农（1963）认为各国物价普遍具有稳定性，在这一前提下，当经济体对外高度开放时，浮动汇率调节外部失衡是低效的。麦金农所谓的"经济开放度"是指贸易品占一国商品的比重，贸易品占比越大，经济开放程度越高。贸易品是可出口和可进口的商品，非贸易品是由于高昂的运输成本退出外贸流通领域的商品。

通常，一国货币贬值会使该国商品在国际上的相对价格下降，增加出口需求。然而，对于经济开放度高的国家，出口需求增加会使资源从非贸易品转移至贸易品，贸易品生产扩大，非贸易品生产缩小。占比较小的非贸易品，物价水平上升。这样，货币贬值带来的出口需求的扩大会被该国物价水平上升所抵消，贬值对改善国际收支的作用有限。在经济高度开放的国家，浮动汇率对于实现外部平衡是低效的，且经济规模越小，浮动汇率制越不利于物价稳定。因此，在经济开放程度高的国家之间适合实行固定汇率制，而在区域外则实行浮动汇率制。麦金农（1963）认为，对于单个货币区，"最优"是指区域内部通过财政和货币政策，同时配合区域外部的浮动汇率制，使区域内部各经济体都实现内部和外部均衡。

麦金农提出的经济开放度标准，为本书探索货币合作推进人民币国际化提供了理论依据。一是"一带一路"沿线国家的经济规模相对都较小，浮动汇率不利于其国内物价水平的稳定。二是我国与"一带一路"沿线国家经贸往来密切，自贸区的建设更是加快和深化了彼此之间的贸易往来程度，各国经济开放度得以提高。按照麦金农的理论，具有较高经济开放度的国家具有实行固定汇率制的有利条件。那么我国是否可以选择那些国家进行货币合作区的培育？本书将在第 6 章进行讨论。

（3）金融市场一体化程度。

伊格拉姆（Ingram，1969）在分析最优货币区形成条件时，以金融市场一体化程度作为形成最优货币区的标准。认为金融一体化程度越高，地区之间为实现收支平衡而融通资金的成本就越低，从而调整国际收支就变得更加容易。高度一体化的金融市场为资本流动创造了有利条件，资本账户的变动可以弥补经常账户的收支失衡。他认为，若地区之间金融市场，特别是资本市场高度一体化，国际收支失衡导致的利率小范围波动，就会引起资本的大规模转移，从而降低了通过汇率调节地区间贸易状况的需要，为实行固定汇率制和建立共同货币区提供了有利条件。

伊格拉姆把金融市场一体化作为形成最优货币区的标准。金融市场一体化程度的提高缩短了汇率调整的时间，减少了汇率调整的成本，减轻了通过浮动汇率工具调节经济的压力。据此，我国和"一带一路"沿线国家之间通过开展货币合作，降低地区之间资金融通的成本，使通过资本流动改善国际收支变得更加容易，可以减缓汇率调节的压力且规避浮动汇率带来的风险。

（4）其他标准。

凯南（Kenen，1969）以产品多样化程度作为形成最优货币区的标准。他认为产品多样化程度越高的国家之间，越适合实行固定汇率制，建立统一的货币区。凯南的分析建立在需求波动导致国际收支失衡的基础上，他认为，当国外需求发生波动时，多样化的产品出口与国外对于不同商品的需求互相交叉，丰富的产品种类足以应对并消除国外的需求波动。因此，产品多样化程度越高的国家，越能抵御国外需求波动对经济的冲击。

托尔和威利特（Tower and Willett，1976）把政策一体化作为建立最优货币区的标准。他们认为国际收支失衡的原因主要是各国对于失业和通货膨胀的偏好不同，若几个国家之间的经济政策协调程度高，则不易造成外部失衡。因此，为了保持各国汇率相对稳定，货币区能够良好运行，各国的财政货币及其他经济政策应保持较高的一致性，并且让渡一定的自主权。另外，凯南（1969）特别强调了财政一体化的重要性，认为若各国财政一体化程度越高，地区之间财政转移能力就越强，有利于消除地区经济发展差异，平衡收支。

哈伯勒（Haberler，1970）和佛莱明（Fleming，1971）分别主张以通货膨胀相似程度作为形成最优货币区的标准。他们认为，正是由于地区之间通货膨胀率存在差异，进而通过影响短期利率和汇率，影响地区之间的资本流动，导致国际收支失衡。因此，若国家之间的通货膨胀率相近，则可以有效避免汇率波动，有利于建立共同的货币区。若通货膨胀率相差很大，固定汇率制在地区之间难以维系。与这一观点相左的是，格罗弗（Grauwe，2004）分别从封闭经济和开放经济两个视角研究货币区的成本和收益后发现，货币区的成本与政府政策可信度息息相关。最理想的方式是高通胀国家和低通胀国家组成货币区，高通胀国家在获得政府信用的同时，也不会给低通胀国家带来损失。

巴尤米和艾肯格林（Bayoumi and Eichengreen，1992）提出了最优货币区的联盟标准，用来判断哪些国家适合组成最优货币区。联盟标准认为，若几个国家或地区之间的生产要素具有高度流动性、产业结构相似、财政货币政策的一体化程度高、经济发展走势相似，且具有相似的历史文化背景，则这几个国家从理论上可以组成最优货币区。

2. 最优货币区成本收益分析

20 世纪 70 年代，最优货币区理论的研究重点逐渐从形成条件或标准转为货币一体化的成本和收益分析。以格鲁伯（Grubel H.，1970），石山（Ishiyama Y.，1975）、托尔和威利特（Tower and Willett，1976）为代表的经济学家通过对一国加入货币区的成本和收益进行分析，丰富了最优货币区理论。

关于货币区的收益，大致看法如下：

首先，建立统一的货币区，成员国之间实行固定汇率制可以消除汇率变动带来的风险，大大降低货币兑换成本和交易成本，有利于提高货币区成员国的出口竞争力，从而推动整个货币区的经济发展。其次，货币的统一有利于提高资源配置效率和经济开放程度，跨国贸易的扩大会使区域内各国经济往来更加频繁，从而在区域内形成一定程度的规模经济。再次，统一的货币使得各国金融市场联系更加紧密，可以提高金融市场一体化程度，有利于资本自由流动。金融市场一体化程度的提高可以减少资本跨国流通中的交易费用，有利于货币区内各国获得金融规模收益。最后，货币区的建立不仅使得货币区中央银行储备外汇的压力得以缓解，而且货币区强大的经济实力和国际地位，也有利于提高共同货币的国际地位，加强货币区央行在金融市场上的干预能力。

统一货币区也是有成本的，货币区的成本可以归纳为如下几点。

首先，建立统一货币区，意味着各国要放弃自己的货币，带来的直接损失就是各国丧失铸币税收入；其次，统一货币区的特征是区域内部实行统一的货币或固定汇率制，由共同的中央银行决定货币的发行和基准利率，各国被迫放弃自主的货币政策和汇率政策，丧失了货币政策的独立性；最后，不仅是货币政策受到限制，各国的财政政策也会受到影响。货币区内各成员的财政政策必须与共同中央银行的货币政策相配合，否则财政政策的效果将会大打折扣。由于各成员经济状况存在差异，财政政策很难互相协调一致。

最优货币区理论是货币区域化的重要理论基础，对于我国在推进人民币国际化中选择适合的区域，建立某种形式的货币合作关系有着重要理论指导意义。我国倘若在"一带一路"沿线国家形成类似货币区的货币共同体，会大大降低进出口贸易中的货币兑换成本等交易费用，降低我国向"一带一路"沿线国家提供基础设施建设的投资成本，提高经济开放度。货币一体化也会促进金融市场一体化与金融深化，完善与扩充金融市场。在后续章节，将运用这些理论分析和论证我国与"一带一路"沿线国家货币合作的可能性并提出相应的策略。

3. 克鲁格曼的 GG – LL 模型

克鲁格曼（Krugman，1991）在 20 世纪 90 年代对于经济体是否适宜加入货币区的问题，提出"GG – LL"模型。克鲁格曼以欧盟和挪威为例，从收益和成本两个角度考察了经济体加入货币区的决策过程。

克鲁格曼认为一国与货币区的经济一体化程度越高，则该国加入货币区获得的收益就越大，原因在于国际贸易和要素流动越频繁，固定汇率制节约的交易成本就越多，越可以规避浮动汇率制的风险，其收益也就越大，即 LL 曲线向右上方倾斜。由于一国加入货币区的最大弊端是固定汇率制使得该国不得不放弃货币政策和汇率政策这两大调节经济的工具，政府无法通过货币手段来稳定经济，克鲁格曼将固定汇率制造成的这些损失称为经济稳定性损失。当一个经济体与货币区的经济联系紧密，贸易往来频繁时，其出口需求的价格弹性较高，要素流动性也较高，面对总需求冲击，相对过剩的国内生产要素供给就可以通过向国外流出来解决。即经济一体化程度越高，通过要素渠道而非价格渠道改善经济状况的能力越强，汇率政策调节经济的压力降低，固定汇率制带来的损失越小，所以 GG 曲线向下倾斜。

GG 曲线和 LL 曲线共同决定了一国是否应该加入货币区。两曲线交点就是该国加入货币区的临界点，意味着加入货币区的成本和收益相等，加不加入货币区无差异。若经济一体化程度大于临界值，则加入货币区可以带来净收益，反之不适宜加入。这一模型为一国是否加入货币区的决策提供了简洁直观的分析工具和理论依据。

按照 GG-LL 模型，我国与"一带一路"沿线国家之间贸易往来较为频繁，资本和劳动力等生产要素的流动性较高，经济联系紧密，随着经济一体化程度不断提高，在区域内部实行固定汇率制的成本就越小，而消除汇率波动带来的收益就越大，"一带一路"沿线国家之间实行钉住的汇率政策就会变得更加容易。

2.4.2　货币需求理论

一个国家的货币越过主权管辖之外发挥价值尺度、交易媒介、储藏手段的货币职能时，就现实地充当了世界货币。无论世界货币是历史自然形成还是靠强权施压而就，一旦作为世界货币，他国对于世界货币的需求动机如同对本国货币的需求一样。

经济学教科书对什么是货币这个问题提供了一个一般性的答案，货币被称作任何一种起着计价单位、交换媒介和价值储藏作用的"一般等价物"。在马克思的学说中，由于更加重视"商品"背后的"社会关系"因此也赋予了货币一定的社会属性。在那里，货币除了反映一定的生产关系之外，其职能包括行使价值尺度、交易媒介、储藏手段以及充当世界货币。美国货币经济学家劳伦斯·哈里斯也有类似的看法，认为货币是一种社会现象，货币之所以存在不仅是因为作为社会生物的人其一切活动都在一个社会框架中进行，更重要的是因为货币只存在一个特定的社会与经济的框架之中。

早期研究货币需求的经典理论是传统货币数量论，以费雪的交易方程式和剑桥学派的现金余额方程式为主要代表。交易方程式着眼于货币数量，将货币视作购买商品和劳务的交易媒介，故而在一定时期内社会需要的货币量等于用于交易的社会商品和劳务总量，剑桥学派认为费雪的交易方程式忽略了货币价值尺度和贮藏手段等职能，对交易方程式进行了修正并提出剑桥方程式。与交易方程式不同的是剑桥方程式将货币视为一种资产，分析社会在一定价格水平下所要求的货币的数量。虽然同为货币数量和价格水平关系的学说，虽然理论上并未直接触及真正意义上的货币需求，但其意义非凡（王晓芳，1991）：只要将货币视作一种资产，就可以在此框架内进入微观研究，考察经济主体持有货币的动机，进而考察货币需求。利率因素也就由此被引入货币理论中，并且在以后的货币需求理论中成为至关重要的要素。将研究视角移向货币作为资产的剑桥方程式直接触及了货币作为资产的需求，其对于人们持有货币出于交易需求和价值贮藏需求的假设，在凯恩斯的货币需求理论中得到了全面的发展。

凯恩斯在《就业利息和货币通论》中，从"个人心理上之时间优先"出发解释"人们到底以何种方式持有其当前所得或过去储蓄中保留下来的对于未来消费之支配权？也即'灵活偏好'程度如何？"用灵活偏好解释货币需求的心理动机，将人们持有货币的动机归纳为所得动机、营业动机、预防动机和投机动机，所得与营业动机被称作交易动机。交易动机指个人或业务上交易之用的货币；预防动机即"想保障一部分资源在未来之现金价值"，凯恩斯认为当不存在有组织的债券市场时，由预防动机所起的灵活偏好将大大增加，但如果设有此市场，则由投机动机所起的灵活偏好又变动甚大（Keynes，1981）。投机需求的揭示，使得货币需求不再仅被看作收入的函数，更是利率的函数。利率水平越高，持有货币而放弃债券资产的收益越大，就会降低对货币资产的需求，增加对债券的需求。相较于剑桥方程式，凯恩斯的货币需求理论更加明确地强调了影响货币需求的关键因素是利率。美国耶鲁大学教授托宾（1958）所写的论文《作为对待风险行为的流动性偏好》中所提出的资产选择理论将凯恩斯货币与债券的二元资产选择延升至多种资产范围，投机需求也被一般化为投资需求，认为每一个投资者会在风险收益的权衡中，按照多样化的原则同时持有货币和其他资产。

现代货币学派的代表人物弗里德曼不再将货币数量论作为收入或物价水平的理论，在《货币数量论重述》中明确地将其称作货币需求的理论。与凯恩斯的货币需求理论所不同的是，弗里德曼不仅将资产范围延伸至包括货币资产、金融资产、实物资产在内的"物"上，还引入了"人力财富"概念，即人们未来用以获取收入的能力——既然未来能产生收入，人力财富作为资产具有逻辑合理性。这样，成功地将资产范围大大拓展。只不过，人力财富会受到社会经济环境的限制，经济繁荣时，就业充分，人们更容易通过"人力财富"获取经济收入，失业时，人力财富就很难转变为收入，这样，人力财富对实物资产的比例越大，货币需求也越大——以便应付失业时的不时之需。

货币被视作与债券、股票、实物资产、人力财富等众多资产中的一种，持有货币于是成了一种资产选择和资产配置行为，对于货币的需求延伸为对于不同资产的需求，货币需求与收入、利率甚至人力财富相联系也就与增长、就业等宏观经济变量相联系。已经国际化了的货币作为对本国货币的替代资产，其需求仍然可以在既有货币需求理论的框架中解释。比如波洛兹（Poloz，1986）在假定持币人同时持有本币、外币以及本币计价的债券资产情况下，分析经济活动的不确定性和流动性成本如何影响持币人的资产组合行为。也有学者大多从货币替代的角度分析。

2.4.3　货币替代与反替代理论

开放经济下的货币需求理论主要是从货币替代现象入手研究各种货币替代的决定因素。

1. 货币替代的相关概念

所谓货币替代是指开放经济条件下，一国境内存在多种可兑换货币的流通，当国内对本国货币币值的稳定失去信心或本国货币资产收益率相对较低时，本国货币逐渐被外国货币所取代的现象（Chetty，1969）。

从现象上看，与货币替代形式相同的是资本流动。不过学者们基于货币职能角度，还是对货币替代现象做出了界定。柯廷顿（Cuddington，

1983）和卡尔沃（Calvo，1992）认为，货币替代现象和资本流动现象的区别在于货币的职能不同，二者最根本的区别在于前者以优化资产或者平衡资产组合为目的，而后者着重强调货币的交易性需求。汉达（Handa，1988）认为货币替代不仅是外币替代本币执行交易媒介的职能，还要有保值和贮藏的职能。姜波克等（1999）认为，货币替代是一国居民对本币币值的稳定性失去了信心，或本币资产收益率相对较低时发生的大规模货币兑换，从而外币在货币职能方面全部或部分地取代本币。麦金农（1982；1985）还将货币替代进一步区分为直接货币替代和间接货币替代。直接货币替代是指在一国范围内两种（或多种）货币同时作为支付手段，并且存在竞争关系。间接货币替代是指人们同时持有以不同货币标值的非货币金融资产，如债券，并在各种金融资产间自由转换，从而间接影响对本币交易余额的需求。虽然这样的区分方式在理论上具有意义，然而在实践中，直接货币替代与间接货币替代的区分仍然有较大难度。

关于货币替代程度的衡量一般采用以下三种方式，一是 F/（F + D）指标，F 是指国内金融体系中的外币存款总量，D 是指国内金融体系中的本币存款总量，该指标反映了本国金融体系中外币占存款总量的比例。二是 F/M2 指标，即国内金融体系中外币资产与本币资产的比率，该指标反映国内居民对本币的需求变动情况，故在理论界使用较为广泛（姜波克等，1999）。三是 F/（F + M2）指标，即本国金融体系中外币资产与该国本外币资产存量的比率。该指标与 F/M2 相比更注重货币总量的意义（王国松等，2001）。

2. 货币替代的形成机制

围绕着货币职能解释货币替代的形成主要有以下四种理论。

（1）货币服务生产函数理论。

马可·迈尔斯（1978）提出了货币服务的生产函数理论，该理论从生产函数角度研究了货币使用效用最大化条件下的本外币的最优使用比例。马可·迈尔斯认为，人们持有货币是由于货币具有服务性功能，而这一服务本币和外币都能够提供，在本币和外币能够为使用者提供相同的服务性功能时，本币和外币之间是可以相互替代的。在给定资产约束的条件下，使用者是使用本币还是外币取决于各自的边际收益和机会成本，人们会根据持有本外币的相对收益和机会成本灵活调整本外币之间的比例，以期获得最大化的货币服务。这一理论为后续的货币替代研究提供了基本思路，从本质上看，其实是基于货币职能和持有动机的货币需求研究。

（2）货币替代的边际效用理论。

在迈尔斯理论基础上，波尔多和乔杜里（Bordo and Choudhuri，1982）提出了货币替代的边际效用理论。该理论强调货币的交易媒介功能认为，货币之所以被持有是由于它的支付和交易功能。将两国利率之差加入函数，相当于考虑了货币需求的汇率变动影响。博耶和金斯顿（Boyer and Kingston，1987）在货币替代的边际效用理论基础上进行了延伸，提出了货币需求的现金先行理论。不同于边际效用理论把货币直接引入效用函数中，现金先行理论把货币看作是消费者在交易时所面临的约束条件。通过建立现金先行模型，认为由于存在金融约束，货币替代现象会加剧汇率波动，进而将汇率预期变动作为衡量本外币间替代弹性的一个重要变量引入函数中，即本外币需求主要受收入水平、持有该种货币的机会成本和外币汇率的预期升值率影响。将收入、利率水平和预期汇率变动因素考虑进本外币的需求影响中，意味着更多的经济因素纳入到本外币的相对需求考虑中，特别是将预期的汇率变动因素纳入这是个重要的进步。

（3）货币替代的资产组合理论。

不同于边际效用理论只强调货币的交易媒介功能，托马斯（Thomas，1985）强调货币的价值贮藏职能，据此提出货币替代的资产组合理论。认为货币作为一种资产，其需求会受到其他资产和价格波动等因素的影响。持有人根据资产的收益率和波动程度调整其持有的本外币资产规模，进而产生货币替代现象。将货币作为资产与其他资产权衡，实际上就将货币替代理论拓宽到金融经济范畴。发达的金融市场和多样化的交易工具为资产形式的货币替代提供了更加便捷的条件，人们不仅可以通过持有外币来减少持有单一本国货币面临的风险，而且可以通过持有外币资产来进一步分散风险，货币替代被延伸到资产替代（King et al.，1978）。

（4）货币替代的预防需求理论。

加拿大学者史提芬·波罗兹（Stephen S. Poloz，1986）基于持有货币的预防动机，提出了货币替代的预防需求理论。该理论考虑了人们持有货币的预防动机，即人们基于对未来的不确定性和流动性成本等角度，倾向于在现在持有一定数量的货币。该理论通过分别构建本外币的需求函数，本币债券的需求函数，研究本外币及其债券之间的替代关系。认为人们持有本外币余额的最优比例受个人资产真实收益的最大化影响，当经济主体面临不确定性和流动性成本时，会调整自己的资产组合形式，当本币债券的收益率上升时，对本币和外币的需求会减少，本币债券作为本外币余额的替代品，其需求会增加；当本币的贬值预期上升时，人们更倾向于持有外币，因此对本币和本币债券的需求也会减少，从而产生货币替代现象。

3. 货币反替代理论

货币反替代是在货币替代理论提出的前提下给出相关定义，当一国货币坚挺并且预期将会升值时，该国居民会普遍看好本币的币值，或者当本币货币资产收益率高于外币资产收益率时，该国居民会改变原来对外币的偏好，出现抛售外币和购买本币的现象。货币反替代对于货币替代来说，其情况刚好相反。

货币替代的边际效用理论基于货币的交易媒介职能，对于增强我国贸易投资中计价和结算货币选择权的一系列举措提供了理论依据。自"一带一路"倡议提出以来，我国与"一带一路"沿线的多个国家建立了良好的贸易合作伙伴关系，如成立自贸区，加大对沿线国家基础设施投资，以跨国公司为载体，将国内产业链向"一带一路"沿线国家延伸，形成与沿线国家的产业互补。这些举措大大降低了贸易与投资成本，密切了与沿线国家的经贸往来，使形成对我国产业和产品的依赖性。按照货币替代的边际效用理论，如果人民币在与沿线国家贸易投资的支付结算中边际效用大于目前占据主导的美元，就有可能发生货币替代；如果其中能源国家的人民币持有意愿进一步增强，会有利于"石油—人民币"机制替代现存的"石油—美元"机制；按照货币替代的资产组合理论，"一带一路"沿线国家多是发展中国家，其国内金融市场不发达，缺少高质量低风险金融资产，再加上政府外汇储备和负债能力有限，本国主权债券信用风险相对较高。相形之下，中国的主权债券信用水平高，对许多国家投资者而言属于相对优质的金融资产。随着我国债券市场的进一步完善，出于优化资产的目的，投资者对人民币债券的持有意愿增强，就会出现人民币资产对其他资产的有效替代。

第 3 章

人民币国际化现状分析

学术界对于货币国际化现状的考察，主要从两方面展开分析：一是从货币的单项职能出发考察货币履行各项国际货币职能的情况；二是基于货币国际化的综合指数考察，即选取可反映货币国际化整体情况的综合指标，利用不同的加权方法构建指数来考察和判断货币的国际化情况。本章也将从这两方面展开分析。对于单项职能的考察，主要围绕结算货币、储备货币和计价货币三项职能展开。对指数的综合视角考察，我们基于选择有代表性的指数，综合评判人民币国际化的程度。为了准确判别人民币国际化推进现状和主要贡献因素，我们还构建了新的指数以及"一带一路"人民币国际化指数。

3.1 人民币国际化现状——基于单项职能视角的分析

世界各国的不同经济部门出于不同需要对国际货币都存在需求。政府部门（即各国货币当局）使用国际化货币干预外汇市场、调整该国际货币汇率进而改变本国国际收支账户，利用汇率平价确定本国货币汇率，以该货币或以该货币计价的金融资产作为国家的储备货币。对于私人部门而言，在商品市场和金融市场中使用国际货币进行计价、交易结算或者以其计价的存款、债券等资产形式储备个人财富。

钦和弗兰克尔（Chinn and Frankel，2005）构建了关于国际化货币职能的分析框架，将国际货币的职能分为交易媒介、价值贮藏和记账单位三大基本职能（见表 3-1）。人民币作为国际化货币的交易媒介职能主要体现在贸易和金融交易中充当结算货币；价值贮藏职能体现在充当国际储备货币和投资货币；记账单位职能体现在贸易和金融交易中充当计价货币。因此本章对于人民币国际货币职能的考察将分别从结算货币、储备货币和计价货币三个方面展开分析。

表3-1   国际货币的职能表现

货币职能	政府部门	私人部门
交易媒介	外汇干预载体货币	贸易和金融交易结算
价值贮藏	国际储备	货币替代（私人美元化）和投资
记账单位	钉住的锚货币	贸易和金融计价

资料来源：Chinn M，Frankel J A. Will the euro eventually surpass the dollar as leading international reserve currency？［M］. G7 Current account imbalances：sustainability and adjustment. University of Chicago Press，2005：283-338.

3.1.1　结算货币

3.1.1.1　结算的整体规模及特征

1. 结算规模明显攀升

根据 SWIFT 数据，截至 2019 年末，人民币维持全球第五大支付货币地位，排名仅次于美元、欧元、英镑及日元，市场份额达到 1.76%。2018年，人民币支付金额占全球货币支付金额比重达到 2.07%，相较 2017 年同期上升 1.61%[1]。

如图 3-1 所示，在 2015 年第四季度，人民币的跨境贸易人民币结算额出现了一个季度巅峰值（20900 亿元）。进入 2016 年以来，总量有一个明显的回落。2017 年，跨境贸易人民币结算总额也出现了年度负增长，降幅达到了 16.63%，但与 2016 年相比有些许好转。自 2018 年开始，贸易结算规模又有了明显的攀升。

----

① 资料来源：中国人民银行公布的《人民币国际化报告 2019》。

（亿元）

图 3-1　跨境贸易人民币结算额

资料来源：Wind 数据库。

2. 结算业务平稳推进

考察人民币国际支付的全球份额，其排名自 2016 年起，每个月份均在第 5、第 6、第 7 名徘徊，有一定波动。具体排名如表 3-2 所示。

表 3-2　　　　　　　　　　人民币国际支付全球份额排名

时间 （年月）	排名	时间 （年月）	排名	时间 （年月）	排名	时间 （年月）	排名	时间 （年月）	排名
2016. 01	5	2017. 01	6	2018. 01	5	2019. 01	5	2020. 01	6
2016. 02	5	2017. 02	6	2018. 02	7	2019. 02	5	2020. 02	5
2016. 03	5	2017. 03	6	2018. 03	6	2019. 03	5	2020. 03	5
2016. 04	5	2017. 04	7	2018. 04	6	2019. 04	5	2020. 04	6
2016. 05	6	2017. 05	6	2018. 05	5	2019. 05	5	2020. 05	6
2016. 06	6	2017. 06	6	2018. 06	5	2019. 06	5	2020. 06	5
2016. 07	5	2017. 07	5	2018. 07	5	2019. 07	5	2020. 07	5
2016. 08	5	2017. 08	5	2018. 08	5	2019. 08	5	2020. 08	5
2016. 09	5	2017. 09	6	2018. 09	5	2019. 09	5	2020. 09	5
2016. 10	6	2017. 10	7	2018. 10	6	2019. 10	6	2020. 10	6
2016. 11	5	2017. 11	6	2018. 11	5	2019. 11	5	2020. 11	5
2016. 12	6	2017. 12	5	2018. 12	5	2019. 12	6	2020. 12	5

资料来源：Wind 数据库。

与全球货币排名相吻合，人民币全球支付份额自2016年起也基本保持稳定，在2%附近徘徊，如图3-2所示。结合之前的跨境贸易人民币结算数据，也间接说明这段时期内我国跨境贸易人民币结算业务在保持平稳推进。

图3-2　人民币国际支付：全球市场份额

资料来源：Wind数据库。

3. 结算业务技术支撑到位

中国人民银行组织建设的人民币跨境支付系统（CIPS）2015年10月一期投产，对境外人民币实时全额结算业务提供了技术支持。2018年5月，CIPS二期上线，支持了诸如人民币付款、DvP付款交割结算、PvP人民币对外币同步交收等多种结算业务，系统运行时间连续5×24+4小时，全面覆盖了全球各个时区的金融市场，为人民币全球结算业务的推进奠定了技术基础。

与此同时，跨境人民币结算覆盖范围持续扩大。截至2020年3月末，人民币跨境支付系统CIPS在全球范围基本全覆盖。CIPS已有949家参与者支持，其中直接参与者33家，间接参与者覆盖全球95个国家和地区。

境外清算机制安排也日益完善，自2003年起，以中国银行香港和中国银行澳门担任香港特别行政区和澳门特别行政区的人民币业务清算所开始，经历数十年不断完善，目前中国在25个国家和地区建立起了属于人民币的跨境清算机制，25家当地银行担任人民币清算行，其中中资清算行 24 家，外资清算行 1 家。美国摩根大通银行在 2018 年由人民银行授权，成为第一家外资人民币清算行。跨境支付便利程度增加。人民币跨境支付系统二期上线后，结算模式更加丰富，完成了从全额结算机制向混合结算机制的进步，满足了不同参与者的需求。

3.1.1.2 结算的外部区域结构特征

1. 外部结算对香港特别行政区依赖度降低

根据中国人民银行公布的数据，2018 年人民币跨境结算金额高达 15.85 万亿元，相较于 2017 年同比增长 46.3%，创历史高峰。下文结合中国人民银行发布的《人民币国际化报告》对人民币的跨境结算区域结构给出数据统计（见表 3-3）。

表 3-3 　　　　　人民币结算外部区域结构 　　　　　单位：%

国家或地区	2015 年		2016 年		2017 年		2018 年	
	占比	排名	占比	排名	占比	排名	占比	排名
中国香港	52.90	1	53.60	1	49.70	1	40.50	1
新加坡	10.70	2	8.20	2	9.00	2	8.99	2
中国台湾	6.70	3	4.10	4	3.30	6	3.39	6
德国	3	4	4.20	3	5.60	3	4.18	3
日本	2.90	5	4.00	5	4.90	4	3.49	5
英国	2.40	6	2.40	7	2.00	8	2.38	7
美国	2	7	1.90	8	1.80	9	1.89	9
英属维京群岛	2	8	1.90	8	2.10	7	—	
中国澳门	1.90	9	1.90	8	1.70	10	2.05	8
韩国	1.50	10	2.50	6	3.40	5	3.86	4
澳大利亚	1.40	11	1.50	11	1.10	11	1.06	13
越南	1.10	12	1.40	13	1.10	11	—	
巴哈马	1.00	13	—		—		—	
瑞士	1.00	13	—		—		1.29	10

表 3-3 下表头：2015~2018 年跨境贸易人民币结算的外部区域结构

续表

国家或地区	2015 年		2016 年		2017 年		2018 年	
	占比	排名	占比	排名	占比	排名	占比	排名
荷兰	1.00	13	—	—	1.10	11	1.16	11
开曼群岛	—	—	1.50	11	—	—	1.10	12
卢森堡	—	—	—	—	—	—	1.03	14
其他	8.60	—	10.90	—	12.20	—	23.62	—

2015～2018 年跨境贸易人民币结算的外部区域结构

资料来源：根据中国人民银行报告整理得到。

中国香港作为我国第一大离岸人民币金融中心和对外贸易的重要转口港，在人民币国际业务中，一直占据着较高的市场份额。自 2015 年起，中国香港的人民币跨境结算份额虽始终保持首位，但占比由 2015 年的 52.90% 降至 2018 年的 40.50%。

2. "一带一路" 成为新的结算增长点

如图 3-3 所示，自 2015 年 "一带一路" 倡议实施以来，我国与 "一带一路" 沿线国家的贸易规模呈快速增长趋势，"一带一路" 总的贸易规模也远远超过与欧盟、美国及日本前三大贸易国家和地区。

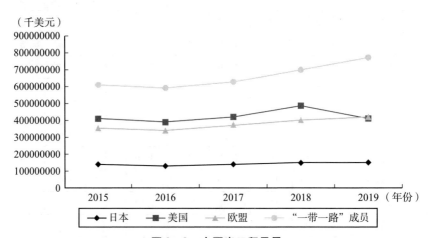

图 3-3 中国出口贸易量

资料来源：根据中国海关总署数据整理。

以最初签订"一带一路"协议的 64 个国家的进出口贸易数据为例（见表 3 - 4）。

表 3 - 4　　　　　"一带一路"沿线国家进出口贸易总额　　单位：千美元

国家	2015 年	2016 年	2017 年	2018 年	2019 年
总量	1002969077	947768605	1088897347	1260411709	1252272704
蒙古国	5351225	4606588	6366396	7987346	8155953
新加坡	79564731	70423736	79242948	82880391	89940790
马来西亚	97290534	86875853	96026757	108625394	123962052
印度尼西亚	54230440	53508106	63316354	77371175	79705032
缅甸	15279276	12284412	13535971	15240411	18700545
泰国	75462787	75865394	80286579	87524881	91752405
老挝	2781452	2338454	3017356	3474558	3920886
柬埔寨	4431534	4758852	5791391	7387920	9428861
越南	95965678	98225896	121324423	147858352	162003720
文莱	1506034	718604	999910	1840432	1099954
菲律宾	45649504	47207509	51275061	55668476	60952074
伊朗	33841193	31233582	37179061	35134940	23025129
伊拉克	20588556	18200319	22138156	30402181	33333130
土耳其	21565268	19468781	21905469	21551551	20814405
叙利亚	1027487	918479	1104447	1273996	1315212
约旦	3714316	3165218	3083646	3183753	4112341
黎巴嫩	2303547	2116989	2033858	2018684	1705412
以色列	11418757	11352920	13121316	13918033	14767459
巴勒斯坦	70991	59617	69278	73755	82274
沙特阿拉伯	51658130	42263594	49983779	63335066	78037901
也门	2330054	1858359	2303601	2592433	3685708
阿曼	17189277	14170146	15533338	21739023	22580308
阿联酋	48550081	40057197	40977321	45917586	48668929
卡塔尔	6888484	5525250	8076827	11626273	11114774

国家	2015 年	2016 年	2017 年	2018 年	2019 年
科威特	11268566	9367102	12039348	18688434	17281155
巴林	1123625	854161	1025913	1286832	1679367
东帝汶	106679	164485	133956	135503	167510
尼泊尔联邦民主共和国	866252	888256	988111	1100084	1516069
不丹	10299	4961	6415	12842	10958
印度	71622891	70147595	84407737	95543109	92814703
巴基斯坦	18927092	19134763	20087062	19083143	17973434
孟加拉国	14707526	15167849	16044927	18736833	18363561
斯里兰卡	4563741	4559897	4398584	4578565	4487500
马尔代夫	172845	320968	296358	397285	381726
哈萨克斯坦	14296679	13093302	18000553	19885507	21990658
土库曼斯坦	8644670	5901738	6943326	8436230	9116902
吉尔吉斯斯坦	4341778	5676363	5448317	5611533	6346213
塔吉克斯坦	1848864	1755834	1370920	1504986	1674123
乌兹别克斯坦	3497219	3614147	4224430	6267839	7213866
阿富汗	376396	435119	544342	691686	629098
格鲁吉亚	812659	798718	982791	1150129	1482742
亚美尼亚	330188	388050	436202	521237	757235
阿塞拜疆	662021	757941	964775	898384	1485594
阿尔巴尼亚	559295	635568	650239	647940	704060
保加利亚	1792606	1643708	2137696	2588301	2718344
斯洛文尼亚	2381076	2705544	3383174	5015889	3927935
斯洛伐克	5032381	5271144	5314603	7780313	8892127
波黑	115268	107579	136057	187131	192126
克罗地亚	1097386	1178076	1342665	1538998	1541530
捷克	11007715	11006923	12488661	16309159	17601031
匈牙利	8069367	8884806	10126706	10883395	10216786

续表

国家	2015 年	2016 年	2017 年	2018 年	2019 年
爱沙尼亚	1188450	1175246	1267217	1276902	1221104
拉脱维亚	1167807	1194480	1325217	1380307	1289052
立陶宛	1347104	1454121	1855684	2093035	2135497
北马其顿共和国	219664	136720	164480	156099	281968
黑山	158562	141255	199120	220013	157109
波兰	17089878	17625677	21229447	24523912	27816133
罗马尼亚	4460277	4899273	5602214	6675788	6900226
白俄罗斯	1760345	1524388	1449114	1715872	2713948
摩尔多瓦	121442	101086	132245	147084	175939
俄罗斯联邦	68060524	69562671	84094672	107056835	110794173
乌克兰	7073831	6704427	7376692	9667481	11913538
塞尔维亚	548994	593932	757172	952671	1392991
埃及	12877779	10986877	10826962	13825733	13201824

资料来源：根据中国海关总署数据整理。

贸易规模的增加推动了人民币作为结算货币的业务。2018 年，中国与"一带一路"沿线国家进行的人民币跨境结算业务金额超过 2.07 万亿元，占同期人民币跨境结算总额的 13.1%；2019 该金额超过 2.73 万亿元，同比增长 32%，占同期人民币跨境结算总额的 13.9%；2020 年该金额超过 4.53 万亿元，同比增长 65.9%，占同期人民币跨境结算总额的 16.0%；2021 年该金额超过 5.42 万亿元，同比增长 19.6%，占同期人民币跨境结算总额的 14.8%。从中国与"一带一路"沿线国家进行的人民币跨境结算业务规模快速增长和这一规模在人民币跨境结算总额中比重的较快上升可以看出，中国在"一带一路"贸易关系中，已经拥有一定的结算货币选择权，随着中国与"一带一路"沿线国家贸易规模的快速增长，"一带一路"贸易势必为人民币国际化带来新的、拥有巨大潜力的新增长点。

与之形成鲜明对比的是没有贸易基础、空有人民币结算金额的地区，比如在人民币外部结算金额占比较高的区域,除中国贸易伙伴之外的英属维京群岛、开曼群岛、巴哈马这类"避税天堂",这类收付金额占比不小但并不稳定。说明缺少真实的贸易支持,跨境人民币结算现金流并不稳定,不能作为人民币国际化的重要支撑点考虑。

3.1.1.3　结算的内部区域结构特征

1. 东部聚集、直辖市聚集

表3-5列示了各个省份的人民币跨境结算金额。根据2019年的《人民币国际化报告》可知,2018年全国共有9个省(自治区、直辖市)人民币跨境结算金额超过2000亿元,同比增加了2个。广东省的结算金额占比为19.9%,其中深圳市占比为10.3%。

不同省市跨境结算金额变化趋势中出现了明显的集聚效应。结算比例向东部头部省市集中,显示出东部集聚效应。各个东部直辖市占比逐渐升高,呈现出直辖市集聚效应。其中上海自贸区和粤港澳大湾区表现都很突出。

表3-5　　　　　　　　　　　人民币结算内部区域结构　　　　　　　　单位:%

地区	2015年		2016年		2017年		2018年	
	占比	排名	占比	排名	占比	排名	占比	排名
上海	16.62	2	18.77	2	20.94	2	45.80	1
广东	26.26	1	29.16	1	28.03	1	19.90	2
北京	9.62	4	10.51	3	13.08	3	14.10	3
江苏	7.42	5	6.63	5	7.32	5	3.90	4
浙江	11.79	3	6.64	4	6.79	4	3.30	5
其他	28.29	—	28.29	—	23.84	—	13.00	—

2015~2018年跨境贸易人民币结算的内部区域结构

资料来源:根据中国人民银行报告整理得到。

2. "沪深港通"业务人民币跨境结算规模增长迅速

随着中国金融市场双向开放的广度和深度不断拓展,"沪深港通"等投资国内金融市场渠道的不断完善,2018~2020年,通过"沪深港通"

业务实现的人民币跨境结算额增长迅速，呈现出递增式增长的态势。到 2020 年，"沪深港通"业务人民币跨境收付金额合计为 1.70 万亿元，同比增长达 65.3%（见表 3 - 6）。

表 3 - 6　　　　　　　　　"沪深港通"业务人民币跨境结算

年份	人民币结算金额（亿元）	同比增长（%）
2018	0.8415	20
2019	1.03	22
2020	1.70	65.3

资料来源：根据《人民币国际化报告》整理得到。

3.1.1.4　结算的贸易品结构特征

根据贸易品的不同，国际贸易被划分成货物贸易和服务贸易。跨境贸易结算中，人民币业务结算总金额被分为"货物贸易结算金额"和"服务贸易和其他经常项目结算金额"。

1. 货物贸易结构优化

2016 年以后，货物贸易人民币结算金额稳步上升，在跨境人民币结算中占比较为稳定，是贸易结算方面推进人民币国际化的强有力支撑点。从 2018 年的货物贸易中看，来料加工贸易人民币结算同比下降 31%，离岸转手买卖人民币结算同比下降 71.7%，说明我国人民币货物贸易结算正逐步降低对下游制造业的依赖程度，发展更加健康[①]。

2. 服务贸易成为结算新增长点

服务贸易占比不断提高，服务贸易和其他经常项目人民币结算金额稳定上升，自 2018 年以来，约占货物贸易的 40% 以上，成为人民币新的结算增长点（见图 3 - 4）。

---

① Chen B.，Y. P. Woo，2010，"Measuring Economic Integration in the Asia-pacific Region：A Principal Components Approach"，Asian Economic Papers，Vol. 9，No. 4，121 - 43P125.

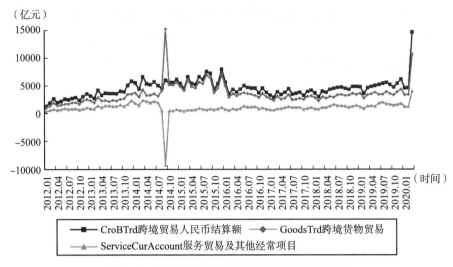

图 3 - 4　货物贸易和服务贸易的人民币结算金额

资料来源：Wind 数据库。

3.1.1.5　结算推进方式的特点

在推动人民币作为贸易结算货币的国际化进程中，双边本币互换协议起着重要的作用。作为可为两国提供货币的短期流动性支持工具，政府间双边本币互换为在对方国家的本国商业银行分支机构提供融资便利，有助于促进双边贸易发展。中国与离岸市场签订双边本币互换协议，还有助于为离岸市场的人民币交易提供流动性支持，进而有力支撑离岸市场的人民币交易、资管等业务发展，便于以人民币计价、结算的贸易和投资。

2008 年以来，中国人民银行积极推动双边本币互换协议的签署，截至 2019 年底，已经与 39 个国家和地区的中央银行或者货币当局签署了双边本币互换协议，总金额超过 5.6 万亿元。这一数字在 2009 年余额只有 1900 亿元，到 2017 年底超过 3.4 万亿元，显示出快速增长的特征。迅速增长的双边互换货币量不仅能促进双方贸易和投资深化进程，还能够加强区域货币联系，增强外界对区域内金融稳定的信心[①]。

截至 2019 年底，中国签署的双边本币互换协议中规模前五大的互换

---

① 资料来源：中国人民银行公布的《人民币国际化报告（2019）》。

方分别为，中国香港 12000 亿元、欧洲央行和新加坡各 10500 亿元、英国和韩国各 9000 亿元①。目前来看，总的趋势一是双边本币互换协议与人民币离岸金融中心所在国家和地区签订较多，且人民币离岸金融中心的重要性越高，双边本币互换协议的规模越大；二是双边本币互换协议与"一带一路"沿线贸易国家签署较多，人民币结算需求越高，双边本币互换协议规模越大。

上述数据也说明双边本币互换的人民币流向大致有两个方向：一是人民币通过互换方的央行或货币管理当局进入对方的商业银行体系，再通过对方体系由对方企业在对华投资或者对华贸易中经过经常项目或资本项目流回我国；二是人民币被互换方保留在对方央行或者货币管理当局，成为对方政府的储备货币，发挥价值贮藏的国际职能。在一些文献的数据中也可以看出，通过双边本币互换协议流出的人民币确实有一部分成为互换方的储备货币，不过规模有限。据此，可以得出的结论是，与更多国家签署本币互换协议，实现区域内国家间货币直接兑换，不仅可以减少受第三方货币汇率变动的影响，还可以增强人民币作为储备货币的影响力。但总体来说，人民币与发挥价值贮藏职能的国际化货币之间，仍然存在很大差距。

3.1.2 储备货币与计价货币

3.1.2.1 储备份额稳步上升

根据 IMF COFER 数据，截至 2020 年第三季度末，人民币储备规模达 2445.34 亿美元，占标明币种构成外汇储备总额的 2.13%，排名居全球第 5 位，居于美元、欧元、日元、英镑之后。自 2016 年 12 月起，各个季度人民币储备额占分配储备比重如图 3 - 5 所示，可以看出，人民币全球储备份额正稳步上升。

---

① 资料来源：中国人民银行历年发布新闻所公布的数据加总。

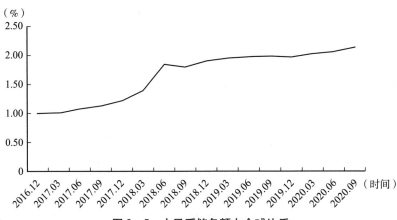

图 3 - 5　人民币储备额占全球比重

资料来源：CSMAR 数据库。

一些实证研究发现，"一带一路"推进前与"一带一路"推进后，影响人民币储备额变动的因素有着显著不同，说明"一带一路"的推进在实现人民币国际结算、计价职能的过程中，也有助于提升货币的储备职能。

从总体上看，国际储备货币绝大部分仍旧由美元、欧元、日元、英镑构成，2019 年第三季度，全球外汇储备货币中，美元占 61.55%，欧元占 20.23%，日元占 5.62%，英镑占 4.5%；而人民币、加元、澳元均各占不足 2% 的份额[①]。摩根士丹利分析师在 2020 年 9 月 4 日发布报告中预测，2030 年人民币在全球外汇储备中的占比将超过日元和英镑，达到 5% ~ 10%，成为世界第三大储备货币[②]。

表 3 - 7 列出了 2016 ~ 2020 年，各季度全球外汇储备货币构成，可以看出人民币外汇储备之路已经开始，虽目前处于初始阶段，但在稳步推进，储备份额上升趋势明显。

---

① Diamond D. W. , Dybvig P. H. Bank runs, deposit insurance, and liquidity ［J］. Journal of political economy, 1983, 91 (3)：401 - 419.

② Kindleberger C. P. Dominance and leadership in the international economy：Exploitation, public goods, and free rides ［J］. International studies quarterly, 1981, 25 (2)：242 - 254.

表 3 - 7　　　　　2016 ~ 2020 年各季度全球外汇储备货币构成　　　单位：%

统计季度 （年月）	外汇储备 余额	分配 储备额	美元 储备额	欧元 储备额	人民币 储备额	日元 储备额
2016. 12	1071. 50	842. 99	550. 45	161. 44	8. 45	33. 51
2017. 03	1089. 94	884. 90	570. 95	170. 64	8. 85	40. 30
2017. 06	1112. 09	926. 38	590. 91	184. 45	9. 94	42. 95
2017. 09	1129. 66	964. 60	612. 56	193. 28	10. 79	43. 60
2017. 12	1143. 03	1001. 69	628. 23	201. 81	12. 26	49. 00
2018. 03	1159. 36	1040. 25	649. 92	212. 14	14. 50	50. 08
2018. 06	1148. 24	1052. 34	655. 12	213. 16	19. 34	52. 26
2018. 09	1139. 66	1070. 54	663. 11	219. 21	19. 25	53. 28
2018. 12	1141. 82	1072. 77	661. 78	221. 93	20. 28	55. 84
2019. 03	1159. 09	1090. 10	673. 94	220. 63	21. 29	57. 21
2019. 06	1173. 26	1102. 12	679. 22	224. 27	21. 76	59. 66
2019. 09	1165. 85	1092. 74	672. 59	221. 08	21. 58	61. 39
2019. 12	1182. 95	1107. 84	674. 56	227. 59	21. 77	63. 14
2020. 03	1173. 19	1096. 16	679. 49	219. 73	22. 15	62. 50
2020. 06	1201. 31	1126. 59	690. 15	228. 40	23. 04	64. 77
2020. 09	1225. 45	1147. 43	693. 79	235. 53	24. 45	67. 90

统计季度 （年月）	英镑储备额	澳大利亚元 储备额	加元储备额	瑞士法郎 储备额	其他货币 储备额
2016. 12	36. 55	14. 56	16. 51	1. 38	20. 13
2017. 03	37. 87	16. 24	17. 11	1. 45	21. 47
2017. 06	40. 81	16. 40	18. 02	1. 57	21. 33
2017. 09	43. 35	17. 11	19. 28	1. 63	23. 00
2017. 12	45. 44	17. 99	20. 28	1. 79	24. 90
2018. 03	48. 69	17. 72	19. 38	1. 81	26. 02
2018. 06	47. 10	17. 93	20. 08	1. 69	25. 66
2018. 09	48. 08	18. 08	20. 87	1. 66	27. 00
2018. 12	47. 55	17. 42	19. 78	1. 59	26. 61

续表

统计季度 （年月）	英镑储备额	澳大利亚元 储备额	加元储备额	瑞士法郎 储备额	其他货币 储备额
2019.03	49.47	18.24	20.98	1.59	26.75
2019.06	48.86	18.76	21.11	1.58	26.90
2019.09	49.21	18.26	20.54	1.59	26.50
2019.12	51.18	18.73	20.80	1.70	28.36
2020.03	48.61	17.02	19.51	1.60	25.55
2020.06	50.19	19.03	21.35	1.69	27.98
2020.09	51.67	19.87	22.96	1.93	29.32

注：本表中百分比为各国货币作为储备货币占分配的外汇储备百分比。而分配的外汇储备指参与 COFER 调查的 IMF 成员国的外汇储备总额。

资料来源：COFER 数据库。

人民币国际化进程中，结算货币和储备货币份额正在稳步上升。计价货币作为人民币成为国际货币的重要职能体现，影响比结算货币更为持久，积极推动人民币的计价货币功能可以增加人民币国际化的"外部效应"和可持续性。下面分析人民币作为计价货币的情况。

3.1.2.2 大宗商品人民币计价获得突破

中国在国际大宗商品的贸易、消费、期货方面在全球市场均具有举足轻重的地位。贸易方面，我国已是全球最大的石油进口国。近年大宗商品贸易量持续稳步上升，连续多年一直是全球大宗商品第一大进口国。消费方面，在 25 个全球主要大宗商品品种中，我国有 19 个品种消费量居全球首位。期货方面，早在 2016 年，上海期货交易所的螺纹期货已是当时全球交易量最高的合约，而居全球前 20 交易量的期货合约中有 11 个在中国。我国在上述不同大宗商品市场的重要地位，也是人民币获得大宗商品计价权的重要基础。

期货市场通过陆续引入境外交易者和一系列市场建设措施，进一步增强了人民币的计价货币职能。2018 年 3 月，以人民币计价的原油期货在上海期货交易所挂牌交易，包括七个可交割油种，INE 原油期货交易暂免增值税，并引入了境外交易者。之后，以人民币计价结算的铁矿石期货和精对苯二甲酸（PTA）期货也相继引入境外交易者，均采用与原油期货相同的交易机制。2019 年 2 月末，境外交易者汇入大宗商品期货保证金 57.1 亿元，其中人民币占比 59.2%；汇出保证金 36.9 亿元，其中人民币占比 75.5%[①]。这说明了大宗商品期货市场中，境外投资者开始青睐人民币计价期货产品，人民币的计价货币职能国际化方面有了新的突破。

3.1.3　投资货币

人民币投资货币职能的国际化，主要体现在人民币债券市场的国际化。我国的债券市场对外开放、形成国际化的债券市场是阶段性展开的。可大体划分为四个阶段：（1）境外投资者进入人民币债券市场；（2）以香港离岸中心发行"点心债"为起点，发展离岸人民币债券市场；（3）允许境外发行人在境内发行人民币计价的债券（以下简称"熊猫债"）；（4）建立人民币债券的国际价格基准。

3.1.3.1　引入境外投资者

国内的债券市场目前主要有三个渠道向境外投资者开放：（1）境外投资者通过结算代理模式，直接参与我国人民币债券市场交易；（2）通过 RQFII（人民币合格境外机构投资者）、QFII（合格境外投资者）制度，通过了证监会的资格审批与外汇管理局的额度审批，境外投资者可进入我国人民币债券市场；（3）通过债券通机制，连接内地与香港市场，使得香港及其他国家与地区的境外投资者可以经由北向通机制安排，进入我国人民币债券市场。

截至 2019 年底，债券通共有 47 家做市商，种类构成多样，范围涵盖国有控股银行、中外合资股份制商业银行、综合类证券公司、外资独资银行等[②]。在表 3 - 8 中列举出目前的做市商名单。

---

① Chen B. , Y. P. Woo. Measuring Economic Integration in the Asia-pacific Region：A Principal Components Approach [N]. Asian Economic Papers，2010，9（4）：121 - 143，129.

② 资料来源：中国人民银行公布的《人民币国际化报告（2019）》。

表 3 - 8 债券通做市商名单

公司名称	公司名称	公司名称	公司名称	公司名称
美国银行有限公司上海分行	瑞银证券有限责任公司	申万宏源证券股份有限公司	浙商证券股份有限公司	上海银行股份有限公司
东海证券股份有限公司	渣打银行（中国）有限公司	宁波银行股份有限公司	华泰证券股份有限公司	中国工商银行股份有限公司
上海浦东发展银行股份有限公司	江苏银行股份有限公司	中信证券股份有限公司	中国国际金融股份有限公司	中国进出口银行
中国银行股份有限公司	中国光大银行股份有限公司	交通银行股份有限公司	平安银行股份有限公司	国家开发银行
浙商银行股份有限公司	东方证券股份有限公司	招商证券股份有限公司	天风证券股份有限公司	摩根大通银行（中国）有限公司
平安证券股份有限公司	广发证券股份有限公司	中国建设银行股份有限公司	瑞穗银行（中国）有限公司	上海农村商业银行股份有限公司
中国民生银行股份有限公司	中信建投证券股份有限公司	德意志银行（中国）有限公司	招商银行股份有限公司	三菱东京日联银行（中国）有限公司
国泰君安证券股份有限公司	杭州银行股份有限公司	花旗银行（中国）有限公司	星展银行（中国）有限公司	
兴业银行股份有限公司	南京银行股份有限公司	广发银行股份有限公司	中国农业银行股份有限公司	
中信银行股份有限公司	厦门银行股份有限公司	法国巴黎银行（中国）有限公司	汇丰银行（中国）有限公司	

资料来源：Wind 数据库。

    债券投资中，仅 2018 年就有 1186 家境外机构进入银行间债券市场，全年流入 2.12 万亿元，"债券通"业务收支额为 2017 年的三倍①。北向通业务持续呈现稳定且高速的业务增长，且价量齐增、进展稳定，表 3 - 9 中列出以月为单位的 2018 年 4 月至 2020 年 4 月北向通的业务成交量与成交笔数。2020 年以来，受到新冠疫情与不稳定的全球市场影响，数据增

---

① 资料来源：Wind 数据库。

长中有波动，但总体仍旧保持着高成交额。

表 3 - 9　　　　　　2018～2020 年北向通累计交易量　　　　单位：亿元

日期 （年月）	上清所境 外持有量	中央结算 公司境外 持有量	总量	交易笔数	交易量	日均 交易量
2018.04	2215.00	11534.00	13749.00	499	621.4	31.07
2018.05	2266.00	12088.00	14354.00	556	663.9	30.18
2018.06	2499.00	12959.00	15458.00	939	1309.21	65.46
2018.07	2582.00	13541.00	16123.00	847	1154.50	52.48
2018.08	2718.00	14121.00	16839.00	858	812	35.3
2018.09	2467.00	14423.00	16890.00	472	647.81	30.85
2018.10	2368.00	14426.00	16794.00	522	549.7	30.54
2018.11	2218.00	14243.00	16461.00	715	742.9	33.77
2018.12	2229.00	15070.00	17299.00	614	713.1	31
2019.01	2467.00	15082.00	17549.00	1332.00	1323.00	60.14
2019.02	2399.00	15125.00	17524.00	780	972	57.18
2019.03	2490.00	15152.00	17642.00	1347.00	1124.00	53.52
2019.04	2363.00	15340.00	17703.00	1692.00	1169.00	53.14
2019.05	2690.00	16106.00	18796.00	2229.00	1586.40	75.54
2019.06	3090.00	16452.00	19542.00	1974.00	1722.00	90.63
2019.07	3177.00	16986.00	20163.00	2499.00	2010.00	87.39
2019.08	3043.00	17239.00	20282.00	3338.00	3386.00	153.91
2019.09	3223.00	17945.00	21168.00	2645.00	2963.00	141.1
2019.10	3215.00	18061.00	21276.00	3080.00	3479.00	183.11
2019.11	3269.00	18706.00	21975.00	3369.00	3756.00	178.86
2019.12	3107.00	18770.00	21877.00	2655.00	2845.00	129.32
2020.01	3164.00	18859.00	22023.00	2783.00	3578.00	210.47
2020.02	3262.00	19516.00	22778.00	3608.00	2852.00	142.6
2020.03	3032.00	19578.00	22610.00	5007.00	4782.00	217.36
2020.04	3103.00	20011.00	23114.00	3935.00	3194.00	145.18

资料来源：Wind 数据库。

3.1.3.2 离岸人民币债券业务不断扩大

自 2007 年 1 月开始，中国人民银行（以下简称"央行"）发布的《扩大为香港银行办理人民币业务提供平盘及清算安排的范围》首次在中国香港开启了离岸人民币债券业务，境内的金融机构经由审批可以在中国香港金融市场发行离岸人民币债券。从国家开发银行的第一笔人民币债券开始，商品种类持续增加，利率期限结构日益完善，发债主体范围多元化扩大。

截至 2020 年 5 月 15 日，未到期的离岸人民币债券共有 227 只，累计发行规模可达 3913.31 亿元，上市地点集中在中国香港联交所、中国台湾 OTC 市场、新加坡证券交易所，债券类型多样，包括金融债、企业债、外汇基金票据、政府债等多种债券。发行主体丰富，表 3 - 10 列出 2019 年后发行的债券。

表 3 - 10 　　　　2019～2020 年 4 月离岸人民币债券发行情况说明

发行日期（年月日）	债券类型	上市地点	发行规模	发行人	发行人类型
2019.02.19	金融债	中国台湾 OTC 市场	1.5	高盛集团	其他金融机构
2019.02.26	企业债	中国香港债务工具中央结算系统	2	HENDERSON LAND MTN LIMITED	企业
2019.03.11	企业债	新加坡证券交易所	10	花样年控股集团有限公司	民营企业
2019.03.21	金融债	中国香港联交所	25	交通银行股份有限公司香港分行	股份制商业银行
2019.04.08	金融债	新加坡证券交易所	2	MALAYAN BANKING BHD	股份制商业银行
2019.04.17	金融债	中国香港联交所	20	中国银行（澳门）有限公司	股份制商业银行
2019.04.25	金融债	新加坡证券交易所	10	中国工商银行股份有限公司新加坡分行	股份制商业银行
2019.05.15	外汇基金票据	中国香港债务工具中央结算系统	100	中国人民银行	中国人民银行

续表

发行日期 （年月日）	债券 类型	上市地点	发行 规模	发行人	发行人类型
2019.05.29	金融债	中国香港联交所	10	中国农业发展银行	政策性银行
2019.05.29	金融债	中国香港联交所	20	中国农业发展银行	政策性银行
2019.05.30	金融债	中国台湾 OTC 市场	11.67	巴克莱银行有限公司	股份制商业银行
2019.06.20	政府债	中国香港联交所	10.5	中华人民共和国财政部	财政部
2019.06.20	政府债	中国香港联交所	39.5	中华人民共和国财政部	财政部
2019.06.27	金融债	中国台湾 OTC 市场	4.3	法国巴黎银行	股份制商业银行
2019.07.17	金融债	中国台湾 OTC 市场	2.06	法商法国兴业银行股份有限公司	国际机构
2019.07.17	金融债	中国台湾 OTC 市场	1.66	摩根大通银行	股份制商业银行
2019.07.23	企业债	中国香港联交所	16	旭辉控股（集团）有限公司	民营企业
2019.07.24	金融债	中国台湾 OTC 市场	6.85	巴克莱银行有限公司	股份制商业银行
2019.07.30	金融债	中国台湾 OTC 市场	5.6	摩根大通银行	股份制商业银行
2019.08.08	金融债	新加坡证券交易所	1.5	麦格里银行有限公司	国际机构
2019.08.08	金融债	中国台湾 OTC 市场	1.5	麦格里银行有限公司	国际机构
2019.08.09	金融债	中国台湾 OTC 市场	3.3	MORGAN STANLEY FINANCE LLC	其他金融机构
2019.08.14	金融债	中国台湾 OTC 市场	2.72	MORGAN STANLEY FINANCE LLC	其他金融机构

续表

发行日期 （年月日）	债券 类型	上市地点	发行 规模	发行人	发行人类型
2019.08.14	外汇基金票据	中国香港债务工具中央结算系统	100	中国人民银行	中国人民银行
2019.08.21	企业债	中国台湾 OTC 市场	3	NATIXIS	企业
2019.08.23	金融债	中国台湾 OTC 市场	2.25	CITIGROUP GLOBAL MARKETS HOLDINGS INC.	国际机构
2019.08.29	金融债	中国台湾 OTC 市场	2	摩根大通银行	股份制商业银行
2019.09.11	企业债	中国台湾 OTC 市场	2	国民西敏寺资本市场银行有限公司	国际机构
2019.09.16	金融债	中国香港联交所	10	中国工商银行股份有限公司香港分行	股份制商业银行
2019.09.24	金融债	中国台湾 OTC 市场	6.35	巴克莱银行有限公司	股份制商业银行
2019.10.16	金融债	中国香港联交所	20	中国银行（澳门）有限公司	股份制商业银行
2019.11.01	企业债	中国香港联交所	10	中核资本有限公司	企业
2019.11.06	金融债	中国香港联交所	30	中国农业发展银行	政策性银行
2019.11.06	金融债	中国香港联交所	25	中国农业发展银行	政策性银行
2019.11.07	外汇基金票据	中国香港债务工具中央结算系统	100	中国人民银行	中国人民银行
2019.11.12	金融债	新加坡证券交易所	10	中国建设银行股份有限公司新加坡分行	国有商业银行
2019.11.16	企业债	中国香港联交所	7	正荣地产集团有限公司	民营企业
2019.11.25	金融债	中国台湾 OTC 市场	2.95	法商法国兴业银行股份有限公司	国际机构

续表

发行日期 （年月日）	债券 类型	上市地点	发行 规模	发行人	发行人类型
2019.11.26	企业债	中国香港联交所	10	EASTERN CREATION II INVESTMENT HOLDINGS LTD.	企业
2019.11.27	企业债	中国香港联交所	8	珠海大横琴集团有限公司	企业
2019.12.20	外汇基金票据	中国香港债务工具中央结算系统	100	中国人民银行	中国人民银行
2020.01.08	金融债	中国香港债务工具中央结算系统	8.95	香港按揭证券有限公司	证券公司
2020.01.09	金融债	中国台湾 OTC 市场	10	富邦华一银行有限公司	城市商业银行
2020.01.13	金融债	中国台湾 OTC 市场	1.69	麦格里银行有限公司	国际机构
2020.01.21	金融债	新加坡证券交易所	2	马来亚银行有限公司	国际机构
2020.01.22	金融债	中国香港联交所	20	交通银行股份有限公司香港分行	股份制商业银行
2020.01.30	金融债	中国台湾 OTC 市场	3.1	东方汇理银行	股份制商业银行
2020.02.06	金融债	中国台湾 OTC 市场	11.55	QNB FINANCE LTD	其他金融机构
2020.02.13	外汇基金票据	中国香港债务工具中央结算系统	100	中国人民银行	中国人民银行
2020.02.13	外汇基金票据	中国香港债务工具中央结算系统	200	中国人民银行	中国人民银行
2020.03.05	金融债	中国台湾 OTC 市场	3.55	CITIGROUP GLOBAL MARKETS HOLDINGS INC.	国际机构
2020.03.13	金融债	中国台湾 OTC 市场	5.8	MORGAN STANLEY FINANCE LLC	其他金融机构
2020.03.19	金融债	中国香港联交所	10	中国建设银行股份有限公司阿斯塔纳分行	其他金融机构
2020.03.23	金融债	中国台湾 OTC 市场	3.2	CITIGROUP GLOBAL MARKETS HOLDINGS INC.	国际机构

发行日期（年月日）	债券类型	上市地点	发行规模	发行人	发行人类型
2020.03.26	外汇基金票据	中国香港债务工具中央结算系统	100	中国人民银行	中国人民银行
2020.03.30	金融债	中国台湾 OTC 市场	2.4	GOLDMAN SACHS FINANCE CORP INTERNATIONAL LTD	其他金融机构
2020.04.8	金融债	中国台湾 OTC 市场	2.8	MORGAN STANLEY FINANCE LLC	其他金融机构

资料来源：Wind 数据库。

人民币资产作为国际投资资产已经有了初步进展，目前存在的问题是离岸人民币债券的信用评级制度并不完善。离岸人民币债券评级数量不足，八成左右的离岸人民币债券没有进行评级，这些债券的发行额约占发行总额的 85%，这说明我国离岸人民币债券市场在有序开放中仍然需要进一步的规范化发展。

3.1.3.3 熊猫债券市场开局良好

熊猫债券是境外非金融企业、境外商业银行、外国地方政府、外国中央政府、国际开发性机构（不包括外资银行在华子行）在我国发行的人民币债券。内地企业如通过境外注册的离岸公司在国内发行人民币债，这类债券也被归类为"熊猫债"。

目前这一市场逐渐步入正轨，发债数量逐年增加，投资规模也逐渐扩大。2018 年，"熊猫债"总发债额达 746 亿元。境外商业银行的境内机构积极参与投资；外资商业投资规模较 2017 年上涨三倍，投资总额达 13 亿元；境外投资主体在加拿大、菲律宾的"熊猫债"中获配比重分别占到 73%、88%。2019 年，12 家纯境外主体发行 23 只"熊猫债"，同比项目数量提高 7%，且主体数在新发债主体中超过半数①。发行主体大部分仍为在境外注册离岸公司的内地企业，如表 3 – 11 所示。

---

① 资料来源：中国人民银行公布的《人民币国际化报告（2019）》。

表 3-11　　2018~2019 年"熊猫债"发行总额及发行主体名称

发行总额（亿元）	发行人中文名称	发行总额（亿元）	发行人中文名称	发行总额（亿元）	发行人中文名称
260	戴姆勒股份公司	30	中国蒙牛乳业有限公司	15	蓝思科技（香港）有限公司
186	普洛斯中国控股有限公司	30	中银集团投资有限公司	15	中国光大水务有限公司
100	华润置地有限公司	28	中国中药控股有限公司	12	新鸿基地产发展有限公司
95	宝马金融股份有限公司	25	威立雅环境集团	10	法国农业信贷银行
80	北控水务集团有限公司	22.4	托克集团有限公司	10	恒隆地产有限公司
65	中芯国际集成电路制造有限公司	22	法国液化空气集团财务公司	10	日本三菱东京日联银行股份有限公司
60	远洋集团控股有限公司	20	大华银行有限公司	10	意大利存款和贷款机构股份有限公司
50	深圳国际控股有限公司	20	九龙仓集团有限公司	10	越秀交通基建有限公司
48	中国燃气控股有限公司	20	马来亚银行有限公司	7.3	神州租车有限公司
45	中国电力国际发展有限公司	20	葡萄牙共和国	5	瑞穗银行股份有限公司
39.6	菲律宾共和国	20	沙迦酋长国政府（由沙迦财政部代表）	5	招商局港口控股有限公司
30	农银国际控股有限公司	20	匈牙利	5	中国旺旺控股有限公司
30	新开发银行	20	中信泰富有限公司	2	中国水务集团有限公司
30	中国金茂控股集团有限公司	15	北控清洁能源集团有限公司		

资料来源：笔者根据 Wind 数据库整理得到。

3.1.3.4　人民币债券国际价格标准正在建立

人民币作为投资货币，建立人民币债券国际价格标准是基础性工作。在香港离岸人民币债券中心，中国人民银行发行外汇基金票据、财政部发行政府债等都能够为其他离岸人民币债券融资提供收益率基准。"中债——工行人民币债券指数"在新加坡交易所挂牌交易，也为离岸人民币债券市场建立了标准。建立人民币债券国际价格标准与我国利率市场化进程同时推进，可为人民币金融产品提供可靠的收益率曲线，进而为以人民币计价的金融衍生品提供可靠的定价基准，便于在岸人民币金融市场与离岸人民币金融市场开发创新更多金融产品，增强人民币资产对境外投资者的吸引力。

3.2　人民币国际化现状——基于综合视角的分析

上文对人民币国际化分别从结算货币、储备货币、计价货币和投资货币等不同货币职能方面进行了分析，下面从综合视角即以人民币国际化指数来分析和评判人民币国际化的总体状况。本章节首先以现有主要人民币国际化指数对人民币国际化水平进行分析，然后基于货币锚模型构建人民币国际化指数衡量人民币国际化程度，并通过构建人民币国际化"一带一路"指数（BRRI）分析判断人民币在"一带一路"沿线国家的国际化发展，最后通过对比所构建的两个指数的分布及变动，得到最有潜力推动人民币国际化进程的区域，为未来进一步高效推进人民币国际化提供方向指引。

3.2.1　现有人民币指数介绍

基于指数的科学性、合理性，以及学术界和实务界对指数的认可程度和应用程度，我们选择目前几种被广为接受的代表性人民币指数进行简要分析。主要包括由中国人民大学货币研究所发布的人民币国际化指数（RII），由渣打银行发布的人民币环球指数（RGI），由中国银行发布的离岸人民币指数（ORI）和跨境人民币指数（CRI）。

3.2.1.1　人民币国际化指数

人民币国际化指数（RMB Internationalization Index，RII）由中国人民大学国际货币研究所于 2012 年首次发布。该指数的编制从国际货币的基本职能出发，强调人民币作为国际货币的贸易计价和结算职能，投资职能、债券计价和交易职能、价值贮藏职能等，选取反映各种职能的具有代表性的经济指标进行加权，编制由多种变量合成的综合指数，以呈现人民币国际化的真实水平。

RII 的指标体系共分为三级，其中一级指标有两个，二级指标包含三个，三级指标包含五个，指标体系具体情况如表 3 - 12 所示。

表 3 - 12　　　人民币国际化指数（RII）指标体系（2017 版）

一级指标	二级指标	三级指标
国际计价支付功能	贸易	世界贸易总额中人民币结算比重
	金融	全球对外信贷总额中人民币信贷比重
		全球国际债券和票据余额中人民币债券和票据余额比重
		全球对外直接投资中人民币直接投资比重
国际储备功能	官方外汇储备	全球外汇储备中人民币储备比重

注：①世界贸易总额中人民币结算比重＝人民币跨境贸易结算金额/世界贸易进出口总额；
②全球对外信贷总额中人民币信贷比重＝人民币境外信贷金额/全球对外信贷总额；
③全球国际债券和票据余额中人民币债券和票据比重＝人民币国际债券和票据余额/全球国际债券和票据余额；
④全球对外直接投资中人民币直接投资比重＝人民币直接投资/全球直接投资总额；
⑤全球外汇储备中人民币储备比重＝官方外汇储备中人民币余额/全球外汇储备余额。

RII 的计算方法是对各项指标进行加权平均，因为其所含指标均为比重，并不存在量纲差别，因此直接加权平均是合理可行的。但中国人民大学国际货币研究所并未对外公布 RII 各指标权重的具体计算方法和权重大小。RII 的经济含义为：假设人民币是全球唯一国际货币，则其 RII 应为 100；反之，若人民币在国际经济活动中完全没有被使用，则其 RII 应为 0。RII 的值越高，说明人民币在国际经济活动中承担的功能越来越多，其国际化水平也就越高。RII 的计算公式如下：

$$RII_t = \frac{\sum_{j=1}^{5} X_{jt}\omega_j}{\sum_{j=1}^{5} \omega_j} \times 100 \qquad\qquad (3-1)$$

其中，RII_t 表示第 t 期的人民币国际化指数，X_{jt} 表示第 j 个指标在第 t 期的值，ω_j 表示第 j 个指标的权重。

RII 指数是从 2010 年开始计算的季度数据，其发展走势如图 3-6 所示。

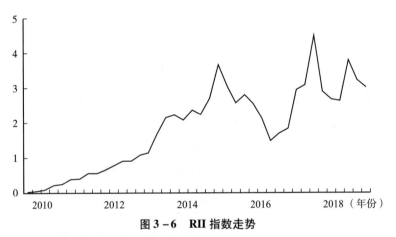

图 3-6 RII 指数走势

资料来源：IMI《人民币国际化报告 2020》。

RII 最新一期数据为 2019 年第四季度，数值为 3.03，相比 2018 年末的 2.95，同比增长了 13.2%。如图 3-6 所示，从 RII 走势来看，2010~2014 年人民币国际化指数（RII）处于平稳上升趋势，2014 年末 RII 上升至 2.52。2014 年之后，RII 开始出现波动上涨，2015 年第三季度升至 3.87，达到自 2010 年来 RII 指数峰值。自 2016 年开始，人民币国际化从快速增长阶段迈入巩固调整期，然后由于国内供给侧改革和汇率贬值等问题，2016 年第四季度 RII 下降至 2.26。2017 年人民币国际化逐渐消化负面预期，波动回升，2017 年第四季度 RII 为 3.13，同比增长 44.8%。2018 年末 RII 为 2.95，较 2017 年初回弹 95.8%。2019 年人民币国际化继续保持稳中有升的小幅波动态势，年末 RII 为 3.03，处于趋势上升通道。总体来看，RII 指数自 2014 年之后从稳步上升状态变化为震荡波动状态，长期上行趋势没有改变，但上升较为缓慢。

3.2.1.2　渣打银行人民币环球指数

渣打人民币环球指数（RMB Global Index，RGI）由渣打银行于 2012
年 11 月首次发布。渣打人民币环球指数（以下简称"RGI 指数"）作为市
场上首个从多维度追踪离岸人民币发展状况的指标，将离岸人民币走势以
量化形式表现出来，综合刻画离岸人民币活动的规模、水平和发展趋势。

RGI 指数首期开始于 2012 年 9 月份，此后按月公布数据，首期数据
为 732。该指数以 2010 年 12 月 31 日离岸人民币综合表现情况为基数，赋
值 100，此后每月数据均是将当期人民币表现状况与基数对比得到具体数
值。RGI 指数包含的参数有离岸人民币存款、点心债和存款证、贸易结算和
其他国际付款、外汇交易量，分别从财富储存、融资工具、国际贸易和交易
渠道等多个层面衡量离岸人民币发展水平。RGI 指数建立之初只包括中国香
港、伦敦和新加坡三个主要的人民币离岸场所，自 2013 年 7 月起，中国台
湾人民币离岸市场数据也被纳入 RGI 指数。至此，该指数已覆盖世界上最主
要的四个人民币离岸市场数据。有关 RGI 指数的具体信息如表 3 - 13 所示。

表 3 - 13　　　　　　　　渣打人民币环球指数编制方法

目的	量化离岸人民币活动，为投资人民币金融产品提供投资参考
指数参数	人民币存款 点心债券和存款证 贸易结算和其他国际付款 外汇交易量
市场	中国香港 伦敦 新加坡 中国台湾（2013 年 7 月纳入）
投资性	非交易指数
公布次数	每月
基数和日期	2010 年 12 月 31 日基数为 100
指数成立日期	2012 年 11 月 14 日
指数编制方法	4 项参数权重以历史波幅作反比

资料来源：渣打银行。

图 3 - 7 展示了 RGI 指数自公布以来至 2018 年 3 月的数据。从图中可以看到，RGI 指数在 2012 年 9 月的数值是 732，此后一直向上，在 2015 年 9 月达到最高点 2407。从 2015 年末开始，离岸人民币走势开始进入调整期，RGI 指数进入缓慢下行通道，至 2017 年 6 月有所回调，RGI 指数为 1622。所以从总体来看，RGI 指数在经过 2012～2015 年的快速增长期和 2015～2017 年的下行期之后，目前处于比较稳健的增长阶段。

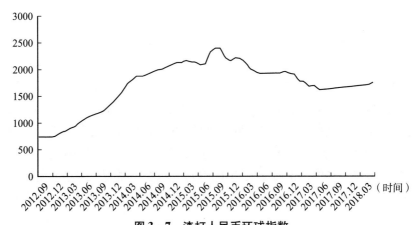

图 3 - 7   渣打人民币环球指数

资料来源：Wind 数据库。

3.2.1.3   中国银行离岸人民币指数

中国银行离岸人民币指数（BOC Offshore RMB Index，ORI）是中国银行首次发布的。提出的背景是由于人民币跨境使用进程加快，人民币境外存量规模越来越大，使用渠道越发多元化，各类人民币金融产品也不断涌现，因而，中国银行发布该指数向市场和投资者提供人民币资产投资参考。该指数综合反映了人民币在离岸市场的发展状况，并以此来体现人民币国际化水平。ORI 指数首期开始于 2011 年第四季度，并按季度公布，单位是百分比。该指数的经济意义是，若人民币所有的离岸市场只使用人民币，则 ORI 指数为 100，若离岸市场绝对不使用人民币，则 ORI 指数为 0，其数值反映了人民币在离岸市场上的普及程度和应用程度。

中国银行离岸人民币指数（ORI）指标对人民币在离岸市场上的资金存量、资金使用状况、金融工具使用等方面的发展水平进行了综合评价。

ORI 指数包含的指标共分为五类，分别从价值贮藏货币、融资货币、投资货币、储备货币和交易货币这五项国际货币职能来刻画，对应的具体指标分别是离岸人民币存款在所有货币离岸存款中占的比重、离岸人民币贷款在所有货币离岸贷款中占的比重、以人民币计价的国际债券和权益投资余额在所有币种国际债券和权益投资余额中占的比重、全球外汇储备中人民币占的比重、人民币外汇交易量在所有币种外汇交易量中占的比重。ORI 指数的编制方法是对这五类指标分别赋予适当的权重，通过加权平均得出最后的综合指数，以此来反映人民币在国际金融市场上的发展程度。但中国银行并未对外公布具体的权重计算办法。指标具体信息如表 3 – 14 所示。

表 3 – 14 　　　　中国银行离岸人民币指数（ORI）指标体系

一级指标	二级指标	三级指标
价值贮藏货币	存款	离岸人民币存款在所有货币离岸存款中占的比重
融资货币	贷款	离岸人民币贷款在所有货币离岸贷款中占的比重
投资货币	投资	以人民币计价的国际债券和权益投资余额在所有币种国际债券和权益投资余额中占的比重
储备货币	储备	全球外汇储备中人民币占的比重
交易货币	外汇交易	人民币外汇交易量在所有币种外汇交易量中占的比重

资料来源：中国银行。

图 3 – 8 展示了 ORI 指数自发布以来的变化走势。可以看到，ORI 指数在 2011 年第四季度的值为 0.32，此后一直以较快的速度一路增长，至 2015 年第三季度达到最高点 1.4。自 2015 年第四季度开始人民币离岸市场表现一度走弱，ORI 指数一改此前上升态势，进入调整阶段。2017 年国际经济形势有所好转，ORI 指数缓慢回升，至 2018 年第四季度再度达到 1.4。2019 年，ORI 指数出现小幅波动，2020 年迅速企稳回升。

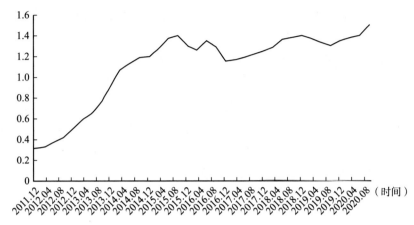

图3-8 中国银行离岸人民币指数

资料来源：Wind 数据库。

3.2.1.4 中国银行跨境人民币指数

出于为客户提供最佳跨境人民币产品和服务，引领跨境人民币业务市场，帮助客户发掘人民币国际化蕴含的巨大商机的目的，中国银行于2013年7月首次发布中国银行跨境人民币指数（BOC Cross-border RMB Index，CRI）。不同于其他从货币功能的角度编制指数，CRI 指数是从货币流转过程的视角进行编制，描述人民币跨境流转和使用的动态变化。

CRI 指数的指标体系包括：跨境货物贸易人民币（进）出口结算占比、跨境服务贸易及其他支付项目人民币结算占比、人民币 FDI（ODI）直接投资占比和境外人民币清算量占比。CRI 指数的编制方法是把上述指标按不同重要程度赋予相应的权重，进行加权平均算出最终的综合指数。CRI 指数以2011年第四季度的跨境人民币表现为基期，赋值100，在此基础上按照季度计算各期 CRI 的具体数值（2014年3月至2016年12月，CRI 指数按月发布）。

图3-9清晰地展现了 CRI 指数自公布以来的走势变化。可以看到，以2011年第四季度为基期，CRI 指数先是一路震荡上行，在2015年第三季度达到峰值310。2015年第四季度到2016年第四季度，CRI 指数进入调整期，出现缓慢下行趋势，主要原因是2015年"8·11"汇改导致人民币兑美元汇率贬值，且人民币由钉住美元转为钉住"一篮子"货

币，使得人民币汇率波动幅度加大，跨境人民币流动和人民币境外流转短期内受到冲击。自 2017 年以来，CRI 指数止跌，开始持续稳定上涨，人民币跨境使用从低迷状态逐渐恢复。最新一期数据显示，2020 年第三季度 CRI 指数为 316，达到历史新高。长期来看，随着人民币资产在境外市场上的接受程度和应用范围逐渐扩大，CRI 指数可望保持稳定上升趋势。

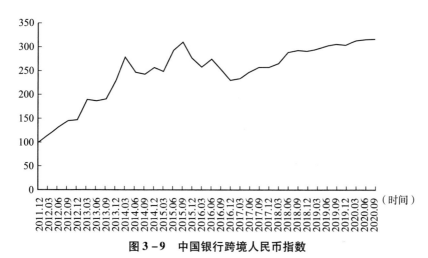

图 3-9　中国银行跨境人民币指数

资料来源：Wind 数据库。

通过对以上四种现有人民币国际化指数的考察分析发现，不同指数对于 2017 年以前阶段的人民币国际化程度描述比较一致，但对于 2017 年以后的人民币国际化水平变化的描述出现了差异，使得该阶段人民币国际化程度缺乏一致性判断，这可能与不同指数的指标体系各有偏重有关。同时，我们发现这些指数二三级指标的选取大多是官方指标，鉴于此，我们基于货币锚模型构建包含官方和民间两个层面指标的人民币国际化指数，以更加综合和全面反映人民币国际化程度。为检验所建指数的科学性，我们基于同样编制方法计算美元、欧元等四种其他国际货币的国际化水平与人民币国际化程度进行对比。

3.2.2 基于货币锚模型的人民币国际化指数构建

3.2.2.1 指数编制方法

1. 指标体系

按照通行的做法，针对国际货币的交易媒介职能、价值尺度职能和价值贮藏职能，分别选择相应指标，构建出人民币国际化指数。

对于交易媒介职能，官方层面主要表现在政府为了维护本币汇率的稳定性，通过在外汇市场上买卖国际货币来干预和调节本国汇率。民间层面主要是私人部门通过国际货币交易满足其支付需要以及保值增值或分散风险等。因此，选择人民币在全球外汇交易量中的占比和国际贸易结算中人民币占比这两项指标来反映其交易媒介职能较为合理。而国际货币作为交易媒介也能在国际直接投资中充当结算工具。因此，人民币在国际直接投资中的占比这一指标也是其交易职能的体现。

国际货币的价值尺度职能在官方层面可以表现为被其他国家货币钉住的程度，即"货币锚"的地位。这种"钉住"不仅仅指狭义上货币之间实行官方法定的固定汇率制，还包括广义上的"隐性钉住"，即该国货币汇率波动在很大程度上受国际货币汇率波动的影响。因此，我们选择世界范围内汇率钉住人民币的国家数量占比这一指标来反映人民币的"货币锚"地位。在民间层面，人民币的价值尺度职能更多地体现在人民币能够作为国际投资工具的计价单位。国际投资工具主要可分为债权类工具和股权类工具，由于国际债券市场规模远大于股票市场规模，在国际证券市场上占据主导地位，且各国股票市场通常以本币计价，尚缺乏根据币种结构统计的股票交易量数据。因此，本书选择国际债券余额中人民币债券余额占比来近似作为民间层面的指标。之所以选择国际债券余额而不选择发行额，是因为余额是存量指标，发行额是流量指标，流量积累成存量，存量指标的动态变化本身就包含了流量指标变化的信息。

最后，价值贮藏职能是国际货币最重要、最典型的功能。通常，一国货币在国际储备中的占比是该国货币国际地位最直接和集中的体现，只有应用范围广、流动性高、交易成本低廉、币值稳定的国际货币才会在各国央行的外汇储备中占有一席之地。因此，我们选择全球外汇储备中人民币占比来反映人民币在官方层面的价值贮藏职能。在民间层面，选择全球对外信贷中人民币占比这一指标来衡量。表3-15展示了人民币国际化指数的指标体系。

表3-15 人民币国际化指数指标体系

一级指标	二级指标	三级指标
交易媒介职能	官方外汇干预	全球外汇交易量中人民币占比
	民间外汇交易	
	民间结算货币	国际贸易结算中人民币占比
		国际直接投资中人民币占比
价值尺度职能	官方汇率钉住货币	汇率钉住人民币的国家数量占比
	民间计价货币	国际债券余额中人民币债券余额占比
价值贮藏职能	官方外汇储备	全球外汇储备中人民币占比
	民间持有和投资	全球对外信贷中人民币占比

注：①全球外汇交易量中人民币占比=人民币场外外汇交易量/全球场外外汇交易总量；
②国际贸易结算中人民币占比=跨境贸易人民币结算额/世界贸易进出口总额；
③国际直接投资中人民币占比=人民币直接投资额/全球直接投资总额；
④汇率钉住人民币的国家数量占比=汇率钉住人民币的国家数量/世界范围内的国家总数量；
⑤国际债券余额中人民币债券余额占比=以人民币计价的国际债券余额/全球国际债券余额；
⑥全球外汇储备中人民币占比=人民币官方外汇储备余额/全球官方外汇储备总额；
⑦全球对外信贷中人民币占比=人民币境外信贷金额/全球对外信贷总额。

2. 数据处理与模型设定

人民币国际化指数的指标数据来源与数据处理如表3-16所示。为了方便对人民币与其他国际货币的国际化水平进行横向比较，本书也按照相同的指标体系对美元、欧元、英镑、日元的国际化指数进行了计算。考虑到大多数指标统计数据均以季度形式呈现，且欧元从1999年1月1日启用，故选择1999年第一季度至2019年第四季度的数据进行计算。

表 3 – 16 人民币国际化指数指标的数据来源与数据处理

指标	变量缩写	数据处理	数据来源
全球外汇交易量中人民币占比	FETCR	BIS 三年公布一次场外外汇成交额数据，用 Quatratic-match average 方法处理成季度数据	国际清算银行（BIS）
国际贸易结算中人民币占比	ITSCR	以人民币在全球的支付份额替代	环球同业银行金融电讯协会（SWIFT）发布的人民币追踪报告（RMB tracker）
国际直接投资中人民币占比	IDICR	以全球对外直接投资（OFDI 存量）国别规模占比替代	全球对外直接投资（OFDI 存量）国别规模：联合国贸易和发展组织（UNCTAD）、国际货币基金组织 IMF 的 IFS 数据库
汇率钉住人民币的国家数量占比	PCR	根据货币锚模型自行计算得到	世界各国货币兑瑞士法郎汇率：Pacific Exchange Rate Service 数据库
国际债券余额中人民币债券余额占比	IDSCR		国际清算银行（BIS）
全球外汇储备中人民币占比	FERCR	人民币储备规模/可匹配储备规模（Allocated Reserves）	国际货币基金组织 IMF 的 COFER 数据库
全球对外信贷中人民币占比	FCCR	汇率换算采用人民币兑美元月平均汇率	人民币境外贷款：中国人民银行；其他币种对外贷款和全球对外信贷总额：国际清算银行（BIS）世界银行业国际资产负债表（by currency），All sectors 项下的 Claims；人民币兑美元月平均汇率：Wind 数据库

指标全球外汇交易量中人民币占比中，分子采用全球场外外汇成交额中人民币外汇合约总额，分母采用全球场外外汇成交总额。由于国际清算银行（BIS）每三年公布一次数据，为了使数据频率与其他指标保持一致，须采用 Quatratic-match average 方法将其转化为季度数据。此外，国际债券余额人民币占比数据也来源于国际清算银行（BIS），该指标分子是以人民币计价的国际债券余额，分母是全球国际债券余额。

对于国际贸易结算中人民币占比这一指标，中国人民银行从 2009 年建立跨境贸易人民币结算试点以来，按月公布跨境贸易人民币结算金额。但由于其他货币的国际贸易结算金额数据难以获取，因此本书采用各货币在全球支付中的份额来替代各货币在国际贸易结算中的占比，数据来源于环球同业银行金融电讯协会（SWIFT）发布的人民币追踪报告（RMB Tracker）。

对于国际直接投资中人民币占比，由于缺乏全球直接投资按币种结构统计的数据，故采用全球对外直接投资国别规模占比作为替代变量，即各国对外直接投资规模占全球对外直接投资总额的比重。数据来源于联合国贸易和发展组织（UNCTAD）以及国际货币基金组织（IMF）的 IFS 数据库，具体采用对外直接投资（outward foreign direct investment）的存量指标（stock）进行计算。

对于全球外汇储备中人民币占比，由于人民币已经于 2016 年 10 月正式加入 SDR，故采用 IMF 统计的全球官方外汇储备中人民币占比数据，即人民币外汇储备金额比全球外汇储备总额，具体数据来源于 IMF 的 COFER 数据库。

对于全球对外信贷中人民币占比，分子采用中国人民银行统计的人民币境外贷款总额；分母采用国际清算银行（BIS）世界银行业资产负债表（按币种）中的所有部门（all sectors）债权（claims）来表示全球对外信贷总额。为了与分母单位保持一致，采用人民币兑美元月平均汇率把人民币境外贷款单位化为十亿美元。

由于 IMF 的 AREAER 数据库并未免费对外开放，因此汇率钉住人民币的国家数量占比数据难以获取。本书借鉴徐伟呈等（2019）的做法，建立货币锚模型，根据一国货币汇率波动受国际货币汇率波动的影响程度来反映该国际货币的"锚地位"，并计算出汇率钉住该国际货币的国家数量占比，将其纳入货币国际化指数的指标体系。

本部分以弗兰克尔和韦（Frankel and Wei，1994）提出的外部货币模型为基础进行研究，该模型假设，本币汇率波动由一篮子货币的汇率波动决定，若选取一种不包含在货币篮子中的外部货币作为计量基准，则本币兑外部货币的汇率波动能够用篮子货币兑外部货币的汇率波动来描述，由此可以测算出本币钉住的货币篮子的构成及其权重。公式表达如式（3-2）所示：

$$\Delta\log X_t = \alpha + \Sigma\beta_j\Delta\log H(j)_t + \mu_t \qquad (3-2)$$

式（3-2）中，$\Delta\log X_t$、$\Delta\log H(j)_t$ 分别表示本币、篮子货币兑外部计量基准货币的汇率在 t 期的自然对数一阶差分值，反映了本币汇率、篮子货币汇率的变动率；回归系数 β_j 表示货币 j 在本国货币篮子中的权重，反映了货币 j 的汇率对本国货币汇率的影响程度；α 和 μ_t 则分别表示常数项和随机误差项。

在篮子货币选择方面，美元、欧元、日元和英镑在世界中的对外贸易起到一定程度的计价货币作用，并且目前国际货币基金组织中的特别提款权货币篮子由美元、欧元、日元、英镑和人民币五种货币组成，这几种货币属于前五大国际支付货币。因此本报告选择美元、欧元、日元、英镑和人民币 5 种货币组成货币篮子。在基准货币的选择方面，模型要求基准货币需要是篮子之外的货币，本部分以瑞士法郎作为基准货币，瑞士属于中立国和小型经济开放体，不存在外汇管制，通常被认为不会受到篮子货币的重大影响。模型可以表示为式（3-3）：

$$\Delta\log\left(\frac{X}{CHF}\right)_t = \alpha + \beta_1\Delta\log\left(\frac{USD}{CHF}\right)_t + \beta_2\Delta\log\left(\frac{EUR}{CHF}\right)_t$$
$$+ \beta_3\Delta\log\left(\frac{JPY}{CHF}\right)_t + \beta_4\Delta\log\left(\frac{GBP}{CHF}\right)_t$$
$$+ \beta_5\Delta\log\left(\frac{RMB}{CHF}\right)_t + \mu_t \qquad (3-3)$$

式（3-3）中，$\frac{k}{CHF}$（k = X, USD, EUR, JPY, GBP, RMB）分别表示一国或地区的货币 X、美元、欧元、日元、英镑和人民币兑瑞士法郎的汇率。

但需要格外注意的是，由于目前人民币实行参考一篮子货币的有管理浮动汇率制度，单纯将人民币汇率作为解释变量加入初始模型，人民币与其他货币的相关性将引发多重共线性问题，可能出现有偏甚至错误的估计结果。基于此，本书借鉴了卡瓦伊和庞泰恩斯（2016）提出的两步估计方法，先将人民币汇率变动对美元、欧元、日元、英镑汇率变动做辅助回归，之后将回归得到的残差序列作为人民币汇率变动的代理变量，进而估计人民币对一国或地区货币汇率变动的影响。具体过程如下所示：

$$\Delta \log\left(\frac{\text{RMB}}{\text{CHF}}\right)_t = \varphi_0 + \varphi_1 \Delta \log\left(\frac{\text{USD}}{\text{CHF}}\right)_t + \varphi_2 \Delta \log\left(\frac{\text{EUR}}{\text{CHF}}\right)_t$$

$$+ \varphi_3 \Delta \log\left(\frac{\text{JPY}}{\text{CHF}}\right)_t + \varphi_4 \Delta \log\left(\frac{\text{GBP}}{\text{CHF}}\right)_t + \hat{\omega}_t \quad (3-4)$$

式（3-4）中，$\varphi_i (i=1, 2, 3, 4)$ 分别表示人民币受美元、欧元、日元和英镑的影响程度；φ_0 为常数项；残差序列 $\hat{\omega}_t$ 表示人民币汇率自主波动的部分。

将 $\hat{\omega}_t$ 作为人民币汇率变动的代理变量加入式（3-3），得到式（3-5）。

$$\Delta \log\left(\frac{X}{\text{CHF}}\right)_t = \alpha + \beta_1 \Delta \log\left(\frac{\text{USD}}{\text{CHF}}\right)_t + \beta_2 \Delta \log\left(\frac{\text{EUR}}{\text{CHF}}\right)_t$$

$$+ \beta_3 \Delta \log\left(\frac{\text{JPY}}{\text{CHF}}\right)_t + \beta_4 \Delta \log\left(\frac{\text{GBP}}{\text{CHF}}\right)_t + \beta_5 \hat{\omega}_t + \mu_t$$

$$(3-5)$$

式（3-5）中，回归系数 $\beta_i (i=1, 2, 3, 4, 5)$ 表示一国或地区货币的汇率波动分别受美元、欧元、日元、英镑和人民币汇率波动影响的程度。对于这五种篮子货币而言，若一国或地区的货币与其双边汇率波动的系数为正且显著（P 值 < 0.1），则认为一国或地区的货币钉住了该篮子货币。在此基础上，分别计算出世界范围内汇率钉住这五种篮子货币的国家和地区数量，从而得到各货币汇率钉住的国家和地区数量占比的结果。

本书从太平洋汇率服务中心（Pacific Exchange Rate Service）数据库中选取了 111 个国家和地区[①]作为样本，样本期设定为 1999Q1 ~ 2019Q4。最

---

① 这些国家和地区包括：阿尔及利亚、阿根廷、澳大利亚、奥地利、巴哈马、巴林、巴巴多斯、比利时、百慕大、巴西、保加利亚、加拿大、智利、哥伦比亚、克罗地亚、塞浦路斯、捷克、丹麦、荷兰、格林纳达、埃及、爱沙尼亚、斐济、芬兰、法国、刚果、法属太平洋辖区（瓦利斯群岛和富图纳群岛、法属波利尼西亚、新喀里多尼亚）、德国、加纳、匈牙利、希腊、洪都拉斯、冰岛、印度、印度尼西亚、爱尔兰、以色列、意大利、牙买加、约旦、科威特、黎巴嫩、卢森堡、马耳他、墨西哥、摩洛哥、新西兰、挪威、俄罗斯、土耳其、巴基斯坦、巴拿马、秘鲁、菲律宾、波兰、葡萄牙、罗马尼亚、沙特阿拉伯、塞尔维亚、马来西亚、斯洛伐克、斯洛文尼亚、南非、韩国、西班牙、新加坡、斯里兰卡、苏丹、瑞典、中国台湾、特立尼达和多巴哥、突尼斯、阿联酋、乌拉圭、委内瑞拉、越南、赞比亚、泰国、中国香港、蒙古国、柬埔寨、缅甸、老挝、孟加拉国、尼泊尔、哈萨克斯坦、吉尔吉斯斯坦、塔吉克斯坦、土库曼斯坦、阿富汗、伊朗、也门、波黑、马其顿、阿尔巴尼亚、白俄罗斯、乌克兰、格鲁吉亚、亚美尼亚、阿塞拜疆、摩尔多瓦、尼日利亚、埃塞俄比亚、安哥拉、毛里求斯、伯利兹、尼加拉瓜、哥斯达黎加、巴拉圭、玻利维亚、苏里南。

终利用这 111 个国家和地区的货币兑瑞士法郎的日均汇率，在式（3－5）的基础上以 62 天为窗口期（假设 62 天为一个季度的交易日天数），以 62 天为步长进行滚动回归，计算得到汇率钉住这五种篮子货币的国家数量比例的季度数据，具体结果如表 3－17 所示。

表 3－17　　　　　汇率钉住五种国际货币的国家和地区数量占比　　　单位：%

年份	美元	欧元	英镑	日元	人民币
1999	65.45	39.25	4.02	10.70	5.36
2000	71.31	34.78	4.72	4.38	11.58
2001	66.88	36.53	5.11	12.97	4.44
2002	65.00	38.33	6.67	8.00	4.67
2003	60.68	35.34	8.33	11.31	4.62
2004	61.11	39.51	7.41	17.28	8.33
2005	61.11	46.30	7.72	12.35	8.95
2006	64.24	41.81	11.23	10.31	14.24
2007	65.76	51.91	6.02	6.32	12.01
2008	62.75	53.44	10.83	4.80	8.09
2009	63.34	53.44	18.17	9.53	11.92
2010	61.47	52.65	12.65	4.12	8.24
2011	59.80	57.50	17.78	7.21	15.47
2012	62.83	37.44	17.33	6.40	21.74
2013	63.86	44.91	6.80	11.23	8.32
2014	63.92	34.97	19.34	15.57	6.91
2015	64.58	35.44	18.63	13.03	10.10
2016	69.82	34.68	18.69	3.83	18.92
2017	67.91	38.55	3.62	7.77	8.40
2018	62.81	39.04	6.43	5.53	25.23
2019	63.13	37.97	10.63	6.46	23.17

　　注：限于篇幅，此处仅列出了年度数据，各年度锚定五种国际货币的国家和地区数量占比均为四个季度的平均值。表中第二列数据的含义为：汇率钉住美元的国家（地区）数量占比＝当期汇率钉住美元的国家（地区）数量/当期有汇率数据的国家和地区总数；欧元、英镑、日元、人民币同理。

如图 3 - 10 所示，1999 ~ 2019 年，美元和欧元一直是国际上占主导地位的锚货币，锚定美元的国家和地区数量的比例一直稳定在 60% ~ 70%，锚定欧元的国家和地区数量比例则在 40% 附近上下波动。相比之下，英镑、日元和人民币的货币锚地位远不及美元和欧元，但呈现波动上升趋势，这说明了各国央行或外汇管理当局在调节本币汇率时越来越避免让本国货币仅钉住一种单一货币，而是倾向于钉住一篮子货币。2019 年，汇率钉住人民币的国家（地区）数量比例已经超过了英镑和日元，说明人民币在国际上的"货币锚"地位不断提高。

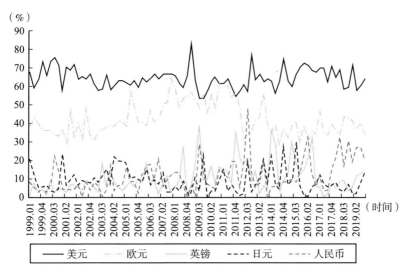

图 3 - 10 汇率钉住五种国际货币的国家（地区）数量比例

资料来源：笔者自行计算得到。

3. 指数测算方法

在货币国际化指数的编制过程中，各项指标的权重如何确定一直是学术界关心的问题。科学合理的权重会增加货币国际化指数的可靠性，从而让指数能够更加真实、客观地反映货币国际化水平。由于不同指标在国际市场上的表现各有不同，对指数结果的影响程度大小也不同，故采取等权重或主观确定权重的方式对各指标进行加权显然不够有说服力。主成分分析法（PCA）在构建指数方面已经得到了较为广泛的应用，能够很好地解决指标权重确定问题。联合国贸易和发展组织（UNCTAD）构建的用来反映各国贸易发展情况的 TDI 指数的指标权重就是采用主成分分析法进行计算的。

主成分分析法（PCA）最大的优点是能通过线性变换实现复杂数据的降维，从而让更少的变量保留更多的信息。主成分分析法的原理是通过将具有相关关系的多个变量进行线性变换得到一组互不相关的新变量，得到的新变量就叫作主成分。主成分中尽可能多地包含有原始变量的信息，通过对主成分进行分析可以实现数据的降维，剔除原始变量中由于相关性而导致的信息互相重叠的部分，从而高效地提取原有多个变量中的有效信息，降低由于变量过多给分析带来的种种不便。

主成分分析法的原理可用数学语言表达为下列形式：

$$X = \begin{bmatrix} x_{11} & \cdots & x_{1p} \\ \vdots & \ddots & \vdots \\ x_{n1} & \cdots & x_{np} \end{bmatrix} = \begin{bmatrix} x_1, x_2, \cdots, x_p \end{bmatrix} \qquad (3-6)$$

主成分分析法可将原始 p 个 n 维向量构成的 n×p 维矩阵 X 通过线性变换形成 p 个新的互不相关的维数低于 n 的向量，即 p 个主成分：

$$\begin{cases} PC_1 = \alpha_{11}x_1 + \alpha_{21}x_2 + \cdots + \alpha_{p1}x_p \\ PC_2 = \alpha_{12}x_1 + \alpha_{22}x_2 + \cdots + \alpha_{p2}x_p \\ \qquad \cdots\cdots \\ PC_p = \alpha_{1p}x_1 + \alpha_{2p}x_2 + \cdots + \alpha_{pp}x_p \end{cases} \qquad (3-7)$$

满足以下条件：

条件 1　各主成分向量 PC 相互独立；

条件 2　从第一主成分到最后一个主成分，方差依次递减。

条件 3　系数满足正交条件。其中条件之一是：

$$\alpha_i^T \alpha_i = 1, \quad \alpha_i = \begin{bmatrix} \alpha_{i1} \\ \alpha_{i2} \\ \cdots \\ \alpha_{ip} \end{bmatrix}, \quad i = 1, 2, \cdots, p, \quad 即 \alpha_{i1}^2 + \alpha_{i2}^2 + \cdots + \alpha_{ip}^2 = 1$$

主成分分析法（PCA）的核心思路是将一组具有相关性的高维变量通过线性变换转化成一组相互独立的低维变量，剔除变量之间重叠的信息，尽可能多的保留原始信息，将多维问题降为低维问题，便于快速找出原始信息中的主要成分，简化分析。

借鉴陈和吴（Chen and Woo, 2010）的研究，本书采用以下方法计算货币国际化指数中各指标的权重：对于 m 个时期为 T 的反映货币国际化程度的指标，构成 T×m 维的矩阵 $X_{T \times m}$，这 m 个指标的协方差矩阵为 $R_{m \times m}$，用 λ_i（i = 1, 2, …, m）表示矩阵 $R_{m \times m}$ 的第 i 个特征值，$\alpha_{m \times 1}^i$ 表示矩阵 $R_{m \times m}$ 的第 i 个特征向量。令 $PC_i = X\alpha^i$ 表示第 i 个主成分，且 $\lambda_i = Var(PC_i)$，即主成分 PC_i 的方差等于协方差矩阵 $R_{m \times m}$ 的第 i 个特征值 λ_i。根据各个主成分 PC_i 及其相对重要度 λ_i，综合指数的构造方法如下：

$$\text{Index} = \frac{\sum_{i=1}^{m} \lambda_i PC_i}{\sum_{i=1}^{m} \lambda_i} = \frac{\sum_{i=1}^{m} \sum_{j=1}^{m} \lambda_i \alpha_j^i x_j}{\sum_{i=1}^{m} \lambda_i} = \sum_{j=1}^{m} \omega_j x_j \qquad (3-8)$$

其中，x_j（j = 1, 2, …, m）为矩阵 X 的第 j 列，第 j 个指标的权重如下所示：

$$\omega_j = \frac{\sum_{i=1}^{m} \lambda_i \alpha_j^i}{\sum_{i=1}^{m} \lambda_i} \qquad (3-9)$$

式（3 - 9）中，λ_i 是第 i 个主成分对应的特征值，α_j^i 是第 j 个指标对应的第 i 个主成分的特征向量，ω_j 表示第 j 个指标的权重。根据上述办法计算出的主成分分析结果如表 3 - 18 和表 3 - 19 所示，具体计算过程由 Stata14 执行。

表 3 - 18　　　　　　　　　各主成分的特征值和贡献率

主成分	特征值	差分	方差贡献率	累计贡献率
PC1	6.0134	5.2264	0.8591	0.8591
PC2	0.7870	0.6746	0.1124	0.9715
PC3	0.1125	0.0575	0.0161	0.9876
PC4	0.0550	0.0311	0.0079	0.9955
PC5	0.0239	0.0170	0.0034	0.9989
PC6	0.0068	0.0055	0.0010	0.9999
PC7	0.0014		0.0002	1.0001

表 3 - 19 各指标对应的主成分的特征向量

指标	PC$_1$	PC$_2$	PC$_3$	PC$_4$	PC$_5$	PC$_6$	PC$_7$
PCR	0.3835	-0.1722	0.9048	-0.0515	0.0111	-0.04	0.013
FCCR	0.4059	-0.0313	-0.1613	0.2746	0.0683	-0.225	-0.8231
FERCR	0.3707	-0.4209	-0.268	-0.6274	0.4089	0.2291	0.0133
IDSCR	0.3927	0.2763	-0.1636	-0.2935	-0.237	-0.7171	0.2937
FETCR	0.3677	-0.4495	-0.2124	0.6379	0.0329	-0.0079	0.4577
IDICR	0.3187	0.695	0.0092	0.1693	0.5431	0.257	0.1602
ITSCR	0.3997	0.1754	-0.107	-0.0811	-0.6898	0.5612	-0.0263

　　将上述计算结果代入式（3 - 7）中，再对权重进行归一化处理，即让各指标权重之和为 1，可以得到人民币国际化指数各项指标的最终权重（见表 3 - 20）。可以看到，在 7 项指标中，权重最大的 3 项指标分别是 IDSCR、ITSCR 和 IDICR，即国际债券余额中人民币占比、国际贸易结算中人民币占比和国际直接投资中人民币占比，这说明国际货币的交易媒介职能和价值尺度职能对货币国际化的发展水平影响更大。相比之下，FER-CR 指标的权重较低，即全球外汇储备中人民币占比对综合指数的贡献较小，这说明价值贮藏职能为国际货币较高层次的职能，对货币国际化水平的影响相对有限，这也符合货币国际化进程中"结算货币—计价货币—储备货币"的一般发展规律。

表 3 - 20 人民币国际化指数的各指标最终权重

指标	PCR	FCCR	FERCR	IDSCR	FETCR	IDICR	ITSCR
最终权重	0.1425	0.1514	0.1158	0.1591	0.1174	0.1562	0.1577

　　由于人民币国际化指数所包含的指标都是比重，单位都是百分比，因此无须进行无量纲化处理，根据上文计算出的各指标权重直接加权即可。具体指数模型为：

$$\mathrm{WRI}_t = \sum_{j=1}^{7} \omega^j X_t^j \times 100 \qquad (3-10)$$

其中，WRI_t 表示第 t 期的人民币国际化指数，X_t^j 表示第 j 个指标在第 t 期的数值，ω^j 表示第 j 个指标的权重。人民币国际化指数的各指标都是人民币各职能在世界总量中的占比，因此具有横向比较功能和纵向动态比较功能。

为了把人民币与其他国际货币的国际化水平进行横向比较，采取相同指标体系和相同权重构建其他货币的国际化指数，具体模型为：

$$WCI_{i,t} = \sum_{j=1}^{7} \omega^j X_{i,t}^j \times 100 \qquad (3-11)$$

其中，$WCI_{i,t}$ 表示第 t 期货币 i 的国际化指数，$X_{i,t}^j$ 表示货币 i 的第 j 个指标在第 t 期的数值，ω^j 表示第 j 个指标的权重。货币 i（i=1，2，3，4）分别表示美元、欧元、英镑、日元。

一般而言指数值越大，说明该货币作为国际货币的各项职能表现越突出，其国际化水平就越高。

假定人民币是世界上唯一的国际货币，则人民币国际化指数的各个指标数值应为 100%，此时人民币国际化指数为 100；反之，若人民币在世界经济各领域中完全没有被使用，则其各指标数值为 0，此时人民币国际化指数值为 0。人民币国际化指数的值越大，说明人民币在世界上的各项职能表现越突出，发挥的作用越重要，其国际化水平就越高。

同样，对于美元、欧元、英镑、日元来说，其货币国际化指数的值越大，说明其国际化程度越高。基于该指数的横向比较功能，若美元的国际化指数数值大于人民币的国际化指数数值，则说明在世界范围内美元的国际化程度高于人民币的国际化程度。

上述指数是从官方和民间两个层面和人民币的交易媒介职能、价值尺度职能和价值贮藏职能三大国际货币职能出发，利用货币锚模型和主成分分析法构建出的人民币国际化指数。该指数可以比较全面地反映人民币的国际地位，为考察人民币国际化效果提供了一种科学简明的观察指标。

3.2.2.2　基于货币锚模型的人民币国际化指数表现

根据上述人民币国际化指数的编制方法，我们对 1999 年第一季度至 2019 年第四季度的人民币国际化指数进行了计算，具体结果如表 3-21 所示。

表 3 - 21　　　　　　　　　　　人民币国际化指数　　　　　　　　　单位：%

时间（季度）	人民币国际化指数	时间（年月）	人民币国际化指数
1999. 01	1. 2032	2006. 01	1. 8235
1999. 02	0. 8196	2006. 02	2. 5229
1999. 03	0. 4425	2006. 03	2. 6708
1999. 04	0. 8263	2006. 04	1. 4760
2000. 01	0. 4361	2007. 01	3. 0032
2000. 02	1. 0069	2007. 02	0. 9559
2000. 03	3. 1816	2007. 03	1. 4876
2000. 04	2. 2091	2007. 04	1. 8300
2001. 01	0. 8651	2008. 01	2. 0441
2001. 02	0. 6702	2008. 02	2. 0915
2001. 03	0. 6699	2008. 03	1. 0848
2001. 04	0. 6611	2008. 04	0. 2430
2002. 01	1. 0345	2009. 01	1. 0984
2002. 02	0. 0825	2009. 02	0. 4218
2002. 03	1. 2189	2009. 03	4. 3365
2002. 04	0. 6441	2009. 04	1. 9774
2003. 01	1. 1990	2010. 01	1. 2781
2003. 02	1. 0061	2010. 02	1. 1292
2003. 03	0. 0553	2010. 03	0. 9834
2003. 04	0. 5969	2010. 04	2. 5202
2004. 01	2. 5236	2011. 01	2. 2120
2004. 02	0. 5912	2011. 02	1. 9140
2004. 03	0. 9463	2011. 03	3. 2065
2004. 04	0. 9504	2011. 04	3. 2376
2005. 01	2. 3634	2012. 01	1. 3520
2005. 02	1. 3123	2012. 02	3. 3519
2005. 03	1. 3160	2012. 03	7. 4622
2005. 04	0. 4402	2012. 04	2. 7431

时间（季度）	人民币国际化指数	时间（年月）	人民币国际化指数
2013. 01	1. 5159	2016. 03	3. 5379
2013. 02	1. 8837	2016. 04	2. 6157
2013. 03	3. 5985	2017. 01	3. 4810
2013. 04	1. 0290	2017. 02	2. 3216
2014. 01	1. 7968	2017. 03	2. 3951
2014. 02	1. 9788	2017. 04	3. 8810
2014. 03	2. 3059	2018. 01	4. 9876
2014. 04	2. 3929	2018. 02	6. 6766
2015. 01	2. 5747	2018. 03	4. 5822
2015. 02	2. 7933	2018. 04	6. 4400
2015. 03	2. 6523	2019. 01	4. 8295
2015. 04	3. 4154	2019. 02	5. 9096
2016. 01	4. 8752	2019. 03	5. 8886
2016. 02	6. 1647	2019. 04	4. 9409

为了更直观地体现人民币国际化指数的变化走势，下文以折线图的形式展现表 3 −21 中人民币国际化指数的计算结果，如图 3 −11 所示。

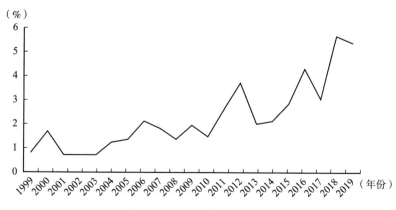

图 3 −11　人民币国际化指数

注：出于绘图需要，该折线图按照年度进行了平滑处理，但不改变各季度指数的值。

如图 3 - 11 所示，人民币国际化指数 1999 ~ 2019 年总体呈现上升趋势。2005 年之前，人民币国际化指数在 1% 附近上下波动，此时人民币国际化水平还相当低。2009 ~ 2012 年，人民币国际化进程明显加快，指数由 1% 附近上升至在 3% 附近上下波动。2010 年之后的人民币国际化指数波动幅度明显增加。2015 年的汇率制度改革使得人民币兑美元汇率一改此前单边升值状态，人民币汇率出现贬值预期，且汇率波动幅度增大，人民币国际化指数表现一度走弱。2016 ~ 2017 年出现短暂下行后，开始大幅上升，截至 2019 年第四季度，人民币国际化指数的值为 4.94%。所以从整体变化趋势来看，与现有四种人民币国际化指数相比，本章节所构建的人民币国际化指数展现的增长趋势更显著，人民币国际化程度更高。

人民币国际化指数的上升趋势反映出各国对人民币国际货币功能的认可程度和接受程度越来越高，人民币的应用范围越来越广。人民币国际化指数的波动也意味着人民币"走出去"还面临着挑战，道路并不平坦。

3.2.2.3　主要国际货币的国际化指数比较

为使指数结果具有横向可比性，将前面的指数指标体系和编制方法同样用于其他主要国际货币，即按照相同的指标、权重及计算方法编制美元、欧元、英镑、日元的国际化指数，通过将这五种货币的国际化指数进行对比识别人民币在现有国际货币中的地位。表 3 - 22 展示了包括人民币在内的五种主要国际货币的国际化指数计算结果。

表 3 - 22　　　　　　　　主要国际货币的国际化指数　　　　　　单位：%

时间（季度）	美元	欧元	英镑	日元	人民币
1999.01	47.4841	18.5317	4.8852	10.1152	1.2032
1999.02	46.4059	19.4406	6.0880	8.7008	0.8196
1999.03	46.2376	19.7258	5.5536	7.9677	0.4425
1999.04	47.6527	19.4838	5.8935	8.1528	0.8263
2000.01	46.5578	19.8724	5.6955	8.1403	0.4361
2000.02	47.7006	20.4019	6.8223	7.7254	1.0069
2000.03	48.4199	20.2492	6.0145	7.4857	3.1816

续表

时间（季度）	美元	欧元	英镑	日元	人民币
2000. 04	47. 5533	20. 9626	6. 4831	7. 3734	2. 2091
2001. 01	45. 9952	23. 5603	6. 2058	9. 9294	0. 8651
2001. 02	47. 8688	23. 1259	5. 9834	7. 5942	0. 6702
2001. 03	46. 9294	26. 5348	6. 6870	7. 9094	0. 6699
2001. 04	47. 4894	24. 9149	6. 9268	7. 9117	0. 6611
2002. 01	46. 0151	26. 8990	6. 8757	6. 8406	1. 0345
2002. 02	44. 9276	27. 0588	6. 7781	7. 3437	0. 0825
2002. 03	44. 4111	29. 9868	7. 6642	7. 0130	1. 2189
2002. 04	44. 2976	28. 5877	7. 5079	6. 8971	0. 6441
2003. 01	43. 3487	28. 8554	7. 0317	7. 0444	1. 1990
2003. 02	42. 4254	30. 1996	6. 6914	6. 4471	1. 0061
2003. 03	42. 3923	30. 3668	9. 0169	6. 9949	0. 0553
2003. 04	42. 9561	31. 0619	7. 3300	7. 4323	0. 5969
2004. 01	42. 1540	29. 9293	8. 4977	6. 3956	2. 5236
2004. 02	42. 3885	29. 9572	7. 9682	8. 4273	0. 5912
2004. 03	42. 3936	30. 6544	7. 3207	7. 9643	0. 9463
2004. 04	41. 6287	31. 1975	7. 1373	7. 9202	0. 9504
2005. 01	41. 2628	30. 7920	7. 4573	7. 5807	2. 3634
2005. 02	41. 4083	33. 1274	7. 6826	6. 2543	1. 3123
2005. 03	41. 6633	31. 9604	7. 2870	6. 3362	1. 3160
2005. 04	41. 1353	30. 6874	7. 7901	6. 0615	0. 4402
2006. 01	41. 5578	30. 9150	7. 6205	5. 6472	1. 8235
2006. 02	40. 7477	30. 9967	9. 0730	6. 5306	2. 5229
2006. 03	41. 0834	32. 0018	7. 4667	5. 1713	2. 6708
2006. 04	41. 0901	31. 3719	8. 0475	5. 3849	1. 4760
2007. 01	40. 7418	31. 3283	6. 8693	4. 6337	3. 0032
2007. 02	40. 8723	32. 5997	7. 5120	5. 4652	0. 9559
2007. 03	40. 3136	32. 9585	8. 1278	3. 9954	1. 4876

续表

时间（季度）	美元	欧元	英镑	日元	人民币
2007.04	39.7911	35.3618	6.7107	4.0929	1.8300
2008.01	38.2431	35.6641	7.1274	4.8384	2.0441
2008.02	37.1586	34.5851	7.4615	4.4746	2.0915
2008.03	37.2307	34.7306	10.1130	5.2604	1.0848
2008.04	38.0501	35.1272	6.0057	4.3707	0.2430
2009.01	41.4729	34.8249	6.6489	4.0929	1.0984
2009.02	37.9289	34.5393	8.4850	5.5018	0.4218
2009.03	36.4535	34.1510	11.2886	4.5051	4.3365
2009.04	36.6985	34.9038	6.9835	7.1381	1.9774
2010.01	37.5118	33.2205	6.8135	3.9924	1.2781
2010.02	38.6285	33.9161	7.8449	4.6516	1.1292
2010.03	38.4177	33.3084	6.6244	4.7239	0.9834
2010.04	38.0671	34.6736	7.6894	5.6848	2.5202
2011.01	37.6391	34.8828	7.4830	6.4776	2.2120
2011.02	37.7044	35.0866	7.2953	4.8727	1.9140
2011.03	37.5204	33.6956	6.2220	5.5033	3.2065
2011.04	37.2666	33.3923	10.2148	5.0844	3.2376
2012.01	42.1415	39.2576	9.6473	5.0839	1.3520
2012.02	43.2944	36.0170	9.1225	5.3898	3.3519
2012.03	42.5079	36.3237	9.6125	7.8436	7.4622
2012.04	45.6608	36.2394	7.7743	5.5445	2.7431
2013.01	44.7934	35.9945	8.3282	6.3359	1.5159
2013.02	45.7725	36.0122	6.5362	6.5648	1.8837
2013.03	45.0503	37.6928	7.2663	8.0856	3.5985
2013.04	45.5378	34.7551	7.1254	6.1695	1.0290
2014.01	45.9761	33.9423	11.6204	8.4175	1.7968
2014.02	45.4905	34.3940	10.3961	6.1793	1.9788
2014.03	47.2573	31.7575	6.8126	5.8329	2.3059
2014.04	49.2968	32.5677	7.4181	9.1162	2.3929

时间（季度）	美元	欧元	英镑	日元	人民币
2015.01	48.2389	31.1128	8.0907	6.2525	2.5747
2015.02	48.1384	32.0863	10.5529	6.4968	2.7933
2015.03	49.0501	32.5692	9.0766	9.4841	2.6523
2015.04	50.1960	30.7198	8.1468	6.1902	3.4154
2016.01	50.3149	32.4027	8.2738	5.6694	4.8752
2016.02	50.5071	30.9527	9.1553	5.6782	6.1647
2016.03	50.4451	31.7693	10.5501	6.3605	3.5379
2016.04	51.0803	31.2571	6.7439	6.4701	2.6157
2017.01	51.4621	33.1100	6.6478	7.1274	3.4810
2017.02	51.1885	32.0009	5.9108	6.4156	2.3216
2017.03	50.0330	31.9249	6.2210	6.1209	2.3951
2017.04	51.1250	33.0711	6.9865	6.1649	3.8810
2018.01	49.6888	32.9891	6.7755	6.5144	4.9876
2018.02	50.6631	32.4430	7.1738	6.0341	6.6766
2018.03	49.3431	33.9935	7.2923	5.8648	4.5822
2018.04	49.7620	33.7448	6.4661	6.4388	6.4400
2019.01	51.3839	33.4434	6.8500	5.7230	4.8295
2019.02	49.4826	32.8898	7.4945	5.7214	5.9096
2019.03	50.3383	32.8838	7.6158	6.5220	5.8886
2019.04	51.2598	31.8949	7.8085	7.2875	4.9409

　　为了更加直观地体现人民币与其他4种货币国际化水平的发展差异，图3-12展示了上述5种国际货币自1999年第一季度至2019年第四季度的国际化指数变动情况。

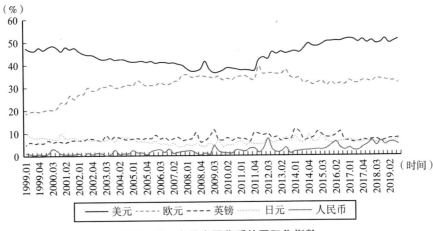

图 3 - 12　世界主要货币的国际化指数

　　不同货币国际化指数间的替代及同步动态关系在图中得到显现。从图 3 - 12 中可以看出，美元一直保持国际化指数排名第一，从指数看其国际化指数在 35% ~ 50% 之间上下波动。欧元在诞生之初其国际化指数就达到了 20%，之后一路走高，在 2012 年第一季度升至 39.3%，甚至与美元指数相差无几。此后，由于受到欧债危机的影响，欧元国际化指数逐渐走弱，自 2014 年之后始终徘徊在 30% 附近。英镑和日元的国际化指数较为接近，在 5% ~ 10% 的区间内波动。其中，在 2004 ~ 2014 年这十年中，日元国际化指数略低于英镑指数。相比以上 4 种国际货币，人民币的国际化指数基本保持在 0 ~ 5% 的区间内，远低于以上 4 种货币。但自 2018 年以来，人民币逐渐追上英镑和日元的国际化指数，差距不断缩小。

　　值得注意的是，欧元国际化指数的走势与美元指数的走势呈现出很强的互补特征，美元指数走弱时基本伴随着欧元国际化指数的走强。这说明美元与欧元作为世界上两大最主要的国际货币，相互之间具有很强的替代性。

3.3　人民币国际化"一带一路"指数构建

　　2013 年，习近平总书记提出"一带一路"倡议，这为人民币国际化提供了新的历史机遇，在"一带一路"沿线国家推进人民币国际化有着独特的地理位置优势和地缘政治、经济优势（彭红枫和刘志杰，2016）。然而，对于人民币在"一带一路"沿线地区的国际化程度，目前学术界还未提出一个明确的衡量指标能够将其量化反映。基于人民币在"一带一路"沿线国家积极发挥结算、计价和储备职能的现状，参照人民币国际化指数的编制方法，本章节将人民币各项职能的全球占比缩小到"一带一路"沿线范围，构建人民币国际化"一带一路"指数（BRRI），为衡量人民币在"一带一路"沿线国家的综合发展程度提供一个客观、科学的量化指标，为把"一带一路"沿线国家作为推进人民币国际化的重点区域提供实证证据。

3.3.1　"一带一路"沿线人民币国际化状况

根据中国人民银行发布的《2020年人民币国际化报告》，人民币在"一带一路"沿线国家的使用状况良好。就结算货币而言，2019年中国与"一带一路"沿线国家办理人民币跨境收付金额超过2.73万亿元，同比增长32%，占同期人民币跨境收付总额的比例达到13.9%。其中，货物贸易收付金额7325亿元，同比增长19%；直接投资收付金额2524亿元，同比增长12.5%；跨境融资收付金额2135亿元。截至2019年末，人民币已与9个"一带一路"沿线国家货币实现了直接交易，如马来西亚林吉特、新加坡元、泰铢等；同时已与柬埔寨瑞尔等3个国家货币实现了区域交易。截至2019年末，中国已与越南、哈萨克斯坦、老挝、俄罗斯等9个"一带一路"沿线国家签署了双边本币结算协议，在8个"一带一路"沿线国家建立了人民币清算机制安排①。就计价和投资货币而言，中国的金融市场开放使越来越多金融资产以人民币计价和投资，"一带一路"沿线国家投资者可以通过RQFII、沪深港通、直接入市和债券通等多种渠道投资我国金融市场，中国投资者也可以通过RQDII机制投资"一带一路"沿线国家金融市场中以人民币计价的金融产品。以债券市场为例，2019年"一带一路"沿线国家境外机构在我国债券市场共发行"熊猫债"超过400亿元，占2019全年发行总额的68%，发行机构包括菲律宾政府、

---

① 资料来源：中国人民银行公布的《人民币国际化报告（2019）》。

葡萄牙政府、新开发银行、意大利存贷款集团、阿布扎比银行等。就储备货币职能而言，我国与"一带一路"沿线国家货币合作不断深化。随着2016年人民币加入SDR，人民币资产逐渐成为"一带一路"沿线国家中央银行分散投资和外汇储备的选择。截至2019年末，韩国、泰国、新加坡、菲律宾和印度尼西亚等国家中央银行已将人民币纳入其外汇储备。此外，我国已与阿联酋、埃及、土耳其、俄罗斯、印度尼西亚等23个"一带一路"沿线国家签署了双边本币互换协议①。

　　"一带一路"是我国发起"互联互通"倡议、有着多年建设基础的区域。"一带一路"倡议下我国推出的一系列政策，对推进人民币国际化有着积极意义。站在"五通"发展的视角看：第一，从政策沟通方面看，我国率先签署区域全面经济伙伴关系协定（RCEP），RCEP是全球最大的自贸区，是中国与东南亚地区国家的贸易合作和产业深度配套，RCEP的签订毫无疑问将带来区域内贸易的进一步增长，为人民币充当计价结算工具提供了更多有利条件。此外，中欧投资协定谈判的完成也将给中欧投资合作提供更开放的市场准入和更光明的合作前景。第二，从设施联通方面看，中资银行逐步完善"一带一路"沿线国家布局，以"一带一路"为切入点布局全球化网络。截至2019年末，中国工商银行在"一带一路"沿线21个国家和地区开设了共计129家分支机构。中国银行已在61个国家和地区设立海外机构，跨境人民币结算量、清算量保持全球第一，且在全球27家人民币清算行中占有13席②。中资银行"走出去"为人民币在海外的结算和清算提供了方便的渠道和安全的保障。第三，从贸易畅通方面看，中匈的"双区联动"机制、中白工业园区的建设、中欧班列的运行、中非光伏合作、中日韩自贸区谈判稳步推进，包括中国跨境电商在"一带一路"沿线的发展等，都为人民币国际化提供了良好的贸易投资合作环境。第四，从资金融通方面看，丝路基金和亚投行为"一带一路"建设中的资金短缺和融资难问题提供了良好的解决途径。丝路基金以中国国有资本为主导，以"一带一路"为契机激励民间资本参与国际合作，撬动更多民间资源。而亚投行更多的是政府主导，资金主要来源于各成员国政

---

① 资料来源：中国人民银行公布的《人民币国际化报告（2019）》。
② "一带一路"成中资银行2019年业绩报告关键词 [N]. 金融时报, 2020-04-09.

府，亚投行在参与"一带一路"项目时能带动各成员国提供相应的支撑和协助。丝路基金和亚投行为"一带一路"沿线的基础设施建设项目提供了强大的资金支持，为以人民币为主导的直接投资提供了更多有利条件。第五，从民心相通方面看，2020年新冠疫情暴发为全球经济发展笼上阴霾，疫苗的研发与推广对经济复苏至关重要。截至2021年1月，已有40多个国家向我国提出了进口中国疫苗的需求。2020年12月，中国与马来西亚签署第一个政府间疫苗合作协定①。"疫苗贸易""疫苗外交"无疑是以我国为主导的合作形式，为以人民币计价结算的贸易提供了更多契机。

"一带一路"建设与人民币国际化相辅相成，互相推动，在"一带一路"沿线推进人民币国际化有着独特的地理优势、地缘政治以及经济优势。下面从人民币跨境贸易结算、直接投资结算和人民币外汇交易等八个方面对"一带一路"沿线人民币国际化现状进行介绍和分析。

1. "一带一路"沿线人民币跨境贸易结算

贸易合作是"一带一路"建设的重点内容。我国与"一带一路"沿线国家的贸易往来为人民币跨境贸易结算总量贡献显著。我国在2021年已成为全球第一贸易大国，"一带一路"沿线国家和地区已成为我国重要的贸易合作伙伴。2022年第一季度，我国一般贸易进出口5.95万亿元，同比增长13.90%，其中对"一带一路"沿线国家进出口总额为2.93万亿元，占我国进出口总额的31.10%，比重比2021年增加1.40%。如图3-13所示，我国与"一带一路"沿线国家双边贸易总额保持稳定增长，占我国贸易总额比重大约在30%~40%，这说明"一带一路"沿线国家在我国对外贸易中占有重要地位，频繁的贸易来往为人民币在"一带一路"沿线国家对华双边贸易中的结算和支付奠定了基础。

---

① 资料来自2021年1月20日外交部发言人华春莹主持例行记者会时的发言内容。

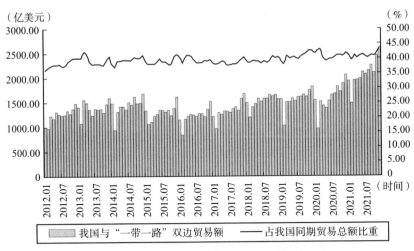

图 3 – 13　我国与"一带一路"沿线双边贸易额及其占比

资料来源：Wind 数据库。

　　从人民币跨境收付情况来看，如图 3 – 14 所示，2017～2020 年，我国与"一带一路"沿线国家的人民币跨境收付金额增长迅速，货物贸易人民币收付金额平稳上升。2020 年，我国与"一带一路"沿线国家的人民币

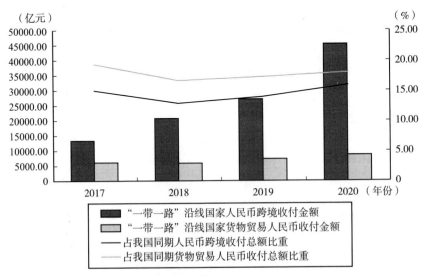

图 3 – 14　我国与"一带一路"沿线（货物贸易）人民币跨境收付金额及其占比

资料来源：中国人民银行官方网站。

跨境收付金额超过 4.53 万亿元，同比增长 65.9%，占我国同期人民币跨境收付总额的 16%。其中，我国与"一带一路"沿线国家的货物贸易人民币收付金额为 8700.97 亿元，同比增长 18.8%，占我国同期货物贸易人民币收付总额的 18.2%。由此可见，我国与"一带一路"沿线国家的人民币跨境收付规模稳步增长，说明"一带一路"沿线人民币跨境使用的便利程度和经济主体对人民币的使用意愿都有所上升。

从跨境贸易结算人民币占比角度来看，如图 3 - 15 所示，在"一带一路"沿线地区，跨境贸易结算中的人民币比重总体而言先升后降。2010 ~ 2016 年，相比于世界范围内的比重，人民币在"一带一路"地区的跨境贸易结算占比一直更高，但从 2015 年第三季度开始出现下降。2017 年第一季度，人民币跨境贸易结算在世界范围内的占比首次超过了其在"一带一路"沿线国家的占比，此后二者均保持小幅平稳增长。由此可以看出，2017 年以前，"一带一路"沿线地区的跨境贸易人民币结算拉动了跨境贸易人民币结算总体占比的提升，进而提高了人民币国际化程度。在 2017 之后，"一带一路"沿线地区的跨境贸易人民币结算占比有所降低。

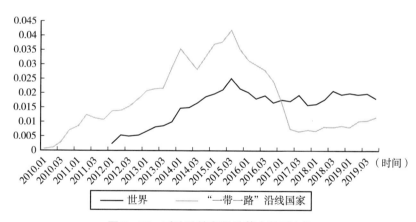

图 3 - 15　对比跨境贸易结算人民币占比

资料来源：Wind 数据库。

2. "一带一路"沿线人民币直接投资结算

投资合作是高质量建设"一带一路"的要求，也是人民币对外输出的重要渠道。从我国对"一带一路"沿线国家直接投资情况来看，2022 年

1～2月，我国对"一带一路"沿线国家非金融类直接投资规模为31.60亿美元，同比增长3.60%，占我国同期对外直接投资总额的20%，比重同比增加0.1个百分点，主要投向新加坡、印度尼西亚、阿联酋和马来西亚等国。如图3－16所示，2015～2021年，我国对"一带一路"沿线非金融类直接投资占我国同期对外直接投资总额比重在15%左右，2016年之后保持震荡上行，从5%左右上升至20%左右。由此可见，我国对"一带一路"沿线非金融类直接投资保持平稳增长趋势，为人民币在"一带一路"沿线流通提供有利条件。

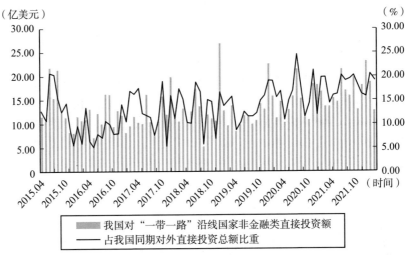

图3－16　我国对"一带一路"沿线国家非金融类直接投资金额及其占比

资料来源：Wind数据库。

从直接投资人民币收付情况来看，如图3－17所示，2017～2020年，我国与"一带一路"沿线国家直接投资人民币收付金额及其所占比重均呈现增长态势，2020年增幅明显提高。2020年全年，我国与"一带一路"沿线国家直接投资人民币收付金额为4341.16亿元，同比增长72%，占我国同期直接投资人民币收付总额的11.39%。我国与"一带一路"沿线国家的直接投资人民币收付金额增速较大，对人民币跨境收付总额的拉动作用明显。

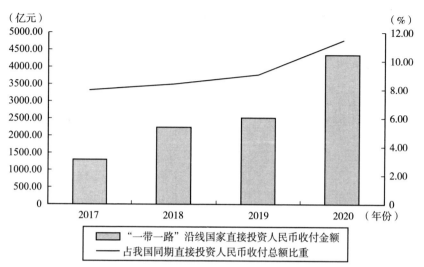

图 3 - 17 我国与"一带一路"沿线直接投资人民币收付金额及其占比
资料来源：中国人民银行官方网站。

从国际直接投资人民币占比角度来看，如图 3 - 18 所示，无论是在世界范围内还是"一带一路"沿线，国际直接投资中人民币占比总体呈上升态势。2010 ~ 2016 年，人民币在世界范围内的国际直接投资占比一直领先于其在"一带一路"范围内的比重，从 2017 年开始，在"一带一路"的比重超过世界比重，随后出现下降，在 2019 年末逐渐接近世界比重。

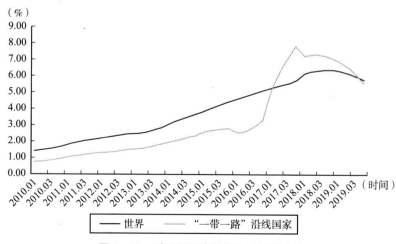

图 3 - 18 对比国际直接投资人民币占比

3. "一带一路"沿线人民币外汇交易

人民币除了用来进行跨境支付和结算外，人民币本身作为一种外汇产品，其交易规模也可以反映其交易媒介职能。人民币外汇交易规模反映了人民币在国际上的交易活跃度和流动性，也能够反映人民币在国际市场上的需求。根据 BIS 最新统计数据，2019 年人民币场外外汇成交额总计 2850.30 亿美元，其中即期成交额为 968.96 亿美元；远期成交额为 355.60 亿美元；外汇掉期成交额为 1368.51 亿美元；货币掉期成交额为 15.64 亿美元；期权成交额为 141.20 亿美元[①]。从人民币场外外汇日均成交额的地区分布来看，如图 3-19 所示，2019 年人民币场外外汇日均成交总额为 3609.16 亿美元；其中，中国市场成交额为 1012.26 亿美元，占成交总额的 28.05%；"一带一路"沿线市场成交额为 1548.60 亿美元，占成交总额的 42.91%；非"一带一路"沿线市场成交额为 1048.31 亿美元，占成交总额的 29.05%。从而可以看出，"一带一路"沿线的人民币外汇交易在总的人民币外汇交易中占主导地位，对人民币国际化拉动作用明显。在"一带一路"沿线市场中，中国香港和新加坡占据主导地位，其成交额分别占总额的 29.82% 和 11.79%，其他"一带一路"沿线国家市场仅占 1.30%。可见，中国香港地区和新加坡仍是人民币最主要的离岸市场。

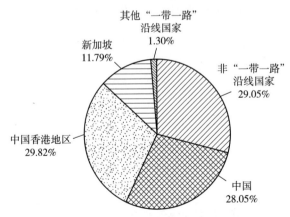

图 3-19 人民币场外外汇日均成交额的地区分布

资料来源：Wind 数据库。

---

① 资料来源：国际清算银行数据库。

从国际外汇交易人民币占比角度来看，如图 3 - 20 所示，国际外汇交易人民币占比在世界范围内和"一带一路"沿线国家均保持平稳增长，但"一带一路"沿线的外汇交易人民币占比涨势趋缓。更重要的是，"一带一路"沿线国家的外汇交易人民币占比一直显著高于世界范围内的占比，从而可以看出"一带一路"沿线外汇交易中的人民币占比对人民币国际化具有显著贡献。

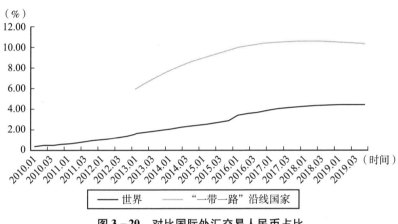

图 3 - 20　对比国际外汇交易人民币占比

4. 我国在"一带一路"沿线国家的对外承包工程

除了直接投资，我国与"一带一路"沿线国家的对外承包工程项目也是投资合作的重点，为人民币在沿线国家的使用提供渠道。如图 3 - 21 所示，2015 年 4 月至 2022 年 2 月，我国与"一带一路"沿线国家的对外承包工程新签合同额和完成营业额规模总体保持稳定，并呈现明显的季节性特征。2022 年 2 月，我国与"一带一路"沿线国家对外承包工程项目新签合同金额为 83.20 亿美元，同比增长 8.66%，占我国同期对外承包工程新签合同总金额的 57.1%；此外，我国与"一带一路"沿线国家对外承包工程完成营业额为 57.80 亿美元，同比增长 8.64%，占同期我国对外承包工程完成营业总金额的 56.9%。我国对外承包工程合同超过半数都是与"一带一路"沿线国家签订的，这为人民币流入和流出开辟了新的通道。

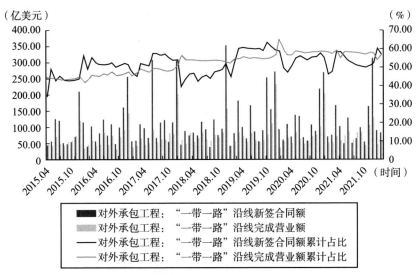

图 3 – 21 我国在"一带一路"沿线对外承包工程新签合同额和完成营业额及其占比
资料来源：Wind 数据库。

5. "一带一路"沿线主体的人民币国际债券发行

人民币国际债券是人民币对金融资产行使计价职能的重要体现。从人民币国际债券在全球的发行情况来看，根据国际清算银行（BIS）统计数据，2021 年第四季度人民币国际债券未偿余额为 1234.77 亿美元，同比增长 9.39%。为了展示"一带一路"沿线人民币国际债券发行情况，本书在 Wind 数据库境外人民币债券和"熊猫债"明细的基础上，整理得到"一带一路"沿线主体发行人民币国际债券未偿余额数据。其中，"一带一路"沿线发债主体包括政府部门、中央银行、企业等各种具有发行资格的机构。如图 3 – 22 所示，2010 ~ 2015 年，"一带一路"沿线主体发行的人民币国际债券高速增长，2016 ~ 2020 年出现回落，2021 年恢复增长。2021 年第四季度，"一带一路"沿线主体发行的境外人民币债券余额为844.30 亿元，"熊猫债"余额为 188.90 亿元，合计 1033.20 亿元，同比增长 17.12%。"一带一路"沿线主体发行人民币国际债券的规模和意愿都有所增加，这表明人民币国际债券越来越成为"一带一路"沿线重要的融资工具。

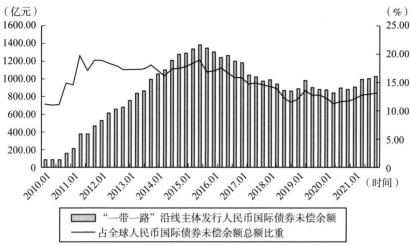

图 3 - 22　"一带一路"沿线主体发行人民币国际债券未偿余额及其占比

资料来源：Wind 数据库。

如图 3 - 23 所示，从国际债券余额人民币占比角度来看，尽管随着我国的金融开放逐步加深，越来越多的周边国家及"一带一路"沿线国家的投资者通过人民币国际债券等金融产品投资人民币资产，但人民币债券在"一带一路"沿线债券市场上的份额低于其在全球国际债券市场上的份额。原因主要在于，欧洲、美国、日本等非"一带一路"国家主体发行的"熊猫债"和境外人民币债券数额较大，同时我国主体在境外发行的人民币债券也占领了部分全球市场份额。

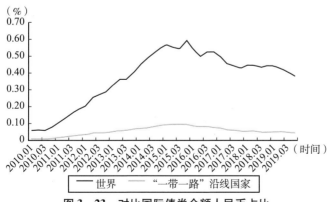

图 3 - 23　对比国际债券余额人民币占比

6. "一带一路"沿线人民币外汇储备

除了结算职能和计价职能，储备职能也是衡量人民币国际货币职能的重要方面。一国货币能成为其他国家的外汇储备，说明其对该货币的币值稳定性有较强的信心，选择该货币分散外汇投资风险。随着 2016 年 10 月人民币加入 SDR 货币篮子，人民币正式成为全球官方外汇储备币种之一。如图 3 - 24 所示，2016 年之后人民币官方外汇储备规模和占比始终保持稳步增长。截至 2021 年第四季度，全球官方外汇储备中人民币规模为 3361.05 亿美元，占比为 2.79%，是全球第五大储备货币。目前，人民币已被全世界超过 75 个国家和地区的央行纳入外汇储备。随着人民币储备货币地位的提高，越来越多的"一带一路"沿线国家央行将人民币资产作为分散投资和外汇储备的选择。俄罗斯、菲律宾、新加坡、泰国、印度尼西亚、马来西亚、柬埔寨、白俄罗斯和哈萨克斯坦等国家央行已经将人民币纳入外汇储备。可见，"一带一路"沿线国家将人民币纳入外汇储备的意愿不断提高。

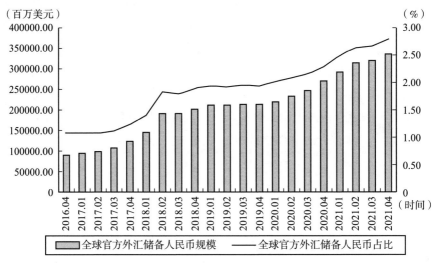

图 3 - 24   全球官方外汇储备中人民币规模及占比

资料来源：Wind 数据库。

7. "一带一路"沿线人民币货币互换和清算安排

我国与"一带一路"沿线国家的双边货币合作有助于在官方层面推广人民币使用。央行货币互换不仅可以为彼此提供短期的流动性支持，更可

以使用对方国家货币用于进口支付，为双边贸易和投资提供便利。截至
2020 年末，有 40 个国家和地区的中央银行与我国签署了双边本币互换协
议，其中"一带一路"沿线国家和地区有 22 个，包括俄罗斯、阿联酋、
印度尼西亚、土耳其、新加坡等①。图 3 – 25 所示，我国央行签署的人民
币货币互换规模在 2008 ~ 2015 年保持大幅增长，2015 ~ 2021 年增势趋缓。
截至 2022 年 3 月，我国央行签署的人民币货币互换规模为 36587 亿元。

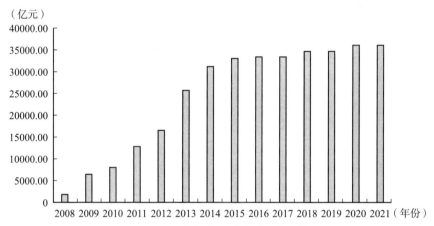

图 3 – 25　央行人民币货币互换规模

资料来源：Wind 数据库。

　　我国与"一带一路"沿线国家的货币金融合作不仅体现在货币互换方
面，在他国设立人民币清算行也是金融合作的重要方面，有利于完善我国
在"一带一路"沿线国家的金融基础设施。根据中国人民银行发布的
《人民币国际化报告（2021）》，截至 2020 年末，中国人民银行已经在 25
个国家和地区授权了 27 家人民币清算行，其中包括 8 个"一带一路"沿
线国家和地区。"一带一路"沿线国家金融机构对参与 CIPS 也表现出积极
的态度。截至 2020 年末，有 3300 多家法人银行机构通过直接或间接的方
式参与 CIPS，其中来自"一带一路"沿线的机构超过 1000 家。可见，我
国在"一带一路"沿线的人民币跨境清算机制取得良好进展，为人民币在
"一带一路"沿线的广泛使用提供了完善的金融设施和条件。

　　据中国银行业协会普华永道联合发布的《中国银行家调查报告

---

① 资料来源：中国人民银行发布的《人民币国际化报告（2020）》。

(2019)》，超八成银行家认为响应"一带一路"倡议和亚太自由贸易区建设等国家战略是中国银行业进行海外发展的首要关注点。一方面，"一带一路"突破了各国间原有的贸易壁垒，加强各国间的贸易投资合作，为银行跨境业务的发展提供了便利，实现互利共赢。另一方面，"一带一路"沿线国家和地区的基础设施投资产生大量的资金需求，促进了银行业海外业务的发展。多数银行家对国际化经营持积极态度。银行业国际化面临着前所未有的机遇。预计未来商业银行会积极推进特色化经营发展战略，服务"一带一路"的国际化发展战略。

8. "一带一路"沿线国家汇率与人民币汇率波动相似的国家数量

限于数据可得性，本部分选取"一带一路"沿线 60 个国家和地区作为样本，计算出其主权货币汇率钉住人民币汇率的国家数量占全部"一带一路"样本国家的百分比，并与这一指标的世界占比进行比较。结果如图 3-26 所示，两种范围内汇率钉住人民币的国家数量比例的变化走势基本一致。但总体来看，自 2005 年人民币汇率形成机制改革之后，汇率波动与人民币汇率波动相似的国家数量在"一带一路"沿线范围内的占比要略高于其在世界范围内的占比，初步判断人民币在"一带一路"沿线范围内的"货币锚"地位高于在世界范围内的"货币锚"地位，反映出在"一带一路"沿线推进人民币国际化具有更大潜力。

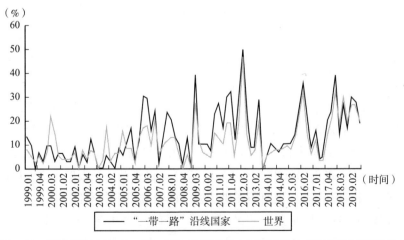

图 3-26　世界范围内和"一带一路"沿线范围内汇率钉住人民币的国家数量比例

为了更全面综合地对"一带一路"沿线人民币国际化水平进行判断，接下来构建"一带一路"指数。

3.3.2　指数编制方法

1. 指标体系

根据本研究关于人民币国际化"一带一路"指数的编制原则，人民币国际化"一带一路"指数应与人民币国际化指数具有可比性，其指标体系和编制方法应保持一致，指标的具体内容从人民币职能的全球占比变为人民币职能在"一带一路"沿线地区的占比。具体指标体系如表3-23所示。

表3-23　　人民币国际化"一带一路"指数（BRRI）指标体系

一级指标	二级指标	三级指标
交易媒介职能	官方外汇干预	"一带一路"沿线国家外汇交易总量中人民币占比
	民间外汇交易	
	民间结算货币	"一带一路"沿线国家贸易结算总量中人民币占比
		"一带一路"沿线国家国际直接投资中人民币占比
价值尺度职能	官方汇率钉住货币	"一带一路"沿线国家中汇率钉住人民币的国家数量占比
	民间计价货币	"一带一路"沿线国家发行的国际债券余额中人民币债券余额占比
价值贮藏职能	官方外汇储备	"一带一路"沿线国家的官方外汇储备中人民币占比
	民间持有和投资	"一带一路"沿线国家对外信贷总量中人民币占比

2. 数据来源与数据处理

人民币国际化"一带一路"指数指标数据来源与数据处理如表3-24所示。由于跨境贸易人民币结算从2009年才开始进行试点，故本部分选取2010年第一季度至2019年第四季度的数据进行计算。因为难以获取"一带一路"沿线各国央行外汇储备中人民币储备规模的数据，以及人民币面向"一带一路"沿线国家和地区的境外贷款规模数据，因此在计算人民币国际化"一带一路"指数（BRRI）时暂时不考虑 BFERCR 指标和 BFCCR 指标。

表 3－24 　 人民币国际化"一带一路"指数（BRRI）指标的数据来源与数据处理

指标	变量缩写	数据处理	数据来源
"一带一路" 沿线国家外汇交易总量中人民币占比	BFETCR	BIS 每三年公布一次场外外汇成交额数据，用 Quatratic-match average 方法处理成季度数据	国际清算银行（BIS）
"一带一路" 沿线国家贸易结算总量中人民币占比	BITSCR	$BRTRS_t = \sum_{i=1}^{m}\left[\, TTRS_t \times \left(\dfrac{BT_t^i}{TCT_t} \times RSPI_i\right)\right]$	跨境贸易人民币结算总额：中国人民银行；中国对外贸易总额：海关总署；中国与"一带一路"沿线国家双边贸易额：联合国贸易和发展组织（UNCTAD）；"一带一路"沿线国家与中国双边贸易人民币结算潜力指数：王庆龙（2019）
"一带一路" 沿线国家国际直接投资中人民币占比	BIDICR	BIDICR = 中国对"一带一路"沿线国家直接投资存量/"一带一路"沿线国家接受外商直接投资存量	联合国贸易和发展组织（UNCTAD）；CSMAR 数据库
"一带一路" 沿线国家中汇率钉住人民币的国家数量占比	BPCR	根据货币锚模型自行计算得到	"一带一路"沿线各国货币兑瑞士法郎汇率：Pacific Exchange Rate Service 数据库
"一带一路" 沿线国家发行的国际债券余额中人民币债券余额占比	BIDSCR	人民币国际债券余额 = 境外人民币债券余额 + "熊猫债"余额	境外人民币债券余额、"熊猫债"余额：Wind 数据库；国际债券余额（按发行人居住地国别）：国际清算银行（BIS）
"一带一路" 沿线国家的官方外汇储备中人民币占比	BFERCR	暂不考虑	暂无
"一带一路" 沿线国家对外信贷总量中人民币占比	BFCCR	暂不考虑	暂无

（1）"一带一路"沿线样本国家和地区选取。

根据中国"一带一路"网的信息，本部分选取现有研究常用的69个国家（地区）① 作为"一带一路"沿线国家的样本。在指标计算过程中，限于数据可得性，每个指标的样本范围可能无法覆盖所有"一带一路"沿线国家和地区，但不会超出该样本国家和地区的范围。

（2）"一带一路"沿线国家（地区）外汇交易总量中人民币占比。

对于"一带一路"沿线国家（地区）外汇交易总量中人民币占比，计算方法为用"一带一路"沿线国家（地区）的场外外汇市场中人民币对其他所有货币的外汇交易量比"一带一路"沿线国家（地区）场外外汇市场的外汇交易总量。外汇交易量具体用日均成交额来衡量。限于数据可得性，"一带一路"沿线国家（地区）场外外汇市场中人民币外汇交易量的样本范围覆盖12个国家（地区），即中国台湾、中国香港、印度、印度尼西亚、卢森堡、马来西亚、菲律宾、俄罗斯、沙特阿拉伯、新加坡、泰国和土耳其。"一带一路"沿线国家（地区）场外外汇市场的外汇交易总量的样本包括24个国家和地区，在上述12个国家和地区的基础上还增加了巴林、保加利亚、捷克、爱沙尼亚、希腊、匈牙利、以色列、拉脱维亚、立陶宛、波兰、罗马尼亚和斯洛伐克。由于国际清算银行（BIS）每三年公布一次场外外汇交易数据，因此需要对数据进行 Quatratic-match average 处理，将其转化为季度数据。

（3）"一带一路"沿线国家（地区）发行的国际债券余额中人民币债券余额占比。

对于"一带一路"沿线国家（地区）发行的国际债券余额中人民币债券余额占比，计算方法为用"一带一路"沿线国家（地区）经济主体发行的以人民币计价的国际债券余额比"一带一路"沿线国家（地区）

---

① 这69个国家或地区包括蒙古国、俄罗斯、中国香港、中国台湾、中国澳门、新加坡、马来西亚、印度尼西亚、缅甸、泰国、老挝、柬埔寨、越南、文莱、菲律宾、印度、巴基斯坦、孟加拉国、阿富汗、斯里兰卡、马尔代夫、尼泊尔、不丹、哈萨克斯坦、乌兹别克斯坦、土库曼斯坦、塔吉克斯坦、吉尔吉斯斯坦、阿富汗、伊朗、伊拉克、土耳其、叙利亚、约旦、以色列、巴勒斯坦、黎巴嫩、沙特阿拉伯、也门、阿曼、阿联酋、卡塔尔、科威特、巴林、埃及、希腊、塞浦路斯、乌克兰、白俄罗斯、格鲁吉亚、阿塞拜疆、亚美尼亚、摩尔多瓦、波兰、立陶宛、爱沙尼亚、拉脱维亚、捷克、斯洛伐克、匈牙利、斯洛文尼亚、克罗地亚、波黑、黑山、塞尔维亚、罗马尼亚、保加利亚、马其顿、阿尔巴尼亚。

经济主体发行的所有国际债券余额。以人民币计价的国际债券包括境外人民币债券和"熊猫债",境外人民币债券主要发行在中国香港(点心债)、中国台湾(宝岛债)和新加坡(狮城债)的债券市场。"熊猫债"是境外主体发行在我国境内债券市场的以人民币计价的国际债券。"一带一路"沿线国家(地区)的经济主体包括政府部门、中央银行、企业等各种具有发行资格的机构,其发行的境外人民币债券和"熊猫债"余额数据来源于Wind 数据库,由笔者自行整理得到,具体数据如表 3 – 25 所示。"一带一路"国家(地区)经济主体发行的所有国际债券余额数据来源于国际清算银行(BIS),限于数据可得性,主要包括"一带一路"沿线 51 个国家和地区。

表 3 – 25 "一带一路"沿线国家和地区主体发行的
人民币国际债券未偿余额 单位:亿元人民币

时间(季度)	"熊猫债"	境外人民币债券	合计
2010. 01	20	70	90
2010. 02	20	70	90
2010. 03	20	70	90
2010. 04	20	143. 8	163. 8
2011. 01	20	194. 8	214. 8
2011. 02	20	359. 9	379. 9
2011. 03	20	363. 4	383. 4
2011. 04	20	447. 4	467. 4
2012. 01	20	509. 9	529. 9
2012. 02	20	597. 13	617. 13
2012. 03	20	646. 81	666. 81
2012. 04	20	666. 31	686. 31
2013. 01	20	735. 35	755. 35
2013. 02	20	820. 62	840. 62
2013. 03	20	845. 99	865. 99
2013. 04	20	977. 1	997. 1
2014. 01	20	1039. 16	1059. 16
2014. 02	20	1088. 74	1108. 74

续表

时间（季度）	"熊猫债"	境外人民币债券	合计
2014.03	20	1191.03	1211.03
2014.04	20	1260.93	1280.93
2015.01	20	1274.62	1294.62
2015.02	20	1318.32	1338.32
2015.03	30	1354.82	1384.82
2015.04	50	1302.82	1352.82
2016.01	50	1254.82	1304.82
2016.02	70	1174.48	1244.48
2016.03	150	1118.21	1268.21
2016.04	221	987.51	1208.51
2017.01	261	927.86	1188.86
2017.02	291	757.18	1048.18
2017.03	389	637.93	1026.93
2017.04	386	590.93	976.93
2018.01	420.6	573.06	993.66
2018.02	415.6	531.56	947.16
2018.03	379.6	492.78	872.38
2018.04	386.6	480.15	866.75
2019.01	406.6	486.15	892.75
2019.02	464	518.67	982.67
2019.03	404	502.67	906.67
2019.04	339	544.65	883.65

注：表中数据的具体含义是于季度末末到期的债券存量。根据统计结果，中国香港、新加坡和中国台湾发行的人民币国际债券占主要地位。

资料来源：Wind 数据库。

（4）"一带一路"沿线国家（地区）的国际直接投资中人民币占比。

对于"一带一路"沿线国家（地区）的国际直接投资中人民币占比，考虑到面向"一带一路"沿线国家（地区）的人民币直接投资结算额数据难以获取，且为了与人民币国际化指数的指标内容保持一致，故采用国别投资规模占比作为其代理变量。该指标的具体计算方法为中国对"一带一路"沿线国家（地区）的直接投资总额比"一带一路"沿线国家（地区）接受外商直接投资总额，数据来源于联合国贸易和发展组织（UNCTAD）。

（5）"一带一路"沿线国家（地区）贸易结算总量中人民币占比。

对于"一带一路"沿线国家（地区）贸易结算总量中人民币占比，计算方法为"一带一路"沿线国家（地区）对外贸易中人民币结算额比"一带一路"沿线国家（地区）对外贸易总额。但由于"一带一路"沿线国家（地区）对外贸易的人民币结算额数据难以获取，本部分用如下方法构造代理变量对其进行估计：

$$BRTRS_t = \sum_{i=1}^{m} \left[TTRS_t \times \left(\frac{BT_t^i}{TCT_t} \times RSPI_i \right) \right] \qquad (3-12)$$

其中，$BRTRS_t$ 表示第 t 期"一带一路"沿线国家（地区）对外贸易中人民币结算额的代理变量；$TTRS_t$ 表示第 t 期跨境贸易人民币结算总额，数据来源于中国人民银行；BT_t^i 表示第 t 期国家 i 与中国的双边贸易额；TCT_t 表示第 t 期中国对外贸易总额；$RSPI_i$ 表示国家（地区）i 在对外贸易中使用人民币进行结算的潜力指数，采用王庆龙（2019）的测算结果；m 表示"一带一路"沿线国家（地区）总数。

人民币结算额的代理变量的构造前提是假设国家（地区）i 只有与中国进行双边贸易时才会使用人民币结算。不同于美元可自由兑换且交易成本低廉，人民币资本账户未完全开放，人民币资产的流动性较差，兑换成本较高，在国际双边贸易中作为第三方货币充当结算货币的可能性很小，可以忽略不计。因此，假设别国（地区）只有与中国进行双边贸易时才会使用人民币结算的构造前提具有合理性。

由于各国（地区）的国际产业分工不同，在全球价值链所处的地位也不同，不同国家（地区）与中国的双边贸易中使用人民币结算的可能性存在差异。根据 Grassman 法则，一般认为出口商品的技术含量越高，出口商对于结算货币选择有更多话语权，即一国（地区）在高技术含量商品的出口中更有可能使用本国（地区）货币作为结算货币；在差异性小，替代性高的商品贸易中，进口商对于结算货币选择有更多话语权；而大宗商品等初级产品则多用交易成本低、可自由兑换的货币进行结算，通常都是美元。此外，国家经济发展差异、贸易规模、进出口企业规模等因素都会影响跨境贸易结算货币的选择。

因此，本书利用中国对外贸易总额中与国家（地区）i 的双边贸易额占比和该国（地区）双边贸易人民币结算潜力指数相乘，即 $\frac{BT_t^i}{TCT_t} \times RSPI_i$，计算出第 t 期的人民币结算出于国家 i 的双边贸易的可能性。在此基础上，再与当期跨境贸易人民币结算总额相乘，即 $TTRS_t \times \left(\frac{BT_t^i}{TCT_t} \times RSPI_i \right)$，计算出国家 i 在第 t 期的双边贸易人民币结算额。将第 t 期所有"一带一路"沿线国家（地区）的双边贸易人民币结算额加总，得到第 t 期"一带一路"沿线国家（地区）对外贸易人民币结算总额。

（6）汇率与人民币汇率波动相似的"一带一路"沿线国家（地区）数量占比。

对于"一带一路"沿线国家（地区）中与人民币汇率波动相似的国家（地区）数量比例，计算方法与构建人民币国际化指数时对这一指标的算法[1]相同，区别在于把样本从世界范围缩小至"一带一路"沿线国家和地区。限于数据可得性，本书选取"一带一路"沿线 60 个国家和地区作为样本，计算出其主权货币汇率波动与人民币汇率波动相似的国家数量占全部"一带一路"样本国家的百分比，并与这一指标的世界占比进行比较，结果如表 3－26 所示。

表 3－26　　　　与人民币汇率波动相似的国家（地区）数量比例　　　　单位：%

时间（季度）	"一带一路"	世界	时间（年月）	"一带一路"	世界
1999.01	13.33	8.00	2000.02	9.68	6.67
1999.02	10.00	5.33	2000.03	9.68	21.92
1999.03	0	2.70	2000.04	3.23	15.07
1999.04	6.67	5.41	2001.01	6.45	5.48
2000.01	3.23	2.67	2001.02	6.45	4.11

———————————

[1]　具体计算方法详见本书 4.2.2 章节。

续表

时间（季度）	"一带一路"	世界	时间（年月）	"一带一路"	世界
2001. 03	3. 23	4. 11	2008. 03	10. 53	6. 02
2001. 04	3. 23	4. 05	2008. 04	0. 00	0. 00
2002. 01	9. 38	6. 67	2009. 01	13. 16	6. 02
2002. 02	0. 00	0. 00	2009. 02	0. 00	1. 19
2002. 03	6. 25	8. 00	2009. 03	39. 47	28. 57
2002. 04	3. 13	4. 00	2009. 04	10. 53	11. 90
2003. 01	12. 50	8. 00	2010. 01	10. 26	7. 06
2003. 02	6. 25	6. 67	2010. 02	10. 26	5. 88
2003. 03	0. 00	0. 00	2010. 03	7. 69	4. 71
2003. 04	0. 00	3. 80	2010. 04	23. 08	15. 29
2004. 01	5. 71	17. 28	2011. 01	27. 50	12. 79
2004. 02	2. 86	3. 70	2011. 02	17. 50	10. 47
2004. 03	0. 00	6. 17	2011. 03	30. 00	19. 32
2004. 04	8. 57	6. 17	2011. 04	32. 50	19. 32
2005. 01	5. 71	16. 05	2012. 01	12. 20	5. 62
2005. 02	11. 43	8. 64	2012. 02	29. 27	19. 10
2005. 03	17. 14	8. 64	2012. 03	50. 00	47. 78
2005. 04	2. 86	2. 47	2012. 04	23. 81	14. 44
2006. 01	11. 11	12. 20	2013. 01	9. 09	5. 43
2006. 02	30. 56	17. 07	2013. 02	9. 09	7. 61
2006. 03	29. 73	18. 07	2013. 03	28. 89	19. 35
2006. 04	16. 22	9. 64	2013. 04	0. 00	0. 88
2007. 01	24. 32	20. 48	2014. 01	5. 17	5. 31
2007. 02	2. 70	6. 02	2014. 02	10. 53	6. 25
2007. 03	13. 51	9. 64	2014. 03	8. 77	8. 04
2007. 04	23. 68	11. 90	2014. 04	7. 02	8. 04
2008. 01	21. 05	13. 10	2015. 01	10. 34	8. 85
2008. 02	13. 16	13. 25	2015. 02	10. 71	9. 91

续表

时间（季度）	"一带一路"	世界	时间（年月）	"一带一路"	世界
2015.03	10.71	8.11	2017.04	20.37	14.14
2015.04	14.29	13.51	2018.1	24.07	21.21
2016.01	23.21	23.42	2018.02	38.89	32.32
2016.02	35.71	32.43	2018.03	14.81	17.17
2016.03	19.64	13.51	2018.04	28.85	30.23
2016.04	8.93	6.31	2019.01	16.98	18.89
2017.01	16.07	12.04	2019.02	30.19	26.67
2017.02	3.57	3.70	2019.03	28.30	26.67
2017.03	5.36	3.70	2019.04	19.61	20.45

注："一带一路"沿线中与人民币汇率波动相似的国家（地区）数量比例 = 当期汇率钉住人民币的"一带一路"国家（地区）数量/当期有汇率数据的"一带一路"国家（地区）总数。

3. 指数测算过程

（1）各指标权重。

根据人民币国际化"一带一路"指数（BRRI）的编制原则，人民币国际化"一带一路"指数（BRRI）须与人民币国际化指数具有可比性，因此 BRRI 指数各指标权重应与人民币国际化指数权重保持一致。由于人民币国际化"一带一路"指数（BRRI）编制时暂不考虑官方外汇储备人民币占比（BFERCR）和对外信贷人民币占比（BFCCR）这两项指标，故对剩余的 5 项指标按表 3 - 27 中的权重做归一化处理。最终权重如表 3 - 27 所示。

表 3 - 27　　人民币国际化"一带一路"指数（BRRI）的各指标最终权重

指标	BPCR	BIDSCR	BFETCR	BIDICR	BITSCR
最终权重	0.1944	0.2171	0.1602	0.2132	0.2152

（2）指数计算模型。

与人民币国际化指数计算方法相同，人民币国际化"一带一路"指数（BRRI）的计算方法也是将各指标数值进行加权平均。由于其所包含的指标都是比重，因此无须进行无量纲化处理，根据表 3 – 6 中的各指标权重直接加权即可。具体指数模型为：

$$BRRI_t = \sum_{j=1}^{5} \omega^j X_t^j \times 100 \qquad (3-13)$$

式（3 – 13）中，$BRRI_t$ 表示第 t 期的人民币国际化"一带一路"指数（BRRI），X_t^j 表示第 j 个指标在第 t 期的数值，ω^j 表示第 j 个指标的权重。

从指数的构建可看出，指数的数值越大，意味着人民币在"一带一路"沿线范围的各项国际货币职能总体表现越突出，即人民币在"一带一路"沿线地区的国际化水平越高。

（3）经济含义。

以上运用货币锚模型和主成分分析法构建了人民币国际化"一带一路"指数，以期比较客观和全面地反映人民币目前在"一带一路"沿线的国际化状况，为后续将"一带一路"沿线作为人民币国际化的重点推进区域提供参考。

人民币国际化"一带一路"指数（BRRI）的经济意义为：若人民币是"一带一路"沿线国家和地区使用的唯一货币，则人民币国际化"一带一路"指数的各个指标数值应为 100%，此时 BRRI 为 100；反之，若人民币在"一带一路"沿线各国完全没有被使用，则其各指标数值为 0，此时 BRRI 值为 0①。人民币国际化"一带一路"指数的值越大，说明人民币在"一带一路"沿线范围内的各项国际货币职能表现越突出，发挥的作用越重要，即人民币在"一带一路"沿线地区的综合发展程度越高。

值得注意的是，实际中人民币在"一带一路"沿线地区的综合发展程度应比本文计算出的人民币国际化"一带一路"指数（BRRI）的结果更高。原因主要有以下两个方面：第一，限于部分数据难以获取，人民币国际化"一带一路"指数在编制过程中暂未考虑人民币在"一带一路"地区的外汇储备占比和对外信贷占比。而事实上，俄罗斯、菲律宾、白俄罗斯、泰国等国的中央银行已经将人民币列为储备货币。第二，由于"一带一路"沿线部分国家（地区）的统计数据不对外公布，因此各指标在计

---

① 资料来源：作者在本书中编制的一个人民币国际化指数。

算时通常无法覆盖所有样本国家和地区，计算出的指标结果应比实际值
更低。

3.3.3 基于指数的"一带一路"人民币国际化水平分析

根据所述指数编制方法，下面对 2010 年第一季度至 2014 年第四季
度的人民币国际化"一带一路"指数（BRRI）进行了计算，计算结果如
表 3 - 28 所示。

表 3 - 28　　　　　人民币国际化"一带一路"指数（BRRI）　　　　单位：%

时间（季度）	指数	时间（年月）	指数
2010.01	2.1655	2015.01	4.8168
2010.02	2.1906	2015.02	4.9706
2010.03	1.7370	2015.03	5.1122
2010.04	4.8344	2015.04	5.7055
2011.01	5.7523	2016.01	7.3395
2011.02	3.9139	2016.02	9.7807
2011.03	6.3368	2016.03	6.6952
2011.04	6.8250	2016.04	4.6305
2012.01	2.9485	2017.01	6.2450
2012.02	6.2886	2017.02	3.8553
2012.03	10.3595	2017.03	4.4087
2012.04	5.3361	2017.04	7.4955
2013.01	3.5076	2018.01	8.0819
2013.02	3.6209	2018.02	11.0102
2013.03	7.5639	2018.03	6.3160
2013.04	2.2007	2018.04	9.0207
2014.01	3.4430	2019.01	6.6457
2014.02	4.4843	2019.02	9.1776
2014.03	4.1479	2019.03	8.7143
2014.04	3.9870	2019.04	6.9224

为了更直观的体现人民币国际化"一带一路"指数的变化趋势，图3-27展示了2010年1月至2019年4月的人民币国际化"一带一路"指数（BRRI），描绘了人民币在"一带一路"沿线国家和地区综合发展程度的变化走势。总体来看，人民币在"一带一路"沿线的发展水平呈上升趋势，同时伴有较大幅度波动。2010年，人民币国际化"一带一路"指数在2%左右，随后波动上升，至2012年第三季度达到约10%。从2013年第四季度开始，人民币国际化"一带一路"指数进入低谷期，直到2016年第二季度才重回9.8%。后经历一轮调整周期，2018年第二季度人民币国际化"一带一路"指数上升至11%，达到历史最高位，此后BRRI指数在6%～9%保持平稳波动。截至2019年第四季度，人民币国际化"一带一路"指数的值为6.9%。

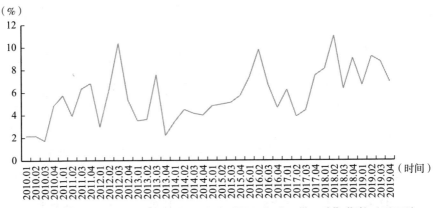

图3-27　2010年1月～2019年4月人民币国际化"一带一路"指数（BRRI）

3.3.4 "一带一路"指数与人民币国际化指数的比较分析

本章节通过分析"一带一路"指数在人民币国际化指数的权重，定量考察"一带一路"沿线对人民币国际化推进的贡献。

根据人民币国际化"一带一路"指数的编制原则，人民币国际化"一带一路"指数（BRRI）须与人民币国际化指数具有可比性，以此来反映人民币在"一带一路"沿线地区的发展程度与其在世界范围内的发展程度相比有何差异。根据上一部分内容，"一带一路"指数包含5个指标，分别是人民币在"一带一路"的外汇交易占比、跨境贸易结算占比、直接投资占比、汇率钉住国家数量占比和国际债券余额占比,限于数据原因未包含外汇储备占比和对外信贷占比,而人民币国际化指数在计算时包含了上述7项指标。为了保持指标体系的统一,故将人民币国际化指数的指标做以调整,只选取与"一带一路"指数相一致的5项指标重新计算归一化权重。调整过后的指标体系及权重如表3 – 29所示。

表3 – 29 调整后的人民币国际化指数的各指标权重

指标	PCR	IDSCR	FETCR	IDICR	ITSCR
最终权重	0.1944	0.2171	0.1602	0.2132	0.2152

表3 – 29表明,调整后的人民币国际化指数指标及相应权重与表3 – 27中人民币国际化"一带一路"指数的指标和权重一致,相较于未调整的人民币国际化指数更具有比较意义。表3 – 30展示了调整后的人民币国际化指数结果。

表3 – 30 调整后的人民币国际化指数 单位:%

时间(季度)	调整后的人民币国际化指数	时间(年月)	调整后的人民币国际化指数
2010.01	1.7418	2013.02	2.5484
2010.02	1.5398	2013.03	4.8886
2010.03	1.3398	2013.04	1.3820
2010.04	3.4368	2014.01	2.4302
2011.01	3.0039	2014.02	2.6786
2011.02	2.5960	2014.03	3.1241
2011.03	4.3601	2014.04	3.2415
2011.04	4.4011	2015.01	3.4859
2012.01	1.8272	2015.02	3.7809
2012.02	4.5539	2015.03	3.5789
2012.03	10.1633	2015.04	4.6235
2012.04	3.7227	2016.01	6.6160
2013.01	2.0474	2016.02	8.3740

续表

时间（季度）	调整后的人民币国际化指数	时间（年月）	调整后的人民币国际化指数
2016.03	4.7867	2018.02	8.7940
2016.04	3.3882	2018.03	5.9343
2017.01	4.5660	2018.04	8.4554
2017.02	2.9793	2019.01	6.2502
2017.03	3.0700	2019.02	7.7287
2017.04	5.0785	2019.03	7.6942
2018.01	6.5573	2019.04	6.4007

　　为了更直观地反映人民币在"一带一路"沿线地区的综合发展状况与人民币在世界的发展状况的异同，图 3-28 展示了调整前和调整后的人民币国际化指数的变化走势。

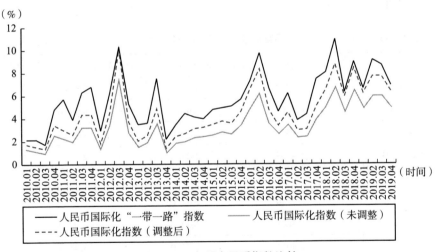

图 3-28　各项人民币指数比较

　　图 3-28 表明，人民币国际化"一带一路"指数和人民币国际化指数的总体走势基本趋同，人民币国际化水平在"一带一路"沿线地区的变动与人民币国际化的整体水平的变化具有同步性。值得注意的是无论调整后还是调整前，人民币国际化"一带一路"指数的值均在人民币国际化指数

的总体水平之上。这说明总体而言，人民币在"一带一路"的国际化程度要好于在全球范围的国际化程度，可以说是全球范围人民币国际化推进的重要贡献力量。

综上所述，在"一带一路"沿线，人民币在跨境收付、国际债券、外汇交易、国际储备和货币互换合作等多个领域都得到了推广使用，人民币的结算、计价和储备功能不断增强。其中原因是多方面的。包括：我国与"一带一路"沿线国家（地区）的贸易与投资合作奠定的良好基础；人民币国际债券作为沿线国家重要的融资工具为基础设施建设和产业园区合作提供融资支持；以中国香港和新加坡为主的人民币离岸市场为沿线国家人民币外汇交易提供的便利市场条件；"一带一路"沿线国家（地区）央行将人民币纳入外汇储备的意愿不断提升；我国央行与"一带一路"沿线国家（地区）的货币互换合作和清算安排为人民币支付和流通提供金融基础设施便利，以及沿线国家（地区）的企业和居民不断增强的人民币使用意愿等。人民币国际化在"一带一路"沿线地区的推进卓有成效，因此可以作为未来推进人民币国际化的重点区域。

3.4 本章小结

本章从国际货币单项职能和国际化指数两个方面分析了人民币国际化现状。从人民币作为结算货币看，通过对人民币结算规模、全球支付份额、全球结算技术支撑情况、结算内外区域结构、重要伙伴、结算总额、结算商品特征的分析与归纳，发现人民币国际结算在境外具有活跃程度上升、对中国香港依赖度降低、"一带一路"成为结算新增长点等特征，在境内具有东部聚集以及直辖市聚集的区域特征。这为课题组确立以"一带一路"为重点区域，选择"重点国家"，培育区域性锚货币的策略提供了研究方向。

从人民币的国际储备方面看，将人民币储备份额与美元、欧元、日元、英镑、加元、澳元、瑞士法郎进行比较发现，自 2017 年 6 月起，人民币全球储备稳步增加，尤其是在"一带一路"倡议提出之后，人民币全球储备份额的上升十分明显。但从总量上看，全球人民币外汇储备仍处于较低的水平，远不及美元、欧元等世界主要国际货币，人民币成为国际储备货币的路程仍然漫长。

在人民币计价货币职能方面，与世界主要国际货币的计价份额进行比较分析发现跨境贸易中，人民币作为计价货币的功能还没有得到明确的体现。

从人民币国际化指数看，1999~2019年总体呈现上升趋势，但相比美元、欧元、英镑和日元来说其国际化水平还较低。人民币国际化"一带一路"指数（BRRI）在2010~2019年显著高于人民币国际化世界指数，本书认为"一带一路"沿线国家有可能成为最有潜力推进人民币国际化的重点地区。

第4章

"一带一路"人民币国际化的
贸易与投资推进研究

在我国实践中，目前约 35% 的对外投资和贸易经济活动以人民币结算，其中对外直接投资 50% 用人民币投资，贸易与投资对于人民币国际化有着至关重要的意义。本章从对外贸易与投资现实出发，探讨人民币国际化的贸易投资推进策略。重点探讨推进人民币国际化的行业与地区选择，"一带一路"沿线国家及区域全面经济伙伴关系协定（RCEP）成员贸易投资合作的价值评价体系构建和价值评估，贸易与投资推进人民币国际化的"重点国家"的筛选等。最后提出推进人民币国际化的贸易与投资推进策略。

4.1 贸易投资推进人民币国际化的
行业与地区选择分析

4.1.1 中国各行业对外贸易情况分析

中国自身禀赋与需求导致中国的进出口情况在不同的行业有不同的表现。这种行业表现差异性会影响到人民币国际化推进过程中行业立足点的选择。为探讨人民币国际化下的贸易推进策略，中国进出口贸易中不同行业的不同情况值得研究。

本章节参照国际 SITC 行业分类法对中国各行业贸易情况进行了分析。SITC 是一种对国际贸易商品进行统计和对比的标准分类方法。SITC 共分 10 个门类，50 个大类，150 个中类和 570 个细类，其中 10 个门类具体如

表 4 - 1 所示。

表 4 - 1　　　　　　　　SITC 贸易产品十大类明细

类别	内容	类别	内容
0 类	粮食及活动物	5 类	未列明的化学及有关产品
1 类	饮料及烟叶	6 类	主要按材料分类的制成品
2 类	除燃料外的非食用未加工材料	7 类	机械和运输设备
3 类	矿物燃料、润滑油及有关物质	8 类	杂项制成品
4 类	动物及植物油、脂肪及蜡	9 类	未列入其他分类的货物及交易

本部分将依托于 SITC 分类法对中国进出口行业的差异性进行探讨。

4.1.1.1　中国出口行业分析

如图 4 - 1 所示，在对外贸易中，中国出口额在 2010~2019 年呈上升趋势。按照 SITC 分类，0~4 类初级产品占中国出口的 5% 左右，而剩下的 95% 左右的出口额是由 5~8 类的工业制成品创造的。

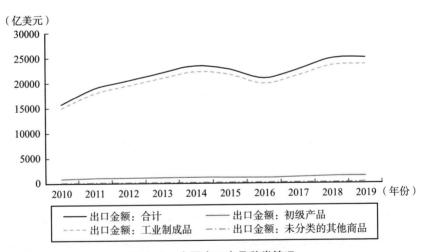

图 4 - 1　中国出口商品种类情况

资料来源：同花顺 iFinD 数据库。

初级产品包括粮食及活动物，饮料及烟叶，除燃料外的非食用未加工材料，矿物燃料、润滑油及有关物质和动物及植物油、脂肪及蜡。从初级产品的出口情况来看，中国并非农业与畜牧业出口大国以及能源储藏大国，相反地，结合中国自身的资源禀赋情况，中国对初级产品有较大的需求。

中国出口行业的产出商品大多为工业制成品，别国对中国产品的大规模需求可以成为中国出口行业推进人民币计价结算的优势。如图4-1所示，2010~2019年，中国工业制成品出口额变动线与中国出口总额变动趋势基本一致，均呈现稳步上升趋势。工业制成品出口额在2016年经历了一个短暂下降后，2017~2019年，绝对数额由21456.38亿美元上涨至23656.13亿美元。2017年工业制成品占中国出口总额比重为94.8%，2018年为94.57%，2019年为94.64%。

本章节对中国工业制成品行业进一步细分，尝试找出优势行业。具体来看，5~8类的工业制成品可分为未列明的化学及有关产品、主要按材料分类的制成品（主要包括轻纺产品、橡胶制品、矿冶产品等）、机械和运输设备以及杂项制成品。

如图4-2所示，2010~2019年，未列明的化学及有关产品、主要按材料分类的制成品（主要包括轻纺产品、橡胶制品、矿冶产品等）、机械和运输设备以及杂项制成品各自占工业制品出口总额的比重基本保持不变。其中，机械和运输设备占比最高，近几年一直保持在50%左右；杂项制成品，占25%左右；主要按材料分类的制成品（主要包括轻纺产品、橡胶制品、矿冶产品等）占17%~18%；未列明的化学及有关产品，占比为6%~7%。2019年中国出口机械和运输设备的金额高达11954.44亿元，占中国工业制成品出口总额的50.54%，具有相当大的市场。

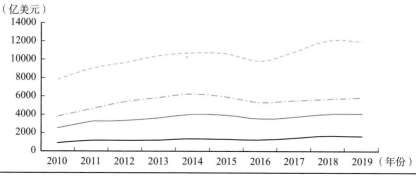

图4-2 中国出口工业制成品

资料来源：同花顺iFinD数据库。

　　根据 SITC 分类，机械及运输设备产品又可以被具体分为动力机械及设备，特种工业专用机械，金工机械，通用工业机械设备及零件，办公用机械及自动数据处理设备，电信及声音的录制及重放装置设备，电力机械、器具及其电气零件，陆路车辆（包括气垫式）以及其他运输设备。如图 4-3 所示，在机械及运输设备行业中，中国出口前三的产品始终为办公用机械及自动数据处理设备，电信及声音的录制及重放装置设备以及电力机械、器具及其电气零件。其中，电信及声音的录制及重放装置设备以及电力机械、器具及其电气零件的出口额增长明显，以上产品具有较大的竞争优势以及选择计价货币的话语权。2019 年，电信及声音的录制及重放装置设备出口额达到 3061.55 亿美元，占机械及运输设备出口总额的26.59%；电力机械、器具及其电气零件出口额达到 3570.70 亿美元，占比达 29.85%①。

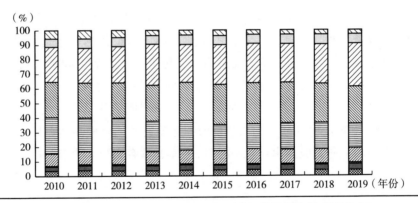

图 4-3　中国出口机械及运输设备

资料来源：同花顺 iFinD 数据库。

---

　　① 资料来源：同花顺 iFinD 数据库。

4.1.1.2 中国进口行业分析

如图 4 - 4 所示，在对外贸易中，中国进口额总体呈现上升趋势，2019 年中国进口总额为 20784.09 亿美元。从具体进口行业来看，0 ~ 4 类初级产品大约占 30% ~ 35%，5 ~ 8 类工业制成品大约占 65% ~ 70%，初级产品与工业制成品占比相对稳定。2017 年初级产品在中国进口总额中的占比为 31.44%，工业制成品为 68.56%；2018 年初级产品为 32.86%，工业制成品为 67.14%；2019 年初级产品为 36.12%，工业制成品为 64.88%。2019 年，中国进口包括粮食及活动物，饮料及烟叶，除燃料外的非食用未加工材料，矿物燃料、润滑油及有关物质和动物及植物油、脂肪及蜡在内的初级产品金额达到 7299.52 亿美元；中国进口工业制成品金额达到 13484.57 亿美元。可以看出，中国对初级产品与工业制成品的需求都比较大。

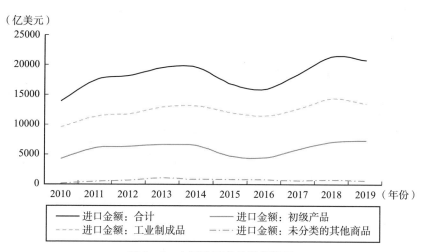

（亿美元）

图 4 -4 中国进口商品种类情况

资料来源：同花顺 iFinD 数据库。

0 ~ 4 类初级产品主要包括粮食及活动物，饮料及烟叶，除燃料外的非食用未加工材料，矿物燃料、润滑油及有关物质和动物及植物油、脂肪及蜡。在初级产品中，中国主要的进口产品为除燃料外的非食用原料和矿物燃料、润滑油及有关原料。如图 4 - 5 所示，2010 ~ 2019 年，除燃料外的非食用原料和矿物燃料、润滑油及有关原料的进口额呈现波动上升趋势。2019 年，除燃料外的非食用原料进口占中国初级产品进口总额的 39.04%，达到 2849.41 亿美元。2019 年矿物燃料、润滑油及有关原料的进口额达 3472.33 亿美元，占初级产品进口额的比重为 47.57%。从初级产品的进口情况可以看出能源行业对进口有所依赖。

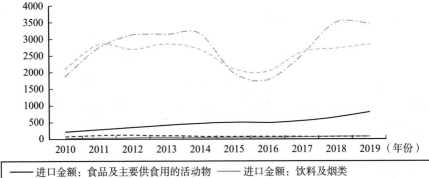

图 4-5　中国进口初级产品

资料来源：同花顺 iFinD 数据库。

根据 SITC 分类，除燃料外的非食用原料可分为生皮及生毛皮，油籽及含油果实，生橡胶（包括合成橡胶及再生橡胶），软木及木材，纸浆及废纸，纺织纤维及其废料，天然肥料及矿物（煤、石油及宝石除外），金属矿砂及金属废料和其他动、植物原料；矿物燃料、润滑油及有关原料又可分为煤、焦炭及煤砖，石油、石油产品及有关原料，天然气及人造气和电流。如图 4-6 所示，除燃料外的非食用原料进口中占比最大的部分为对金属矿砂及金属废料的进口。2010~2019 年，中国对金属矿砂及金属废料的进口额占比始终达到对非食用原料进口的 60% 左右。2019 年，金属矿砂及金属废料的进口额为 1756.25 亿美元，占除燃料外的非食用原料进口总额的 61.83%，占初级产品进口总额的比重为 24.14%。

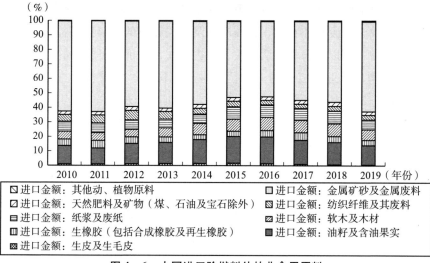

图 4-6 中国进口除燃料外的非食用原料

资料来源：同花顺 iFinD 数据库。

中国对矿物燃料、润滑油及有关原料的依赖主要表现为对石油、石油产品及有关原料的需求。如图 4-7 所示，2010～2019 年，中国对石油、石油产品及有关原料的进口额始终占据中国对矿物燃料、润滑油及有关原料进口额的 80% 左右。2019 年，石油、石油产品及有关原料进口额为 2676.39 亿美元，占矿物燃料、润滑油及有关原料进口额的 77.86%，占初级产品进口总额的比重为 37.04%。

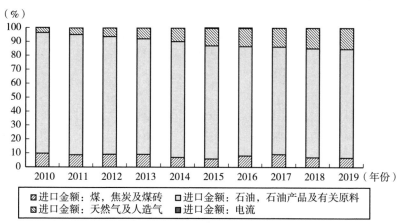

图 4-7 中国进口矿物燃料、润滑油及有关物质

资料来源：同花顺 iFinD 数据库。

中国对金属矿砂及金属废料和石油、石油产品及有关原料需求极大，金属矿砂及金属废料和石油、石油产品及有关原料的进口规模极大，大规模的购买需求可以成为掌握话语权，推进人民币定价不可忽视的力量。

5～8类的工业制成品的进口情况中，机械和运输设备一直是中国最为主要的进口产品。如图4－8所示，机械和运输设备占中国工业制成品进口额的半数以上，在55%～58%。2019年，机械和运输设备占比高达58.34%。2010～2019年，机械和运输设备的进口额呈现上升趋势。2017年机械和运输设备的进口额为7348.65亿美元，2018年为8396.56亿美元，2019年略有下降为7866.38亿美元。结合中国在出口商品中机械和运输设备占比同样较高的情况可以看出，中国在机械和运输设备相关行业上国际贸易活跃程度较高。

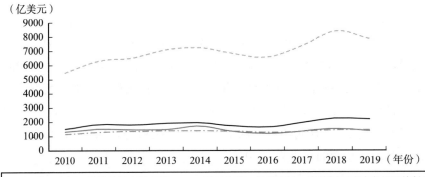

图4－8　中国进口工业制成品

资料来源：同花顺 iFinD 数据库。

根据 SITC 分类，机械及运输设备产品被具体分为电力机械、器具及其电气零件在内的9个细分行业。其中，电力机械、器具及其电气零件产品始终是中国进口机械及运输设备中占比最大的部分。如图4－9所示，2010～2019年，电力机械、器具及其电气零件的进口额占机械及运输设备进口额的比重在50%左右。2019年，电力机械、器具及其电气零件的进口额达到4268.13亿美元，占机械及运输设备进口额的54.32%，占工业制成品进口总额的36.24%。

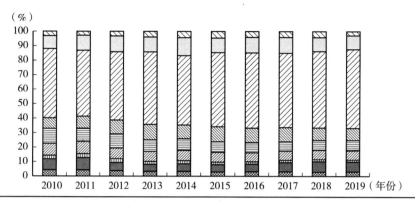

图4-9 中国进口机械及运输设备

资料来源：同花顺 iFinD 数据库。

结合电力机械、器具及其电气零件出口同样规模大、占比高的情况可得，中国与他国的电力机械、器具及其电气零件行业贸易密切度高，合作可能性大，可以进一步作为推进人民币国际化的行业选择。

4.1.1.3 中国进出口行业情况总结

综上所述，在出口方面，中国依靠丰富的劳动力与逐渐发展的科技对外出口的行业主要为工业制成品相关行业。其中，机械和运输设备类产品占比最高。机械及运输设备行业中，中国出口前三的产品始终为办公用机械及自动数据处理设备，电信及声音的录制及重放装置设备以及电力机械、器具及其电气零件。出口规模大的行业意味着其产品在国际市场上具有竞争优势。近年来，在机械与设备行业的细分行业中，电信及声音的录制及重放装置设备行业以及电力机械、器具及其电气零件行业的出口额增长明显，行业对外话语权不断提升，具有通过贸易渠道推进人民币国际化的潜在优势。而在初级产品方面，中国并非农业与畜牧业出口大国以及能源储藏大国，初级产品出口较少。在进口方面，中国需要自国外进口相当比重的初级产品。初级产品中中国对外依赖比较大的行业为非食用原料和矿物燃料、润滑油及有关原料。具体来看，中国对金属矿砂及金属废料和石油、石油产品及有关原料的进口规模极大，而大规模的购买有助于掌握话语权、推进人民币定价。我国的工业制成品，特别是机械和运输设备行业贸易密集度高，出口占比高，进口规模也十分庞大，可以进一步作为推进人民币国际化的行业选择。

4.1.2　中国与"一带一路"沿线国家贸易投资情况分析

2013 年 9 月与 10 月习近平主席分别在出访中亚四国和东盟时发表演讲首次提出了共同建设"丝绸之路经济带"和"21 世纪海上丝绸之路"的伟大构想。"一带一路"倡议秉承"共商、共享、共建"原则，共同打造经济命运共同体，这不仅是中国经济持续发展的需要，也同样是"一带一路"沿线各国共同繁荣昌盛的需要。借助"一带一路"扩大中国的对外贸易规模与人民币跨境结算规模，有助于完善人民币输出与回流机制，是推进人民币国际化的重要立足点。

对于"一带一路"沿线国家的区域划分，学界使用较多的是东南亚地区、南亚、中亚地区、西亚/中东地区、中东欧地区、独联体以及个别没有算在其中的国家，其次也有些许学者使用过东欧地区、南欧地区、中欧地区等划分。需要注意的是，这些区域划分方法的依据并不统一，中东、中东欧以及独联体国家并不是严格从自然地理位置进行划分的，而是基于人文概念、地缘政治概念进行的划分，并且如果要使用中东、中东欧以及独联体等划分标准，将会出现个别国家被划分到两个地区或者没有被划分到任何一个区域的情况。鉴于中东地区国家绝大部分都是西亚国家，中东欧国家基本都位于欧洲中部和南部，剩余独联体主要国家大多位于东欧，因此，本书统一按照自然地理位置进行划分，将"一带一路"国家划分为东南亚地区、南亚地区、中亚地区、西亚地区、东欧地区以及中南欧地区（中欧和南欧）共六个区域，分别包含 11 个、6 个、6 个、20 个、7 个以及 13 个国家（见表 4 - 2）。

表 4 – 2   "一带一路"沿线国家区域划分

地区	包含国家
东南亚	东帝汶、菲律宾、柬埔寨、老挝、马来西亚、缅甸、泰国、文莱、印度尼西亚、越南、新加坡
南亚	巴基斯坦、马尔代夫、尼泊尔、斯里兰卡、印度、孟加拉国
中亚	哈萨克斯坦、吉尔吉斯斯坦、塔吉克斯坦、土库曼斯坦、乌兹别克斯坦、蒙古国
西亚	阿联酋、阿曼、埃及、巴勒斯坦、巴林、卡塔尔、科威特、沙特阿拉伯、土耳其、叙利亚、也门、伊拉克、伊朗、以色列、黎巴嫩、约旦、格鲁吉亚、亚美尼亚、阿富汗、阿塞拜疆
东欧	乌克兰、俄罗斯、爱沙尼亚、白俄罗斯、拉脱维亚、立陶宛、摩尔多瓦
中南欧	保加利亚、波黑、波兰、黑山、捷克、克罗地亚、罗马尼亚、马其顿、塞尔维亚、斯洛伐克、斯洛文尼亚、匈牙利、阿尔巴尼亚

注：为了方便研究，将蒙古国归于中亚，埃及归于西亚。

4.1.2.1   中国与沿线国家双边贸易情况分析

中国与"一带一路"沿线国家的贸易往来增长较快。在货物贸易方面，2013 ~ 2019 年，中国与"一带一路"沿线国家货物贸易进出口总额从 1.04 万亿美元增至 1.34 万亿美元，占中国货物贸易总额的比重达到 29.4%，而这一比例在 2013 年为 26.0%。自 2013 年以来，中国与沿线国家货物贸易额累计超过 7.8 万亿美元（见图 4 – 10）。

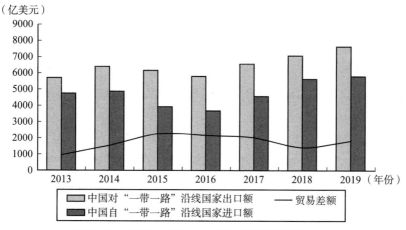

图 4 – 10   2013 ~ 2019 年中国与沿线国家贸易情况

资料来源：中国海关。

　　进口方面，中国从"一带一路"沿线国家进口产品中，0～4类初级产品的比重要略高于5～8类制成品的比重，前者五年内平均占比为52.7%，后者五年内平均占比为46.41%。在初级产品中，第三类能源类产品（矿物燃料、润滑油及有关物质）是中国最主要的进口商品，占中国总进口商品价值的40%左右，主要归因于中国是全球能源需求与消耗大国。2017年中国超过美国成为全球第一大石油进口国，2018年中国进口石油高达4亿吨，对外依存度达到69.8%；2018年中国超过日本成为全球第一大天然气进口国，当年进口天然气1214亿立方米，对外依存度也超过40%，而中国大部分的能源进口均来自俄罗斯和西亚地区，因此能源类产品占中国同"一带一路"沿线国家的进口额比重较大。在制成品中，占比较大的分别是第七类机械运输设备、第五大类化学制品以及第六大类产品。第六类产品主要包括木制、纸制以及皮革纺织类产品，可以看出其占比变化逐年减少，2018年占据进口额的6.48%；第七类机械运输制品占比先上升后降低，但总体占比超过20%；第五类化学制品在进口额中的比重一直稳定在11%～12%。

　　如表4-3可知，出口方面，中国对"一带一路"沿线国家的出口产品绝大多数为5～8类工业制成品，占据出口总额的93%～94%左右，而0～4类初级产品仅仅占据中国出口额的5%～6%。在初级产品中，中国主要出口第零类产品粮食和活动物以及第三类产品。在工业制成品中，中国主要出口第六类产品主要包括木制、纸制以及皮革纺织类产品、第七类机械运输设备以及第八类杂项制成品。从占比来看，中国对"一带一路"沿线国家的出口结构不断优化，机械运输制品占比从2014年的37.9%稳步增长至2019年的42.46%，而第八类杂项制成品的占比则从2014年的23.36%不断下降至2019年的18.5%，第六类木制、纸制以及皮革纺织类产品的出口占比也有略微下降，从2014年的24.8%波动下降至2018年的22.9%。

表 4 - 3　　2014 ~ 2018 年中国同"一带一路"沿线国家贸易结构变化　　单位：%

类别		年份				
		2014 年	2015 年	2016 年	2017 年	2018 年
进口贸易额 SITC 分类别占比	0 类	2.22	3.14	3.91	2.71	2.87
	1 类	0.06	0.08	0.10	0.10	0.08
	2 类	9.90	9.60	9.92	11.23	9.15
	3 类	43.77	36.95	32.82	36.65	42.14
	4 类	1.33	1.58	1.53	1.48	1.17
	5 类	7.98	12.00	11.31	11.50	11.95
	6 类	9.07	8.21	7.65	6.89	6.48
	7 类	19.77	24.94	27.16	23.89	21.66
	8 类	2.79	3.74	4.49	3.93	3.63
	9 类	0.12	0.76	1.11	1.61	0.86
	合计	100	100	100	100	100
	0 ~ 4 类初级产品	57.28	50.35	48.28	52.18	56.41
	5 ~ 8 类工业制成品	42.60	48.89	50.60	46.21	43.73

类别		年份				
		2014 年	2015 年	2016 年	2017 年	2018 年
出口贸易额 SITC 分类别占比	0 类	2.55	2.73	3.00	2.75	2.50
	1 类	0.14	0.14	0.14	0.14	0.13
	2 类	0.76	0.74	0.73	0.77	0.88
	3 类	2.04	1.60	1.96	2.57	3.07
	4 类	0.02	0.01	0.01	0.02	0.03
	5 类	8.40	8.36	8.19	8.59	9.35
	6 类	24.80	24.60	23.96	22.71	22.90
	7 类	37.90	39.47	40.77	41.76	42.46
	8 类	23.36	22.27	21.10	20.52	18.50
	9 类	0.03	0.07	0.13	0.18	0.19
	合计	100	100	100	100	100
	0 ~ 4 类初级产品	6.51	6.22	6.85	6.25	6.60
	5 ~ 8 类工业制成品	94.46	94.71	94.01	93.57	93.20

资料来源：整理自 UNCOMTRADE，其中缺少越南、巴勒斯坦数据。

总体来说，中国和"一带一路"沿线国家有很大的贸易互补性。从进口方面看，中国是世界最大的能源需求国，伊朗和俄罗斯是全球的能源储藏大国，虽然目前美元在原油贸易中的地位仍然难以撼动，但中国可以进一步强化、加深同俄罗斯以及伊朗等西亚国家的关系，在天然气贸易方面寻求以人民币计价的可能性。出口方面，中国的出口商品结构总体不断优化，机械车辆设备等科技含量较高的产品占比上升，这也不断提高了中国在出口贸易计价结算货币选择上的话语权，提高了出口商品以人民币计价的可能性。

4.1.2.2 中国与沿线国家双向投资情况分析

中国对"一带一路"沿线国家的直接投资增长较快，持续拓展，如图4-11所示，2019年，中国对"一带一路"沿线的63个国家直接投资数额达到186.9亿美元，占同期对外投资总额的13.7%，同比提高1.2%。2019年中国在"一带一路"地区的主要投资国包括：新加坡、越南、老挝、印度尼西亚、巴基斯坦、泰国、马来西亚、阿联酋、柬埔寨和哈萨克斯坦等国家。2013~2019年，中国对"一带一路"沿线国家直接投资累计超过1173.1亿美元，年均增长6.7%，增速较同期平均水平高出2.6个百分点。

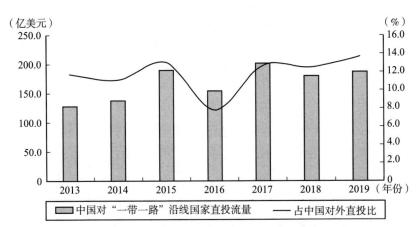

图4-11 2013~2019年中国对"一带一路"沿线国家直接投资流量

资料来源：中国商务部。

以中国对中亚四国中的哈萨克斯坦的直接投资为例,如表4-4所示,据哈萨克斯坦央行统计,截至2018年7月1日,外国对哈萨克斯坦投资存量为157.03亿美元,对哈萨克斯坦直接投资存量排名前五的国家/地区占其吸引外资存量的80.2%。中国对哈萨克斯坦直接投资的存量在外国对哈直接投资存量中位列第四。

表4-4　　　　　　　2018年哈萨克斯坦主要外资国别来源
（截至2018年7月1日）

排名	国家	外国对哈萨克斯坦直接投资存量（亿美元）	占比（%）
1	荷兰	633.75	42.0
2	美国	293.02	19.4
3	法国	132.30	8.8
4	中国	92.74	6.1
5	日本	59.24	3.9

资料来源:2018年投资指南。

中国对哈萨克斯坦的投资领域主要包括:石油勘探开发、哈萨克斯坦石油公司股权并购、加油站网络经营等。截至2018年,中国在哈萨克斯坦投资的大项目同样多与自然资源开发有关,例如,中哈石油管道项目、肯-阿西北管道项目、中石化FIOC和中亚项目、阿斯塔纳北京大厦项目、卡拉赞巴斯油田项目以及中哈铀开采项目等。

中国与"一带一路"沿线国家的直接投资同样也是双向的。如图4-12所示,2013年以来,"一带一路"沿线国家对中国直接投资超过500亿美元,沿线国家投资者在华设立企业超过2.2万家。从直接投资流量来看,2019年,"一带一路"沿线国家在中国实际投入外资金额达到了84.2亿美元,同比增长30.6%,占同期中国实际吸收外资总额的6.1%;新设立外商投资企业5591家,同比增长26.6%。

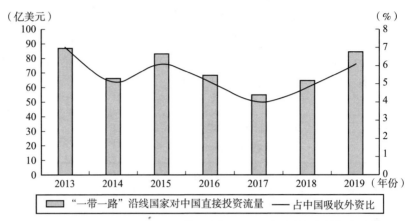

图 4 – 12   2013 ～ 2019 年 "一带一路" 沿线国家对中国直接投资流量

资料来源：商务部研究院：《中国 "一带一路" 贸易投资发展报告（2020）》。

4.1.2.3   中国与 "一带一路" 沿线国家之间的贸易分布

在 "一带一路" 沿线国家的基础上，近年来，中国与越来越多的国家签订了 "一带一路" 合作文件，贸易合作不仅仅局限于沿线国家。根据中国 "一带一路" 网的数据，截至 2020 年 12 月，中国已经同 138 个国家和 31 个国际组织签署 200 份共建 "一带一路" 合作文件。扩大的 "一带一路" 朋友圈覆盖了 27 个欧洲国家、37 个亚洲国家、44 个非洲国家、11 个大洋洲国家、8 个南美洲国家和 11 个北美洲国家。中国的贸易合作伙伴遍布六大洲，以此为基础，贸易合作有了新的突破，人民币国际化的贸易基础越来越坚实。

从贸易情况来看，中国与这 138 个国家贸易联系密切。2019 年，中国与 138 个签署 "一带一路" 合作文件的国家货物贸易总额达 1.90 万亿美元，占中国对外货物贸易总额的 41.5%，其中出口 9837.6 亿美元，进口 9173.9 亿美元。如图 4 – 13 所示，按货物贸易额地区分布来看，亚洲地区是中国与签订 "一带一路" 相关合作文件国家开展货物贸易最集中的地区，货物贸易额占比高达 67.4%。

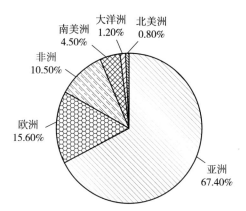

图 4 – 13 2019 年中国与"一带一路"137 个国家（除纽埃）货物贸易额地区分布

资料来源：中国海关。

4.1.3　中国与 RCEP 成员贸易投资情况分析

在"一带一路"的基础上，2020 年 11 月 15 日，RCEP 正式签订，世界上参与人口最多、成员结构最多元、发展潜力最大的自贸区由此形成。

4.1.3.1　RCEP 签订形成自贸区网络

中国自 2004 年以来不断加强国际贸易合作，签订了多个自贸协定，涉及日本、韩国、格鲁吉亚、韩国、冰岛、秘鲁、新西兰、巴基斯坦、澳大利亚、瑞士、哥斯达黎加、新加坡、智利、东盟以及中国港澳台地区等 26 个主要经济体，遍布范围广。与此同时，中日韩自贸区在内的 11 个计划自贸区正在进行谈判；中国—哥伦比亚、中国—斐济、中国—尼泊尔等正在研究的自贸区建设也逐渐被提上日程。

中国与其他国家（地区）建设自贸区情况如表 4 – 5 所示。

表 4 –5　　　　中国与其他国家（地区）建设自贸区情况

已签协议的自贸区		正在谈判的自贸区	正在研究的自贸区	优惠贸易安排
《区域全面经济伙伴关系协定》	中国—柬埔寨	中国—海合会	中国—哥伦比亚	亚太贸易协定
中国—毛里求斯	中国—马尔代夫	中日韩	中国—斐济	—

续表

已签协议的自贸区		正在谈判的自贸区	正在研究的自贸区	优惠贸易安排
中国—格鲁吉亚	中国—澳大利亚	中国—斯里兰卡	中国—尼泊尔	—
中国—韩国	中国—瑞士	中国—以色列	中国—巴新	—
中国—冰岛	中国—哥斯达黎加	中国—挪威	中国—加拿大	—
中国—秘鲁	中国—新西兰	中国—新西兰自贸协定升级谈判	中国—孟加拉国	—
中国—新加坡	中国—新加坡升级	中国—摩尔多瓦	中国—蒙古国	—
中国—智利	中国—智利升级	中国—巴拿马	中国—瑞士自贸协定升级联合研究	—
中国—巴基斯坦	中国—巴基斯坦第二阶段	中国—韩国自贸协定第二阶段谈判	—	—
中国—东盟	中国—东盟（"10+1"）升级	中国—巴勒斯坦	—	—
内地与港澳更紧密经贸关系安排		中国—秘鲁自贸协定升级谈判	—	—

资料来源：中国自由贸易区服务网。

RCEP 的签订使得中国国际贸易合作由比较单一的点对点式转化为覆盖面更广、辐射力更强、影响更为深刻的网络状贸易合作。从 2002 年与东盟签署自由贸易协定，2008 年与新西兰签署自由贸易协定，2014 年与澳大利亚签署自由贸易协定，2015 年与韩国签署自由贸易协定，到 RCEP 的签订意味着中国对外贸易合作迎来了新篇章。在 RCEP 成员里，有与中国合作紧密的"一带一路"沿线国家，比如印度尼西亚、马来西亚、菲律宾、新加坡、泰国、文莱、越南、老挝、缅甸、柬埔寨，也有非"一带一路"沿线国家，比如日本、韩国、澳大利亚、新西兰。RCEP 的签订为中国在"一带一路"基础上带来新的贸易合作可能与贸易合作推力，不仅使中国与原"一带一路"沿线国家的关系更加紧密，也为中国与非"一带一路"沿线国家的合作注入了新的动力。RCEP 作为目前全球最大的自贸协定，将实现地区各国间货物贸易、服务贸易和投资高水平开放。在 15 个成员总人口、经济体量、区域内贸易总额均占全球总量约 30% 的庞大体量基础上，降低彼此之间的贸易壁垒，实施关税减让，为促进地区的发展繁荣增添了新动能，也为人民币国际化创造了更好的条件，有利于人民币的影响力辐射得更远。

下面以 RCEP 各成员为例，分别分析中国与其贸易与投资合作的情况。

4.1.3.2 与东盟贸易与投资情况分析

1. 东盟基本情况

东盟十国由印度尼西亚、马来西亚、菲律宾、新加坡、泰国、文莱、越南、老挝、缅甸、柬埔寨组成。中国与东盟的合作较为密切。早在 1991 年，中国与东盟开启对话进程。1996 年，中国成为东盟全面对话伙伴。1997 年，首次中国—东盟领导人非正式会议在马来西亚吉隆坡举行，非正式会议上，中国与东盟领导人宣布建立中国—东盟面向 21 世纪的睦邻互信伙伴关系。进入 21 世纪，2002 年 11 月，中国同东盟签署《全面经济合作框架协议》，启动了中国—东盟自贸区建设进程，开启 21 世纪中国与东盟经贸合作关系新篇章。2003 年，中国加入《东南亚友好合作条约》，与东盟建立了面向和平与繁荣的战略伙伴关系。2008 年，中国首次任命驻东盟大使一职，加紧与东盟的合作。2010 年，中国—东盟自贸区全面建成，中国与东盟经贸合作愈加紧密。2011 年，中国—东盟中心成立，极大地促进了中国与东盟贸易投资合作。2012 年，东盟发起区域全面经济伙伴协定的谈判，邀请中国参与，推动中国与东盟贸易合作走上新台阶。2013 年 10 月，中国国家主席习近平访问东盟国家，倡议携手建设更为紧密的中国—东盟命运共同体，并且倡议共同建设 21 世纪海上丝绸之路。东盟是中国 "一带一路" 倡议的重要伙伴国。2014 年，双方启动自贸区升级谈判。2018 第 21 次中国—东盟领导人会议在新加坡举行，中国与东盟自宣布建立面向和平与繁荣的战略伙伴关系起，已经共同走过了 15 年。会议提出中国—东盟战略伙伴关系 2030 年愿景，在更长远的未来进一步推动双方的合作。2019 年 10 月，中国—东盟自贸区升级《议定书》全面生效，中国与东盟经贸合作进一步升级。2020 年则是中国—东盟数字经济合作年。在新技术的推动下，大数据、物联网开发了中国—东盟双边贸易增长的新动力。2020 年 11 月 RCEP 正式签订，中国与东盟贸易合作正式跨上新台阶。

东盟是与中国共建"一带一路"的重点地区，东盟十国皆为"一带一路"沿线国家，东盟十国均与中国签署了共建"一带一路"合作文件。由东盟十国于 2012 年发起的 RCEP 的成功签订，更是深化了中国与东盟共建"一带一路"的合作，中国与东盟的贸易合作由此迈上了新的台阶，贸易合作深化为人民币国际化推进提供了更好的条件。

2. 中国与东盟双边贸易分析

近年来，中国与东盟经贸关系紧密，双方贸易总额呈现上升趋势。如图 4 - 14 所示，根据中国商务部统计，2019 年，中国与东盟贸易额达到 6414.6 亿美元，同比增长 9.2%。其中，中国向东盟出口 3594.2 亿美元，较上年增长 12.7%；从东盟进口 2820.4 亿美元，较上年增长 6.0%。根据东盟秘书处统计，2019 年东盟对中国的货物贸易进出口总额为 5078.6 亿美元，总额同比增长 6.0%，其中，东盟对中国货物贸易出口总额为 2024.65 亿美元，东盟自中国货物贸易进口总额为 3053.91 亿美元。中国连续 11 年成为东盟第一大贸易伙伴，而对于中国来说，东盟为仅次于欧盟的中国第二大贸易伙伴。

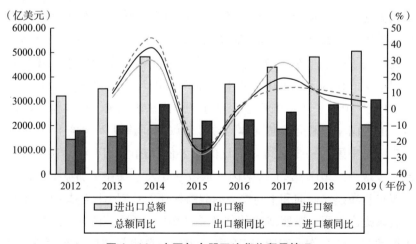

图 4 - 14　中国与东盟双边货物贸易情况

资料来源：东盟秘书处。

东盟十国中,越南、新加坡、泰国、马来西亚、印度尼西亚与中国双边贸易规模较大。如图4-15所示,从双边货物贸易情况来看,2019年,东盟十国中越南与中国的货物贸易进出口总额最大,达到1170.2亿美元,其次为新加坡,达到1007.3亿美元,之后是泰国、马来西亚、印度尼西亚与中国货物贸易进出口总额分别为796.31亿美元、760.62亿美元以及727.85亿美元。从东盟十国向中国出口货物的出口额来看,新加坡对中国的货物贸易出口额最高,达到516.56亿美元,之后是越南、马来西亚、泰国以及印度尼西亚。从东盟十国自中国进口货物的进口额来看,自中国进口货物规模最大的是东盟十国中的越南,进口额达到756.9亿美元,其次是泰国、新加坡、印度尼西亚以及马来西亚,进口额分别为503.7亿美元、490.8亿美元、449.1亿美元以及423.7亿美元。

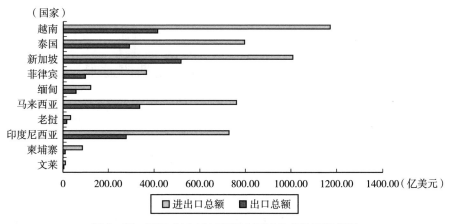

图4-15 2019年中国与东盟十国双边货物贸易情况

资料来源:东盟秘书处。

3. 中国与东盟双向投资情况分析

中国与东盟的双向投资整体处于增长态势。中国与东盟密切的贸易合作关系,吸引了较多东盟企业对中国直接投资。2019年,东盟对中国投资流量达到78.8亿美元,增速较快,同比增长37.7%,而上一年投资流量增长为12.5%。中国对东盟的直接投资也维持着较高比例。2019年中国对东盟十国的直接投资占中国对整个亚洲投资流量的11.8%。从OFDI流量来看,2019年,东盟连续两年成为中国第二大对外投资目的地。根据中国商务部统计，截至 2019 年 12 月，中国与东盟双向投资额累计达到 2369.1 亿美元，其中，中国对东盟累计投资额 1123.0 亿美元，东盟对中国累计投资额 1246.1 亿美元。双向投资存量增长较快。

分不同国别来看，中国对东盟十国直接投资流量在近几年大多呈现上升趋势。如图 4 – 16 所示，近几年，新加坡始终是东盟十国中对中国 OFDI 最具吸引力的国家。中国对马来西亚、越南的直接投资流量在近几年有大幅的增长；中国对柬埔寨、印度尼西亚的直接投资流量则在近几年保持了比较平稳的增长；中国对泰国的直接投资流量呈现波动增长的趋势。相较于其他成员，菲律宾与文莱吸引中国直接投资的能力较差。

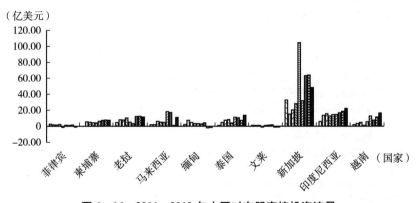

图 4 – 16　2011 ~ 2019 年中国对东盟直接投资流量

资料来源：2019 年中国 OFDI 公报。

2019 年，尽管中国对东盟十国的投资流量同比下降 24.7%，新加坡仍旧位居吸引中国 OFDI 的首位，达 48.26 亿美元，占中国对东盟投资流量的 37.10%；其次为印度尼西亚，中国对其投资流量为 22.23 亿美元，同比增长 19.20%，占中国对东盟投资流量的 17.10%；越南位列第三，中国对其投资流量为 16.49 亿美元，同比增长 43.30%，占中国对东盟投资流量的 12.7%。

从各行业的投资流量占比来看，中国对东盟十国投资的第一目标行业是制造业。这符合中国产业链升级的要求，也为东盟十国带去了发展机会，中国与东盟十国在经贸合作上互利共赢。如图 4 – 17 所示，中国对东盟十国制造业的投资流量达到了 56.71 亿美元，同比增长 26.1%，中国对东盟十国投资流量的43.5%，主要流向印度尼西亚、泰国、越南、马来西亚和新加坡。仅次于制造业的投资目标是批发和零售业，投资流量达到22.69亿美元，占17.4%，主要流向新加坡。其后为租赁和商务服务业、电力/热力/燃气及水的生产和供应业、金融业以及农/林/牧/渔业，投资流量分别为11.89亿美元、8.98亿美元、7.96亿美元以及6.64亿美元，占中国对东盟十国投资流量的比重分别为9.1%、6.9%、6.1%以及4.3%。

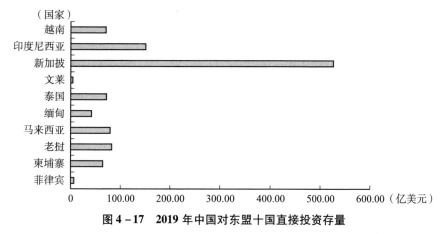

图 4 - 17 2019 年中国对东盟十国直接投资存量

资料来源：《2019 年度中国 OFDI 统计公报》。

2019 年末，中国对东盟十国直接投资存量为1098.91亿美元，占中国OFDI存量总额的5%，占中国对亚洲投资存量的7.5%。从对外投资公报公布的数据来看，东盟十国中中国直接投资存量规模最大的无疑是多年占据吸引中国投资流量首位的新加坡。2019年中国对新加坡的直接投资存量达到526.40亿美元，几乎是中国对东盟十国投资存量的一半。主要投向租赁和商务服务业、批发和零售业、金融业、制造业等。其后为印度尼西亚、老挝、马来西亚以及泰国，中国对其直接投资存量分别为151.30亿美元、82.50亿美元、79.20亿美元以及71.90亿美元。

从中国对东盟十国直接投资存量的主要行业构成看，中国投向制造业存量在2019年末达到266.99亿美元，占中国对东盟十国投资存量的24.2%，主要分布在印度尼西亚、越南、马来西亚、泰国、新加坡、柬埔寨、老挝等国。其次为租赁和商务服务业，存量规模达188.52亿美元，占 17.2%，投资主要分布在新加坡、印度尼西亚、老挝等国。之后为批发和零售业、电力/热力/燃气及水的生产和供应业、建筑业、存量分别为 178.11 亿美元、94.99 亿美元以及 79.08 亿美元，占中国对东盟十国投资存量的比重分别为 16.2%、8.6% 以及 7.2%。

4.1.3.3 与日本贸易与投资情况分析

1. 日本国际贸易基本情况

对外贸易在日本经济中占有非常重要的地位。如图 4-18 所示，据日本海关统计，2019 年日本货物进出口额为 14262.70 亿美元，比上年下降 4.1%，但数额仍旧巨大。2019 年，日本出口额 7056.30 亿美元，下降 4.4%；进口额 7207.40 亿美元，下降 3.7%。贸易逆差 152.10 亿美元。

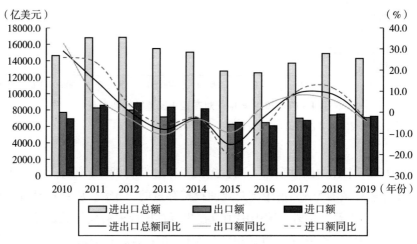

图 4-18 日本对外贸易情况

资料来源：对外投资合作国别（地区）指南。

从贸易伙伴的国别来看，美国、中国和韩国是日本前三大出口贸易伙伴，2019 年日本对三国出口额分别达 1398.00 亿美元、1346.90 亿美元和 462.50 亿美元。日本对以上三个国家的出口额占日本出口总额的 46.5%。而日本的前三大进口贸易伙伴分别是中国、美国和澳大利亚，2019 年日本从中美澳三国的进口额分别达 1692.20 亿美元、790.80 亿美元和 454.50 亿美元，分别占日本进口总额的 23.5%、11.0% 和 6.3%。从进出口的商品种类来看，日本主要的出口商品是机电产品、运输设备和化工产品，2019 年出口额分别为 2400.50 亿美元、1678.40 亿美元和 616.50 亿美元，分别占日本出口总额的 34.0%、23.8% 和 8.7%。由于日本国土面积较小，资源较为贫瘠，矿产品是日本排名第一的进口商品，2019 年进口额为 1790.40 亿美元，占日本进口总额的 24.8%。

2. 中日双边贸易情况分析

中日双方互为重要的贸易合作伙伴。从 1952 年中国与日本正式签订第一个民间贸易协定起到 2020 年 RCEP 的签署，中日两国经贸关系取得了长足发展。中国是日本最大的贸易伙伴，而日本是中国第二大贸易对象国。

贸易体量方面，中日双边贸易体量巨大。如图 4 - 19 所示，根据中国海关，2019 年，中日双边贸易总额达 3150.10 亿美元，其中，中国对日本出口 1432.40 亿美元，中国自日本进口 1717.70 亿美元。

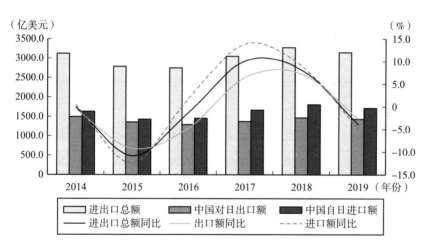

图 4 - 19 中日贸易情况

资料来源：中国海关。

从贸易国别来看，据日本财务省统计，中国是日本最大的贸易伙伴，2018 年日本对中国的贸易额占日本对外贸易总额的 21.3%。2019 年，中国仍旧是日本的第一大贸易伙伴国、第二大出口目的地和第一大进口来源地。如表 4 - 6 所示，2019 年日本的主要出口贸易伙伴包括美国、中国、韩国及中国台湾与中国香港，出口额分别为 1397.98 亿美元、1346.90 亿美元、462.50 亿美元、430.02 亿美元以及 336.26 亿美元。中国是日本的第二大出口贸易伙伴，日本对中国出口贸易额占 2019 年日本对外贸易总额的 19.1%。如表 4 - 7 所示，2019 年日本主要的进口贸易伙伴有中国、美国、澳大利亚、韩国和沙特阿拉伯，其中中国仍旧是日本最主要的进口来源地，日本自中国的进口额达 1692.18 亿美元，日本对中国进口额占 2019 年日本对外贸易总额的比重高达 23.5%。另外，对中国来说，日本是中国第四大贸易伙伴，第二大贸易对象国，2018 年中国对日贸易额占中国对外贸易总额的 7.1%。

表 4 - 6　　　　　　　　　2019 年日本主要出口贸易伙伴

国家和地区	出口额（亿美元）	同比（%）	占比（%）
美国	1397.98	− 0.2	19.8
中国	1346.90	− 6.4	19.1
韩国	462.50	− 11.9	6.6
中国台湾	430.02	1.5	6.1
中国香港	336.26	− 3.1	4.8

资料来源：对外投资合作国别（地区）指南。

表 4 - 7　　　　　　　　　2019 日本主要进口贸易伙伴

国家	进口额（亿美元）	同比（%）	占比（%）
中国	1692.18	− 2.5	23.5
美国	790.83	− 3.1	11.0
澳大利亚	454.47	− 0.6	6.3
韩国	296.13	− 7.9	4.1
沙特阿拉伯	276.25	− 18.2	3.8

资料来源：对外投资合作国别（地区）指南。

　　贸易结构方面，机电、纺织类产品占据中日贸易的主要部分。中国依靠劳动力优势出口物美价廉的劳动密集型商品，而日本依据一定的技术优势出口机电产品。据统计，中国出口的劳动密集型商品，如纺织品及原料等，在日本进口市场的占有率在60%左右。中日双边贸易商品具有互补性质，推动了中日愈加紧密的贸易合作。如表4-8所示，根据2019年对外投资指南，日本对中国出口的主要产品包括机电产品、化工产品和运输设备，2019年上述三种产品进口额占中国自日本进口总额的比重接近70%。2019年，这三类商品的对中国出口额分别达到548.75亿美元、168.89亿美元和138.20亿美元，分别占日本对中国出口总额的40.7%、12.5%和7.3%。如表4-9所示，中国向日本出口的主要商品为机电产品、纺织品及原料和家具、玩具、杂项制品，整体比重超过日本自中国进口额的60%。2019年这三类商品进口额为781.09亿美元、206.74亿美元和106.01亿美元，分别占日本自中国进口总额的46.2%、12.2%和6.2%。

表4-8　　　　　　2019年日本对中国出口主要商品构成

海关分类	商品类别	出口额（亿美元）	同比（%）	占比（%）
类	总值	1346.90	-6.4	100.0
第16类	机电产品	548.75	-11.5	40.7
第6类	化工产品	168.89	2.3	12.5
第17类	运输设备	138.20	-0.7	7.3
第18类	光学、钟表、医疗设备	116.50	-4.2	8.6
第15类	贱金属及制品	103.73	-16.9	7.7

资料来源：对外投资合作国别（地区）指南。

表4-9　　　　　　2019年日本自中国进口主要商品构成

海关分类	商品类别	进口（亿美元）	同比（%）	占比（%）
类	总值	1692.18	-2.5	100.0
第16类	机电产品	781.09	-1.0	46.2
第11类	纺织品及原料	206.74	-6.5	12.2
第20类	家具、玩具、杂项制品	106.01	-2.3	6.2
第15类	贱金属及制品	98.35	-1.8	6.8
第6类	化工产品	94.42	-7.0	6.6

资料来源：对外投资合作国别（地区）指南。

3. 中日双向投资情况分析

中日双边投资往来密切。首先，从日本对中国的直接投资来看，日本是中国重要的外国投资来源地之一。据统计，2018 年日本对中国的实际投资到位金额达到 38.0 亿美元，增长快速，同比增长 16.5%。这一直接投资流量占到了中国吸引外资总额的 2.8%。从日本对中国的直接投资存量来看，日本在中国的外资来源国别（地区）中位列第一。截至 2018 年底，日本对中国投资金额达到 1119.8 亿美元，占中国吸引外资总额的 6.5%。从投资领域来看，日本主要投资领域是制造业，而近些年随着合作的深化，非制造业也成为日本企业投资的重要选择。

其次，从中国对日本的直接投资来看，作为日本最大的贸易伙伴，中国对日本投资规模相对较小。但近年来，随着两国贸易投资合作的发展，中国对日本的直接投资规模呈上升趋势。据中国商务部统计，截至 2019 年末，中国对日本投资存量达到 40.98 亿美元，投资领域主要在贸易、金融、零售、物流、餐饮、航空等领域。

4.1.3.4 与澳大利亚贸易与投资情况分析

1. 澳大利亚国际贸易基本情况

作为资源型国家的澳大利亚是全球最大铁矿石、煤、羊毛出口国；第二大铝矿石、铅锌矿石、牛肉出口国；第三大铜矿石和扁豆出口国；第四大葡萄酒、棉花、糖出口国；第五大珍珠、锆石、银出口国；第六大黄金出口国；第十大谷物出口国。近几年，澳大利亚对外贸易展现稳中有升的趋势。2019 年，澳大利亚对外贸易总额达到 4861 亿美元，同比增长 0.4 个百分点。其中，对外出口总额为 2723 亿美元，同比增长 6.9%，进口总额为 2138 亿美元，同比下降 6.8%（见图 4 - 20）。

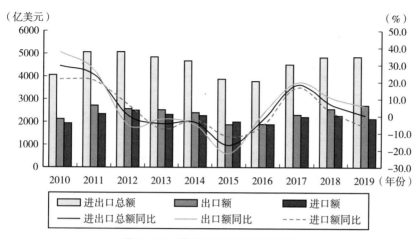

图4-20 澳大利亚对外贸易情况

资料来源：对外投资合作国别（地区）指南。

2. 中澳双边贸易情况分析

贸易体量方面，据澳大利亚统计局统计，2019年中澳双边贸易额为1589.7亿美元，较上年增长7.9%，有了一个较大的提升。但是实际上中国已连续11年成为澳大利亚最大的贸易伙伴。如表4-10所示，2019年澳大利亚对中国出口额为1039.02亿美元，大幅提升18.3个百分点，出口额更是占澳大利亚总出口的三成以上，且提高了4.0个百分点。如表4-11所示，2019年澳大利亚自中国进口额为550.68亿美元，与上年同比略有下降，但是比重不降反升，提高了1.4个百分点。2019年澳大利亚自中国进口额占澳大利亚进口总额的26.8%，澳大利亚与中国的贸易顺差488.34亿美元，增长51.1%。中国继续成为澳大利亚第一大贸易伙伴、第一大出口目的地和第一大进口来源地。

表4-10　　　　　　　　　　澳大利亚前五大出口目的地

国家	出口额（亿美元）	同比（%）	占比（%）
中国	1039.02	18.3	38.2
日本	397.69	-3.8	14.6
韩国	174.79	-1.2	6.4
英国	104.92	188.1	3.9
美国	102.73	6.1	3.8

资料来源：对外投资合作国别（地区）指南。

表 4－11   澳大利亚前五大进口来源地

国家	进口额（亿美元）	同比（%）	占比（%）
中国	550.68	－0.8	26.8
美国	250.07	7.2	11.7
日本	149.51	－11.2	7.0
泰国	103.27	－7.4	4.8
德国	101.86	－9.4	4.8

资料来源：对外投资合作国别（地区）指南。

贸易结构方面，澳大利亚作为资源型国家，主要向中国出口矿产品。如表 4－12 所示，2019 年，以金属矿砂为主的矿产品的出口额为 713.94 亿美元，增长 29.0%，占澳大利亚对中国出口总额的 68.7%。矿产品在对中国出口额中的份额接近七成，具体地，澳大利亚向中国出口了中国所需铁矿石的 60%、炼焦煤的约 60%、铜矿石的约 5%。

表 4－12   2019 年澳大利亚对中国出口主要商品（前五大类）

海关分类	商品类别	出口额（亿美元）	同比（%）	占比（%）
第 5 类	矿产品	713.94	29.0	68.7
第 1 类	活动物；动物产品	41.80	47.3	4.0
第 11 类	纺织品及原料	24.97	4.0	2.4
第 14 类	贵金属及制品	21.01	－51.4	2.0
第 4 类	食品、饮料、烟草	20.70	3.0	2.0
类	总值	1039.02	18.3	100.0

资料来源：对外投资合作国别（地区）指南。

如表 4－13 所示，澳大利亚自中国进口的主要商品为机电产品、纺织品、家具玩具杂项制品、贱金属及制品以及塑料橡胶，占澳大利亚自中国进口总额的 74.5%。其中机电产品进口额为 229.06 亿美元，占澳大利亚 2019 年自中国进口总额的 41.6%，将近半数；纺织品及原料进口额为 56.19 亿美元；家具、玩具、杂项制品进口额为 52.84 亿美元，占比均在 10% 左右。

表 4 - 13   2019 年澳大利亚自中国进口主要商品（前五大类）

海关分类	商品类别	进口额（亿美元）	同比（%）	占比（%）
第 16 类	机电产品	229.06	-0.3	41.6
第 11 类	纺织品及原料	56.19	-3.8	7.0
第 20 类	家具、玩具、杂项制品	52.84	-3.1	9.6
第 15 类	贱金属及制品	44.51	-7.5	8.1
第 7 类	塑料、橡胶	28.76	-2.2	6.2
类	总值	550.68	-0.8	100.0

资料来源：对外投资合作国别（地区）指南。

3. 中澳双向投资情况分析

从中国对澳大利亚的投资来看，2019 年中国对澳大利亚的投资流量达到 20.87 亿美元，较上年同比增长 6.1%，占中国 OFDI 流量总额的 1.5%。根据直接投资流量澳大利亚在 2019 年排在中国对外投资国家中的第 7 位。2019 年末，中国对澳大利亚的投资存量为 380.68 亿美元，占中国 OFDI 存量的 1.7%。根据直接投资存量，澳大利亚更是排在中国 OFDI 国家中的第三位，仅次于欧盟与美国。

如表 4 - 14 所示，从投资流量的行业分布情况看，投资主要流向采矿业、租赁和商务服务业、金融业、制造业、电力/热力/燃气及水的生产和供应业以及农/林/牧/渔业。其中投向采矿业 7.81 亿美元，占当年投资流量的 37.4%；租赁和商务服务业 4.19 亿美元，占 20.1%；金融业 3.93 亿美元，占 18.8%；制造业 3.09 亿美元，占 14.8%；电力/热力/燃气及水的生产和供应业占 2.9%；农/林/牧/渔业占 2.9%。从存量的主要行业分布情况看，投向采矿业 193.61 亿美元，占 50.9%；金融业 41.84 亿美元，占 11%；租赁和商务服务业 39.27 亿美元，占 7.3%；房地产业 36.34 亿美元，占 9.3%；制造业 20.86 亿美元，占 6.5%；农/林/牧/渔业 7.56 亿美元，占 2.8%；批发和零售业 9.16 亿美元，占 2.4%。

表4-14　　　　　　　2019年中国对澳大利亚直接投资主要行业

行业	流量（亿美元）	比重（%）	存量（亿美元）	比重（%）
采矿业	7.81	37.4	193.61	50.9
金融业	3.93	18.8	41.84	11.0
租赁和商务服务业	4.19	20.1	39.27	7.3
房地产业	-0.61	-2.9	36.34	9.3
制造业	3.09	14.8	20.86	6.5

资料来源：《2019年度中国OFDI统计公报》。

4.1.3.5　与韩国贸易投资情况分析

1. 韩国国际贸易基本情况

韩国受制于狭小的国土面积，自然资源贫乏，内需有限，经济对外依存度高。近几年韩国政府积极推进自贸区建设，目前已与美国、欧盟和中国全球三大经济体签署自由贸易协定，积极推动贸易自由化，扩大出口。

韩国对外贸易体量巨大，近几年对外贸易总额波动较大。如图4-21所示，据韩国海关统计，2019年韩国货物进出口总额为10456.80亿美元，其中，出口额为5422.30亿美元，同比下降7.4%；进口额5033.40亿美元，同比下降6.0%。

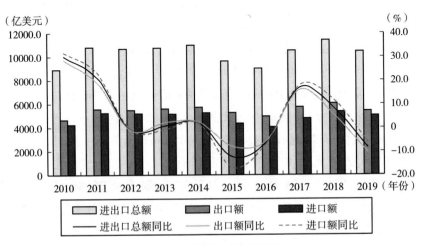

图4-21　韩国对外贸易情况

资料来源：对外投资合作国别（地区）指南。

　　从商品种类来看，韩国主要对外出口机电产品、运输设备等，处在价值链较高的地位，2019 年出口额分别为 2246.30 亿美元和 846.40 亿美元，其中机电产品下降 14.4%，运输设备增长 0.3%。其中机电产品的出口额占韩国出口总额的 41.4%，接近半数，而运输设备占比为 16.6%。韩国进口的最主要商品为矿产品。2019 年矿产品进口额为 1433.30 亿美元占韩国进口总额的 28.5%。

2. 中韩双边贸易情况分析

　　贸易体量方面，中韩两国地理位置接近、优势互补，贸易关系紧密。近几年中韩贸易有波动，但总体稳定在一个较高的水平。如图 4 - 22 所示，2019 年，中韩双边贸易总额为 2846.40 亿美元，比上年下降 9.2%。其中，中国对韩国出口额为 1109.70 亿美元，比上年增长 2%；而自韩进口额为 1736.70 亿美元，同比下降 16.2 个百分点。

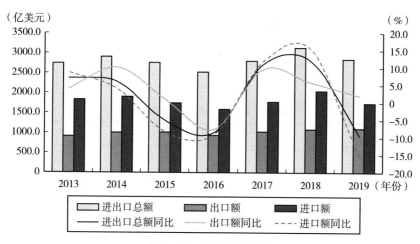

图 4 - 22　中韩双边贸易

资料来源：中国海关。

　　中国是韩国最大的贸易伙伴、进口来源和出口市场，而韩国是中国第四大贸易国和第一大进口来源国。如表 4 - 15 所示，2019 年韩国主要的出口贸易伙伴为中国、美国、越南、中国香港以及日本。其中，尽管同比下降 16%，中国仍旧为韩国的第一大出口贸易国，韩国对中国出口额为 1362.03 亿美元，占韩国对外总出口额的 26.1%。其余国家，韩对其出口额分别为 733.44 亿美元、481.78 亿美元、319.13 亿美元以及 284.20 亿美元，分别占韩国出口总额的 13.5%、8.9%、6.9% 以及 6.2%。如表 4-16 所示，2019 年韩国主要的进口贸易国为中国、美国、日本、沙特阿拉伯和越南。中国为韩国的第一大进口贸易国，韩国自中国进口额为 1072.29 亿美元，同比增长 0.7 个百分点，占韩国进口额的 21.3%。美国、日本、沙特阿拉伯和越南对韩国的出口额分别为 618.79 亿美元、476.81 亿美元、218.41 亿美元以及 27.72 亿美元。

表 4-15　　　　　　　　2019 年韩国主要出口贸易伙伴

国家和地区	出口额（亿美元）	同比（%）	占比（%）
中国	1362.03	-16.0	26.1
美国	733.44	0.9	13.5
越南	481.78	-0.9	8.9
中国香港	319.13	-30.6	6.9
日本	284.20	-6.9	6.2

资料来源：对外投资合作国别（地区）指南。

表 4-16　　　　　　　　2019 年韩国主要进口贸易伙伴

国家	进口额（亿美元）	同比（%）	占比（%）
中国	1072.29	0.7	21.3
美国	618.79	6.1	12.3
日本	476.81	-12.9	9.5
沙特阿拉伯	218.41	-17.1	4.3
越南	27.72	7.3	4.2

资料来源：对外投资合作国别（地区）指南。

贸易结构方面，中韩贸易优势互补，韩国主要向中国出口资本或技术密集型产品，如机电产品、化工产品和塑料橡胶。而中国向韩国出口劳动密集型产品。如表 4-17 所示，2019 年，韩国对中国出口的主要商品为机电产品、化工产品、塑料橡胶以及光学、钟表、医疗设备等，这些种类的商品在 2019 年出口额分别为 707.80 亿美元、199.67 亿美元、109.26 亿美元以及 98.64 亿美元,分别占 52.0%、14.7%、8.0% 与 7.2%。其中,机电产品出口额占韩对中出口总额的比重超过了半数。如表 4-18 所示,韩国自中国进口商品则主要为机电产品、贱金属及制品、化工产品、纺织品及原料和家具、玩具、杂项制品,2019 年这些商品的进口额分别为 538.47 亿美元、122.37 亿美元、103.24 亿美元、60.22 亿美元以及 40.52 亿美元,进口额分别占韩国自中国进口总额的 50.2%、11.4%、9.6%、6.6% 以及 3.8%。

表 4-17　　　　　　2019 年韩国对中国出口主要商品构成

海关分类	商品类别	出口额(亿美元)	同比(%)	占比(%)
第 16 类	机电产品	707.80	-19.6	52.0
第 6 类	化工产品	199.67	-7.5	14.7
第 7 类	塑料、橡胶	109.26	-6.5	8.0
第 18 类	光学、钟表、医疗设备	98.64	-27.6	7.2
第 5 类	矿产品	86.36	-14.8	6.3
类	总值	1362.03	-16.0	100.0

资料来源:对外投资合作国别(地区)指南。

表 4-18　　　　　　2019 年韩国自中国进口主要商品构成

海关分类	商品类别	进口额(亿美元)	同比(%)	占比(%)
第 16 类	机电产品	538.47	6.8	50.2
第 15 类	贱金属及制品	122.37	0.6	11.4
第 6 类	化工产品	103.24	-9.9	9.6
第 11 类	纺织品及原料	60.22	-1.2	6.6
第 20 类	家具、玩具、杂项制品	40.52	4.3	3.8
类	总值	1072.29	0.7	100.0

资料来源:对外投资合作国别(地区)指南。

3. 中韩双向投资情况分析

近年来中韩双边投资呈现增长趋势。一方面,2019 年,韩国对中国的投资项目数量达 2108 个,相较于上年增长了 12 个百分点。韩国对中国的直接投资流量达到了 56.40 亿美元, 比上年增长 18.7%。另一方面, 如图 4-23 所示, 从中国对韩国的直接投资情况来看, 近年来中国对韩国的直接投资存量稳步提升, 中韩贸易关系越发紧密。2019 年, 中国对韩国直接投资流量为 6.62 亿美元。截至 2019 年末, 中国对韩国直接投资存量为 66.73 亿美元。2017 年, 中对韩的直接投资存量有一个大幅增长, 增长率高达 41.2%, 2018 年增速回落。2019 年中国对韩国直接投资存量略有下降。

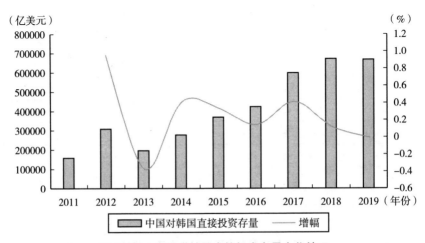

图 4-23 中国对韩国直接投资存量变化情况

资料来源:《2019 年度中国 OFDI 统计公报》。

4.1.3.6 与新西兰贸易投资情况分析

1. 新西兰国际贸易基本情况

新西兰是以农牧业为主的国家, 严重依赖对外贸易。如图 4-24 所示, 近几年, 新西兰进出口总额呈上升趋势。据新西兰统计局统计, 2018 年新西兰货物进出口总额为 836.90 亿美元, 比上年增长 6.8%。其中, 出口额为 398.40 亿美元, 较上年增长 4.6%; 进口额 437.50 亿美元, 增长 9.0%。

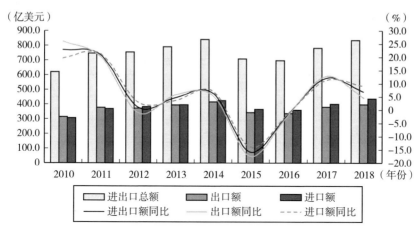

图 4 - 24 新西兰对外贸易

资料来源：对外投资合作国别（地区）指南。

从进出口产品看，新西兰最主要的出口商品是动物产品，2018 年动物产品出口额为 170.80 亿美元，相较于上一年同比增长 3.1%，动物产品的出口额占新西兰出口总额的比重达到 42.9%，接近半数。具体来说，新西兰的羊肉和奶制品出口量居世界第一位。2019 年新西兰动物产品出口中，乳、蛋出口额为 102.00 亿美元，增长 0.2%；肉及食用杂碎出口额 51.80 亿美元，增长 7.4%。进口方面，机电产品、运输设备和矿产品是新西兰最主要的进口商品。2018 年新西兰对机电产品进口额为 96.80 亿美元，对运输设备进口额为 74.90 亿美元，对矿产品进口额为 56.10 亿美元，分别增长 6.0%、2.9% 和 39.5%。

2. 中国与新西兰双边贸易情况分析

据新西兰统计局统计，2018 年新西兰与中国双边货物进出口额为 182.50 亿美元，较上年增长 12.3%。如表 4 - 19 与表 4 - 20 所示，其中，新西兰对中国出口额为 96.25 亿美元，同比增长 12.2%，自中国进口 86.26 亿美元，同比增长 11.3%。2018 年新西兰的主要出口贸易伙伴为中国、澳大利亚、美国、日本和韩国。2018 年新西兰的主要进口贸易伙伴为中国、澳大利亚、美国、日本和德国。中国同时是新西兰的第一大出口贸易伙伴和第一大进口贸易伙伴。新西兰对中国出口额占 2018 年新西兰对外总出口额的 24.2%，将近 1/4；新西兰自中国进口额占 2018 年新西兰自外进口总额的 19.7% ，接近 1/5。

表 4 - 19　　　　　　　　　2018 年新西兰主要出口贸易伙伴

国家	出口额（亿美元）	同比（%）	占比（%）
中国	96.25	12.2	24.2
澳大利亚	63.31	1.1	16.9
美国	38.32	1.3	9.6
日本	24.21	6.3	6.1
韩国	12.11	14.2	3.0

资料来源：对外投资合作国别（地区）指南。

表 4 - 20　　　　　　　　　2018 年新西兰主要进口贸易伙伴

国家	进口额（亿美元）	同比（%）	占比（%）
中国	86.26	11.3	19.7
澳大利亚	50.16	2.1	11.5
美国	44.13	3.4	7.1
日本	30.37	2.6	6.9
德国	22.12	3.1	6.1

资料来源：对外投资合作国别（地区）指南。

　　从商品种类来看，动物产品是新西兰对中国出口最多商品。如表 4 - 21 所示，2018 年新西兰对中国出口动物产品的出口额为 49.94 亿美元，同比增长 11%，占新西兰对中国出口总额的 51.9%，超过半数。除去动物产品，新西兰也对中国大量出口木及制品、食品饮料、植物产品和纸张。这些商品的出口额分别为 20.18 亿美元、6.90 亿美元、4.46 亿美元以及 2.28 亿美元，同比分别增长 14.5%、16.2%、27.1% 和 0，分别占新西兰对中国出口总额的 21%、6.1%、4.6% 以及 2.4%。新西兰对中国出口的前五大商品出口额占新西兰对中国出口总额的比重高达 86.0。如表 4 - 22 所示，新西兰自中国进口方面，进口的主要商品为机电产品、纺织品及原料、家具玩具等杂项制品、贱金属及制品和塑料橡胶。2018 年机电产品进口额为 31.62 亿美元，同比增长 7.1%，占新西兰自中国进口总额的

36.7%。2018 年纺织品及原料进口额为 11.08 亿美元，同比增长 6.4%，占新西兰自中国进口总额的 12.9%。机电产品、纺织品及原料、家具玩具等杂项制品、贱金属及制品和塑料橡胶以上前五类进口商品的进口额占新西兰自中国进口总额的 74.4%。

表 4 – 21　　　　　　　2018 年新西兰对中国出口主要商品

海关分类	HS 编码	商品类别	出口额（亿美元）	同比（%）	占比（%）
第 1 类	01 ~ 05	活动物；动物产品	49.94	11.0	51.9
第 9 类	44 ~ 46	木及制品	20.18	14.5	21.0
第 4 类	16 ~ 24	食品、饮料、烟草	6.90	16.2	6.1
第 2 类	06 ~ 14	植物产品	4.46	27.1	4.6
第 10 类	47 ~ 49	纤维素浆；纸张	2.28	0.0	2.4
类	章	总值	96.25	12.2	100.0

资料来源：对外投资合作国别（地区）指南。

表 4 – 22　　　　　　　2018 年新西兰自中国进口主要商品

海关分类	HS 编码	商品类别	进口额（亿美元）	同比（%）	占比（%）
第 16 类	84 ~ 85	机电产品	31.62	7.1	36.7
第 11 类	50 ~ 63	纺织品及原料	11.08	6.4	12.9
第 20 类	94 ~ 96	家具、玩具、杂项制品	9.15	9.1	7.6
第 15 类	72 ~ 83	贱金属及制品	6.78	12.2	7.9
第 7 类	39 ~ 40	塑料、橡胶	6.40	12.1	6.3
类	章	总值	86.26	11.3	100.0

资料来源：对外投资合作国别（地区）指南。

3. 中国与新西兰双向投资情况分析

中国与新西兰的双边投资规模较小，存在较大的提升潜力。从新西兰 OFDI 情况来看，截至 2018 年底，新西兰主要投资目的地为澳大利亚、美国、英国等。而从中国对新西兰的直接投资情况来看，中国对新西兰直接投资规模现阶段比较小。2018 年，中国对新西兰直接投资流量为 2.57 亿美元。2019 年，中国对新西兰直接投资流量降为 0.11 亿美元。

4.1.4　贸易与投资推进的行业与地区选择

4.1.4.1　基于行业的选择

进出口优势行业无疑是人民币国际化推进中的重点行业，也最容易在国际贸易与投资中取得货币选择的话语权。可以通过选择并利用进出口优势行业提升国际贸易中人民币计价结算话语权，推动人民币国际化。

结合出口行业的表现，机械和运输设备行业应该作为优先与重点推进人民币结算的行业。近年来，中国出口产品大多为工业制成品，而机械和运输设备则占工业制成品的半数左右。机械和运输设备行业在中国不同的出口细分行业中表现突出，且呈现出相当大的海外市场需求，优势明显。更具体地，在机械和运输设备行业中，可选择电信及声音的录制及重放装置设备以及电力机械、器具及其电气零件两个细分领域重点发力。这两个细分行业的产品始终为机械及运输设备大行业中出口额名列前茅的产品且出口额增长明显，产品具有竞争优势，话语权较大。

结合进口表现，宜选择除燃料外的非食用原料行业和矿物燃料、润滑油及有关原料行业作为优先与重点推进人民币计价或结算的行业。除燃料外的非食用原料大行业可重点关注其中的金属矿砂及金属废料细分行业，矿物燃料、润滑油及有关原料大行业可重点关注石油、石油产品及有关原料这个细分行业。中国对金属矿砂及金属废料和石油、石油产品及有关原料需求大，金属矿砂及金属废料和石油、石油产品及有关原料的进口规模极大，大规模集中性购买可以成为掌握话语权、推进人民币计价结算的力量。

结合各个行业的进出口综合表现，可重点布局机械及运输设备机器细分电力机械、器具及其电气零件行业，聚焦产品贸易规模大、行业密集程度高的行业，寻求人民币的计价与结算。根据 SITC 分类，工业制成品大类行业中，机械和运输设备一直是中国最主要的进口产品，同样也是占比较高的出口产品。中国与他国在机械和运输设备相关行业上贸易密切程度较高。机械和运输设备的 9 个细分行业中，电力机械、器具及其电气零件产品始终是中国进口机械及运输设备中占比最大的部分。同时，出口同样规模大、占比高，具有推进人民币国际化的优势。

4.1.4.2　基于地区的选择

在中美博弈愈演愈烈的背景下，中国需要将对外贸易与投资发展目光聚焦到经济合作关系更加紧密的地区，以减弱或消除当前美国贸易科技制裁的负面影响。

首先，通过加深与"一带一路"沿线国家、RCEP 成员的合作，减缓美国贸易科技制裁的负面影响，以减小推进人民币国际化的阻力。目前中国与签订"一带一路"相关合作文件的 138 个国家的货物贸易总额已占到中国对外货物贸易总额的四成左右。而 RCEP 的签订，更是缔结了目前为止全球人口最多、经贸规模最大且最具发展潜力的自由贸易协定。"一带一路"倡议与 RCEP 能够极大地推进中国与相关国家的贸易与投资，有助于避开美国的贸易科技制裁，增强人民币国际化的贸易基础。

其次，在"一带一路"地区与 RCEP 合作区域基础上，聚焦优势行业。发挥中国与"一带一路"沿线国家、RCEP 成员之间的贸易互补性。寻求石油天然气等大宗商品人民币计价的可能性，在优势行业争取计价和结算货币的选择权。

最后，在"一带一路"地区与 RCEP 合作区域基础上，挑选重点国家，重点发力。从贸易地区分布来看，亚洲国家是中国对外货物贸易最集中的地区，从直接投资地区分布来看，东盟国家是中国主要的对外投资目的地，也是中国主要的外商投资来源地，而这些国家大多数位于"一带一路"沿线辐射圈内。在对重点国家有一个表象认知的基础上，结合重点国家自身经济情况、两国合作意愿与合作效率，以及两国合作风险，进一步筛选"一带一路"地区与 RCEP 合作区域内的重点国家是必要的。本章后续部分通过计算贸易与投资合作价值在"一带一路"地区与 RCEP 成员中筛选贸易与投资推进人民币国际化的重点国家。

4.2　贸易与投资合作价值评价

下面对相关国家贸易投资合作价值进行综合性评价，为重点国家的筛选提供依据。

4.2.1 指标体系的构建

本书从国家层面，构建了以合作空间、合作意愿、合作效率与合作风险为一级指标，以东道国经济基础、东道国资源禀赋、双边贸易基础、对外开放程度、金融发展程度、人民币接受度、两国外交友好度、"一带一路"参与度、自由贸易协定、贸易辐射效率、贸易投资效率、营商效率、治理风险以及军事风险为二级指标，共包含 35 个三级指标的贸易与投资合作价值评价体系，如表 4 – 23 所示。在国家的选取方面，选取表 4 – 2 的"一带一路"沿线国家，由于巴勒斯坦和以色列的历史问题，巴勒斯坦至今未被同意加入联合国，巴勒斯坦的多项指标数据全部缺失，故本部分剔除了巴勒斯坦。RCEP 成员韩国、日本、澳大利亚和新西兰，综合上述，本部分选取了 66 个"一带一路"沿线国家及 RCEP 成员。

表 4 – 23 贸易与投资合作价值评价指标

一级指标	二级指标	三级指标	数据来源
促进人民币国际化的贸易投资合作价值评价指标 合作空间	东道国经济基础	GDP	UN
		对外贸易总额	UN
		近三年 GDP 复合增速	UN 数据整理
		对外贸易依存度	UN 数据整理
	东道国资源禀赋	燃料出口额	WB/Wind 数据整理
		矿物金属出口额	WB/Wind 数据整理
		燃料贸易依存度	WB/Wind 数据整理
		矿物金属贸易依存度	WB/Wind 数据整理
	双边贸易基础	双边进出口贸易规模	UN
		中国向东道国出口制成品占总出口比重	UN、海关数据整理
	对外开放程度	贸易条件指数	CSMAR 数据库
		FDI 净额占 GDP 比重	CSMAR 数据库
	金融发展程度	东道国金融发展指数	计算所得

续表

一级指标	二级指标	三级指标	数据来源
促进人民币国际化的贸易投资合作价值评价指标	合作意愿	人民币接受度	是否签订货币互换协议	公开资料整理
		两国外交友好度	外交关系等级	公开资料整理
		"一带一路"参与度	是否同中国签订"一带一路"合作文件	公开资料整理
		自由贸易协定	同中国签订自贸协定情况	中国自贸区服务网
	合作效率	贸易辐射效率	东道国贸易出口伙伴数量	WITS
			东道国贸易进口伙伴数量	WITS
			东道国出口前五伙伴占比	UN/WITS 数据整理
			东道国进口前五伙伴占比	UN/WITS 数据整理
		贸易投资效率	中国同东道国贸易效率	引力模型测算
			贸易效率增加值	引力模型测算整理
			中国同东道国投资效率	引力模型测算
			投资效率增加值	引力模型测算整理
		营商效率	东道国物流绩效指数	WB
			东道国营商环境指数排名	WB
	合作风险	治理风险	表达与问责权	WGI
			政治稳定	WGI
			政府效能	WGI
			管制质量	WGI
			法制建设	WGI
			腐败控制	WGI
		军事风险	近三年是否发生内部军事冲突	公开数据整理
			近三年是否发生外部军事冲突	公开数据整理

注：UN 为 UN comtrade，Wind 为 Wind 数据库，CSMAR 为 CSMAR 数据库，WITS 为 World Integrated Trade Solution，WB 为 World Bank，WGI 为 The Worldwide Governance Indicators。

4.2.1.1 合作空间

合作空间主要衡量中国同"一带一路"沿线国家及 RCEP 成员贸易投资合作的基础和发展前景，合作空间越大，贸易规模增长的潜力越大，更有助于推动以人民币结算计价的国际贸易。合作空间包括东道国经济基础、东道国资源禀赋、双边贸易基础、对外开放程度以及金融发展程度五个方面。

1. 东道国经济基础

东道国经济基础包括 GDP、对外贸易总额、近三年 GDP 复合增速以及对外贸易依存度 4 个指标。东道国 GDP 和近三年内 GDP 复合增长率越高，说明经济前景越好，国内需求越大，同该地区扩大贸易规模的可行性越大。同时，东道国对外贸易总额和对外贸易依存度越高，说明东道国和外界经贸交流越多、对国际贸易的依赖程度越大，越有助于我国同东道国扩大双边贸易规模，人民币在东道国流通后对周边国家的辐射力也越强。

2. 东道国资源禀赋

东道国资源禀赋包括燃料出口额、矿物金属出口额、燃料贸易依存度和矿物金属贸易依存度 4 个指标，其中燃料贸易依存度和矿物金属贸易依存度分别以燃料出口占总出口比重和矿物金属出口占总出口比重来衡量。上述四个指标越大，说明该国能源矿产禀赋越高，出口需求越大。中国是一个能源消费大国，自产能源远远跟不上国内需求，每年需要大量进口，是全球第一大原油、天然气进口国，中国可以和资源禀赋高的国家形成产业互补，以此扩大双边贸易并谋划和尝试以人民币计价结算。

3. 双边贸易基础

双边贸易基础包括双边贸易进出口规模和中国向东道国出口制成品占总出口比重两个指标。双边贸易进出口规模越大，说明两国历史贸易合作基础越好，在此基础上更容易进一步加深经贸合作，推动货币互换等货币合作，提高人民币在该地区的流通程度。而中国向东道国出口制成品占总出口比重反映了中国对东道国的贸易结构，该比重越高，说明中国出口的商品科技含量越高，使用人民币作为双边贸易结算计价货币的可能性越大。

4. 对外开放程度

对外开放程度包括贸易条件指数和FDI净额占GDP比重2个指标。贸易条件指数也称"进出口比价指数",通常是通过出口物价指数和进口物价指数相比而得的一种相对指标。是世界银行为了衡量贸易条件的变化建立的一种评价体系。其计算公式为:进出口比价指数 = 出口物价指数/进口物价指数。一国的贸易条件指数越高,则对于人民币通过跨境贸易流入该国的效率会越高,更容易促进人民币在区域内乃至国际上的流通,在中国和"一带一路"沿线国家的贸易可以尝试以人民币结算计价,从而提高人民币在"一带一路"沿线国家流通后辐射周边国家的能力和扩大双边贸易额。FDI净额占GDP指标的比重越高,则说明该国对于外资依赖程度越高,中国不仅可以增加对该国的投资,从而推动双边贸易投资发展,而且还可以推动人民币以投资形式进入东道国。当人民币在该国流通后便可以辐射到周边国家,从而推动人民币在区域内数个国家的流通。

5. 金融发展程度

金融发展程度用东道国的金融发展指数来衡量。关于金融发展的界定,认可度较高的是戈德史密斯(Goldsmith,1969)在《金融结构与金融发展》中给出的观点即金融结构的演进就是金融发展,而金融市场中金融工具种类的多少、金融机构规模的大小及经济基础与金融上层建筑间的关系即为经济体的金融结构。本书从金融规模、金融结构与效率、金融稳定与收益等角度利用因子分析法构建东道国的金融发展指数,其中具体指标如表4-24所示。

表4-24 东道国金融发展指标

金融发展指标	序号	计算方法	含义
金融规模	Y1	M2/GDP	衡量经济体货币化程度
	Y2	国民储蓄占GDP比重	衡量经济体存款规模
	Y3	每十万人商业银行数量	衡量金融产业规模
	Y4	每十万人ATM机数量	衡量金融服务的便利化程度

金融发展指标	序号	计算方法	含义
金融结构与效率	Y5	银行对私人部门的信贷比重	衡量经济体间接融资程度
	Y6	私人部门信贷占 GDP 比重	衡量金融贷款效率
	Y7	通过股票融资	衡量经济体直接融资程度
	Y8	获得贷款容易性	衡量获得贷款难易程度
金融稳定与收益	Y9	银行稳健性	衡量银行控制风险的能力
	Y10	风险投资有效性	衡量金融投资的收益能力

其中，Y7 ~ Y10 指标的数据来源于全球竞争力报告，其余数据来自 WDI 数据库。此外，对部分缺失数据通过插值法填补。

在无量纲化、正向标准化处理的基础上，利用 SPSS 22.0 对所有指标进行信度和效度检验发现，各项数据均通过了信度和效度检验。其中，信度检验 Cronbach's 的 α 相关系数结果为 0.833，显著大于 0.5 的标准，表明数据结果存在较高的可信性。而 KMO 和 Bartlett 检验显示，KMO 检验结果为 0.806，且 Bartlett 检验概率为 0.000，拒绝了相关系数是单位矩阵的原假设，表明数据指标的选取是有效的，可以进行因子分析。

表 4 – 25 为样本的因子分析结果，通过方差最大法对矩阵进行正交旋转后，其累计方差贡献率未发生改变，累计平方和为 76.435%，符合累计方差贡献率大于 70% 的要求，表明数据结果可以对"一带一路"沿线 62 个国家进行有效解释[1]，其他公因子可以予以忽略。

---

[1] 由于缺失数据，该部分只计算"一带一路"沿线 62 个国家的金额发展指数，其余国家的金融发展指数通过插值法进行填补。

表 4-25 东道国相关数据的变异数总计

成分	起始特征值			提取平方和载入			循环平方和载入		
	总计	变异的(%)	累加(%)	总计	变异的(%)	累加(%)	总计	变异的(%)	累加(%)
1	4.591	45.912	45.912	4.591	45.912	45.912	3.909	39.090	39.090
2	1.947	19.470	65.382	1.947	19.47	65.382	2.629	26.291	65.382
3	1.105	11.050	76.435	1.105	11.05	76.435	1.105	11.053	76.435
4	0.753	7.527	83.962	—	—	—	—	—	—
5	0.528	5.284	89.246	—	—	—	—	—	—
6	0.402	4.020	93.266	—	—	—	—	—	—
7	0.307	3.074	96.340	—	—	—	—	—	—
8	0.232	2.308	98.648	—	—	—	—	—	—
9	0.121	1.213	99.861	—	—	—	—	—	—
10	0.014	0.142	100	—	—	—	—	—	—

表 4-26 的旋转因子载荷矩阵显示，Y2、Y4 和 Y5 指标旋转后在第三个因子上的载荷量较高，其余指标在旋转后的第一个因子载荷量上最高。这些指标与旋转前相比，解释能力均有所上升，可以有效地对样本数据进行解释。

表 4-26 东道国相关数据的旋转因子载荷矩阵

样本序列	成分		
	1	2	3
ZY1	0.143	-0.217	0.092
ZY2	-0.118	-0.353	0.780
ZY3	0.083	-0.035	-0.225
ZY4	-0.075	-0.187	0.222
ZY5	0.188	0.245	0.805
ZY6	0.834	-0.017	0.002
ZY7	0.483	-0.103	0.313
ZY8	0.656	-0.063	0.332
ZY9	0.285	0.471	-0.023
ZY10	0.468	-0.152	-0.096

同样,对旋转因子载荷矩阵进行线性回归,以此得到因子得分系数矩阵,并在该矩阵的基础上构建因子综合得分模型,如表 4 - 27 所示。

表 4 - 27 东道国相关因子得分系数矩阵

样本序列	成分		
	1	2	3
ZY1	0.016	- 0.035	- 0.011
ZY2	- 0.032	- 0.030	0.294
ZY3	0.031	0.031	- 0.091
ZY4	0.028	- 0.071	0.165
ZY5	- 0.058	0.079	0.315
ZY6	- 0.060	0.053	- 0.056
ZY7	0.014	- 0.031	0.167
ZY8	- 0.136	0.225	0.145
ZY9	- 0.023	0.057	- 0.003
ZY10	0.147	- 0.165	- 0.080

根据表 4 - 27,可构建如下因子得分函数模型:

$$F_1 = 0.016 \times Y_1 - 0.032 \times Y_2 + 0.031 \times Y_3 \cdots + 0.147 \times Y_{10} \quad (4-1)$$

$$F_2 = -0.035 \times Y_1 - 0.030 \times Y_2 + 0.031 \times Y_3 \cdots - 0.165 \times Y_{10}$$
$$(4-2)$$

$$F_3 = -0.011 \times Y_1 + 0.294 \times Y_2 - 0.091 \times Y_3 \cdots - 0.080 \times Y_{10}$$
$$(4-3)$$

在上述因子得分基础上,可计算东道国的金融发展得分。表 4 - 28 为 2006 ~ 2018 年东道国的金融发展指数,其中 2018 年的数据由 2014 ~ 2017 年的金融发展指数年平均增加值在 2017 年的数据基础上加总所得。对结果进行百分制转换后,根据得分可计算东道国的金融发展指数,结果如表 4 - 28 所示。

表4-28　2006～2018年东道国金融发展指数

国家	2006年	2007年	2008年	2009年	2010年	2011年	2012年	2013年	2014年	2015年	2016年	2017年	2018年
阿联酋	65.56	66.60	68.22	71.71	67.12	68.80	71.79	71.63	73.57	73.85	76.42	77.64	78.81
阿曼	62.86	63.29	66.59	61.98	64.54	65.74	66.73	66.71	66.88	67.19	68.52	69.97	70.61
埃及	41.09	40.81	43.79	44.99	43.73	42.94	40.42	39.55	37.61	37.62	38.09	37.83	37.31
巴林	64.06	64.26	65.45	66.06	65.57	65.44	66.35	63.74	64.83	64.38	65.94	66.14	66.09
卡塔尔	66.33	67.49	71.52	70.62	70.98	78.10	81.23	81.59	80.54	79.20	78.44	79.81	79.52
科威特	76.87	75.88	76.08	75.89	74.59	71.11	70.57	71.49	70.38	68.64	69.41	69.55	69.34
沙特阿拉伯	64.66	64.94	67.64	63.18	65.30	66.45	69.35	68.92	67.63	63.38	66.88	67.16	66.72
土耳其	51.55	52.45	54.36	57.63	53.14	54.67	59.47	59.96	59.64	58.16	60.64	61.69	62.13
叙利亚	34.39	33.94	35.78	36.37	32.85	43.93	41.14	54.03	45.92	35.82	33.18	30.61	28.50
也门	27.86	27.69	27.07	25.40	24.68	30.79	26.30	24.78	24.81	30.13	24.03	23.88	23.39
伊拉克	17.74	17.99	21.97	22.51	24.31	27.70	24.50	25.64	25.92	22.31	19.20	19.47	18.46
伊朗	42.89	43.51	44.39	42.75	42.84	47.22	51.29	48.40	47.42	50.78	48.83	49.54	49.19
以色列	78.86	78.80	77.61	76.25	76.20	78.25	78.05	75.86	78.32	76.47	78.06	78.00	77.99
黎巴嫩	33.09	34.05	33.10	33.58	37.14	42.79	40.07	39.45	39.84	41.84	43.27	44.52	45.41
约旦	45.63	46.01	48.20	46.98	47.42	45.79	44.77	45.18	47.70	47.24	49.31	49.72	50.71
阿富汗	15.94	16.56	21.16	16.95	21.03	20.16	20.18	21.45	21.93	21.40	21.69	22.55	23.02
巴基斯坦	37.81	37.76	36.60	35.16	36.21	35.37	34.63	34.35	34.55	35.19	37.24	37.20	37.71
马尔代夫	33.59	34.09	30.51	38.04	32.45	27.53	33.03	30.32	33.03	34.88	35.82	36.35	37.01
尼泊尔	35.78	36.67	38.35	39.52	38.23	38.81	38.85	39.28	40.64	41.37	42.58	43.72	44.69
斯里兰卡	45.27	45.89	43.67	44.49	43.64	44.98	45.14	47.01	47.92	49.48	51.67	52.37	53.81
印度	55.03	55.14	54.91	52.58	52.18	53.56	53.15	53.07	52.34	53.66	56.02	56.14	56.73

续表

国家	2006年	2007年	2008年	2009年	2010年	2011年	2012年	2013年	2014年	2015年	2016年	2017年	2018年
孟加拉国	31.10	31.38	31.54	31.83	33.02	32.98	31.52	30.94	32.21	32.16	33.90	34.21	34.74
东帝汶	29.66	29.80	26.67	25.97	26.98	27.33	29.15	30.62	31.26	31.21	30.75	30.89	31.23
菲律宾	43.21	43.67	44.56	44.14	42.52	45.01	44.78	47.06	48.55	48.39	47.77	48.27	48.96
柬埔寨	27.37	28.44	31.80	32.18	30.69	33.26	35.27	35.35	36.77	38.20	39.74	41.28	42.48
老挝	23.01	25.10	24.53	47.15	30.95	32.53	32.86	33.06	32.92	34.35	39.71	43.33	45.42
马来西亚	70.08	70.61	71.69	77.44	74.65	74.25	74.81	75.22	76.63	75.99	75.19	75.75	75.93
缅甸	16.57	17.81	18.37	17.04	15.90	22.12	22.58	22.94	25.33	23.97	30.32	32.46	34.43
泰国	60.39	61.20	63.16	63.84	60.92	66.77	64.23	67.87	70.42	70.23	68.40	69.31	70.32
文莱	68.97	69.25	75.77	73.19	74.82	73.60	74.47	76.41	72.88	72.06	71.40	71.70	71.14
印度尼西亚	47.46	48.37	47.48	48.69	47.54	48.11	50.02	51.98	54.46	53.64	57.15	58.25	59.89
越南	47.51	48.30	48.84	49.02	49.50	50.26	50.60	51.09	51.82	53.74	55.96	56.88	58.13
新加坡	76.51	77.17	83.21	81.08	76.24	80.31	81.34	80.49	81.43	80.95	82.80	83.51	83.94
阿塞拜疆	35.20	37.62	48.05	42.26	26.61	52.48	49.34	50.54	48.67	44.38	45.36	48.49	48.32
爱沙尼亚	70.37	71.16	77.05	72.24	69.45	70.39	69.88	72.26	68.99	75.09	77.78	78.65	80.40
白俄罗斯	43.62	44.57	39.82	48.48	44.55	44.50	49.90	49.68	51.55	52.80	52.28	53.43	54.13
保加利亚	44.60	45.42	52.08	58.57	57.19	57.13	57.62	57.92	55.98	49.28	52.10	55.05	54.53
波黑	39.86	40.56	43.95	48.41	44.15	43.83	44.70	39.14	45.61	44.71	45.87	46.67	47.06
波兰	58.97	59.88	63.60	64.26	64.47	64.17	66.37	67.35	70.81	66.01	68.29	69.34	69.93
俄罗斯	45.54	46.97	49.96	51.35	48.09	51.16	54.42	56.05	60.58	60.88	61.54	63.47	65.28
格鲁吉亚	26.05	28.20	38.78	48.74	43.30	46.89	50.09	52.40	53.01	52.90	52.65	52.08	52.47
黑山	37.83	38.66	47.90	46.08	45.71	45.13	46.48	44.98	43.90	42.34	45.73	46.74	46.79

续表

国家	2006年	2007年	2008年	2009年	2010年	2011年	2012年	2013年	2014年	2015年	2016年	2017年	2018年
捷克	64.06	64.86	68.98	70.70	66.13	68.29	66.80	67.57	69.65	71.84	72.18	73.09	74.34
克罗地亚	60.96	61.43	63.12	66.04	65.28	65.47	65.43	66.02	62.12	64.94	65.57	66.07	66.19
拉脱维亚	58.43	59.89	65.75	70.43	63.64	59.47	61.23	61.11	62.78	64.71	66.22	67.05	68.21
立陶宛	59.23	60.04	61.61	66.24	62.81	59.61	62.20	63.28	69.87	64.06	66.78	67.69	68.78
罗马尼亚	47.75	48.31	50.48	57.91	55.19	55.83	55.13	54.65	56.05	54.26	53.02	53.64	53.34
马其顿	39.37	40.82	44.16	48.21	48.62	51.90	54.10	54.46	56.77	55.92	56.25	58.32	59.16
摩尔多瓦	34.16	34.71	34.27	30.06	33.48	33.86	39.60	36.02	40.22	39.84	38.60	40.12	40.22
塞尔维亚	42.57	43.58	47.80	51.60	50.92	47.52	50.01	47.84	50.81	50.41	53.08	54.34	55.20
斯洛伐克	57.16	58.00	61.61	64.72	59.65	59.08	61.53	62.66	57.05	62.27	65.19	66.16	67.08
斯洛文尼亚	68.63	67.82	71.46	75.96	68.81	70.94	71.24	67.82	66.29	63.64	60.26	59.55	57.21
乌克兰	45.23	45.46	51.06	52.96	43.75	43.54	46.58	44.99	41.53	39.44	42.71	43.94	43.41
匈牙利	52.53	52.78	51.74	56.29	60.08	59.40	57.85	63.62	53.93	54.49	51.50	51.75	50.53
亚美尼亚	33.50	35.15	37.14	39.84	40.02	41.33	41.94	42.66	43.18	45.91	47.69	48.23	49.48
阿尔巴尼亚	35.65	36.26	38.69	37.85	38.59	39.00	38.85	37.23	38.62	40.13	42.05	42.77	43.55
哈萨克斯坦	45.92	46.15	49.48	45.48	44.86	45.55	46.30	46.95	51.42	52.46	47.59	47.83	48.13
吉尔吉斯斯坦	33.15	32.05	27.16	34.38	32.42	30.96	35.91	29.07	34.94	31.92	35.64	37.95	38.35
蒙古国	41.74	42.43	39.02	40.61	34.28	31.23	34.58	41.69	43.42	44.81	45.61	46.38	48.74
塔吉克斯坦	22.02	23.31	26.33	28.99	26.62	27.78	26.96	27.11	33.46	32.71	35.53	37.73	39.88
土库曼斯坦	26.88	27.78	30.63	32.09	28.85	27.34	25.11	29.27	32.84	34.06	37.25	38.55	41.23
乌兹别克斯坦	37.05	37.61	39.05	35.81	35.45	34.02	32.38	39.28	39.82	39.96	41.95	42.59	44.63

4.2.1.2 合作意愿

合作意愿主要衡量"一带一路"沿线国家及 RCEP 成员同中国加深经贸往来，扩宽合作领域与规模的意愿性与主动性。主要包括人民币接受度、两国外交友好度、"一带一路"参与度以及签订贸易协定情况 4 个指标，东道国与中国合作意愿越高，越容易推动贸易、货币、金融等多领域的深度合作。

1. 人民币接受度

人民币接受度以中国和东道国是否签订货币互换协议来衡量。若已签订，赋值为 1，反之赋值为 0。中国同欧盟于 2013 年签订了货币互换协议，但是鉴于欧盟中有欧元区国家和非欧元区国家，对于欧元区国家均赋值为 1，非欧元区国家中若同中国单独有签订货币互换协议，则赋值为 1，反之赋值为 0。

2. 两国外交友好度

两国外交友好度以中国和东道国的外交关系等级来衡量，从高至低分别给予 1～9 分的评分，具体如表 4 - 29 所示。东道国同中国的外交关系越好，则表明两国的共同利益越多，可在不同领域进行多方面、深层次合作的可能性越大，中国在该国推动人民币贸易计价结算的阻力就会越小。

表 4 - 29　中国同"一带一路"沿线国家及 RCEP 成员外交关系评分

外交关系	包含的"一带一路"沿线国家及 RCEP 成员	评分
全天候战略合作伙伴关系/新时代全面战略协作伙伴关系	巴基斯坦、俄罗斯	9
全面战略合作伙伴关系/永久全面战略伙伴关系	越南、老挝、柬埔寨、缅甸、泰国、哈萨克斯坦	8
全面战略伙伴关系	马来西亚、印度尼西亚、白俄罗斯、蒙古国、埃及、沙特阿拉伯、伊朗、阿联酋、波兰、匈牙利、澳大利亚、新西兰	7
全方位战略伙伴关系/战略合作伙伴关系	印度、土耳其、阿富汗、斯里兰卡、文莱、韩国	6

续表

外交关系	包含的"一带一路"沿线国家及 RCEP 成员	评分
战略伙伴关系	塞尔维亚、乌兹别克斯坦、吉尔吉斯斯坦、塔吉克斯坦、土库曼斯坦、乌克兰、卡塔尔、约旦、尼泊尔、保加利亚	5
全方位合作伙伴关系	新加坡	4
全面合作伙伴关系	克罗地亚、东帝汶、罗马尼亚、孟加拉国、马尔代夫	3
友好合作伙伴关系/重要合作伙伴关系/新型合作伙伴关系	阿尔巴尼亚	2
其他关系	其余"一带一路"沿线国家及其余 RCEP 成员	1

资料来源：公开资料整理。

3. "一带一路"参与度

"一带一路"参与度主要以东道国是否同中国签订"一带一路"合作谅解备忘录衡量，如果签订了则赋值为1，反之赋值为0。若同中国签订了合作谅解备忘录相关文件，则说明东道国同中国在贸易合作上的目标较为一致，将更有利于扩大双边贸易规模，并在此基础上加深双边经贸、货币合作。

4. 自由贸易协定

贸易协定情况主要以东道国是否同中国签订自由贸易协议以及签订的进展来衡量。如果东道国同中国没有签订自贸区，则赋值为0；如果东道国同中国的自贸区处于正在研究阶段或者正在谈判阶段，则赋值为1；如果东道国同中国的自贸区协议已经签订，则赋值为2。和同中国签订了自贸区的国家进行贸易将会有更低的关税和更少的贸易壁垒，更有利于激发双边的贸易潜力，提高贸易规模。

4.2.1.3 合作效率

合作效率重点反映人民币在东道国流通后对其他国家与地区的辐射效率，中国同东道国的贸易、投资效率以及在东道国开展经贸活动的便利程度，包括东道国贸易辐射效率、贸易投资效率和东道国营商效率三个方面。

1. 贸易辐射效率

贸易辐射效率以东道国出口、进口贸易伙伴数量，出口、进口前五大贸易伙伴所占贸易比重这四个指标来衡量。东道国进出口贸易伙伴越多，前五大贸易伙伴所占比重越低，即对单个贸易伙伴依存度越低，人民币通过东道国流入其他地区和国家的效率会越高，更容易在区域内乃至国际进行流通。

2. 贸易投资效率

贸易投资效率主要包括中国同东道国贸易效率、贸易效率增加值、中国同东道国投资效率以及投资效率增加值4个指标。贸易效率和投资效率的数据由引力模型测算得到，贸易效率增加值和投资效率增加值分别在贸易效率和投资效率的基础上测算得到。

引力模型是进行定量贸易与投资效率的重要工具。卡利拉詹（Kalirajan，2008）的随机前沿引力模型的一般表现形式如下所示：

$$EX_{ijt}^{*} = f(X_{ijt}, \beta), (i, j = 1, 2, \cdots, N; t = 1, 2, \cdots, T) \quad (4-4)$$

由于随机干扰项的存在，双方贸易（投资）量的最优水平又可用公式（4-5）来表示：

$$EX_{ijt}^{*} = f(X_{ijt}, \beta) \exp(V_{ijt}) \quad (4-5)$$

其中，X_{ijt} 是指影响潜在贸易（投资）流量的决定因素；EX_{ijt}^{*} 表示 t 年国家 i 和国家 j 可能达到的最佳贸易（投资）水平，但该值因受到各种外部条件的限制往往不能达到最大值，双方贸易（投资）量的实际值亦可用公式（4-7）来表示：

$$EX = f(X_{ijt}, \beta) \exp(V_{ijt} - \mu_{ijt}), \mu_{ijt} \geq 0 \quad (4-6)$$

$$TE_{ijt} = EX/EX_{ijt}^{*} = \exp(-\mu_{ijt}) \quad (4-7)$$

$$\mu_{ijt} = \{\exp[-\eta(t-T)]\} \nu_{ij} \quad (4-8)$$

在上述公式中，TE_{ijt} 为贸易（投资）效率，该值介于 0 和 1 之间。μ_{ijt} 为贸易（投资）的非效率项，当 $\mu_{ijt} = 0$ 时，说明双方贸易（投资）量达到了最大值，此时不存在贸易（投资）的非效率；当 $\mu_{ijt} > 0$ 时，表明双方贸易（投资）量并未达到最大值，则存在贸易（投资）的非效率。式（4-8）表示非效率项的时变函数，当 $\eta = 0$ 时，非效率项不随时间变化；反之，非效率项具有时变性。

测算贸易效率的随机前沿引力模型中，被解释变量为贸易总额，解释变量一般为经济规模、距离、人口、是否有共同边界和是否有共同的官方语言等变量。但此处没有考虑语言因素，因为我国是唯一以汉语为官方语言的国家。为了将与我国不具有共同国界的许多国家纳入模型，分析中将是否有共同边界替换为是否可以进行陆路和海洋运输。由此设定的我国与东道国贸易的随机前沿引力模型如下：

$$\ln T_{ijt} = \beta_0 + \beta_1 \ln GDP_{it} + \beta_2 \ln GDP_{jt} + \beta_3 \ln POP_{it} + \beta_4 \ln POP_{jt}$$
$$+ \beta_5 \ln Dist_{ij} + \beta_6 Land_{ij} + \nu_{ijt} - \mu_{ijt} \qquad (4-9)$$

模型各变量含义及理论说明如表4-30所示。

表4-30　　　　　　　　核心变量的含义及理论说明

变量	含义	理论说明
T_{ijt}	中国同 j 国在第 t 期的贸易总额	被解释变量
GDP_{it}	中国在第 t 期的名义国内生产总值	解释变量，反映一国供给能力，GDP越大，双边的贸易规模也越大
GDP_{jt}	j 国在第 t 期的名义国内生产总值	
POP_{it}	中国在第 t 期的人口总数	解释变量，反映一国需求能力，人口越多，商品需求量越大
POO_{jt}	j 国在第 t 期的人口总数	
$Dist_{ij}$	中国首都同 j 国首都的地理直线距离	解释变量，反映因距离产生的贸易运输成本，两国距离越远，贸易成本越高，贸易量越少
$Land_{ij}$	i 国是否为内陆国家，取虚拟变量，是则取0，不是则取1	解释变量，沿海国家通常比内陆国家贸易更加便利

在利用随机前沿引力模型进行估计前，需要对模型的设定进行贸易非效率的存在性检验和贸易效率变化的存在性检验。检验结果如表4-31所示。

表4-31　　　　　　　　模型似然比检验结果

模型	原假设	$\ln(H_0)$	$\ln(H_1)$	LR统计值	自由度	1%临界值	检验结论
贸易总额模型	$\gamma = \mu = \eta = 0$	-718.7616	-147.5847	1142.3538	3	11.84	拒绝
	$\eta = 0$	-147.5847	-132.43521	30.2990	2	9.21	拒绝

注：表中数据由 Stata 回归得到，自由度为约束变量的个数。

模型的假设检验结果表明, 贸易的非效率性检验的 LR 值为 1142.3538, 大于在自由度为 3 时混合卡方分布在 1% 显著性水平上的临界值 11.84, 说明存在贸易的非效率项, 随机前沿引力模型适用。贸易非效率的时变性检验的 LR 值为 30.2990, 大于在自由度为 2 时混合卡方分布在 1% 显著性水平上的临界值 9.21, 说明贸易的非效率项随时间变化而变化, 时变随机前沿引力模型适用。将 2009~2018 年相关数据导入 Stata15.0 中, 考察式 (4-9) 模型, 回归结果如表 4-32 所示。

表 4-32　　　　　　　　　　随机前沿引力模型估计结果

自变量	贸易总额模型	
	系数	z 统计量
常数项	304.6 ***	-39.63
$\ln GDP_{it}$	1.349 ***	-0.143
$\ln GDP_{jt}$	0.716 ***	-0.0513
$\ln POP_{it}$	-20.75 ***	-2.929
$\ln POP_{jt}$	-0.0042	-0.0766
$\ln DIST_{ij}$	-1.983 ***	-0.267
$LAND_{ij}$	0.678 ***	-0.183
μ	1.315 ***	-0.304
η	0.0217 ***	-0.00381
$\ln \sigma^2$	-0.105	-0.329
$Logit(\gamma)$	2.739 ***	-0.358
σ^2	0.899923	
γ	0.939261	
σ_{μ}^2	0.845263	
σ_{υ}^2	0.054661	

注: *** 表示模型系数在 1% 的水平上显著。

将系数带回方程, 可求得中国同东道国 2009~2018 年贸易效率。实证结果表明, 如果中国同东道国的贸易效率越高, 则说明双边贸易受关税水平、非关税壁垒、基础设施、经济自由度等因素的影响较少, 双边经济发展、人口增长所能带来的贸易增长也更多。而贸易效率增加值越大, 说明中国同东道国具有更好的贸易发展态势。

投资效率同贸易效率一样，定义为实际投资占潜在投资的比重，中国对东道国投资的过程中也会受当地融资成本、资本配置等因素的影响而产生资本损耗，导致实际投资与潜在投资产生偏差，从而引发资本效率损失的问题。为了测算对于中国同东道国的投资效率，利用随机前沿引力模型及假设构建如下方程：

$$\ln OFDI_{ijt} = \beta_0 + \beta_1 \ln GDP_{it} + \beta_2 \ln GDP_{jt} + \beta_3 \ln T_{ijt} + \beta_4 \ln DEV_{jt}$$
$$+ \beta_5 \ln Dist_{ij} + \beta_6 BIA_{ij} + \nu_{ijt} - u_{ijt} \qquad (4-10)$$

其中，GDP_{it}表示中国在第 t 期的 GDP；GDP_{jt}表示 j 国在第 t 期的 GDP；T_{ijt}表示中国同 j 国的双边贸易总额；DEV_{jt}表示 j 国在 t 时期的金融发展指数；$Dist_{ij}$表示中国首都同 j 国首都之间的直线距离；BIA_{ij}表示中国是否同东道国签订双边投资协议，取虚拟变量，签订赋值为 1，反之赋值为 0；ν_{ijt}为服从均值为 0 的正态分布的随机误差项，服从均值为 0 的正态分布；u_{ijt}为投资非效率项，服从 $cov(\nu_{ijt}, u_{ijt}) = 0$ 的截尾正态分布。

利用 2009 ~ 2018 年各指标数据，当采用时不变随机前沿模型时，$\gamma = 0.8137376$，大于采用时变随机前沿模型的 $\gamma = 0.7856618$，故采用时不变随机前沿模型对方程进行估计，结果如表 4 - 33 所示。

表 4 - 33　　　　　　　　　随机前沿引力模型结果

自变量	中国 OFDI 模型	
	系数	z 统计量
常数项	9.315 *	1.77
$\ln GDP_{it}$	1.949 ***	14.59
$\ln GDP_{jt}$	0.283 *	1.77
$\ln T_{ijt}$	0.440 ***	3.66
DEV_{jt}	0.014 *	1.67
$\ln DIST_{ij}$	- 3.231 ***	- 5.52
BIA_{ij}	1.229 ***	2.61
μ	3.495 ***	6.00
$\ln\sigma^2$	1.171 ***	(6.19)

续表

自变量	中国 OFDI 模型	
	系数	z 统计量
Logit（γ）	1.474 ***	（6.12）
σ^2	3.224614	
γ	0.8137376	
σ_{μ}^2	2.62399	
σ_{ν}^2	0.6006245	

将系数带回方程，可求得中国同东道国 2009～2018 年投资效率。如果中国同东道国的投资效率越高，则中国企业在当地的经济影响力越大，可以和进出口贸易相辅相成，共同推动中国同东道国经贸合作规模的扩大，促进人民币在该区域的流通。而投资效率增加值越大，说明中国同东道国具有更好的投资发展态势。

3. 营商效率

营商效率主要通过物流绩效指数和营商环境指数排名来衡量，反映了经贸活动的便利程度和响应效率。物流绩效指数从海关清关效率、物流基础设施质量，物流价格水平、物流服务质量以及货物追踪能力和频率六大方面综合评价了一国的物流发展水平，并给予 1～5 分的评分，分数越高，物流水平越好。营商环境指数是世界银行从多个综合角度对全球近 200 个国家和地区的营商环境进行评估后编制的指数。东道国的营商指数越大，中国与该国双边贸易和直接投资的规模、效益也都会更高。

4.2.1.4 合作风险

合作风险主要从国家治理风险和军事风险两个角度衡量东道国的风险水平。合作风险越大，中国同东道国进行经贸往来损失的可能性也就越大，促进人民币国际化的重点国家必须具备相对稳定的国内政治环境和较小可能发生军事冲突的条件。

1. 治理风险

治理风险以世界银行颁布的世界治理指标为准绳进行度量，包含表达与问责权、政治稳定性、暴力恐怖主义程度、政府效率、监管质量、法制建设和腐败控制 7 个方面,指标范围从大约 – 2. 5(弱)~ 2. 5(强)来衡量。国家良好的治理能力可以减少中国同"一带一路"国家经贸合作损失的可能性,同时也更利于人民币以该东道国为中心的区域内流通。

2. 军事风险

军事风险以近三年是否发生内部军事冲突和近三年是否发生外部冲突作为衡量标准。如果近三年没有发生内部/外部军事冲突,则赋值为 1,反之则赋值为 0。战争对于东道国的经济增长、内部需求以及东道国同其他国家的经贸往来都有极大的影响,作为贸易投资促进人民币国际化的重要支点应选择军事风险较小或无军事风险的国家。

4. 2. 2 指标处理

本部分综合考虑 66 个"一带一路"沿线国家及 RCEP 成员 2014 ~ 2018 年共 5 年的数据进行评价,以消除单一年份个别指标的异样波动所对评价结果产生的误差。个别缺失数据采用插值法、均值法、同类均值插补等方法填补。

在进行权重计算之前需要将数据进行正向化处理。但因不同的数据有不同的分布规律,而单纯利用倒数逆变换法可能会导致原指标分布规律变化,故应针对不同指标数据的特点进行不同的正向化处理。本部分对于东道国出口前五伙伴占比和东道国进口前五伙伴占比两个指标运用倒扣逆变换法,具体公式如下:

$$y_{jt} = \max(x_{jt}) - x_{jt} \tag{4 - 11}$$

对于东道国营商环境指数排名指标,本部分采用取倒数法进行处理,具体公式如下:

$$y_{jt} = \frac{1}{x_{jt}} \tag{4 - 12}$$

为了消除各指标之间量纲的差异性,在指标正向化处理后,还需对指标进行标准化处理,具体公式如下:

$$x_{jt}^* = \frac{x_{jt} - \min(x)}{\max(x) - \min(x)} \tag{4 - 13}$$

4.2.3　一级指标权重的确定——基于 AHP 法

对于一级指标合作空间、合作意愿、合作效率以及合作风险的权重，因为个数较少，且指标维度较高，本部分利用层次分析法（AHP）进行确定。层次分析法是 20 世纪 70 年代由美国数学家萨迪（Saaty，1977）提出的一种系统分析方法，他将定量分析与定性分析相结合，将一个复杂的问题分成若干层次和若干因素，再通过对一个层次内的所有因素进行重要性的两两比较，来对不同因素确定不同的权重。

层次分析法第一步是通过专家对各个因素两两重要程度的打分（成对比较）来确定彼此的相对重要性。本部分采用托马斯·萨迪（Thomas Saaty）的"1~9 标度法"来构造判断矩阵，具体如表 4-34 所示。

表 4-34　　　　　　　　　　　　1~9 标度法

分值	含义
1	表示两个因素相比，具有同样重要性
3	表示两个因素相比，一个因素比另一个因素稍微重要
5	表示两个因素相比，一个因素比另一个因素明显重要
7	表示两个因素相比，一个因素比另一个因素强烈重要
9	表示两个因素相比，一个因素比另一个因素极端重要
2，4，6，8	上述两相邻判断的中值

对于每一个专家的打分，都会形成如表 4-35 所示的判断矩阵，b_{ij} 表示专家对不同因素两两重要性作比较获得的值，其中 $b_{ij} > 0$，$b_{ji} = 1/b_{ij}$，$b_{11} = b_{22} = \cdots = b_{nn} = 1$。

表 4-35　　　　　　　　　　　　判断矩阵模型

A_n	B_1	B_2	…	B_n
B_1	b_{11}	b_{12}	…	b_{1n}
B_2	b_{21}	b_{22}	…	b_{2n}
…	…	…	…	…
B_n	b_{n1}	b_{n2}	…	b_{nn}

对每个判断矩阵，本部分利用和积法计算每个因素所对应的权重，得到权向量。首先将判断矩阵的每一列元素做归一化处理，其元素一般项为：

$$b_{ij}^{*} = \frac{b_{ij}}{\sum\limits_{1}^{n} b_{ij}}(i, j = 1, 2, 3, \cdots, n) \tag{4-14}$$

再将每一列经归一化处理后的判断矩阵按照行相加：

$$W_i = \sum\limits_{i=1}^{n} b_{ij}^{*}(i = 1, 2, 3, \cdots, n) \tag{4-15}$$

并对向量 $W = (W_1, W_2, W_3, \cdots, W_n)^{T}$ 进行归一化处理：

$$W^{*} = \frac{W}{\sum\limits_{i=1}^{n} W_i}(i = 1, 2, 3, \cdots, n) \tag{4-16}$$

得到矩阵 $W^{*} = (W_1^{*}, W_2^{*}, W_3^{*}, \cdots, W_n^{*})^{T}$，即为所求特征向量的近似解，也即为各因素所占权重。对于所得结果，为确保评价逻辑的一致性，还需要进行一致性检验。记矩阵 A_n 的最大特征根为 λ，有 $\lambda = W^{*T} A_n W^{*}$。

定义一致性指标 CI：

$$CI = \frac{\lambda - n}{n - 1} \tag{4-17}$$

当 CI = 0，表示评价有完全的一致性，CI 接近于 0，有满意的一致性，CI 越大，不一致越严重。为衡量 CI 的大小，引入一致性指标 RI，如表 4 – 36 所示，当矩阵阶数不同时，RI 的取值也不同。

表 4 – 36　　　　　　　　　　随机一致性指标 RI

n	1	2	3	4	5	6	7	8
RI	0	0	0.58	0.90	1.12	1.24	1.32	1.41

定义一致性比率 CR = CI/RI，若一致性比率 < 0.1 时，则认为矩阵 A_n 的不一致程度在容许的范围之内，通过了一致性检验，有满意的一致性。可用其归一化特征向量作为权向量，否则要重新评估两两重要性，对 b_{ij} 加以调整生成新的判断矩阵。

本部分采集了八位专家对 4 个一级指标合作空间、合作意愿、合作效率以及合作风险的两两重要性评价，并通过上述方法计算出了八位专家评价结果的权向量，同时进行了一致性检验，结果如表 4 - 37 所示。

表 4 - 37　　　　　　　一级指标权重赋值及一致性检验结果

专家	合作空间	合作意愿	合作效率	合作风险	权重合计	一致性比率 CR	检验结果
专家一	0.632445	0.053275	0.088302	0.225977	1	0.063592	通过
专家二	0.494849	0.327754	0.095291	0.082106	1	0.097011	通过
专家三	0.182752	0.520008	0.096631	0.200609	1	0.098278	通过
专家四	0.619569	0.095554	0.231048	0.053829	1	0.028998	通过
专家五	0.489437	0.162301	0.287893	0.060369	1	0.00711	通过
专家六	0.345221	0.345221	0.099449	0.21011	1	0.022631	通过
专家七	0.591536	0.098589	0.219906	0.089969	1	0.007658	通过
专家八	0.368221	0.070519	0.193039	0.368221	1	0.001541	通过
平均	0.465504	0.209153	0.163945	0.161399	1		

取八个专家所评价权重的算数平均值，得到合作空间、合作意愿、合作效率以及合作风险在评价体系中所占权重分别为 0.465504、0.209153、0.163945 以及 0.161399。

4.2.4　二级、三级指标权重的确定——基于熵权法

熵源于信息论，是对系统无序性的一种度量。如果指标数据的不确定性（离散程度）越大，信息的熵就越大，指标所包含的信息量就越大，在综合评价中所起的作用就越大，其所占权重就越高。如果某指标所有的样本数据均一致，则该指标在综合评价中不起作用，其所占权重也就为 0。因此，用熵权法所确定的指标权重大小依赖于所选样本的指标数据。

在将数据正向化和归一化处理后，首先需要计算第 i 个国家第 j 项指标值所占的比重 P_{ij}，计算公式如下：

$$P_{ij} = \frac{x_{ij}}{\sum_{i=1}^{n} x_{ij}}(i = 1, \cdots, n; j = 1, \cdots, m) \qquad (4-18)$$

在计算第 i 个国家第 j 项指标值所占的比重后，计算第 j 项指标的熵值，其计算公式如下：

$$e_j = -K \sum_{i=1}^{n} P_{ij} \ln(P_{ij})(j = 1, \cdots, m) \qquad (4-19)$$

其中，$K = \frac{1}{\ln(n)} > 0$，满足 $e_j > 0$。之后计算信息熵冗余度（差异），其计算公式如下：

$$d_j = 1 - e_j \ (j = 1, \cdots, m) \qquad (4-20)$$

得到信息熵冗余度后，计算各项指标的权重，其公式如下：

$$W_j = \frac{d_j}{\sum_{j=1}^{m} d_j}(j = 1, \cdots, m) \qquad (4-21)$$

通过以上步骤计算出三级指标的权重后，可算出对应二级指标的加权得分，二级指标权重取三级指标的累计权重，再通过加权相乘算出一级指标的得分。根据熵权法的原理，指标的权重取决于当前样本数据的离散程度，而不同年份的数据有着不同的离散程度，因此在不同的年份中每个指标都有不同的权重，利用 2014～2018 年的数据算出三级指标在这五年间的权重如表 4-38 所示。

表 4-38 三级指标权重计算结果

三级指标	2014 年	2015 年	2016 年	2017 年	2018 年
GDP	0.047907	0.055430	0.059877	0.066222	0.066266
对外贸易总额	0.041626	0.048303	0.050736	0.054003	0.055365
近三年 GDP 复合增速	0.001277	0.001905	0.004571	0.004943	0.003434
对外贸易依存度	0.014279	0.012954	0.016883	0.016459	0.018156
燃料出口额	0.071063	0.083093	0.084086	0.090840	0.092613
矿物金属出口额	0.053830	0.070976	0.076846	0.072489	0.067234
燃料贸易依存度	0.032863	0.042378	0.045891	0.045938	0.045209
矿物金属贸易依存度	0.041557	0.049950	0.048340	0.047679	0.047935

续表

三级指标	2014 年	2015 年	2016 年	2017 年	2018 年
双边进出口贸易规模	0.054479	0.066384	0.070443	0.074472	0.074883
中国向东道国出口制成品占总出口比重	0.004590	0.003291	0.002523	0.003318	0.003287
贸易条件指数	0.009399	0.006536	0.007312	0.008380	0.009355
外国直接投资净额/GDP	0.001551	0.001989	0.001053	0.001686	0.001384
金融发展指数	0.007352	0.008363	0.007192	0.007453	0.006787
是否有货币互换协议	0.055757	0.062915	0.058622	0.059885	0.069973
外交关系等级	0.024171	0.028429	0.029977	0.031913	0.032952
是否签订"一带一路"合作文件	0.203996	0.077681	0.061087	0.015326	0.009731
双边贸易协定情况	0.069890	0.076191	0.074180	0.073013	0.072672
出口伙伴数量	0.005080	0.006474	0.006601	0.007089	0.007108
进口伙伴数量	0.004466	0.005093	0.005202	0.005051	0.005077
出口伙伴前五占比	0.005009	0.006532	0.006261	0.006642	0.007094
进口伙伴前五占比	0.003395	0.007963	0.007683	0.009158	0.008142
贸易效率	0.017373	0.024833	0.027319	0.028045	0.025704
贸易效率增加值	0.005983	0.002115	0.001994	0.002462	0.010505
投资效率	0.051582	0.052126	0.053348	0.057347	0.052520
投资效率增加值	0.001370	0.012249	0.002931	0.007096	0.001601
物流绩效指数	0.008231	0.006876	0.005917	0.009286	0.008281
营商指数	0.104794	0.111846	0.115876	0.122297	0.122916
表达与问责	0.006474	0.007988	0.008955	0.009610	0.009836
政治稳定无暴力/恐怖主义	0.005064	0.005300	0.005946	0.006000	0.005913
政府有效性	0.008739	0.008194	0.006969	0.006653	0.005315
监管质量	0.005345	0.006056	0.006248	0.006861	0.006983
法制建设	0.010140	0.011471	0.007067	0.007090	0.007691
腐败控制	0.009535	0.011163	0.010897	0.012761	0.012388
内部冲突	0.003836	0.005458	0.006770	0.007207	0.008577
外部冲突	0.008000	0.011492	0.014397	0.015326	0.017114

因此，2014～2018 年二级指标的累计权重以及由 AHP 法计算得到的一级指标权重如表 4 - 39 所示。

表 4 - 39　　　　　　一级指标权重及二级指标累计权重

一级指标	权重	二级指标	2014 年	2015 年	2016 年	2017 年	2018 年
合作空间	0.465504	东道国经济基础	0.105088	0.118592	0.132067	0.141626	0.143221
		东道国资源禀赋	0.199312	0.246397	0.255164	0.256946	0.252990
		双边贸易基础	0.059068	0.069675	0.072965	0.077789	0.078170
		对外开放程度	0.010950	0.008525	0.008366	0.010066	0.010739
		金融发展程度	0.007352	0.008363	0.007192	0.007453	0.006787
合作意愿	0.209153	人民币接受度	0.055757	0.062915	0.058622	0.059885	0.069973
		两国外交友好度	0.024171	0.028429	0.029977	0.031913	0.032952
		"一带一路"参与度	0.203996	0.077681	0.061087	0.015326	0.009731
		自由贸易协定	0.069890	0.076191	0.074180	0.073013	0.072672
合作效率	0.163945	贸易辐射效率	0.017950	0.026062	0.025748	0.027939	0.027421
		贸易投资效率	0.076308	0.091323	0.085592	0.094951	0.090329
		营商效率	0.113025	0.118722	0.121793	0.131582	0.131197
合作风险	0.161399	治理风险	0.045297	0.050173	0.046081	0.048974	0.048127
		军事风险	0.011836	0.016950	0.021167	0.022534	0.025691

4.2.5　评价结果及聚类分析

利用熵权法所确定的二级、三级指标权重，可以算得 2014～2018 年中国同"一带一路"沿线国家及 RCEP 成员在合作空间、合作意愿、合作效率及合作风险的评分，记作 H_{ijt}，其中 $i = 1, 2, \cdots, 66$；$j = 1, 2, 3, 4$；$t = 2014, \cdots, 2018$。因为时间越久远，其数据在评价体系里面的参考价值就越弱，反之时间越近，其数据在评价体系里面的参考价值就越强。

因此本部分对 2014～2018 年的二级指标评分分别赋予 $\beta_t = 0.1$, 0.15, 0.2, 0.25, 0.3（$t = 2014, \cdots, 2018$）的权重，求得 66 个国家在合作空间、合作意愿、合作效率以及合作风险上的五年加权评分，记 H_{ij}^* 即：

$$H_{ij}^* = \sum_{t=2014}^{2018} \beta_t \times H_{ijt}(i = 1, 2, \cdots, 66; j = 1, 2, 3, 4) \quad (4-22)$$

利用层次分析法所确定一级指标在评价体系中的权重,可以得到中国同"一带一路"沿线66个国家贸易促进人民币国际化合作价值的综合得分,由于分值太小,本部分在所得结果上同比放大100倍得到如表4-40所示结果。

表4-40 同"一带一路"沿线国家及 RCEP 成员合作价值评价得分

国家	合作空间	合作意愿	合作效率	合作风险	综合得分
俄罗斯	4.718193	0.467333	0.351765	0.088408	2.366021
阿联酋	4.184041	0.466215	0.450624	0.197931	2.151021
沙特阿拉伯	3.414010	0.079194	0.317157	0.115847	1.676492
印度	3.169309	0.058734	0.187313	0.124872	1.538473
新加坡	2.248102	0.977373	1.241070	0.254552	1.495473
韩国	2.143767	1.019128	0.546247	0.209158	1.334398
日本	2.513691	0.268843	0.289842	0.242727	1.313057
新西兰	1.552775	1.012613	1.718897	0.272972	1.260476
卡塔尔	1.911476	0.854750	0.227021	0.184353	1.135546
印度尼西亚	1.768784	0.757891	0.292063	0.152363	1.054365
伊拉克	2.070704	0.008713	0.223905	0.033396	1.007841
马来西亚	1.486000	1.012613	0.438927	0.181919	1.004852
哈萨克斯坦	1.758859	0.504936	0.269335	0.134112	0.990166
蒙古国	1.756626	0.492678	0.118155	0.157964	0.965628
澳大利亚	1.349647	1.003900	0.373712	0.251956	0.940168
伊朗	1.884398	0.079194	0.205939	0.077609	0.940047
科威特	1.744980	0.002841	0.279066	0.150939	0.883002
泰国	1.147548	0.806599	0.267725	0.143656	0.769969
塔吉克斯坦	1.268615	0.526117	0.260731	0.092211	0.758212
阿曼	1.445826	0.002841	0.328524	0.168632	0.754709
文莱	1.174472	0.605132	0.143377	0.190496	0.727538

续表

国家	合作空间	合作意愿	合作效率	合作风险	综合得分
老挝	1.105398	0.703258	0.178197	0.113742	0.709228
土耳其	1.073376	0.628327	0.253634	0.097540	0.688402
阿塞拜疆	1.298220	0.173859	0.145709	0.089850	0.679080
格鲁吉亚	0.709596	0.869405	0.404785	0.176034	0.606933
也门	1.170465	0	0.320804	0.015619	0.599971
亚美尼亚	1.068431	0.226474	0.154667	0.118687	0.589239
越南	0.855232	0.628626	0.226132	0.136527	0.588701
波兰	0.961495	0.244340	0.301245	0.205212	0.581193
巴林	0.980412	0.002841	0.607144	0.152069	0.581062
黑山	1.046325	0.008713	0.284613	0.167919	0.562654
土库曼斯坦	1.021410	0.046987	0.295162	0.078189	0.546308
埃及	0.696718	0.390366	0.452168	0.114071	0.498513
以色列	0.794525	0.200882	0.336692	0.177848	0.495773
菲律宾	0.632606	0.540526	0.167817	0.139739	0.457600
保加利亚	0.733171	0.220846	0.249590	0.171842	0.456139
匈牙利	0.474767	0.640074	0.419381	0.187340	0.453871
白俄罗斯	0.555247	0.640074	0.246248	0.126703	0.453164
缅甸	0.591174	0.628626	0.168983	0.095516	0.449793
乌兹别克斯坦	0.739713	0.251935	0.199933	0.097401	0.445531
东帝汶	0.710939	0.032207	0.472556	0.132683	0.436569
斯洛伐克	0.474057	0.569594	0.381959	0.200910	0.434854
捷克	0.586543	0.173859	0.473142	0.215969	0.421828
乌克兰	0.524981	0.616581	0.218343	0.076887	0.421546
吉尔吉斯斯坦	0.656759	0.055700	0.322240	0.120091	0.389586
巴基斯坦	0.305587	0.963854	0.180391	0.078568	0.386100
立陶宛	0.456105	0.404447	0.247396	0.214551	0.372098
斯洛文尼亚	0.410460	0.404447	0.296006	0.216269	0.359097
爱沙尼亚	0.364405	0.404447	0.274448	0.234822	0.337118

国家	合作空间	合作意愿	合作效率	合作风险	综合得分
塞尔维亚	0.315141	0.435603	0.356780	0.159842	0.322098
拉脱维亚	0.288079	0.404447	0.232011	0.207427	0.290209
柬埔寨	0.184684	0.703258	0.224173	0.111952	0.287881
罗马尼亚	0.437113	0.032207	0.234425	0.174164	0.276757
斯里兰卡	0.174468	0.628683	0.165921	0.154390	0.264827
克罗地亚	0.383775	0.032207	0.196759	0.186332	0.247716
阿尔巴尼亚	0.271885	0.326538	0.156132	0.158771	0.246083
马尔代夫	0.190686	0.477509	0.192135	0.134384	0.241827
约旦	0.355028	0.046987	0.230434	0.159787	0.238662
波黑	0.391501	0.008713	0.157521	0.143817	0.233104
马其顿	0.271328	0.173859	0.262313	0.158159	0.231199
孟加拉国	0.241700	0.276571	0.133755	0.116751	0.211130
黎巴嫩	0.341885	0.008713	0.149236	0.115299	0.204047
尼泊尔	0.136193	0.331214	0.110794	0.125810	0.171143
阿富汗	0.190536	0.067447	0.228356	0.029921	0.145069
摩尔多瓦	0.143710	0.154568	0.134717	0.139636	0.143849
叙利亚	0.241923	0	0.099773	0.007643	0.130207

　　下面利用 Ward 系统聚类法，对中国同"一带一路"沿线国家及 RCEP 成员合作价值的综合得分进行科学的样本分类。

　　Ward 系统聚类法的基本思想主要来源于方差分析，认为相同类型样本之间的离差平方和最小，而不同类型样本之间的离差平方和较大。通过采用欧式距离的计算方法将所有样本的个数 n 分为 m 类，K_i 为第 i 类，且 $i = 1, 2, \cdots, m$。X_i^* 为 K_i 的重心，X_{ij}^* 为 K_i 中的样本 j。因此，该类样本和总样本的离差平方和为：

$$S_i = \sum_{j=1}^{n} (X_{ij} - X_{ij}^*)'(X_{ij} - X_{ij}^*) \qquad (4-23)$$

$$S' = \sum_{i=1}^{k} \sum_{j=1}^{n} (X_{ij} - X_{ij}^*)'(X_{ij} - X_{ij}^*) \qquad (4-24)$$

　　根据以上两式,可将所有样本进行分类。当样本容量缩小时,离差平方和就会增大。然后选择使离差平方和的增加量较小的不同样本进行合并,直至归为一类。本部分将66个国家分为五类,分别给予最优、较优、良好、中等以及观察五个等级,结果如表4-41所示。

表4-41　"一带一路"沿线国家及RCEP成员Ward系统聚类结果

类别	评级	包含国家
I	最优	俄罗斯、阿联酋
II	较优	沙特阿拉伯、印度、新加坡
III	良好	韩国、日本、新西兰、卡塔尔、印度尼西亚、伊拉克、马来西亚、哈萨克斯坦、蒙古国、澳大利亚、伊朗、科威特
IV	中等	泰国、塔吉克斯坦、阿曼、文莱、老挝、土耳其、阿塞拜疆、格鲁吉亚、也门、亚美尼亚、越南、波兰、巴林、黑山、土库曼斯坦、埃及、以色列、菲律宾、保加利亚、匈牙利、白俄罗斯、缅甸、乌兹别克斯坦、东帝汶、斯洛伐克、捷克、乌克兰、吉尔吉斯斯坦、巴基斯坦、立陶宛、斯洛文尼亚
V	观察	爱沙尼亚、塞尔维亚、拉脱维亚、柬埔寨、罗马尼亚、斯里兰卡、克罗地亚、阿尔巴尼亚、马尔代夫、约旦、波黑、马其顿、孟加拉国、黎巴嫩、尼泊尔、阿富汗、摩尔多瓦、叙利亚

　　从分类的结果来看,在通过贸易投资合作促进人民币国际化的进程中,俄罗斯和阿联酋是两个最优合作的国家,综合得分最高,均在2.0以上。从专项评分来看,俄罗斯、阿联酋在合作空间上的分都较高,这两个国家都是能源禀赋型国家,和中国具有较高的产业互补性,并且经济实力也较强,在地区内的影响力较大。

　　较优的合作对象包括3个国家,综合得分在1.49~1.68,新加坡在合作意愿和合作效率得分较高,这归功于新加坡拥有广阔的贸易伙伴、高度自由的经济以及优秀的营商环境。印度、沙特阿拉伯和中国的合作意愿稍微较低,这因为印度也是一个经济高速发展的大国,在产业结构和发展战略上和中国有一定的冲突,而沙特阿拉伯是一个美国在中东地区最重要的盟友之一,和中国合作的积极性会受美国的影响。总体来说,这类国家在各项得分上均没有明显的短板且同中国合作空间较大,因此具有较高的合作价值。

良好的合作对象包括 12 个国家，综合得分在 0.88 ~ 1.34，这一类国家的各类指标得分大多较为理想，但受限于一到两个指标得分较低且合作空间整体低于最优和较优国家，致使综合得分稍有落后。例如，伊拉克的合作空间处于较高水平，但是合作意愿和合作风险就相对薄弱，马来西亚的合作空间在该等级里得分相对较低，但是合作意愿优于该等级的多数其他国家。此类国家虽然在个别指标上存在稍许缺陷，但是各项指标整体得分比较均衡，合作空间得分也高于大部分其他国家，在地区乃至所有"一带一路"沿线国家及 RCEP 成员内有相对较高的合作价值。

中等评级包括 31 个国家，综合得分在 0.35 ~ 0.77，这一评级内国家之间的得分差距主要体现在合作空间的差距上，合作空间得分分散在 0.41 ~ 1.15 之间。同时，这些国家在各类指标上呈现出较大的差异化特征，例如，也门在合作空间上的得分相对较高，但是在合作意愿和合作风险上的得分较低。此类国家虽然综合得分落后于最优、较优和良好评级的合作国家，但一些国家在单项指标上有较强的相对优势，因此仍具有一定的合作价值和合作潜力。

最后一类国家有 18 个，综合得分在 0.13 ~ 0.34。这一评级的国家中有一半都是欧洲国家，足以看出地理位置的远近对于评价体系中指标数据的影响较大，地理位置较远的国家同中国的经贸合作基础相对要差于地理位置较近的国家，同时欧洲国家的产业结构更加丰富，资源禀赋程度较低，和中国产业互补性在亚洲国家中也没有太多优势，因此整体排名较为靠后。除了这些地理位置较远的欧洲国家外，这一评级还包括较多经济体量、地区影响力较小的南亚国家，同时个别国家饱受战乱影响，例如，叙利亚和阿富汗，各方面指标都处于较低水平，因此综合得分较低。

上述以推进人民币国际化为目的，构建了以合作空间、合作意愿、合作效率、合作风险为四大维度的促进人民币国际化贸易与投资合作价值评价体系，其中包含二级指标 14 个，三级指标 35 个。对于一级指标，利用层次分析法，收集了八位专家对于四大维度的两两重要程度进行了打分，并在所得结果上以算数平均的方式确定了这四大维度分别所占的权重，对于二级、三级指标，利用熵权法确定了三级指标权重以及二级指标累计权重。由于仅用一年的数据会导致评价出现较大的偏差可能，我们利用了

2014～2018 年连续五年的数据对中国同"一带一路"沿线国家及 RCEP
成员的合作价值进行了 5 年的打分，其次考虑到越近年份的分值参考价值
越大，因此以差别的权重对这五年的分数进行加权平均得到了最后的综合
得分。在综合得分的基础上，利用 Ward 系统聚类分析将"一带一路"沿
线国家及 RCEP 成员分成了最优合作对象、较优合作对象、良好合作对
象、中等合作对象以及观察合作对象五个等级。总体上，评价等级较高的
国家在地理上多位于东南亚、中东和中亚地区，在自然资源上多为能源矿
产资源禀赋程度较高的国家，欧洲国家由于和中国在经贸往来规模、贸易
商品互补上均不优于亚洲的国家，因此大部分评级位于中等和观察两类
之中。

以上从国家层面构建了人民币国际化经贸合作价值评价体系，并以此
将"一带一路"沿线国家及 RCEP 成员分为最优合作对象、较优合作对
象、良好合作对象、中等合作对象以及观察合作对象五个等级，从而为中
国与各个"一带一路"沿线国家及 RCEP 成员进行更加高效安全的贸易与
投资合作提供参考。下面以本节结论为基础，并基于区域划分、资源依存
度和资本依存度三个视角，对推进人民币国际化的贸易投资合作重点国家
进行有针对性的筛选，并以此给出相关推进策略。

4.3 贸易与投资合作"重点国家"选择及推进策略

"一带一路"沿线国家及 RCEP 成员中具有相对较高合作价值的国家
较多，不同国家之间也有不同的特点，基于不同的角度对这些国家进行筛
选，对于制定人民币国际化推进策略，提高人民币国际化推进效率有极大
的积极作用。

4.3.1 基于不同区域内的重点国家选择和推进策略

从中国同"一带一路"沿线国家及 RCEP 成员合作价值评价得分看，
最优和较优评级的国家基本都位于亚洲，主要是地理和产业结构的原因，
亚洲国家同中国有相对更多的双边贸易额、更多的经贸合作、更好的政治

外交关系、更高的产业互补性,因此在评价中也占据更多优势。但是"一带一路"倡议不仅仅是打通亚洲地区的贸易通道,更是通过西亚地区,连接欧洲和非洲,打造贯穿亚欧非大陆的庞大经济圈,因此仅仅以评级的高低确定重点国家难以充分涵盖欧洲大陆,不利于"一带一路"整体的发展。因此,本部分在不同区域的基础上,以合作价值综合评分为主要依据,根据每个地区国家数量的不同选出了 3～5 个国家作为"重点国家",如表 4 - 42 所示。

表 4 - 42　　　　　　　　　　　不同区域"重点国家"

区域	重点合作对象
东南亚	新加坡、印度尼西亚、马来西亚、韩国、泰国
南亚	巴基斯坦、斯里兰卡、孟加拉国
中亚	哈萨克斯坦、蒙古国、塔吉克斯坦
西亚	阿联酋、沙特阿拉伯、卡塔尔、伊拉克、伊朗
东欧	俄罗斯、白俄罗斯、乌克兰
中南欧	波兰、保加利亚、匈牙利、塞尔维亚

注:因东亚在"一带一路"沿线的"重点国家"较少,东亚国家蒙古国归入中亚组,东亚国家韩国归入东南亚组。

4.3.1.1　东南亚地区

东南亚地区选取的贸易与投资合作重点国家为新加坡、印度尼西亚、马来西亚、韩国和泰国。

新加坡地处马来西亚半岛最南端,位居马六甲海峡出入口,领土面积较小,但是 2018 年新加坡 GDP 达到 3641. 57 亿美元,人均 GDP 达到 6.4 万美元,远超东盟其他各国,是全球最具活力的新兴经济体之一。贸易方面,新加坡对外贸易依存度超过 300% ,经济对外贸依赖较高,同时中新两国经贸合作基础较好,是东南亚国家中首个同中国签订全面自贸协定的国家,中国也是新加坡最大的贸易伙伴。投资方面,中新两国合作紧密,新加坡是中国第三大对外投资目的国,占中国对"一带一路"国家投资的30% ,同时新加坡对华投资占"一带一路"国家对华投资的85% ,两国在基础设施建设、工业园区建设以及矿业开采开发等领域合作颇多。货币合作方面，2019年中国、新加坡又续签了3年3000亿元人民币的货币互换协议①。将新加坡作为推进人民币国际化的贸易投资合作重点国家的原因包括：一是中新两国经贸合作基础较好；二是新加坡拥有庞大的华人群体，有利于增加双边互信，传播中国文化；三是在2013年，中国便在新加坡设立了人民币清算行；四是作为东盟的重要成员国，同新加坡的合作发展的成果可以在东南亚国家起到示范作用，人民币在新加坡的流通也将以更高的速度与效率延伸至其他国家。

印度尼西亚是东盟第一大国，经济总量约占东盟的40%，GDP超过万亿美元，且经济增速在全球主要国家中表现亮眼，多年来一直保持在5%左右②。中国已经连续多年是印度尼西亚最大的贸易伙伴，同时在中国主动扩大进口的多种举措下，对于印度尼西亚燕窝、棕榈油等商品的出口增长给予了重要推动，中国目前已经成为印度尼西亚第一大进口国。印度尼西亚自然资源丰富，矿产和动植物油脂是印度尼西亚最主要的出口商品，两类产品合计占印度尼西亚出口总额的38%左右，和中国具有一定的贸易互补性。货币合作方面，2018年中印两国签署了2000亿元人民币货币互换协议③。将印度尼西亚作为促进人民币国际化的贸易投资合作重点国家，一是因为印度尼西亚拥有持续向好的经济增长前景，在东盟里的影响力将会逐渐扩大；二是印度尼西亚丰富的矿产、动植物油等自然资源和廉价轻工产品供给，与对中高端工业制成品、装备的需求和中国当前产业结构形成了一定程度的互补，在此基础上有进一步加大合作的空间；三是同新加坡一样，人民币在印度尼西亚的流通可以对其他周边国家起到较强的辐射作用。

马来西亚扼守马六甲海峡，相比于其他东盟国家拥有明显的区位优势。中国是马来西亚最大的贸易伙伴和最大的制造业外资来源国，经贸合作密切。将马来西亚作为推进人民币国际化的贸易投资合作重点国家，一是因为马来西亚早在2009年便和中国达成了800亿元人民币的货币互换协议，2015年在吉隆坡设立人民币清算行，并将货币互换规模提升至1800亿元人民币，合作意愿强烈，因此人民币在马来西亚流通有较好的

---

① 资料来源：中国商务部官网、中国人民银行官网。
②③ 资料来源：同花顺iFinD数据库、印度尼西亚中央统计局。

基础；二是马来西亚位于东南亚的中心位置，对外贸易依存度达到130%，主要辐射东盟、中东等市场，因此可以作为人民币区域化的一个重要支点①。

韩国与中国隔海相望，与中国的地理位置较近，相互交往频繁。中韩两国建交以后，两国在多个领域进行了友好合作，促进了双边经济发展。中韩两国的贸易合作非常密切，中国的人力、物产资源较为丰富，韩国的资金和技术资源较为丰富，两国的资源可以进行优势互补。2020年，中韩贸易达到2852.60亿美元，同比增长达到0.3%②。韩国在2014年建立人民币清算安排，启动人民币清算业务，韩国在近些年多次与中国续签本币互换协议，促进了人民币的国际流通，中韩两国的贸易投资发展将极大促进人民币国际化发展。

泰国是东南亚的第二大经济体，经济总量大约为印度尼西亚的一半。虽然在2013年受政局动荡，GDP连续两年下降，但从2015年后泰国政局趋向稳定，在政府一系列经济刺激措施下，经济增速改善明显。中国和泰国经贸往来密切，是泰国第一大进口来源地及第一大出口目的地。之所以把泰国当作贸易投资合作重点国家，一是泰国同中国有较高的合作意愿，同时曼谷设立了人民币清算中心，可促进人民币跨境贸易便利化；二是泰国具有较高的贸易辐射度，其2018年对外贸易依存度达到了121%，有助于推进人民币在区域内的流通③。

总体来说，在"一带一路"沿线国家及RCEP成员中，东南亚地区国家同中国经贸关系最紧密，也拥有最多的人民币清算中心，且政局稳定，经济发展迅速，因此通过加强与东南亚国家的贸易经济往来，扩大双边贸易规模，充分利用东南亚地区的各类优势推动人民币国际化可以达到事半功倍的效果。

4.3.1.2 南亚地区

南亚地区的国家在合作价值评级中整体得分并不高，印度获得了较优评级，巴基斯坦获得了中等评级，其余国家均位于观察评级。尽管印度获

---

① 资料来源：中国人民银行官网、世界银行官网。
② 资料来源：中国商务部官网。
③ 资料来源：Wind数据库。

得较优评级，但是由于中印外交关系基础相对较差，在地区发展上存在一些利益冲突，印度至今并没有同中国签订"一带一路"相关合作文件，同时也没有和中国签订货币互换协议。因此在南亚地区选取巴基斯坦、斯里兰卡和孟加拉国作为该地区的"重点国家"。

巴基斯坦是南亚第二大国家，是中国唯一的"全天候战略合作伙伴"，国内人口超过 2 亿人，经济增长速度较快，市场潜力较大[①]。中巴两国经济连接紧密，中国是巴基斯坦最大的贸易伙伴，同时作为"一带一路"非常重要的支点国家，巴基斯坦也是中国在南亚最大的投资地。连接巴基斯坦全境和中国西部的中巴经济走廊是"一带一路"倡议中的重点标志性项目，包括瓜达尔港、铁路、公路、天然气管道等多个基础设施建设，项目不仅可以促进区域经济发展，还可以摆脱中国油气进口运输对于马六甲海峡的依赖，具有极为重要的战略意义。同时巴基斯坦既是南联盟成员，又同波斯湾国家经贸关系密切，拥有较强的贸易辐射范围，毋庸置疑，巴基斯坦作为中国贸易投资合作的重点国家将会对人民币国际化的推动起到积极的作用。

斯里兰卡是全球最重要的海上交通枢纽之一，具有较大的发展潜力。斯里兰卡是"一带一路"沿线上重要的国家之一，有着深远的战略地位。中斯两国近些年在多个领域扩大合作，双边合作意愿不断增强。斯里兰卡对国外投资依赖较大，为中国企业的海外发展提供了机遇。斯里兰卡位于国际重要的航线附近，是中国海上航线上不可缺少的重要支点，在中东石油进口航线上能够为中国提供重要保障。中国和斯里兰卡在产业结构方面具有较大的合作空间，中国对外投资可以加快"一带一路"建设的实施，斯里兰卡成为中国对外投资重要的国家之一。中国和斯里兰卡之间的贸易合作能够促进两国的经济发展，同样对两国的外交、文化交流有着互惠作用。

孟加拉国位于南亚次大陆，地理位置较为优越，在地理结构上有着相对其他地区没有的独立性，能够成为亚太地区主要经济体的桥梁，是中国"一带一路"建设中的重要节点之一。中国和孟加拉国两国关系友好，彼此之间有着较大的合作空间。孟加拉国北部与中国的西南地区相望，可以

---

① 资料来源：Wind 数据库。

成为中国西南地区出海位置的重要选择。孟加拉国的港口优势明显，2017年中国与孟加拉国签署共同开发和经营吉大港的协议，能够为中国的海上运输提供重要的物质支持，从而促进中国在南亚地区的贸易发展。中国与孟加拉国的顺利合作有助于信息畅通，推动区域合作进入新的阶段，有助于两国经济的繁荣发展。

总体来说，在加强同巴基斯坦、斯里兰卡和孟加拉国经贸合作的基础上，中国可以借助中巴经济走廊降低能源进口成本，加大同中东国家在能源上的合作，寻求以人民币作为计价结算的石油和天然气贸易。在中国同中东国家能源贸易中进行人民币结算的常态情况下，争取将人民币能源贸易结算范围扩大至南亚国家中，这将极大地促进人民币国际流通。

4.3.1.3　中亚地区

中亚地区中哈萨克斯坦、蒙古国和塔吉克斯坦的贸易投资合作价值评级属于良好和中等评级，因此选取这三个国家作为中亚地区促进人民币国际化的贸易投资合作重点国家。

哈萨克斯坦是中亚地区面积最大、经济发展最快的国家，石油天然气等自然资源丰富。目前，中国是哈萨克斯坦第二大贸易伙伴和第四大外资来源国。哈萨克斯坦约70%的出口商品是能源及矿产品，而进口商品的约40%为机械设备，同中国具有一定的互补性。哈萨克斯坦是中欧班列途经的第一个境外国家，超过90%的中欧班列都途经哈萨克斯坦，因此在"一带一路"建设中拥有极为重要的地位①。此外，人民币在中亚尤其是哈萨克斯坦已经形成了小范围的流通，因此应将哈萨克斯坦作为促进人民币国际化的贸易投资合作重点国家，以此扩大人民币在中亚的流通规模和使用范围。

蒙古国外贸结构较为单一，矿产资源丰富，矿产品占蒙古国总出口比重超过70%，且对华外贸依存度较高，2018年蒙古国对华贸易总额为79.9亿美元，占其外贸总额的62%，因此中国在和蒙古国的贸易中有很强的结算计价货币选择权②。中蒙双边多次签订货币互换协议，中蒙贸易

---

① 资料来源：同花顺 iFinD 数据库、中国商务部官网。
② 资料来源：中国商务部官网、Wind 数据库。

结算已经有一定规模的人民币使用。因此将蒙古国作为促进人民币国际化的贸易投资合作重点国家，借力于中国同俄罗斯、哈萨克斯坦之间的贸易合作，将能极大地促进人民币在四国区域内的流通。

塔吉克斯坦位于中亚东南部，与中国接壤，有着丰富的矿产资源与巨大的开发空间。塔吉克斯坦是最早与中国签署《关于共同推进丝绸之路经济带建设的谅解备忘录》的国家，积极响应中国提出的"一带一路"倡议。中国和塔吉克斯坦有着较好的外交关系，两国之间结成战略伙伴关系。中塔两国之间的经贸合作关系密切，中国是塔吉克斯坦重要的投资来源国之一，有众多的中国企业在塔吉克斯坦从事贸易，能够推动当地的经济发展。两国的合作意愿较强，两国贸易发展迅速，在多个领域，两国合作取得了较好的发展。中塔两国之间的经济合作潜力巨大，在双边关系上存在进一步发展的空间，中塔两国在多个领域的投资和合作有望达到更高的水平。

总体来说，利用哈萨克斯坦、蒙古国和塔吉克斯坦在"一带一路"沿线的地理优势，加强经贸合作，扩大投资贸易规模，推动哈萨克斯坦和塔吉克斯坦人民币清算中心的设立，以哈萨克斯坦和塔吉克斯坦为支点扩大人民币在中亚五国的流通；利用蒙古国对中国贸易的高度依赖，争取中蒙贸易全部使用人民币结算的可能性，使得人民币在蒙古国全面流通。同时，不断扩大中国同中亚国家贸易中的人民币结算规模，使得人民币在中亚地区顺利流通，提高人民币的区域影响力。

4.3.1.4 西亚地区

西亚地区选取阿联酋、沙特阿拉伯、卡塔尔、伊拉克以及伊朗作为重点发展对象，其中阿联酋和沙特阿拉伯分别属于最优和较优合作国家，卡塔尔、伊拉克和伊朗属于良好合作国家，这些国家均为能源型国家。

阿联酋自然资源丰富，北临波斯湾，地理位置优越，基础设施发达，作为阿拉伯半岛物流与贸易的枢纽，中国向中东地区出口商品的60%均要途经阿联酋[①]。阿联酋拥有较为完善的金融体系，经济开放程度较高，其中迪拜在全球前十大金融中心中名列第八。中阿两国贸易往来密切，中国

---

① 资料来源：中国商务部官网。

目前是阿联酋最大的贸易伙伴，同时阿联酋是中国在西亚仅次于沙特的第二大贸易伙伴，能源合作和电信合作是中阿两国经济合作的重要内容，目前有三家中国企业参与同阿联酋能源合作，其次华为已经成为阿联酋电信设备的主要供应商，阿里巴巴也同当地公司建立了迪拜数据中心。阿联酋的迪拜设有人民币清算中心，也和中国签订有 350 亿元人民币的货币互换协议，2015 年中阿贸易额中有 74% 是以人民币结算，可见人民币在该国拥有一定的认可度，因此阿联酋在推进人民币国际化中拥有十分重要的地位①。

沙特阿拉伯是西亚最大的经济体，2018 年 GDP 总额为 7824.83 亿美元②。沙特阿拉伯石油储量居世界首位，是中国在西亚地区最大的贸易伙伴。无论在沙特的地区影响力上，还是在中沙两国的产业互补性上，沙特阿拉伯都是贸易推进人民币国际化中的重要一环。卡塔尔同样是油气资源丰富的国家，天然气储量居世界第三位。虽然卡塔尔在市场规模和贸易辐射范围上不及沙特阿拉伯，但卡塔尔同中国的合作意愿十分强烈，2014 年同中国签订了 350 亿元人民币的货币互换协议，2015 年便在多哈设立了人民币清算中心，2015 年中卡双边贸易总额的 60% 由人民币结算，人民币在该国有较高的认可度③。

伊拉克同样油气资源丰富，虽然受 2003 年伊拉克战争以及恐怖极端组织"伊斯兰国"（ISIS）的影响，伊拉克经济一直没有得到充分发展，但是随着 2017 年打击 ISIS 取得了基本胜利，政府也开始着力于战后重建。相信随着伊拉克重建进程的推进，市场潜力将被逐渐释放。虽然伊拉克相比于其他国家具有较高的不稳定性，但中国和伊拉克之间的贸易来往相对密切，中国每年近 10% 的石油需要从伊拉克进口，是伊拉克最大的石油买家，若中伊之间石油贸易以人民币结算，将极大地推动人民币国际化进程④。

伊朗在推进人民币国际化进程中有着举足轻重的地位。伊朗油气和矿产资源极度丰富，天然气探明储量居世界第二位，石油探明储量位列世界第四，已探明矿产品有 60 多种约 580 亿吨，其中铜矿储量居世界第三

---

① 资料来源：中国人民银行官网、中国金融信息网。
② 资料来源：同花顺 iFinD 数据库。
③ 资料来源：中国外交部官网、中国人民银行官网、环球银行金额电信协会（SWIFT）。
④ 资料来源：中国海关官网。

位①。中国是伊朗最大的贸易伙伴，伊朗人口众多，市场需求潜力巨大。美国前总统特朗普执政之后，美国对伊朗实施了包括石油禁运和金融制裁等多方面制裁，美伊关系不断恶化，也正因于此，中伊之间的能源贸易已经使用人民币结算，这极大地促进了人民币在该地区的影响力。伊朗凭借其资源、地理优势以及区域影响力，对伊拉克、土耳其、巴基斯坦、印度以及波斯湾沿岸国家都有较好的辐射作用，伊朗与上述国家的能源贸易具有极大的人民币计价可能。

总体来说，西亚地区国家的能源丰富，与该地区重点国家的合作将对于推动石油天然气贸易人民币计价，扩大人民币流通适用范围具有积极的作用。

4.3.1.5 东欧地区

东欧地区选取俄罗斯、白俄罗斯和乌克兰作为重点国家，俄罗斯的合作价值评级为最优，白俄罗斯和乌克兰的合作价值评级为中等，都是中欧班列沿线国家。

俄罗斯军事力量强大，科技发达，在国际事务中担任着重要的角色。俄罗斯的石油、天然气资源丰富，但轻工业十分薄弱，同中国产业互补性较强。近几年中俄关系飞速发展，并于 2019 年达到了新的高度，提升为"新时代中俄全面战略协作伙伴关系"。在贸易方面，中俄双边贸易额连年创历史新高，中国已连续多年成为俄罗斯最大的贸易伙伴。因美俄关系紧张，近年来俄罗斯一直大力推动去美元化，以降低 SWIFT 支付系统限制的威胁风险，2019 年第二季度，在俄罗斯从中国进口的业务中，人民币结算比例已经达到25%，而俄罗斯也表示中俄之间天然气贸易将全部用人民币结算②。

作为中欧班列沿线的重要国家，白俄罗斯是欧亚贸易运输的重要通道。白俄罗斯国内人口较少，市场容量较低，因此经济增长对出口依赖较高，并且对俄罗斯外贸依赖程度达到 51.2%③。中白两国合作意愿较高，白俄罗斯建有中国海外参建的最大工业园区——中白工业园。白俄罗斯还和俄罗斯、哈萨克斯坦于 2015 年共同组建了欧亚经济联盟，之后还加入

---

① 资料来源：中国外交部官网、中国商务部官网。
② 资料来源：俄罗斯国立高等经济学院发展中心。
③ 资料来源：中国商务部官网。

了吉尔吉斯斯坦和亚美尼亚，因此加强同白俄罗斯的合作，对于推动人民币在该区域内的流通有重大作用。

乌克兰在欧洲属于面积第二大的国家，位于欧洲东部，且在欧盟与其他主要独联体成员国的核心位置，有着十分重要的地理位置优势，是中国"一带一路"倡议的重要支点之一。近些年，中乌关系不断加强，中国与乌克兰结成战略伙伴关系，在经贸和文化等众多领域都有合作。根据乌克兰公布的《乌克兰2017～2021年贸易战略发展路线图》，中国在乌克兰对外出口市场的重要地位会进一步加强。乌克兰是中国重要的贸易合作伙伴，两国之间长期稳定、友好的伙伴关系能够升级乌克兰的产业结构，促进乌克兰的经济发展，进一步扩大中国企业在乌克兰的投资。

总体来说，东欧地区中，俄罗斯在"一带一路"中具有极为重要的战略位置，且和中国合作空间巨大，合作意愿强烈，人民币计价结算贸易态势已初具雏形，结合加强同白俄罗斯和乌克兰的经贸合作，将对东欧地区沿线国家产生较强的辐射作用，在此基础上更利于人民币的区域内流通。

4.3.1.6　中南欧地区

中南欧地区选取波兰、保加利亚、匈牙利和塞尔维亚为重点国家进行合作。波兰、保加利亚和匈牙利的合作价值为良好级别，塞尔维亚的合作价值为观察级别。

波兰是连接东、西欧的交通要地，在领土面积，经济总量，人口等多方面都位居中南欧地区前列。波兰是中国在中南欧地区重要的贸易伙伴之一，波兰对中国商品进口需求较大，2018年自中国进口商品额占其进口总额的11.6%[1]。将波兰作为推进人民币国际化的贸易投资"重点国家"，一是因为波兰作为中欧班列的沿线国家，具有连接东西欧的明显优势；二是波兰主要贸易伙伴是欧洲发达国家，特别是欧盟国家，对欧洲贸易辐射度较大，2018年波兰对发达国家出口占出口总额的87%，其中对欧盟国家出口占80.4%，是推动人民币在欧洲地区流通的较优支点[2]。

保加利亚位于欧洲东南部，是连接欧洲与高加索地区、西亚的重要走廊，发展潜力巨大。欧盟国家一直是保加利亚最大的贸易伙伴，除欧盟外，保加利亚前三大贸易伙伴依次为：土耳其、俄罗斯、中国。中国同保加利亚近几年贸易增长迅速，2018 年中保双边贸易总额为 26.90 亿美元，同比增加 21.4%，成为保加利亚第 8 大贸易伙伴，较 2017 年提升 3 位，双边贸易增长较快①。

匈牙利地处欧洲中部，是东、西方贸易的转运站，与七个国家接壤，是中国推进"一带一路"建设的必经之地。匈牙利经济发展水平位于中南欧前列，属于中等发达国家，良好的投资环境以及完善的基础设施吸引了包括大众、铃木、通用、爱立信等众多跨国公司落户设立生产基地，极大地促进了匈牙利对外贸易的发展。中国是匈牙利在欧洲外最大的贸易伙伴，2015 年匈牙利首都布达佩斯设立了中东欧地区首个人民币清算行，2016 年中匈两国续签了 100 亿元人民币的货币互换协议，两国合作意愿强烈，人民币有望借助位于匈牙利首都的人民币清算中心，扩大人民币在中东欧的流通规模②。

塞尔维亚的合作价值虽然为观察级别，但塞尔维亚的合作价值在观察级别国家中排名第二，并且中塞两国之间合作密切，塞尔维亚是欧洲首个对中国实行免签的国家，中塞两国的政治互信较强，塞尔维亚是中东欧首个与中国建立全面战略伙伴关系的国家。塞尔维亚是欧亚重要的十字路口之一，位于连接中国与欧洲之间最短的路线上，成为中国和欧洲国家之间进行连接的桥梁。2018 年中塞两国贸易额达到 22.60 亿美元，同比增长 23.5%③。中国是塞尔维亚较大的贸易伙伴之一，也是塞尔维亚主要进口来源地之一。塞尔维亚积极响应"一带一路"倡议，近些年中国的企业在塞尔维亚的投资逐步增长，能够推动塞尔维亚基础设施建设，促进当地经济的发展。因此，综合考虑以上因素，本报告将塞尔维亚作为促进人民币国际化的贸易投资合作重点国家。

总体来说，中南欧地区中，与中欧班列沿线的波兰加强经贸合作，将有助于扩大中国同德国、法国等西欧发达国家的贸易往来，同时加强与保加利亚、匈牙利和塞尔维亚的经贸合作，向欧洲南部地区、欧亚交界地区

① 资料来源：中国"一带一路"网。
② 资料来源：中国人民银行官网。
③ 资料来源：中国商务部官网。

加大贸易辐射，借力于匈牙利的人民币清算中心推动人民币在中南欧区域内的流通。

4.3.2 基于资本依存度的重点国家选择和推进策略

4.3.2.1 基于资本依存度的重点国家选择

使用人民币对外投资对人民币国际化有着重要的意义。一方面 OFDI 对双边贸易发展具有推动作用，进而通过扩大贸易规模促进人民币国际化，另一方面中国是一个长期贸易顺差国，利用人民币进行 OFDI 可以解决"一带一路"沿线国家及 RCEP 成员人民币可获得性问题。本部分将资本依存度定义为 FDI 净流入占 GDP 的比重，对 2014～2018 年"一带一路"沿线国家及 RCEP 成员合作价值前 50 名的国家进行排序（其中，新西兰与澳大利亚两个国家因缺少数据不予考虑），将五年平均资本依存度在 3% 以上的国家作为"重点国家"，如图 4-25 所示，共计 17 个，包括新加坡、黑山、格鲁吉亚、老挝、阿塞拜疆、土库曼斯坦、吉尔吉斯斯坦、塞尔维亚、越南、缅甸、哈萨克斯坦、以色列、捷克、塔吉克斯坦、爱沙尼亚、马来西亚以及波兰。

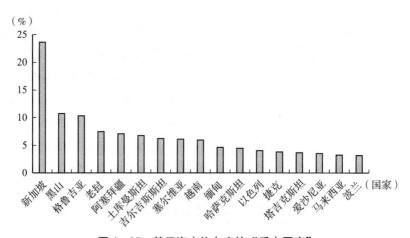

图 4-25　基于资本依存度的"重点国家"

资料来源：笔者根据 Wind 数据库中的原始数据整理计算得到。

4.3.2.2 推进策略

对于资本依存度较高的国家，应该加强产能合作，输出中国先进富余产能，促进铁路、公路、电力等基础设施的人民币直接投资。基础设施的完备程度往往对于一国的经济发展有着显著的影响，"一带一路"沿线国家及 RCEP 成员中有许多发展中国家基础设施建设较不发达，在一定程度上阻碍了经济发展，中国在基础设施建设上有着丰富的经验与技术，中国可借此机会以人民币投资的方式协助进行基础设施建设，一方面推动人民币的输出以及国际化；另一方面降低贸易的物流成本，提高物流速度，促进"一带一路"沿线国家及 RCEP 成员的经贸往来。同时要充分发挥亚投行等国际金融组织在弥补相关国家基础设施建设资金缺口，加强资金融通的作用。

利用人民币作为投资币种同"重点国家"共建产业园区，扩大人民币的区域影响力。目前中国在"一带一路"沿线国家中建设有 45 个不同类型的海外产业园区，主要集中分布在东南亚、南亚以及东欧地区，对于推动"一带一路"沿线国家和地区的交流与合作有着极大的积极作用。中资企业可以选择使用人民币对产业园区内的上、中、下游产业进行投资布局，产业园区汇聚了众多"走出去"的中资企业，将形成对各式各样且规模庞大的跨境及境外金融服务需求，可以带动中国的金融机构入驻当地产业园区，增加人民币跨境结算使用及境外资本运用。同时产业园区内中资企业多业态多元化的投资将极大推动中国与产业园区所在国的经贸往来，除了产业园区内对中国境内固定的资产、商品、劳务产生需求外，中资企业在产业园区内的辐射效应也将促进东道国企业居民以及产业园区内的他国企业对中国的进出口需求，这种中国同东道国全产业链式的合作将极大地促进双边贸易额的增加，中国企业选择使用人民币进行结算也会逐渐提升产业园区内其他企业的人民币计价结算规模。通过中资企业在产业园区内产业链的参与以及人民币金融服务的配套建设，扩大人民币在东道国以及周边区域的影响力，逐步培育其对人民币的使用惯性。

4.3.2.3 区域间联动推进策略

通过贸易投资合作推动人民币国际化进程可以根据不同地区之间的贸

易往来特征和地区内的人民币流通现状进行区域间的联动推进。其中主要包括中亚—东欧联动区和西亚—南亚联动区。

1. 中亚—东欧联动区

哈萨克斯坦的经济总量和地区影响力均在中亚五国中首屈一指，并且和中国经贸往来密切，人民币已经在以哈萨克斯坦为首的中亚五国中形成了小范围流通。蒙古国对中国的贸易依赖程度较大，2018 年对华贸易占其外贸总额的 62%，中蒙双边贸易也有一定的人民币结算基础①。俄罗斯和中国能源贸易密切，中国自俄罗斯进口的天然气也将全部用人民币结算。总的来说，以上各国都同中国贸易往来密切，且有人民币贸易结算的基础，欧亚经济联盟也提供了良好的区域经济合作平台。中国可以在欧亚经济联盟的基础上，整合地区内其他国家，牵头签订类似于自由贸易区、欧亚经济联盟＋（N）等的贸易合作相关协议，加强中亚—东欧地区国家贸易畅通程度，以哈萨克斯坦、俄罗斯、蒙古国、白俄罗斯为支点，以点带面，促进人民币在该区域内的国与国之间相互流通。

2. 西亚—南亚联动区

西亚地区主要是石油、天然气资源丰富的国家。阿联酋是西亚最大的货物贸易国和服务贸易国，沙特阿拉伯是阿联酋以外唯一挤入全球 30 大贸易国的海湾地区国家，这两个国家在西亚地区乃至全球都有较大的贸易辐射范围。阿联酋和卡塔尔是西亚地区唯一两个设立人民币清算行的国家，SWIFT 数据显示 2015 年中阿两国贸易额中 74% 是人民币结算，中卡两国贸易额中 60% 由人民币结算，因此人民币在该国中有一定的认可度。伊朗因为受美国经济制裁，导致其能源贸易不得不用欧元或人民币结算，中国和伊朗两国关系较好，因此两国之间商品贸易实现人民币计价结算具有较高的现实性与可行性。中国是伊拉克最大原油买家，贸易往来也十分密切，加之伊拉克同伊朗近几年关系持续向好，经贸往来频繁，伊拉克对人民币的认可度也将会随着伊朗大规模使用人民币而逐渐提高。

南亚国家主要以印度和巴基斯坦为主，但由于南亚地区国家和中国的贸易效率较低，贸易互补性相对较弱，尤其是印度在相当一部分产业上都同中国具有一定的竞争关系，因此单独在南亚国家推动人民币国际化具有

---

① 资料来源：中国商务部官网、Wind 数据库。

一定的难度，需要借助南亚地区国家同其他地区国家的经贸关系来协同推动人民币在南亚的区域化。印度是一个能源消费大国，是仅次于中国的伊朗石油第二大买家，虽然美国不断加强伊朗石油出口的制裁，要求其他国家不得从伊朗进口石油，但是印度对伊朗的石油依赖程度较高，且印度同伊朗关系相对较好，因此极有可能用人民币进口伊朗石油。中巴经济走廊可以助力加强巴基斯坦同西亚地区国家的贸易往来，也可以降低中国石油进口成本，进一步推动中、巴及西亚地区国家的贸易规模，同时中国与巴基斯坦的外交关系十分要好，人民币在巴基斯坦扩大流通具有坚实的基础。

因此，西亚和南亚国家之间具有较高的推进人民币贸易结算规模的联动基础，中国可以在加强和南亚国家、西亚国家之间的贸易合作的同时，借助同伊朗、卡塔尔、阿联酋已经形成的人民币结算贸易基础，依托中巴经济走廊等重大"一带一路"基础设施建设，将人民币结算以能源贸易为突破口，由单纯的中国同沿线国家之间发展至沿线国家与沿线国家之间，并形成联动效应，将能源贸易人民币结算扩大至西亚与南亚国家之间的部分非能源贸易人民币结算。

4.3.3 基于资源依存度的重点国家选择和推进策略

4.3.3.1 基于资源依存度的重点国家选择

中国是一个资源相对于需求量匮乏的国家，石油、天然气以及矿物产品的外贸依存度都很高，因此，中国同资源丰富的国家具有较高的贸易互补性，将这些国家筛选出来着重合作，对于推进人民币计价结算贸易具有很大的意义。本部分将资源依存度定义为燃料和矿物金属出口额占总出口额的比重，对2014～2018年"一带一路"沿线国家及RCEP成员合作价值前50名的国家进行排序，将五年平均资源依存度在60%以上的国家作为"重点国家"，如图4-26所示，共计14个，包括伊拉克、科威特、阿塞拜疆、文莱、蒙古国、卡塔尔、阿曼、沙特阿拉伯、哈萨克斯坦、土库曼斯坦、也门、伊朗、俄罗斯以及东帝汶。

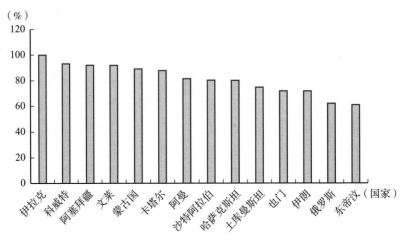

图 4 – 26   基于资源依存度的"重点国家"

4.3.3.2   推进策略

对于具有较高资源依存度的国家，应该完善扩大石油、天然气以及矿产期货期权，推动建立区域石油、天然气以及矿产交易中心。随着人民币原油计价结算贸易规模的不断扩大，上海国际能源中心于 2018 年推出了以人民币作为报价货币的中国原油期货合约。上市两年来，上海原油期货合约累计成交近 30 万亿元人民币，总开户数超过 10 万户，规模已经超过迪拜商品交易所的阿曼原油期货，成为规模仅次于美国 WTI 和英国 Brent 的世界第三大原油期货合约，在国际已具有一定影响力[①]。未来应进一步加强宣传，扩大对外开放，推出有利政策吸引境外投资者参与上海原油期货合约交易，扩大交易主体数量和交易规模，增强对"一带一路"沿线国家和地区的影响力。逐渐完善衍生品种类，尽快推出成品油期货和原油期权，为企业提供更丰富有效的风险管理工具，进一步完善交易制度与运行机制，优化投资者结构，提高其在价格发现和套期保值中的效率，努力建成区域性乃至全球性石油交易中心。在天然气和矿产期货期权方面，中国目前还没有天然气衍生品种，应加快推进天然气期货期权的开发，同时丰富矿产期货期权品种，完善国内外企业风险管理工具，提高全球定价

---

① 资料来源：上海期货交易所官网。

能力。

加强能源外交，同"重点国家"开展重大能源贸易，启动大型能源投资示范性项目。国家之间的外交友好程度对双边经贸合作发展有着极为重要的作用，政治关系越友好，双边加强深化经贸关系的意愿就会更强烈。要建立石油天然气人民币体系，需要中国同油气资源丰富的国家保持较为友好的关系，互相尊重，互相支持，为双边开展深层次的经贸合作奠定良好的政治基础。对于经济发展水平一般，油气独立开发能力较差的国家，中国应发挥自己在低渗透油气田、非常规油气田等开发难度较高油气田上的开发技术优势、经验优势与人才优势，与这些国家商定大规模投资项目，帮助其实现石油的顺利产出与出口，同时中国可与油气资源丰富国家商定以人民币结算的大规模石油贸易，对这些国家输出人民币。对"一带一路"油气资源丰富的国家开展大批投资项目，一方面可以扩大双方就业与经济增长，促进共同发展，另一方面油气项目投资与贸易涉及金额大，对人民币国际化推动效果明显。

4.4 本章小结

本章内容主线为贸易投资推进人民币国际化的策略研究。本章通过三个小节，逐层推进分析，最终给出贸易投资推进人民币国际化的政策建议。第一节是贸易投资推进人民币国际化的行业与地区分析；第二节是"一带一路"沿线国家及 RCEP 成员贸易投资合作价值评价；第三节是人民币国际化的贸易投资合作"重点国家"选择。

首先，本章进行了贸易投资推进人民币国际化的行业与地区分析。行业方面，中国自身禀赋与需求导致本国的进出口情况出现行业差异性。本章通过参照国际 SITC 行业分类标准分析发现，中国对产品贸易规模大、行业密集程度高的行业拥有更大的话语权，相较于贸易规模小的产品存在更大的可能性推动人民币国际化。地区分析方面，第一，本章立足于中国与"一带一路"沿线国家的贸易情况进行具体分析，发现中国与"一带一路"沿线国家的贸易往来持续增长并且贸易结构不断优化。从双边投资上来看，中国与"一带一路"沿线国家的双边投资持续拓展，合作愈加紧密。第二，本章指出中国在"一带一路"的基础上签订了RCEP。本章以RCEP成员为例，详细分析了中国与其贸易合作的情况，发现RCEP又在"一带一路"的基础上带来了新的贸易投资合作可能与贸易投资合作推动力。

其次，本章在"一带一路"沿线国家及RCEP成员贸易投资合作价值评价的基础上，从区域划分、资源依存度以及资本依存度三个角度分别挑选出了"重点国家"。从不同区域的角度，本部分一共选择了23个"重点国家"，并创新性地提出了中亚—东欧联动推进区和西亚—南亚联动推进区。从资源依存度的角度，本部分选取了贸易投资合作价值前50名并且五年平均资源依存度在60%以上的14个国家，并提出了完善资源类人民币期货期权等金融产品，丰富国内外企业风险管理工具，提高人民币全球计价能力以及加强能源外交，开展重大能源贸易，启动大型能源投资示范性项目共两项推进人民币国际化的措施。从资本依存度的角度，本部分选取了贸易投资合作价值前50名并且五年平均资本依存度在3%以上的17个国家，并提出了加强产能合作，促进对沿线国家基础设施的人民币直接投资以及利用人民币作为投资币种同"重点国家"共建产业园区共两项推进人民币国际化的措施。

最后，结合以上分析，本章提出了以下几点推进人民币国际化的政策建议：

（1）通过加强与"一带一路"沿线国家及RCEP成员之间的贸易投资往来推进人民币国际化，以应对美国贸易科技制裁的影响。

在中美博弈愈演愈烈且具有长期性这一背景之下，为减弱贸易科技制裁对于中国对外贸易和投资的影响，无论是国家层面还是企业层面，调整对外贸易投资流向，确立新的经济合作地区，都是未来长期应对美国无端贸易科技制裁与打压的有效手段。而近年来，中国对"一带一路"沿线国家及RCEP成员的对外贸易与投资比重正在逐年上升，双边贸易投资合作越来越紧密。因此，我们可以通过将对外贸易与投资目光聚焦到"一带一路"沿线国家及RCEP成员以推进人民币国际化，从而避开美国等不友善国家对中国的贸易科技制裁。

（2）在贸易投资合作价值评价的基础上，从区域划分、资源依存度以及资本依存度三个角度挑选出对外贸易投资"重点国家"，以规避对外投资风险，从而更加有效地推广人民币国际使用。

第一，从区域划分的角度挑选出的"重点国家"包括：东南亚地区的新加坡、印度尼西亚、马来西亚、韩国以及泰国；南亚地区的巴基斯坦、斯里兰卡以及孟加拉国；中亚地区的哈萨克斯坦、蒙古国及塔吉克斯坦；西亚地区的阿联酋、沙特阿拉伯、卡塔尔、伊拉克以及伊朗；东欧地区的俄罗斯、白俄罗斯及乌克兰；中南欧地区的波兰、保加利亚、匈牙利以及塞尔维亚。"一带一路"建设不仅仅是打通亚洲地区的贸易通道，更是通过西亚地区，连接欧洲和非洲，打造贯穿亚欧非大陆的庞大经济圈，因此从区域划分的角度挑选"重点国家"，而非仅仅以评级的高低确定"重点国家"，将有利于"一带一路"整体发展以及促使人民币国际使用范围从亚洲延伸至欧洲与非洲地区。另外，通过贸易投资合作推动人民币国际化进程还可以根据不同地区之间的贸易往来特征和地区内的人民币流通现状进行区域间的联动推进。本章以此提出了中亚—东欧联动推进区和西亚—南亚联动推进区。在中亚—东欧联动区中，借助该地区各国同中国原有的贸易基础、人民币贸易结算基础以及欧亚经济联盟的平台基础，牵头签订类似于区域自贸区、欧亚经济联盟＋（N）等的贸易合作相关协议，扩大经贸合作平台，促进人民币在区域内国家之间的互相流动。在西亚—南亚联动推进区中，借助中巴经济走廊、西亚同南亚密切的经贸往来以及中国同伊朗等西亚各国不断扩大的石油天然气贸易人民币结算规模，将人民币能源结算推广至巴基斯坦、印度等南亚大国，并争取随着人民币区域影响力的不断扩大，将人民币能源贸易结算扩广至非能源贸易结算。

第二，从资源依存度的角度挑选去的"重点国家"包括：伊拉克、科威特、阿塞拜疆、文莱、蒙古国、卡塔尔、阿曼、沙特阿拉伯、哈萨克斯坦、土库曼斯坦、也门、伊朗、俄罗斯以及东帝汶。对于以上具有较高资源依存度的国家，应该完善扩大石油、天然气以及矿产期货期权交易，推动建立区域石油、天然气以及矿产交易中心。随着人民币原油计价结算贸易规模的不断扩大，未来应进一步加强宣传，扩大对外开放，推出有利政策吸引境外投资者参与上海原油期货合约交易，扩大交易主体数量和交易规模，增强对"一带一路"沿线国家和地区的影响力。逐渐完善衍生品种类，尽快推出成品油期货和原油期权，为企业提供更丰富有效的风险管理工具，进一步完善交易制度与运行机制，优化投资者结构，提高其在价格和套期保值中的效率，努力建成区域性乃至全球性石油交易中心。在天然气和矿产期货期权方面，中国目前还没有天然气衍生品品种，应加快推进天然气期货期权的开发，同时丰富矿产期货期权品种，完善国内外企业风险管理工具，提高全球定价能力。同时，加强能源外交，同重点国家开展重大能源贸易，启动大型能源投资示范性项目。对于经济发展水平一般，油气独立开发能力较差的国家，中国应发挥自己在低渗透油气田、非常规油气田等开发难度较高油气田上的开发技术优势、经验优势与人才优势，与这些国家商定大规模投资项目，帮助其实现石油的顺利产出与出口，同时中国可与油气资源丰富国家商定以人民币结算的大规模石油贸易，对这些国家输出人民币。

第三，从资本依存度的角度挑选出的"重点国家"包括：新加坡、黑山、格鲁吉亚、老挝、阿塞拜疆、土库曼斯坦、吉尔吉斯斯坦、塞尔维亚、越南、缅甸、哈萨克斯坦、以色列、捷克、塔吉克斯坦、爱沙尼亚、马来西亚以及波兰。对于以上资本依存度较高的国家，应该加强产能合作，输出中国先进富余产能，促进铁路、公路、电力等基础设施的人民币直接投资。基础设施的完备程度往往对于一国的经济发展有着显著的影响，"一带一路"中有许多发展中国家基础设施建设较不发达，在一定程度上阻碍了经济发展，中国在基础设施建设上有着丰富的经验与技术，中国可借此机会以人民币投资的方式协助进行基础设施建设，一方面推动人民币的输出以及国际化，另一方面降低贸易的物流成本，提高物流速度，促进"一带一路"沿线国家的经贸往来。同时要充分发挥亚投行等国际金融组织在弥补沿线国家基础设施建设资金缺口，加强资金融通的作用。同时，利用人民币作为投资币种同"重点国家"共建产业园区，扩大人民币的区域影响力。中资企业可以选择以人民币对于产业园区内的上、中、下游产业进行投资布局，产业园区汇聚了众多"走出去"的中资企业，将形成对各式各样且规模庞大的跨境及境外金融服务需求，可以带动中国的金融机构入驻当地产业园区，增加人民币跨境结算使用及境外资本运用。同时，产业园区内中资企业多业态多元化的投资将极大推动中国与产业园区所在国的经贸往来，除了产业园区内对中国境内固定的资产、商品、劳务产生需求外，中资企业在产业园区内的辐射效应也将促进东道国企业居民以及产业园区内的他国企业对中国的进出口需求，这种中国同东道国全产业链式的合作将极大地促进双边贸易额的增加,中国企业选择使用人民币进行结算也会逐渐提升产业园区内其他企业的人民币计价结算规模。通过中资企业在产业园区内产业链的参与以及人民币金融服务的配套建设,扩大人民币在东道国以及周边区域的影响力,逐步培育其对人民币的使用惯性。

第5章

"一带一路"人民币国际化的
金融推进研究

"一带一路"倡议我国的对外贸易和直接投资，为人民币国际化提供了许多新的机遇和动力。许多沿线"重点国家"与我国贸易和投资合作前景好，政治互信度高。相对于这些"重点国家"，我国的经济优势和技术优势明显，为人民币的计价、结算和储备功能的国际化提供了空间。本章讨论金融对"一带一路"人民币国际化的推进作用和推进策略。重点探讨国内金融发展状况及其对"一带一路"沿线国家直接投资的影响，对沿线"重点国家"金融服务输出的效率和潜力以及"一带一路"人民币国际化的金融推进策略。

5.1　国内金融发展特征分析

为了考察国内金融发展水平对"一带一路"合作的影响，首先考察国内金融发展状况及其区域特征。

5.1.1　金融发展评价指标构建

根据金融发展理论，金融规模、结构和效率是体现金融发展的主要方面。所以，本书选择以金融规模、效率、结构为金融发展评估指标体系中的一级指标的。由于一国的金融发展会通过国际贸易与投资对其他国家金融发展产生影响，也即存在金融发展的溢出效应，金融发展的溢出效应与金融开放程度密切相关，因此，本书的金融发展评价指标中选择考虑了金融开放。

另外，本书认为，可持续性是金融发展的一个重要方面。金融发展往往伴随着金融开放，若发展时机和节奏掌握不好，容易累积系统性金融风险，其引发的金融危机可能使整个金融体系崩溃，其发展不可持续。为此，本章节在冯毓婷和蔡文彬（2008）提出的金融可持续性指标中筛选了部分指标，将其纳入本书的金融发展评价指标体系。我们最终选择的国内金融发展评价指标如表5-1所示。

表5-1 国内金融发展评价指标

序号	指标	含义
	1. 金融规模	
X1	金融相关率	衡量经济货币化程度
X2	人均存款额	衡量存款规模
X3	人均贷款额	衡量贷款规模
X4	人均金融资产总额	衡量金融资产规模
X5	金融从业人员数量	衡量金融从业规模
X6	金融增加值占 GDP 比重	衡量金融业发展规模
X7	城乡居民储蓄与 GDP 比重	衡量城乡居民的储蓄水平
	2. 金融效率	
X8	银行贷存比	衡量贷款储蓄转换率
X9	金融转化能力	衡量资本转化能力
X10	金融市场化率	衡量金融市场效率水平
X11	股票交易额占 GDP 比重	衡量股票市场流动性效率
X12	债券交易额占 GDP 比重	衡量债券市场流动性效率
X13	金融固定资产投资带动率	衡量金融资产带动投资的能力
X14	金融中介贷款效率	衡量中介机构的贷款效率
	3. 金融结构	
X15	债券融资占 GDP 比重	衡量债券市场融资结构
X16	股票融资占 GDP 比重	衡量股票市场融资结构
X17	上市公司数量	衡量上市公司情况
X18	保险深度	衡量保险业发展程度
X19	保险密度	衡量保险收入

续表

序号	指标	含义
	4. 金融开放	
X20	外资金融机构从业人数	衡量外资金融机构从业规模
X21	外资金融机构资产总额	衡量外资金融机构资产规模
X22	外资依存度	衡量外国资本的依赖度
X23	外资金融贷存比	衡量外国资本贷款储蓄转换率
	5. 金融可持续	
X24	不良贷款率	衡量银行不良资产状况
X25	居民收入增长金融弹性	衡量金融对收入的贡献率
X26	研发费用金融支持率	衡量科技的金融支持度
X27	企业成长金融贡献率	衡量金融对企业的支持度
X28	银行债务投资转化率	衡量金融债务转化能力

金融规模一级指标由金融相关率、人均贷款、存款及金融资产总额、从业人员数量、金融增加值及城乡居民储蓄与 GDP 的比重构成。其中，金融相关率衡量的是经济体货币化程度，原由金融资产价值与国民财富的比值表示。考虑到中国是以银行为主导的金融体系，因而用银行的资产总额与 GDP 的比值表示。而人均贷款、存款及金融资产额均用各地区的贷款、存款及金融资产额与人口的比值表示。

金融效率的一级指标由贷存比、金融转化效率、金融市场化率、股票与债券对 GDP 的比值、金融固定资产投资带动率及中介贷款效率表示。其中，贷存比由银行的贷款与存款比重表示，金融转化效率由资本形成总额与各地区存款比值表示，金融市场化率由非国有企业贷款与 GDP 的比值表示，金融固定资产投资带动率由金融增加值与金融固定资产投资的比值表示。

金融结构的一级指标由债券、股票融资与 GDP 的比重、上市公司数量、保险深度及保险密度表示。保险深度由各地区保费收入与 GDP 的比值表示，保险密度由各地区保险收入与当地人口数量的比值表示。

另外，金融开放指标由外资金融机构的从业人数、金融资产总额、外资依存度及贷存比表示。而金融可持续指标由居民收入增长金融弹性、研发费用金融支持率、企业成长金融贡献率、债务投资转化率及不良贷款率表示。其中，外资依存度由各地区 FDI 与 GDP 的比值表示，外资贷存比由外资金融机构的贷款与存款比重表示。居民收入增长金融弹性由居民收入增长率与金融业产值增长率的比值表示，反映居民收入增长带动金融业的发展程度。研发费用金融支持率用金融对企业研发（R&D）的费用支出与 GDP 的比值表示。企业成长金融贡献率由企业主营业务收入与金融业增加值的比值表示。银行债务投资转化率由社会固定资产投资额与贷款、债券的筹资额之和的比值表示。

考虑到国内存在金融对 OFDI 的支持不足且区域投资结构畸形的问题，本章节将对 2007～2017 年中国 31 个省份的金融发展状况进行评价。其中，指标 X14 来源于《中国金融统计年鉴》、X15～X17 来源于《中国证券期货统计年鉴》，X27～X27 的研发和主营业务收入指标分别来源于《中国科技统计年鉴》和《中国统计年鉴》，其余指标数据均来源于 Wind 数据库，部分缺失数据利用插值法填补。

5.1.2 金融发展水平测算

这里选取因子分析法对 31 个省份的金融发展状况进行评价。该方法基于数据信息进行归并处理，将错综复杂的变量及其关系作降维处理，降低操作难度，且保证了获得的相关统计结果具有无偏性。具体处理过程如下。

设有 n 个经济体，p 个评价指标，即 X_1、X_2、$\cdots$、X_p，公因子为 F_1、F_2、$\cdots$、$F_p(m < p)$。两者间关系通过以下因子分析模型刻画：

$$X = AF + \xi \qquad (5-1)$$

其中，

$$A = \begin{bmatrix} \alpha_{11} & \alpha_{12} & \cdots & \alpha_{1m} \\ \alpha_{21} & \alpha_{22} & \cdots & \alpha_{2m} \\ \vdots & \vdots & \cdots & \vdots \\ \alpha_{p1} & \alpha_{p2} & \cdots & \alpha_{pm} \end{bmatrix}$$

为因子载荷矩阵，α_{ij} 为因子载荷矩阵元素，其绝对值越接近于 1，变量间的解释程度也就越高。矩阵 A 的第 k 列元素的平方和 $g_k^2 = \alpha_{1k}^2 + \alpha_{2k}^2 + \cdots + \alpha_{pk}^2 (k = 1, 2, \cdots, m)$，表示因子 F 对 X 中第 k 个分量的方差的综合贡献，即公因子对第 k 个观测变量的影响大小。

下面将适当旋转因子载荷矩阵，以更好地显示公因子的实际影响，进而选出起主要作用的主要公因子和最佳变量数目。然后计算因子得分。为此将变量标准化，并建立模型以计算每项公因子得分：

$$F_k = \lambda_{1k}X_1^k + \lambda_{2k}X_2^k + \cdots + \lambda_{mk}X_m^k (k = 1, 2, \cdots; m) \sum_{k=1}^{m} m_k = p$$

$$(5-2)$$

通过线性回归，可求得 F 的近似估计统计量。当公因子个数确定后，对因变量 Y 进行回归。回归中将 F 作为自变量，采用以下线性回归函数：

$$Y = \alpha_1 F_1 + \alpha_2 F_2 + \cdots + \alpha_m F_m + \psi \qquad (5-3)$$

将式（5-2）代入式（5-3）后可求得变量的估计系数。若金融发展水平共有 t 个公因子，则第 i 个公因子的权重为：

$$w_i = \theta_i \Big/ \sum_{i=1}^{t} \theta_i, \ i = 1, 2, \cdots, t \qquad (5-4)$$

θ_i 为第 i 个公因子的方差贡献率，31 个省份的金融发展得分为各公因子得分乘以相应权重，即乘以方差贡献率与总方差率的比值后进行加总得到：

$$因子总得分 = 公因子 1 \times 权重 1 + 公因子 2 \times 权重 2 + \cdots$$
$$+ 公因子 n \times 权重 n \qquad (5-5)$$

在因子分析之前，需要利用 SPSS 22.0 软件在对所有指标无量纲化、标准化及部分指标正向化的基础上，进行信度检验和效度检验。信度检验是衡量数据结果的一致程度，一般采用 Cronbach's 的 α 系数进行考察。该系数介于 [0, 1] 之间，当系数大于 0.5 时，表明各项数据结果具有实际一致性，可以进行因子分析。数值越大，所得结果的一致性程度就越高。对样本数据进行检验后发现，28 个数据指标的 α 系数为 0.882，数据结果通过了信度检验。

而效度检验则是考察金融发展指标是否可以进行因子分析，一般采用 KMO 检验和 Bartlett 检验。KMO 检验主要考察变量间的偏相关系数，一般认为该检验大于 0.6 即为有效。检验结果显示，KMO 检验结果为 0.788，且 Bartlett 检验概率为 0，拒绝了相关系数是单位矩阵的原假设，说明采用因子分析的方法是合适的。

表 5-2 显示，样本数据经过初步统计获得了七个特征值大于 1 的公因子。在采用方差最大法对矩阵进行正交旋转后，七个因子的累计方差贡献率并未发生改变，且相互间的方差贡献率差异得到缩小，七个公因子的累计平方和为 75.146% 。一般而言，累计方差贡献率大于 70% 就能够完整表达数据样本的信息，因而该结果可以解释 31 个省份的金融发展水平，其他的公因子可以忽略。

表 5-2 国内金融发展评价指标的变异数总计

成分	起始特征值			提取平方和载入			循环平方和载入		
	总计	变异的 (%)	累加 (%)	总计	变异的 (%)	累加 (%)	总计	变异的 (%)	累加 (%)
1	11.273	40.260	40.260	11.273	40.260	40.260	6.482	23.151	23.151
2	2.742	9.793	50.053	2.742	9.793	50.053	5.876	20.984	44.135
3	1.876	6.699	56.751	1.876	6.699	56.751	2.648	9.456	53.592
4	1.731	6.182	62.934	1.731	6.182	62.934	2.420	8.641	62.233
5	1.202	4.294	67.228	1.202	4.294	67.228	1.320	4.714	66.947
6	1.163	4.155	71.383	1.163	4.155	71.383	1.189	4.247	71.194
7	1.054	3.763	75.146	1.054	3.763	75.146	1.106	3.951	75.146
8	0.933	3.331	78.476	—	—	—	—	—	—
9	0.810	2.894	81.371	—	—	—	—	—	—
10	0.742	2.649	84.020	—	—	—	—	—	—
11	0.722	2.579	86.599	—	—	—	—	—	—
12	0.679	2.424	89.023	—	—	—	—	—	—
13	0.574	2.050	91.073	—	—	—	—	—	—
14	0.563	2.009	93.082	—	—	—	—	—	—
15	0.432	1.543	94.625	—	—	—	—	—	—
16	0.411	1.469	96.094	—	—	—	—	—	—
17	0.310	1.107	97.201	—	—	—	—	—	—
18	0.234	0.834	98.035	—	—	—	—	—	—
19	0.166	0.593	98.628	—	—	—	—	—	—
20	0.100	0.359	98.987	—	—	—	—	—	—

成分	起始特征值			提取平方和载入			循环平方和载入		
	总计	变异的（%）	累加（%）	总计	变异的（%）	累加（%）	总计	变异的（%）	累加（%）
21	0.081	0.290	99.276	—	—	—	—	—	—
22	0.062	0.221	99.498	—	—	—	—	—	—
23	0.046	0.164	99.662	—	—	—	—	—	—
24	0.037	0.132	99.793	—	—	—	—	—	—
25	0.029	0.105	99.898	—	—	—	—	—	—
26	0.020	0.073	99.971	—	—	—	—	—	—
27	0.008	0.027	99.998	—	—	—	—	—	—
28	0.001	0.022	100	—	—	—	—	—	—

注：提取方法：主成分分析，下同。

在此基础上，为了能更有效地解释各变量的含义，对因子载荷矩阵进行旋转，结果如表 5 - 3 所示。表中，绝大部分指标在第一个因子载荷量上较高。金融规模指标中，X4 与 X7 在第二个因子上的载荷量较高。而金融效率指标中的 X8、X9 在第四个因子的载荷量较旋转前相比有所提升。金融结构指标中，X15、X16 与 X19 则在第二个因子上的载荷量与之前发生了较大变化。此外，X23～X26 在公因子上的最大载荷量较旋转前相比也有不同程度的提高。从结果上看，大部分公因子在旋转后对原始数据的解释能力有所提升，可进行下一步分析。

表 5 - 3   国内金融发展数据的旋转因子载荷矩阵

指标	成分						
	1	2	3	4	5	6	7
ZX1	0.504	0.707	- 0.254	0.261	0.130	0.088	- 0.009
ZX2	0.670	0.660	0.093	0.201	0.016	0.018	- 0.121
ZX3	0.655	0.587	0.094	0.338	- 0.003	- 0.124	- 0.131
ZX4	0.585	0.627	0.077	0.192	- 0.060	- 0.063	- 0.166

续表

指标	成分						
	1	2	3	4	5	6	7
ZX5	0.218	−0.113	0.830	0.127	−0.025	0.100	0.115
ZX6	0.608	0.593	−0.083	0.437	0.114	−0.047	−0.054
ZX7	0.008	0.148	−0.051	0.147	0.764	0.030	−0.062
ZX8	−0.181	−0.171	−0.042	0.468	−0.061	−0.667	−0.135
ZX9	−0.098	−0.044	−0.104	0.128	−0.742	0.031	−0.060
ZX10	0.538	0.737	−0.140	0.257	0.133	0.081	−0.006
ZX11	0.473	0.605	0.090	0.449	0.133	−0.251	−0.032
ZX12	0.715	0.273	−0.060	0.075	−0.017	0.011	−0.016
ZX13	0.811	0.198	0.073	0.101	0.025	0.050	−0.185
ZX14	0.032	0.004	−0.819	−0.114	−0.111	0.164	0.059
ZX15	0.018	0.920	0.076	0.011	0.038	0.033	0
ZX16	0.146	0.593	−0.084	−0.100	0.058	0.105	0.273
ZX17	0.579	0.164	0.585	0.147	−0.012	0.112	0.160
ZX18	0.654	0.550	0.255	0.288	0.043	−0.037	−0.122
ZX19	0.324	0.533	0.306	0.266	0.244	0.039	−0.080
ZX20	0.791	0.128	0.187	0.008	0.081	0.122	0.132
ZX21	0.897	0.113	0.132	0.012	0.065	0.099	0.041
ZX22	0.607	0.060	−0.071	−0.187	0.081	−0.246	0.201
ZX23	−0.023	0.022	0.037	0.141	−0.011	−0.055	0.855
ZX24	−0.040	−0.020	−0.040	0.244	−0.025	0.688	−0.111
ZX25	−0.029	0.135	0.715	−0.439	−0.029	0.023	−0.085
ZX26	0.142	0.905	0.048	−0.051	0.060	0.003	0.033
ZX27	−0.391	−0.249	0.157	−0.611	−0.093	−0.062	−0.163
ZX28	0.036	0.133	0.170	0.728	−0.039	0.097	0.088

注：转轴方法：具有 Kaiser 正规化的最大变异法，Z 为标准得分，下同。

表 5 - 4 为因子得分系数矩阵，该矩阵是根据表 5 - 3 的结果通过线性回归而得。

表 5 – 4　　　　　　　　国内金融发展数据的因子得分系数矩阵

指标	成分						
	1	2	3	4	5	6	7
ZX1	0.015	0.103	– 0.119	0.028	0.034	0.067	0.007
ZX2	0.061	0.078	0.007	– 0.013	– 0.061	0.004	– 0.094
ZX3	0.061	0.047	0.011	0.061	– 0.072	– 0.104	– 0.100
ZX4	0.046	0.091	0.008	– 0.013	– 0.118	– 0.062	– 0.130
ZX5	0.012	– 0.069	0.316	0.089	– 0.031	0.091	0.091
ZX6	0.044	0.034	– 0.056	0.121	0.027	– 0.033	– 0.035
ZX7	0.013	0.110	– 0.075	0.022	0.032	0.060	0.010
ZX8	– 0.045	– 0.057	0.004	0.241	– 0.034	– 0.520	– 0.104
ZX9	– 0.011	0.054	– 0.020	0.089	– 0.604	0.036	– 0.037
ZX10	– 0.051	– 0.041	– 0.026	0.066	0.619	0.043	– 0.073
ZX11	– 0.009	0.069	0.022	0.127	0.039	– 0.202	– 0.008
ZX12	0.170	– 0.047	– 0.069	– 0.053	– 0.053	– 0.011	– 0.009
ZX13	0.201	– 0.100	– 0.024	– 0.034	– 0.011	0.031	– 0.170
ZX14	0.079	– 0.003	– 0.330	– 0.074	– 0.079	0.124	0.057
ZX15	– 0.173	0.308	0.050	– 0.083	– 0.055	0.010	0.029
ZX16	– 0.054	0.186	– 0.036	– 0.124	– 0.015	0.056	0.263
ZX17	0.089	– 0.048	0.197	0.033	– 0.050	0.085	0.140
ZX18	0.057	0.037	0.072	0.048	– 0.032	– 0.033	– 0.099
ZX19	– 0.051	0.077	0.113	0.074	0.141	0.040	– 0.068
ZX20	– 0.047	– 0.041	– 0.004	0.197	– 0.010	0.614	– 0.127
ZX21	– 0.045	0.111	0.281	– 0.236	– 0.043	– 0.012	– 0.075
ZX22	– 0.123	0.285	0.026	– 0.131	– 0.039	– 0.025	0.058
ZX23	– 0.025	0.056	0.074	– 0.279	– 0.041	– 0.080	– 0.148
ZX24	– 0.098	– 0.025	0.087	0.401	– 0.053	0.136	0.077
ZX25	0.203	– 0.105	0.017	– 0.069	0.033	0.077	0.112
ZX26	0.243	– 0.132	– 0.012	– 0.078	0.021	0.058	0.030
ZX27	0.206	– 0.070	– 0.080	– 0.191	0.043	– 0.251	0.190
ZX28	– 0.031	0.030	0.015	0.071	– 0.035	– 0.067	0.780

依据表 5 - 4 的结果，可构建下列因子得分函数模型。

$$F_1 = 0.015 \times X_1 + 0.061 \times X_2 + 0.061 \times X_3 + \cdots + 0.031 \times X_{28} \qquad (5-6)$$

$$F_2 = 0.103 \times X_1 + 0.078 \times X_2 + 0.047 \times X_3 + \cdots + 0.030 \times X_{28} \qquad (5-7)$$

$$\cdots\cdots$$

$$F_7 = 0.007 \times X_1 - 0.094 \times X_2 - 0.100 \times X_3 + \cdots + 0.780 \times X_{28} \qquad (5-8)$$

根据上述因子得分函数，可求出公因子得分，然后利用式（5 - 5）可计算出各省份的金融发展得分。表 5 - 5 为 2007 ~ 2017 年中国各省份金融发展得分结果。

表 5 - 5　　　　　　　2007 ~ 2017 年中国各省份金融发展水平测算

省份或地区	2006年	2007年	2008年	2009年	2010年	2011年	2012年	2013年	2014年	2015年	2016年	2017年
北京	76.09	82.05	85.34	90.09	91.99	91.50	93.48	93.26	95.86	97.40	97.88	97.60
天津	42.32	47.98	46.48	48.90	50.95	49.82	52.38	54.26	56.16	59.94	63.24	61.70
河北	34.68	36.98	40.13	43.66	45.06	45.64	45.60	46.59	49.42	51.17	53.61	55.50
辽宁	38.19	41.29	44.37	45.92	49.26	48.39	49.57	51.60	53.66	58.41	63.87	65.76
山东	37.25	39.27	41.41	42.74	45.17	48.51	49.97	50.38	51.98	55.73	58.14	59.84
上海	66.85	74.72	77.57	80.77	86.96	85.13	87.75	92.21	91.64	96.03	97.14	96.69
江苏	42.00	44.99	47.06	49.24	53.08	55.64	58.57	61.42	63.05	67.56	71.56	74.15
浙江	45.85	51.51	53.13	57.34	60.74	62.54	70.43	70.11	59.80	73.37	75.54	75.27
福建	37.78	40.83	43.12	45.11	47.42	49.25	48.64	48.95	52.22	57.32	58.60	57.07
广东	50.74	57.28	60.28	63.11	79.44	70.27	72.67	73.04	76.70	82.29	84.66	86.53
海南	27.46	33.44	38.25	39.69	43.57	43.21	45.84	45.75	48.38	50.99	55.91	54.39
山西	41.64	39.84	43.80	47.07	48.44	48.67	49.67	49.94	53.72	47.65	51.21	50.02
吉林	29.40	27.99	33.80	37.42	38.21	37.12	36.82	36.85	40.65	45.22	48.47	50.93
黑龙江	27.38	29.64	38.54	40.15	42.90	41.95	44.07	43.74	46.87	50.85	52.06	56.23
江西	31.54	33.15	36.47	37.59	40.66	39.88	41.30	41.95	43.61	48.94	50.17	48.94
安徽	36.13	37.56	41.71	43.60	44.77	44.14	44.98	45.28	48.77	50.71	53.19	53.74
河南	31.09	31.93	37.81	39.23	41.93	44.58	45.32	46.09	46.41	51.71	52.51	54.78
湖北	34.91	38.20	41.31	42.73	46.16	47.07	46.52	46.61	48.60	42.80	54.14	55.89
湖南	34.78	35.96	39.64	42.03	43.66	43.13	43.25	43.49	45.89	49.60	51.65	51.45

续表

省份或地区	2006年	2007年	2008年	2009年	2010年	2011年	2012年	2013年	2014年	2015年	2016年	2017年
重庆	39.27	40.54	43.85	46.26	49.06	48.33	65.30	65.60	53.67	57.90	59.05	58.29
内蒙古	29.28	31.54	33.68	35.34	36.84	37.65	40.26	39.86	41.25	44.76	45.19	48.91
广西	31.94	32.54	34.93	37.00	38.91	38.95	40.46	42.33	43.76	45.82	47.26	46.01
四川	40.14	41.94	43.98	47.59	51.74	51.37	53.71	56.52	58.46	60.97	63.69	64.79
贵州	31.62	33.65	35.22	37.38	40.06	39.66	41.42	41.33	42.92	44.30	47.82	44.96
云南	34.82	36.20	39.78	41.73	45.00	42.71	43.85	44.52	45.40	49.47	50.79	49.03
西藏	21.07	23.37	30.30	35.77	39.03	38.34	45.38	36.46	37.51	41.03	40.41	39.84
陕西	36.71	40.01	43.45	43.63	46.60	45.12	45.23	46.24	48.33	51.61	53.22	53.83
甘肃	31.98	31.10	35.73	40.40	39.58	40.14	41.61	44.99	46.52	45.30	45.61	42.86
青海	21.09	25.89	26.92	30.06	33.40	34.95	36.09	40.74	40.76	43.51	44.22	44.16
宁夏	28.71	31.08	35.68	35.72	37.89	38.77	40.50	42.28	43.19	45.18	45.13	43.08
新疆	34.19	36.68	40.50	42.57	45.91	45.49	45.95	46.89	45.77	47.29	45.67
总体均值	37.00	39.65	43.04	45.48	48.53	48.27	50.52	51.25	52.32	55.28	57.52	57.67
东部地区	45.38	50.04	52.47	55.14	59.42	59.09	61.35	62.31	63.53	68.20	70.92	71.32
中部地区	33.36	34.28	39.14	41.24	43.34	43.32	43.99	44.56	46.82	48.44	51.68	52.75
西部地区	31.74	33.71	37.00	39.45	42.00	41.66	44.94	45.57	45.72	47.99	49.14	48.45

注：将得分结果转化为百分制形式表示，小数点后保留两位小数。

5.1.3 各地区金融发展状况评价

从表5-5上看，2007~2017年中国各地区的金融发展水平提升幅度较大。东部地区金融发展水平较高，这与其开放度高，经济基础好，金融产业相对发达有关。特别是环渤海经济带、长三角经济带及珠三角经济带，不仅是中国经济的核心区域，也是金融发展程度较高的地区。

北京、上海作为中国的政治和经济中心，优越的条件带动了金融发展水平的提高，2017年金融发展得分分别为97.60、96.69。在外溢效应影响下，与北京毗邻省区的金融发展程度也相对较高。天津和辽宁两地在过去十二年间的金融发展平均得分均在50分以上，属于中国金融发展程度较高的地区，且河北和山东两地的金融发展水平也高于大部分地区。而上海相对发达的金融产业对周边产生了强烈的金融辐射力。邻近的江苏与浙江两省在自身良好的经济及金融基础上，凭借地理位置的优势，承接了上海部分金融产业的转移，带动了本地区金融发展水平的提高。两地区2017年的金融发展得分分别为74.15、75.27，仅次于北京、上海两地。未来长三角地区可通过进一步发挥金融产业的辐射效应，带动沿江地区的金融发展。

珠三角地区的广东与海南两地对外开放较早，且紧靠世界金融中心香港，故金融发展程度相对较好，也是金融发展变化程度较快的区域。但数据显示，广东、海南两省未向周边产生金融辐射效应。云南、贵州及广西虽邻近两省，但金融发展程度在全国属于较低水平。而湖南、江西虽邻近广东，但未享受到金融产业转移带来的红利，两省在样本考察期间的金融发展得分与金融产业发达省份相距较远。福建虽具有地理位置的优势，但由于政治因素影响，金融发展水平较发达地区相对滞后。对内陆地区（含黑龙江、吉林）而言，无论是在金融发展水平还是变化程度方面，与东部地区存在较大差异。具体来看，四川、重庆两地在内陆地区的金融发展程度较高，无论是金融发展得分还是变化程度均位于全国前列。但与发达省份相比，金融发展变化程度较为滞后。这种情况的存在影响了自身的金融辐射功能，周边的陕西、湖北、云南、贵州及青海等省的金融发展水平依然落后。由于没有打通与长江沿线经济带的金融联系，使得沿线金融发展状况呈"哑铃"型结构。而且川渝两地也未与珠三角地区形成紧密的金融联系，使得云南、贵州及广西形成金融"塌陷"。未来打通与长三角及珠三角的金融联系，是提升沿线落后省份金融发展水平的关键所在。

另外，其他省份的金融发展水平及变化程度均处于全国落后位置。从地理位置上看，西部五省、山西及河南等地既是中国"一带一路"建设的重要节点，也是当前中国经济相对落后的地区，缺乏金融中心的带动。由于这些地区多为"一带一路"倡议推行的试点省份，因此可借助"一带一路"倡议，逐步扩大金融开放水平，引进国内外先进的金融产业，促进沿线地区的金融发展。此外，内蒙古、黑龙江及吉林三省还要借助毗邻金融发展先进地区的优势，逐步提升自身的金融发展水平。

总的来看，中国当前金融发展水平由东向西呈阶梯状分布。长三角与珠三角地区的金融辐射效应还有待进一步发挥，更好地带动邻近省份的金融发展水平的提升。内陆地区需要进一步利用好"一带一路"合作的机会和相关政策，可通过打造区域金融中心等途径带动金融发展。东北地区应利用好政策资源，凭借区位优势，借鉴金融发展高水平省份的有益经验改善自身的金融发展水平。未来需要针对不同地域，尤其是"一带一路"重要节点地区提高金融发展水平，为人民币国际化的深入推进提供必不可少的金融基础。

5.2 金融发展对"一带一路"沿线直接投资的影响分析

5.2.1 金融发展与 OFDI 规模和效率的实证检验

5.2.1.1 研究假设与模型设定

从现有研究来看，若投资国拥有较高的金融发展水平，则能够对本国企业从事跨国投资活动起到促进作用。一方面，金融资本是企业对外投资的重要来源，对企业 OFDI 规模的大小具有决定性影响。若投资国的金融发展程度较低，意味着国内金融产业无法对企业的海外投资活动起到支持作用。市场基础货币供给的匮乏，金融工具的单一，使企业的融资来源受到限制。融资成本偏高与融资风险的加剧会影响企业的对外投资意愿（周伟等，2017）。另一方面，从事跨国投资活动的企业会在国际市场中面临较多的不可预知风险，这会降低企业从事跨国投资活动的动机。若本国拥有完善的金融市场体系，就可以为企业提供优质的信息咨询和投融资服务，帮助企业降低海外投资成本和风险预期。此外，金融也可通过提高企业生产率和技术创新的方式影响 OFDI 规模（郑强，2017）。即通过对创新型企业的资本支持和人才培养，使科技成果能够有效转化为企业生产力，而生产能力的提升会促进企业走向国际市场，以更具竞争力的方式带动 OFDI 规模。但也有观点认为，国内金融抑制现象的存在也可能会推动企业从事跨国投资活动。在国内金融发展水平不足的情况下，再加上企业生产技术的落后与资本回报率的偏低，这就会促使企业通过选择 OFDI 的方式降低生产成本，获取先进技术（姜亚鹏等，2014）。从数据上看，中国金融发展水平自东到西呈逐次递减的状态，而 OFDI 规模也是东部地区高于内陆地区，故我们认为此类现象发生的可能性不高。

金融规模衡量了经济体金融产业的融资能力。当经济体拥有较大的金融规模时，对资本的吸收和放贷能力都会显著提升，有助于帮助企业通过扩大再生产的方式逐步进入国际市场，也能够帮助企业抵御外部风险的冲击（朱冰倩和潘英丽，2015）。金融结构主要指金融产业中各行业的分布、规模及相互作用情况。当金融结构趋向合理时，企业融资成本降低，会带动 OFDI 整体规模的增长。金融效率指储蓄转换投资、金融市场融资及带动其他行业投资的能力。国际市场上机会的转瞬即逝促使企业要迅速做出判断，而金融效率会直接影响企业对市场机遇的把握，较高的金融效率能降低企业从事跨国投资活动的资本门槛（王昱等，2016）。此外，金融开放和金融的可持续对企业的 OFDI 有重要影响。较高的金融开放度能吸引国外先进金融产业的涌入，帮助国内打破金融垄断的局面。国内金融行业为保持竞争力就需要向生产企业提供优质的金融服务，也有利于企业拓宽融资渠道，降低融资成本。而金融的可持续性增强，特别是对科技创新企业、成长型企业而言，有利于企业从事跨国投资活动，也有利于拓展金融投资渠道。若金融业的发展不可持续，一旦受到金融风险的冲击，金融支持能力的衰退会影响企业的 OFDI 规模（胡冰和王晓芳，2019）。据此，提出以下两个假设：

假设一：国内的金融发展能够对 OFDI 规模起到推动作用，但国内各地区金融发展的差异导致其对 OFDI 规模的促进效果有所不同。

假设二：金融的规模、结构、效率、开放度及可持续性均能够对 OFDI 规模产生重要影响。其中任何一个环节存在问题，都会影响金融发展对 OFDI 的支持效果。

下面将利用实证模型对以上两个假设进行检验。实证模型如下：

$$OFDI_{it} = \beta_0 + \beta_1 DEV_{it} + \beta_2 CAPT_{it} + \beta CADE_{it} + \beta_j \sum_{j=1}^{n} Z_{it} + \varepsilon_{it}$$

$$(5-9)$$

被解释变量 $OFDI_{it}$ 为各省份的 OFDI 规模，取对数形式表示。DEV_{it} 和 $CAPT_{it}$ 为省份 i 在 t 时期的金融发展水平和资本形成效率。$CADE_{it}$ 为两变量的交互项。为政策虚拟变量。Z_{it} 为控制变量，主要包括 FDI_{it}、$PGDP_{it}$、ENG_{it}、$INDUS_{it}$、$OPEN_{it}$、EDU_{it}、EMP_{it} 和 D，分别为外商直接投资、人均收入、能源生产总量、产业结构、开放度、人力资本、市场活跃度和政策虚拟变量指标。其中，前三项指标用对数形式表示，虚拟变量在 2013 年以后取值为 1，反之为 0。ε_{it} 为残差项。此外，涉及价格单位的指标采用相应的指数进行平减后以 2010 年为基期表示。同时，对年度和地区效应进行控制，以防止无法观测因素对模型结果的影响。

我们选取 2006～2018 年中国 31 个省份（港澳台除外）的数据进行考察。将《推动共建丝绸之路经济带和 21 世纪海上丝绸之路的愿景与行动》文件中提出的存在"一带一路"建设功能定位的 18 个重点省份和地区作为试验组[①]，其余非重点省份作为控制组，并将"一带一路"建设及金融服务实体经济政策开始实施的 2013 年作为政策考察的时间点。数据指标方面，GDP、人均 GDP 及产业结构指标来自《中国统计年鉴》，能源指标来自《中国能源统计年鉴》，人力资本及就业指标来源于《中国劳动统计年鉴》，其余指标来源于 Wind 数据库。所有涉及价格的指标均采用相应指数转换为以 2010 年为基期的数据，采用 Stata 15.0 软件进行估算。

以表 5 - 6 和表 5 - 7 为样本的描述性检验和相关性检验结果，可以看到，样本数据不存在异常值和相关性问题，所有指标是有效的。同时，对样本的各变量进行了多重共线性检验。发现模型中所有解释变量的方差膨胀因子（VIF）均小于 10，故该模型不存在多重共线性问题，可以进行后续的实证分析。

表 5 - 6　　　　　　　　　　主要变量的描述性统计结果

变量	样本	均值	标准差	最小值	最大值
OFDI	372	344.971	925.934	0.071	9961.644
FDI	372	6169.810	10004.070	31.235	92532.500

[①] 这些重点省份和地区为广西、云南、新疆、陕西、甘肃、宁夏、青海、内蒙古、黑龙江、吉林、辽宁、上海、福建、广东、浙江、海南、重庆和西藏。

续表

变量	样本	均值	标准差	最小值	最大值
PGDP	372	3329. 938	1995. 463	575. 394	10972. 839
ENG	372	1. 294	0. 846	0. 016	4. 047
INDUS	372	0. 384	0. 099	0. 068	0. 531
OPEN	372	0. 299	0. 364	0. 016	1. 681
EDU	372	9. 441	1. 317	4. 564	13. 849
EMP	372	1. 306	0. 483	0. 504	3. 008
D	372	0. 333	0. 471	0	1
DEV	372	48. 879	14. 634	21. 073	97. 881
CAPT	372	0. 873	0. 204	0. 441	1. 588

表 5 – 7   Pearson 相关性检验结果

变量	FDI	PGDP	ENG	INDUS	OPEN	EDU	EMP	D	DEV	CAPT
FDI	1	—	—	—	—	—	—	—	—	—
PGDP	0. 093 *	1	—	—	—	—	—	—	—	—
ENG	0. 164 *	0. 153 *	1	—	—	—	—	—	—	—
INDUS	– 0. 028	0. 031 *	– 0. 039	1	—	—	—	—	—	—
OPEN	0. 112 *	0. 129 *	0. 102 *	0. 298 *	1	—	—	—	—	—
EDU	0. 141 **	– 0. 002 *	0. 011	0. 183 **	0. 083	1	—	—	—	—
EMP	0. 029	0. 021 **	0. 035 *	– 0. 101	– 0. 005	0. 109	1	—	—	—
D	0. 232 **	0. 118 *	0. 056 *	0. 091	0. 077	0. 124 *	0. 109 *	1	—	—
DEV	0. 111 *	0. 166 *	0. 079 *	0. 167 *	0. 138 **	0. 017 **	0. 126 *	0. 137 *	1	—
CAPT	0. 087 *	0. 121 *	0. 183 **	0. 152 *	0. 037 *	0. 152 **	0. 073 *	0. 067 *	0. 055 **	1

注：** 、* 分别表示模型系数在5% 、10%的水平上显著。

5. 2. 1. 2   全体样本的检验结果

本部分将样本分为"一带一路"建设全体重点省份与非重点省份进行考察。同时，为消除长面板数据间可能存在的组内自相关、组间异方差及同期相关问题，将采用全面的 FGLS 模型进行估计以求结果的准确有效。实证结果如表5 – 8 所示。

表 5 – 8　　　　全体重点省份与非重点组省份的实证分析结果

变量	模型（1）	模型（2）	模型（3）	模型（4）	模型（5）	模型（6）
lnFDI	0.182 *** （6.071）	0.193 *** （4.727）	0.199 *** （4.131）	0.453 *** （8.553）	0.428 *** （5.418）	0.429 *** （5.903）
lnPGDP	1.691 *** （11.158）	0.906 *** （4.955）	0.925 *** （4.851）	1.720 *** （17.141）	1.106 *** （6.907）	1.086 *** （7.322）
lnENG	1.588 *** （14.868）	1.284 *** （7.404）	1.323 *** （7.002）	1.352 *** （19.461）	1.016 *** （13.855）	1.026 *** （14.301）
INDUS	− 4.893 *** （− 11.217）	− 4.248 *** （− 9.236）	− 4.165 *** （− 8.557）	2.499 *** （9.288）	1.226 ** （2.408）	1.271 ** （2.491）
OPEN	− 0.413 *** （− 3.407）	− 0.208 * （− 1.772）	− 0.101 （− 0.752）	− 0.646 *** （− 7.853）	− 0.880 ** （− 2.095）	− 0.870 （− 1.454）
EDU	0.042 * （1.718）	0.111 * （1.835）	0.095 ** （2.244）	0.249 *** （9.136）	0.378 *** （7.347）	0.351 *** （7.124）
EMP	0.421 *** （6.927）	0.425 *** （5.745）	0.422 *** （5.673）	0.083 *** （2.828）	0.073 * （1.874）	0.068 * （1.694）
D	0.746 *** （4.407）	0.724 *** （4.625）	0.874 ** （2.709）	0.187 * （1.692）	0.165 ** （2.430）	0.100 （1.174）
CAPT	—	0.296 *** （6.365）	0.313 *** （6.117）	—	0.229 *** （3.816）	0.234 *** （3.656）
L. CAPT	—	0.139 *** （5.283）	0.231 *** （5.361）	—	0.127 *** （3.024）	0.202 ** （2.627）
DEV	—	0.324 *** （6.018）	0.301 *** （4.938）	—	0.395 *** （5.803）	0.367 *** （5.149）
L. DEV	—	0.130 ** （2.492）	0.123 ** （2.524）	—	0.153 *** （5.294）	0.147 ** （2.338）
CADE	—	—	0.221 * （1.892）	—	—	0.265 * （1.973）
L. CADE	—	—	0.142 * （1.738）	—	—	0.176 * （1.719）
CONS	− 28.081 *** （− 27.218）	− 19.130 *** （− 18.033）	− 19.445 *** （− 17.025）	− 31.799 *** （− 56.104）	− 24.902 *** （− 30.240）	− 24.583 *** （− 28.019）
N	216	216	216	156	156	156
Wald	1039.63	1828.08	2152.68	6904.76	6389.24	5295.73
年度效应	控制	控制	控制	控制	控制	控制
地区效应	控制	控制	控制	控制	控制	控制

　　注：括号内为 z 值，下同。***、**、* 分别表示模型系数在1%、5%、10%的水平上显著。

表5-8中的模型（1）和模型（4）为重点和非重点省份只含有控制变量的实证结果，模型（2）~模型（3）和模型（5）~模型（6）为分别加入核心解释变量后的实证结果。考虑到当期的金融发展与资本形成效率对OFDI的影响也可能存在长期作用关系，因而加入核心变量的滞后一期指标进行考察，以增强结果的准确性。

核心解释变量方面，两模型中的资本形成效率及其滞后一期指标对OFDI的影响均在1%的统计水平上呈显著的正相关关系，这表明国内资本形成效率能显著影响OFDI的规模。但所有该指标的相关系数偏低，且重点省份的影响系数要大于非重点省份的数据结果。一方面说明当前国内整体资本形成效率偏低，使企业更倾向于在国内进行生产，而并非将有限的资金投入到不确定性风险更多的国际市场。另一方面说明在全体"一带一路"建设重点省份样本中，两项政策的实施对当地OFDI规模起到了促进作用，而非重点省份因为缺乏政策的有效支持，导致资本形成效率偏低，影响了对当地OFDI规模的促进作用。可以认为，非重点省份的资本形成效率偏低是导致OFDI增长缓慢的重要因素。此外，当期资本形成效率的变化能够显著影响未来的OFDI规模，两类模型的资本形成效率滞后一期指标与OFDI的相关系数均在0.15左右，资本形成效率对OFDI存在长期关系。实证结论验证了假设三的推断。

金融发展指标方面，两组样本中的当期金融发展水平及其滞后一期指标的相关系数与OFDI均在不同的统计水平上显著，当期金融发展水平与OFDI的相关系数均在0.3以上，而滞后一期指标与OFDI的相关系数则相对较低，在0.12~0.15。一方面，证明了当前国内的金融发展水平能够对OFDI规模的增长起到推动作用的观点。另一方面也说明，国内金融发展水平在长期内对中国OFDI的支持作用程度偏弱，分析原因可能与当期中国的OFDI主要以基础设施建设为主有关。该领域资金投入大、资本回收周期长且风险性较高。资本的逐利性使其对相关产业的支持程度趋弱。比较来看，非重点省份较重点省份的影响系数要高。原因在于该组中多数东部省份金融发展水平较为发达，北京、天津等地的金融发展水平领先于全国，故对OFDI的带动能力要强于重点省份。相关实证结果验证了假设一的推论，并与资本形成效率变量的结果共同验证了结论一的准确性。

　　根据前述分析，金融发展状况的改善能够显著提升资本的形成效率。因而在现阶段资本形成效率对 OFDI 的影响作用较弱的情况下，加入金融发展变量可考察重点与非重点省份的金融发展水平能否能够通过改善资本形成效率来带动当地 OFDI 规模的增长。在加入金融发展与资本形成效率交互项指标后的实证结果显示，两组样本的金融发展与资本形成效率交互项的当期及滞后一期指标对 OFDI 的相关系数分别为 0.221、0.142 和 0.265、0.176，且均在 10% 的统计水平上显著。可以判断，金融发展与资本形成效率的交互项指标与 OFDI 的相关系数较低，且显著性偏弱。这一方面说明，中国当前的确存在通过金融发展改善资本形成效率以带动 OFDI 规模增长的作用机制，且金融发展水平能够在长期内通过改善资本形成效率对 OFDI 规模的增长起到支持作用。但另一方面也说明，中国当前的金融发展水平较低，对改善资本形成效率进而影响 OFDI 规模增长的支持能力偏弱。特别是在加入交互项指标后，两项指标与 OFDI 的相关系数还小于资本形成效率的当期及滞后一期指标与 OFDI 的相关系数，这就进一步证明了上述观点。而从两组样本的比较结果来看，非重点省份在这两项指标上的相关系数要大于重点省份，表明以内陆地区居多的"一带一路"建设重点省份因金融发展的滞后，导致金融在促进资本向生产部门转换的过程中存在较为严重的资本损耗，影响了金融资源在生产部门的集聚。金融服务实体经济的能力不足，使得对外投资企业难以获得资本支持。实证结果初步验证了假设四的判断。

　　控制变量方面，所有模型的外商直接投资指标与 OFDI 的相关系数均在 1% 的显著性水平上呈正相关关系，表明借助外商投资有助于国内企业的"走出去"。而两组人均 GDP 指标均在 1% 的统计水平上显著，但非重点省份的相关系数较重点省份略高。这是因为内陆地区的人均 GDP 水平较低，从而带动 OFDI 规模增长的能力稍弱。而两组的资源禀赋指标均在 1% 的统计水平上与 OFDI 呈正相关关系，含有内陆省份较多的重点省份样本相关系数较高，说明该地区丰富的资源可以通过出口增加外汇积累，有助于当地 OFDI 规模的增加。产业结构方面，两组样本的数据结果产生了明显差异。重点省份的产业结构系数在 1% 的统计水平上呈显著的负相关关系，而非重点省份的相关系数在 1% 的显著性水平上为正值。可以认为，非重点省份的工业水平较为发达，通过将过剩产能向外输出，推动了

OFDI 规模的扩大。而重点省份因工业化水平的不足未能有效推动企业产能的向外输出。对外开放度指标在所有模型中的相关系数均为负值，且显著性水平偏低。分析可能与对外开放度的提升使得外国商品进口的增加导致对国内高端技术的创新产生了挤占效应有关，但当前该现象还不甚明显。

另外，人力资本总体上对 OFDI 规模具有助推作用。非重点省份中发达省份较多，教育水平对 OFDI 规模的影响在 1% 的显著性水平上呈正相关关系。而重点省份因内陆地区教育水平的落后，相关系数较低，且显著性水平也较弱。民营经济方面，重点省份对 OFDI 的带动作用较强，均在 1% 的统计水平上呈显著的正相关性。特别是广东、上海、福建、浙江及海南等省份，民营经济的活跃带动了 OFDI 规模的增加。而在"一带一路"及金融服务实体经济政策的影响下，重点省份的政策变量对 OFDI 的带动作用显著强于非重点省份。说明两项政策的实施，特别是对内陆地区的政策倾斜，带动了金融资本向落后省份的集聚，有利于 OFDI 规模的增加，符合政策评估效应的考察结果。

5.2.1.3 东部地区样本的检验结果

为更好地研究中国各地区的金融发展、资本形成效率与 OFDI 的相关关系，本章节将对东部地区"一带一路"建设重点与非重点省份的数据进行实证分析，实证结果如表 5 – 9 所示。

表 5 – 9　　　　　东部地区重点与非重点省份的实证分析结果

变量	模型（1）	模型（2）	模型（3）	模型（4）	模型（5）	模型（6）
lnFDI	0.182 *** （6.071）	0.193 *** （4.727）	0.199 *** （4.131）	0.453 *** （8.553）	0.428 *** （5.418）	0.429 *** （5.903）
lnPGDP	1.691 *** （11.158）	0.906 *** （4.955）	0.925 *** （4.851）	1.720 *** （17.141）	1.106 *** （6.907）	1.086 *** （7.322）
lnENG	1.588 *** （14.868）	1.284 *** （7.404）	1.323 *** （7.002）	1.352 *** （19.461）	1.016 *** （13.855）	1.026 *** （14.301）
INDUS	− 4.893 *** （− 11.217）	− 4.248 *** （− 9.336）	− 4.165 *** （− 8.557）	2.499 *** （9.288）	1.226 ** （2.408）	1.271 ** （2.491）
OPEN	− 0.413 *** （− 3.407）	− 0.208 * （− 1.772）	− 0.101 （− 0.752）	− 0.646 *** （− 7.853）	− 0.880 ** （− 2.095）	− 0.870 （− 1.454）

变量	模型（1）	模型（2）	模型（3）	模型（4）	模型（5）	模型（6）
EDU	0.042 * (1.718)	0.111 * (1.835)	0.095 ** (2.244)	0.249 *** (9.136)	0.378 *** (7.347)	0.351 *** (7.124)
EMP	0.421 *** (6.927)	0.425 *** (5.745)	0.422 *** (5.673)	0.083 *** (2.828)	0.073 * (1.874)	0.068 * (1.694)
D	0.746 *** (4.407)	0.724 *** (4.625)	0.874 ** (2.709)	0.187 * (1.692)	0.165 ** (2.430)	0.100 (1.174)
CAPT	—	0.296 *** (6.365)	0.313 *** (6.117)	—	0.229 *** (3.816)	0.234 *** (3.656)
L.CAPT	—	0.139 *** (5.283)	0.231 *** (5.361)	—	0.127 *** (3.024)	0.202 ** (2.627)
DEV	—	0.324 *** (6.018)	0.301 *** (4.938)	—	0.395 *** (5.803)	0.367 *** (5.149)
L.DEV	—	0.130 ** (2.492)	0.123 ** (2.524)	—	0.153 *** (5.294)	0.147 ** (2.338)
CADE	—	—	0.221 * (1.892)	—	—	0.265 * (1.973)
L.CADE	—	—	0.142 * (1.738)	—	—	0.176 * (1.719)
CONS	−28.081 *** (−27.218)	−19.130 *** (−18.033)	−19.445 *** (−17.025)	−31.799 *** (−56.104)	−24.902 *** (−30.240)	−24.583 *** (−28.019)
N	216	216	216	156	156	156
Wald	1039.63	1828.08	2152.68	6904.76	6389.34	5295.73
年度效应	控制	控制	控制	控制	控制	控制
地区效应	控制	控制	控制	控制	控制	控制

注：***、**、*分别表示模型系数在1%、5%、10%的水平上显著。

如表5-9所示，无论是东部地区重点省份还是非重点省份，两组样本的资本形成效率与金融发展程度及其各自的滞后一期指标均能显著影响OFDI规模，且受当前相关政策的影响，东部地区重点省份相关指标的效果略好于非重点省份。其中，东部地区重点省份的当期资本形成效率及其滞后一期指标的所有相关系数均在1%的统计水平上显著，相关系数分别为0.416、0.274和0.487、0.332，均高于东部地区非重点省份的相关系数结果。这进一步证明了假设三的判断,即东部地区由于市场运行机制较为完善,使得金融资本在转换为生产资本的过程中存在较少的资本损耗。特别是东部地区的重点省份,由于相关政策的倾斜,使得对外投资部门在资本转换过程中存在较少的阻碍,再加上资本的集聚导致融资成本偏低,因而资本形成效率相对较高,也促使其对 OFDI 的影响作用较非重点省份显著。

而东部地区重点省份的金融发展指标对 OFDI 的相关系数高于非重点省份,且均在5%的统计水平上显著。一方面说明当前东部地区,特别是东部地区"一带一路"建设重点省份较好的金融发展水平以及相关政策的倾斜,使当地的金融发展对 OFDI 的支持作用较强。另一方面也应看到,非重点省份尽管金融发展程度高,但其对实体经济的服务能力偏弱,影响了金融发展对 OFDI 的显著性。此外,发达的金融发展水平也使其对 OFDI 存在长期的作用关系,有能力支持企业在海外进行基础设施建设投资。相关结果进一步验证了假设一的推断。

同样,对东部地区的金融发展是否通过改善资本形成效率来提高 OFDI 的作用效果进行检验。模型(3)和模型(6)的实证结果显示,东部地区重点省份的当期与滞后一期金融发展与资本形成效率交互项指标的相关系数要好于非重点省份,分别为 0.538、0.386 和 0.430、0.343,且均在1%的统计水平上显著。这表明整体上东部地区存在显著的金融发展、资本形成效率对 OFDI 的作用机制,该地区良好的金融服务实体经济能力,促使金融产业能够对海外投资企业提高优质的融资服务,资本形成的改善带动了当地企业生产能力的提升与 OFDI 规模的增长。而重点省份的两指标较非重点省份的相关性更强,一方面,证明了在金融产业发达,政策资源相对集中的地区,金融资本在转化为生产投资的过程中损耗较小,对 OFDI 的支持效果较好。另一方面,相关政策的倾斜有利于金融发展、资本形成效率对 OFDI 作用效果的发挥。

控制变量方面,除外商直接投资、产业结构及对外开放度的结果外,其余大部分指标的相关系数和显著性水平均高于全体样本的结果,表明东部地区推动企业"走出去"的能力高于全国平均水平。而外商直接投资、产业结构及对外开放度指标的数据结果与表5-8的结果相反,东部地区两组样本的外商直接投资对 OFDI 的影响系数均为负值,且显著性水平较低。说明外商直接投资并非是东部地区 OFDI 的资金来源，外国资本的涌入很可能对东部地区产生了技术"挤占"。而东部地区工业发展水平较高，在部分领域具有先进的技术水平，因而带动了 OFDI 规模的增加。对外开放度方面，东部地区开放时间较早，特别是广东、上海等地是中国改革开放的前沿地区，较高的国际化水平带动了该地区 OFDI 规模的增加，相关系数也高于非重点省份。

5.2.1.4 内陆地区样本的检验结果

本章节将进一步对内陆地区的重点与非重点建设省份的样本数据进行实证检验，以详细考察因地区差异导致的金融发展、资本形成效率与 OFDI 间的作用效果，实证结果如表 5 - 10 所示。

表 5 - 10　　　　　　内陆地区重点与非重点省份的实证分析结果

变量	模型（1）	模型（2）	模型（3）	模型（4）	模型（5）	模型（6）
lnFDI	-0.161 (-1.476)	-0.132 (-1.252)	-0.257 ** (-2.433)	-0.133 (-1.441)	-0.025 (-0.235)	-0.061 (-0.584)
lnPGDP	2.062 *** (6.638)	2.890 *** (9.036)	3.190 *** (8.188)	0.861 *** (4.047)	0.688 ** (2.237)	0.838 *** (2.941)
lnENG	1.307 *** (5.833)	0.911 *** (4.302)	0.983 *** (4.418)	1.429 *** (12.184)	1.429 *** (7.950)	1.455 *** (12.790)
INDUS	7.951 *** (4.842)	7.704 *** (4.732)	6.913 *** (3.699)	3.783 *** (3.940)	4.869 *** (3.503)	4.863 *** (3.764)
OPEN	0.568 *** (3.293)	0.667 *** (3.086)	0.766 (0.258)	0.497 *** (5.064)	0.336 *** (5.096)	0.426 *** (4.168)
EDU	0.233 *** (3.890)	0.206 *** (3.610)	0.109 ** (2.330)	0.104 (1.644)	0.186 * (1.940)	0.252 *** (3.056)
EMP	0.595 *** (4.579)	0.641 *** (4.407)	0.618 *** (3.282)	0.260 ** (2.466)	0.151 (1.418)	0.118 (1.182)
D	15.229 *** (5.062)	15.535 *** (4.940)	14.607 *** (4.963)	1.753 *** (4.084)	0.805 ** (2.598)	2.145 ** (2.252)
CAPT	—	0.416 *** (3.921)	0.487 *** (3.555)	—	0.374 * (1.715)	0.403 *** (3.172)
L. CAPT	—	0.274 *** (3.362)	0.332 *** (3.103)	—	0.264 *** (3.284)	0.318 ** (2.385)

续表

变量	模型（1）	模型（2）	模型（3）	模型（4）	模型（5）	模型（6）
DEV	—	0.752 ** （2.103）	0.566 ** （2.418）	—	0.519 * （1.837）	0.397 * （1.812）
L.DEV	—	0.353 * （1.839）	0.307 ** （2.409）	—	0.215 * （1.711）	0.179 * （1.694）
CADE	—	—	0.538 *** （3.276）	—	—	0.430 *** （3.157）
L.CADE	—	—	0.386 *** （3.221）	—	—	0.343 * （1.827）
CONS	− 23.070 *** （− 12.686）	− 28.038 *** （− 12.263）	− 31.231 *** （− 11.319）	− 17.846 *** （− 7.300）	− 16.252 *** （− 4.760）	− 16.799 *** （− 5.606）
N	72	72	72	48	48	48
Wald	1207.46	1324.08	1345.76	3756.92	2692.29	3727.24
年度效应	控制	控制	控制	控制	控制	控制
地区效应	控制	控制	控制	控制	控制	控制

注：***、**、*分别表示模型系数在1%、5%、10%的水平上显著。

如表5-10所示，内陆地区两组样本的所有核心解释变量与OFDI的相关系数均小于全国样本与东部地区样本的实证结果。其中，两组样本的当期及滞后一期的资本形成效率指标均与OFDI在不同的显著性水平下呈负相关关系，这与全国及东部地区样本的实证结果有所不同。说明内陆地区资本形成的低效率影响了当地OFDI规模的增加，资本在向产品转化的过程中存在较为严重的资本损耗。与OFDI相关的资本形成的低效率导致企业更倾向于将有限的资本投入到满足国内市场需求的产品之中，而对从事不确定性更强的跨国投资活动的意愿较小，不利于企业的"走出去"。进一步地，内陆地区重点省份的该指标相关系数略好于非重点省份。说明内陆地区重点省份受"一带一路"建设及金融服务实体经济政策的影响，更愿意将有限的资本投入到对外投资部门，从而使其对OFDI规模的带动作用相对较好。但长期来看，仅靠政策的支持难以有效地改善当地资本形成效率偏低的问题。

金融发展指标方面，内陆地区重点与非重点省份的金融发展水平及其滞后一期指标与 OFDI 的相关系数均为正值，但相关系数偏小，且显著性偏弱。特别是内陆地区重点省份尽管受"一带一路"建设及金融服务实体经济政策的支持，但由于整体金融发展水平偏低，导致其与 OFDI 的相关系数仍低于非重点省份，且长期内金融对 OFDI 不存在显著性影响。而内陆地区非重点省份虽然没有相关政策的有效支持，但相对较高的金融发展水平能够对 OFDI 起到支持作用，甚至在长期内也能够影响到当地的 OFDI 规模。实证结果验证了假设一关于各地区金融发展差异对 OFDI 的支持效果存在不同的判断。

同样，对内陆地区的金融发展水平是否能够通过改善资本形成效率进而带动 OFDI 规模增长的作用效果进行考察。实证结果显示，内陆地区重点与非重点省份的金融发展水平与资本形成效率偏低，导致其对当地 OFDI 规模的作用效果偏弱。特别是内陆地区的重点省份，由于其金融发展水平较低，导致金融在融资方面的功能难以充分地发挥，即使有相关政策的支持也难以有效地改善当地的资本形成效率以推动企业从事跨国投资活动。而内陆地区非重点省份在金融发展改善资本形成效率以带动 OFDI 规模增长方面的作用也相对较弱，但相关系数较内陆地区重点省份要好。特别是在资本形成效率较内陆地区重点省份低的情况下，当地较好的金融服务改善了因资本形成效率偏低而影响 OFDI 规模的问题。然而，受限于金融发展水平和相关政策的支持程度不足，该地区无法长期稳定的对 OFDI 起到支持作用。实证结果验证了假设四中关于各地区因金融发展水平的不同，导致在改善资本形成效率进而带动 OFDI 的能力方面存在差异的判断。

控制变量方面，除人力资源的指标外，其余控制变量的实证结果基本与全样本结果保持一致。其中，非重点省份吸引外资的能力及人均收入水平较高，对 OFDI 的带动能力较强。而重点省份能源丰富、政策倾斜度高，带动了 OFDI 规模的增加。开放程度方面。重点省份开放程度的提升降低了 OFDI 规模，说明中国内陆地区的经济落后省份对国外资本及技术的需求强烈，一定程度上挤占了对外投资。而非重点省份经济条件相对较好，但通过对外开放带动 OFDI 的能力仍有不足。此外，两组样本的工业化水平尚以满足内需为主，还无法对产能输出提供支持。而两组样本的人力资源指标与 OFDI 的相关关系存在差异，内陆地区重点省份在该指标上具有显著的负相关性。说明在中国内陆地区，自身教育水平的落后导致了人才的匮乏，从而限制了自身的经济发展水平。同时，人才向东部地区的集中也加剧了人才匮乏的趋势，使得内陆地区的人才国际化培养受到限制，影响了对 OFDI 的支持作用。

综上所述，本章节通过构建的实证模型验证了国内金融发展与 OFDI 的相关关系。发现国内的金融发展水平能够通过改善资本形成效率从而对 OFDI 产生一定的推动作用，特别是东部地区经济基础雄厚、金融产业发达，资本转化率高，对 OFDI 的支持作用较内陆地区明显。而西部地区因金融发展的滞后，导致金融资本在转化的过程中损耗较多，影响了企业 OFDI 规模的增加。整体上看，"一带一路"建设及金融服务实体经济政策的实施虽在一定程度改善了三者间的作用关系，但长期内还需通过改善当地的金融发展水平来完善金融发展对 OFDI 的作用机制。

5.2.2 指标分类与 OFDI 规模和效率的实证检验

在前文分析的基础上，下面将选取金融规模、效率、结构、开放度及可持续性五项一级指标具体分析金融发展的微观因素对改善资本形成效率，促进 OFDI 规模增长的作用效果，寻找中国 OFDI 金融支持程度不足的原因。为使研究结果更具有针对性，本节将对东部及内陆地区的重点和非重点省份进行实证分析。金融发展的五项一级指标分别用 $DEEP_{it}$、EFF_{it}、STU_{it}、FIP_{it} 和 SUS_{it} 表示，与资本形成效率的交互项指标分别用 $CADP_{it}$、$CAEF_{it}$、$CAST_{it}$、$CAFI_{it}$ 和 $CASU_{it}$ 表示。此外，本文将采用熵权法所确定的权重来计算金融发展五项一级指标的得分，为后续的实证分析提供数据支持。

在对各项指标进行标准化处理的基础上，对样本数据的信息熵进行获取：

$$E_j = -\ln(n)^{-1} \sum_{j=1}^{n} p_{ij} \ln p_{ij} \quad 且 \quad p_{ij} = X_{ij} / \sum_{j=1}^{n} X_{ij} \qquad (5-10)$$

其中，E_j 为二级指标的信息熵，n 为指标数据，p_{ij} 为该指标占总体指标的比重，X_{ij} 为二级指标。因此，信息冗余度可表示为 $F_{ij} = 1 - E_{ij}$，则各指标权重为：

$$W_{ij} = F_{ij} / \sum_{j=1}^{n} F_{ij} \qquad (5-11)$$

W_{ij} 为权重，可根据二级指标的权重进行求和得出一级指标的总权重。经计算，金融发展五项一级指标权重分别为 0.339、0.190、0.171、0.184 和 0.116。根据第 4 章中表 4 - 24 中的指标设定，可求出各项一级指标的得分，并将其放入模型中分别考察。

5.2.2.1　东部地区金融发展与 OFDI 的进一步分析

根据对金融发展五项一级指标的计算，并结合式（5 - 9）所构建的模型，本章节将对东部地区重点和非重点省份的金融发展、资本形成效率与 OFDI 的关系进一步验证，相关实证结果如表 5 - 11、表 5 - 12 所示。

表 5 - 11　　　　　东部地区重点省份影响 OFDI 规模增长的
金融发展微观指标检验结果

指标	模型（1）	模型（2）	模型（3）	模型（4）	模型（5）
lnFDI	- 0.250 ** （- 2.478）	- 0.281 *** （- 2.927）	- 0.268 *** （- 2.761）	- 0.226 ** （- 2.492）	- 0.228 ** （- 2.317）
lnPGDP	2.915 *** （6.850）	3.535 *** （7.285）	3.321 *** （7.101）	3.203 *** （8.973）	3.249 *** （9.039）
lnENG	1.248 *** （6.087）	0.911 *** （4.043）	1.043 *** （4.863）	0.767 *** （3.678）	0.810 *** （3.695）
INDUS	7.177 *** （3.521）	6.313 *** （3.175）	6.624 *** （3.315）	4.474 *** （2.792）	6.029 *** （3.353）
OPEN	0.726 *** （4.706）	0.739 *** （4.631）	0.735 *** （4.647）	0.743 *** （4.635）	0.739 *** （4.630）
EDU	0.146 （1.307）	0.191 * （1.693）	0.176 * （1.750）	0.328 *** （4.140）	0.319 *** （3.735）
EMP	0.651 *** （3.338）	0.629 *** （3.297）	0.635 *** （3.266）	0.748 *** （5.512）	0.659 *** （4.540）
D	0.370 *** （2.780）	0.323 *** （2.581）	0.343 *** （2.706）	0.224 * （1.952）	0.223 * （1.815）
CAPT	0.375 *** （3.009）	0.296 *** （2.692）	0.287 *** （2.796）	0.372 *** （2.607）	0.321 *** （2.683）
L.CAPT	0.184 *** （2.934）	0.138 *** （2.633）	0.147 *** （2.694）	0.198 *** （2.599）	0.113 *** （2.548）
DEEP	0.578 ** （2.100）	—	—	—	—

续表

指标	模型（1）	模型（2）	模型（3）	模型（4）	模型（5）
L. DEEP	0.326 ** (2.003)	—	—	—	—
CADP	0.420 ** (2.419)	—	—	—	—
L. CADP	0.218 ** (2.281)	—	—	—	—
EFF	—	0.318 ** (2.421)	—	—	—
L. EFE	—	0.215 ** (2.203)	—	—	—
CAEF	—	0.373 ** (2.116)	—	—	—
L. CAEF	—	0.221 * (1.729)	—	—	—
STU	—	—	0.366 ** (2.335)	—	—
L. STU	—	—	0.127 ** (2.329)	—	—
CAST	—	—	0.294 ** (2.247)	—	—
L. CAST	—	—	0.193 ** (2.230)	—	—
FIP	—	—	—	0.215 ** (2.196)	—
L. FIP	—	—	—	0.110 * (1.839)	—
CAFI	—	—	—	0.113 * (1.704)	—
L. CAFI	—	—	—	0.041 * (1.697)	—
SUS	—	—	—	—	0.175 * (1.931)
L. SUS	—	—	—	—	0.094 (1.334)

续表

指标	模型（1）	模型（2）	模型（3）	模型（4）	模型（5）
CASU	—	—	—	—	0.132 (1.293)
L. CASU	—	—	—	—	0.071 (0.923)
CONS	−31.283 *** (−9.249)	−34.138 *** (−9.626)	−33.305 *** (−9.277)	−29.882 *** (−11.449)	−29.982 *** (−11.003)
N	72	72	72	72	72
Wald	1218.66	1214.05	1221.53	1645.47	1463.66
年度效应	控制	控制	控制	控制	控制
地区效应	控制	控制	控制	控制	控制

注：***、**、*分别表示模型系数在1%、5%、10%的水平上显著。

表 5 − 12　　　　东部地区非重点省份影响 OFDI 规模增长的
金融发展微观指标检验结果

指标	模型（1）	模型（2）	模型（3）	模型（4）	模型（5）
lnFDI	−0.124 (−1.486)	−0.147 * (−1.713)	−0.144 * (−1.714)	−0.145 * (−1.651)	−0.147 * (−1.710)
lnPGDP	1.337 *** (3.787)	1.110 *** (3.332)	1.190 *** (3.473)	1.034 *** (3.221)	1.103 *** (3.321)
lnENG	1.376 *** (7.578)	1.416 *** (11.188)	1.402 *** (7.945)	1.427 *** (11.455)	1.417 *** (11.211)
INDUS	5.651 *** (4.753)	4.586 *** (4.704)	4.912 *** (4.710)	4.320 *** (4.743)	4.559 *** (4.705)
OPEN	0.109 * (1.727)	0.083 ** (2.346)	0.022 (0.087)	0.210 * (1.773)	0.400 ** (2.013)
EDU	0.164 ** (2.223)	0.163 ** (2.207)	0.161 ** (2.179)	0.166 ** (2.257)	0.163 ** (2.210)
EMP	0.236 ** (2.479)	0.234 ** (2.243)	0.241 ** (2.374)	0.225 ** (2.090)	0.234 ** (2.230)
D	0.411 * (1.941)	0.486 * (1.917)	0.490 (3.938)	0.588 *** (4.917)	0.586 *** (4.916)
CAPT	0.313 ** (2.276)	0.234 * (1.875)	0.196 ** (2.070)	0.175 ** (2.245)	0.255 ** (2.034)

续表

指标	模型（1）	模型（2）	模型（3）	模型（4）	模型（5）
L. CAPT	0.202 ** (2.029)	0.183 * (1.693)	0.154 * (1.809)	0.113 ** (1.783)	0.102 * (1.803)
DEEP	0.522 ** (2.566)	—	—	—	—
L. DEEP	0.218 ** (2.512)	—	—	—	—
CADP	0.378 *** (3.390)	—	—	—	—
L. CADP	0.215 *** (3.028)	—	—	—	—
EFF	—	0.320 ** (1.995)	—	—	—
L. EFE	—	0.112 ** (1.839)	—	—	—
CAEF	—	0.337 *** (3.202)	—	—	—
L. CAEF	—	0.213 ** (2.422)	—	—	—
STU	—	—	0.308 ** (2.199)	—	—
L. STU	—	—	0.105 ** (2.089)	—	—
CAST	—	—	0.267 *** (3.256)	—	—
L. CAST	—	—	0.195 *** (3.024)	—	—
FIP	—	—	—	−0.205 * (−1.815)	—
L. FIP	—	—	—	−0.133 * (−1.782)	—
CAFI	—	—	—	0.097 * (1.765)	—
L. CAFI	—	—	—	0.034 * (1.733)	—
SUS	—	—	—	—	−0.126 ** (−1.978)

续表

指标	模型（1）	模型（2）	模型（3）	模型（4）	模型（5）
L. SUS	—	—	—	—	-0.034* (-1.703)
CASU	—	—	—	—	0.107*** (3.198)
L. CASU	—	—	—	—	0.046*** (3.163)
CONS	-19.819*** (-5.823)	-18.708*** (-5.517)	-19.095*** (-5.592)	-18.340*** (-5.471)	-18.674*** (-5.512)
N	48	48	48	48	48
Wald	4495.48	4625.60	4524.49	4801.20	4638.11
年度效应	控制	控制	控制	控制	控制
地区效应	控制	控制	控制	控制	控制

注：***、**、*分别表示模型系数在1%、5%、10%的水平上显著。

表5-11与表5-12中的实证结果显示，东部地区的资本形成效率在金融规模、结构及效率的作用下，对OFDI的带动作用得到了有效改善，呈现出显著的正相关性。而金融开放与金融可持续指标对改善资本形成效率的能力不足，影响了资本形成效率的作用效果，进而对OFDI规模的增长产生了制约。

资本形成效率方面，两组样本的当期及滞后一期该指标对OFDI均有显著的带动作用，且当期资本形成效率对OFDI的作用效果要好于滞后一期。说明东部地区的资本转化率较高，且当期的资本形成效率对带动企业生产能力的提高具有重要作用。而东部地区重点省份的两项指标对OFDI的相关系数要好于非重点省份的数据结果，证明了市场经济相对完善、改革开放程度较高的试验组省份具有更好资本形成效率的观点。该结果进一步验证了假设三的判断，即完善的市场机制能有效激发当地经济的活跃度，对促进资本形成效率的提升具有积极作用，有利于OFDI规模的增加。

金融规模方面，东部地区重点省份由于地处中国改革开放的前沿，是中国主要的经济与金融中心，金融产业发达，大多数金融总部汇集于此。因此，该样本的金融规模指标能够对OFDI起到长期支持作用，相关系数在5%的显著性水平上分别为0.573和0.326。而东部非重点省份样本中，北京作为政治中心，丰富的政治资源也能够吸引国内外大型金融机构及总部的进入，且天津、江苏、山东等省份紧邻北京、上海等金融发展良好的地区，承担了部分金融产业的转移，因而该样本的金融规模也能够对OF-DI起到显著的支撑作用，初步验证了假设二的判断。同样，对两组样本的金融规模是否能够通过改善资本形成效率以带动OFDI规模增长的作用效果进行考察，实证发现，所有交互项指标的关系数均在0.2以上，且重点省份的相关系数要高于非重点省份。这就说明东部地区的发达的金融产业能够以改善资本形成效率的方式推动当地企业"走出去"。特别是在有关政策的作用下，该作用更为明显。

金融效率方面，两组样本的相关实证结果表现出与金融规模类似的特征，即所有金融效率与资本形成效率的当期及滞后一期的交互项指标与OFDI的相关系数均在不同的显著性水平上呈正相关关系，且能够在长期内通过改善资本形成效率来带动OFDI规模的增长，相关系数均在0.2～0.3左右。在现实中，市场机会的转瞬即逝需要企业迅速作出决定，否则会增加企业的机会成本，影响投资收益。特别是对跨国投资企业而言，国际市场的不确定性会使其面临较国内市场更为严重的融资约束，若没有金融资本的支持，会影响企业从事海外投资的意愿。因而这就需要通过改善金融的供给侧效率来缓解企业的融资约束，在投资机会来临时能够为企业提供充足的资金保障以帮助企业"走出去"（伦晓波等，2018）。同样，两组样本的当期及滞后一期金融效率指标对OFDI的相关系数均较为显著，且当期金融效率指标的相关系数均在0.3以上，两地区金融效率对OFDI的支持作用明显。这就说明通过改善金融效率以增强金融资本向实体经济的转化能力是东部地区推动企业对外投资的重要途径。

金融结构方面，东部地区两样本的当期和滞后一期指标与OFDI存在较为显著的正相关性，且东部地区重点省份的金融结构与OFDI的显著性更强。这是因为该样本中的上海、广东等地，是两大证券交易所所在地，证券、保险、基金、信托等非银行性金融产业发达，直接融资渠道较为畅通，这对于该地区活跃的民营经济来讲是有益的。而非重点省份由于银行占据了金融产业的绝对主导地位，使得非国有企业因信息不对称问题增加了融资难度。而直接融资渠道又不够畅通，进而给OFDI带来了负向影响

（郭杰和黄保东，2010）。在加入当期及滞后一期金融结构与资本形成效率的交互项后，发现东部地区重点省份的该交互项指标的相关系数均在0.2左右，说明东部地区重点省份的金融结构有利于企业通过非银行渠道进行融资，资本形成效率的改善带动了OFDI的增长。而非重点省份的交互项指标与OFDI相关系数虽小于重点省份，但也存在正相关关系，且显著性更为明显。这就说明东部地区通过改善金融结构，能有效提升企业的资本形成效率，这对于推动当地企业从事跨国投资活动是有益的。

金融开放方面，两组样本的实证结果存在不一致性。东部重点省份的金融开放指标对OFDI的直接影响系数为正，且通过了显著性检验，证明金融开放能够显著增加OFDI规模（姜浩，2014），而东部非重点省份金融开放水平的提升则会对OFDI产生抑制作用。但从当期及滞后一期金融开放与资本形成效率的交互项上看，两组样本当前的金融开放水平难以有效地改善资本形成效率，导致对OFDI的支持作用较弱，原因在于金融市场的放开导致国外金融机构的涌入，使得金融市场的竞争进一步加剧。而中国当前仍是以国有银行为主导的金融结构体系，其他金融机构的竞争力相对较弱，而中国企业又以向本国金融机构借贷为主，这使得金融开放的加剧影响了金融对海外投资企业的支持程度（孔东民等，2012）。

金融的可持续方面，金融发展的可持续是通过为企业和个人提供优质的金融服务，以带动企业和个人的资产成长，同时降低自身的不良贷款率和债务投资转化率以提高金融资产质量。从数据上看，两组样本的当期及滞后一期的金融可持续指标在对OFDI的支持作用较弱，且非重点省份的金融可持续指标会影响OFDI规模的增长。在此基础上，两类地区通过金融的可持续发展来改善资本形成效率以带动OFDI规模增长的作用机制也不够显著。甚至造成此现象的原因在于，中国当前的对外投资风险性较强，资本回报周期较长，且与金融投资的收益率存在差异，使得东部地区，特别是非重点省份的金融机构对企业的支持作用偏弱。而当前金融"空转"现象的存在，也使金融机构资产质量的安全性受到影响，从而影响了通过改善金融的可持续性来提升企业资本形成效率进而带动OFDI规模增长的能力。

控制变量方面，东部地区两组样本的控制变量与OFDI的相关性与表5-9的实证结果基本一致。从两组样本的实证结果比较上看，东部地区重点省份多为中国对外开放较早、经济与金融产业发达的省份，其在人均收入、能源投资、工业化水平、开放度、人力资本及民营经济的活跃度等方面对 OFDI 的带动作用要优于非重点省份，是当前推动中国 OFDI 的核心区域。而外商直接投资对 OFDI 的影响系数在两组样本中存在显著的负相关关系，证明了外国资本的大量涌入的确对东部地区产生了技术"挤占"的观点。

5.2.2.2 内陆地区金融发展与 OFDI 的进一步分析

同样，本节将对内陆地区重点省份与非重点省份的样本数据进行实证检验。通过比较，找出不同地区金融发展通过影响资本形成效率进而对 OFDI 的作用效果产生差异的原因，实证结果如表 5-13、表 5-14 所示。

表 5-13　　　　内陆地区重点省份影响 OFDI 规模增长的
金融发展微观指标检验结果

指标	模型 (1)	模型 (2)	模型 (3)	模型 (4)	模型 (5)
lnFDI	0.298 *** (7.537)	0.268 *** (6.030)	0.275 *** (6.647)	0.257 *** (5.927)	0.270 *** (6.206)
lnPGDP	0.815 *** (6.124)	0.901 *** (5.541)	0.813 *** (5.302)	0.876 *** (5.477)	0.902 *** (5.568)
lnENG	1.553 *** (20.105)	1.607 *** (20.346)	1.594 *** (21.131)	1.630 *** (20.608)	1.607 *** (20.470)
INDUS	-1.535 *** (-4.957)	-1.539 *** (-3.459)	-1.423 *** (-3.771)	-1.142 *** (-2.631)	-1.418 *** (-3.086)
OPEN	-1.309 *** (-5.587)	-1.276 *** (-3.937)	-1.277 *** (-4.540)	-1.271 *** (-4.155)	-1.240 *** (-3.816)
EDU	-0.117 *** (-5.008)	-0.108 *** (-2.985)	-0.109 *** (-3.612)	-0.133 *** (-3.787)	-0.113 *** (-3.001)
EMP	0.428 *** (7.114)	0.422 *** (6.124)	0.441 *** (6.766)	0.426 *** (6.372)	0.419 *** (6.121)
D	0.302 *** (4.553)	0.380 *** (5.955)	0.360 *** (5.796)	0.359 *** (6.149)	0.370 *** (5.760)
CAPT	-0.231 *** (-2.848)	-0.264 *** (-2.958)	-0.202 *** (-2.755)	-0.143 *** (-3.201)	-0.193 *** (-3.126)
L.CAPT	-0.119 *** (-2.734)	-0.102 *** (-2.784)	-0.053 ** (-2.421)	-0.028 ** (-2.467)	-0.101 *** (-2.928)

续表

指标	模型（1）	模型（2）	模型（3）	模型（4）	模型（5）
DEEP	0.211** (2.775)	—	—	—	—
L. DEEP	0.119* (1.830)	—	—	—	—
CADP	0.105 (0.181)	—	—	—	—
L. CADP	0.063 (0.135)	—	—	—	—
EFF	—	0.154* (1.792)	—	—	—
L. EFE	—	0.105* (1.783)	—	—	—
CAEF	—	−0.113 (−1.111)	—	—	—
L. CAEF	—	−0.081 (−0.988)	—	—	—
STU	—	—	0.209* (1.730)	—	—
L. STU	—	—	0.125* (1.692)	—	—
CAST	—	—	−0.141 (−0.594)	—	—
L. CAST	—	—	−0.055 (−0.428)	—	—
FIP	—	—	—	0.148** (2.477)	—
L. FIP	—	—	—	0.075** (2.283)	—
CAFI	—	—	—	−0.131 (−0.531)	—
L. CAFI	—	—	—	−0.066 (−0.506)	—
SUS	—	—	—	—	0.147* (1.747)

续表

指标	模型（1）	模型（2）	模型（3）	模型（4）	模型（5）
L. SUS	—	—	—	—	0.086 * (1.693)
CASU	—	—	—	—	-0.122 (-0.771)
L. CASU	—	—	—	—	-0.055 (-0.637)
CONS	-19.667 *** (-27.261)	-20.835 *** (-21.819)	-19.998 *** (-22.892)	-20.676 *** (-22.441)	-20.872 *** (-21.887)
N	144	144	144	144	144
Wald	26634.92	747.92	13037.43	9382.97	7156.60
年度效应	控制	控制	控制	控制	控制
地区效应	控制	控制	控制	控制	控制

注：***、**、*分别表示模型系数在1%、5%、10%的水平上显著。

表 5-14　　内陆地区非重点省份影响 OFDI 规模增长的

金融发展微观指标检验结果

指标	模型（1）	模型（2）	模型（3）	模型（4）	模型（5）
lnFDI	0.371 *** (3.756)	0.395 *** (4.008)	0.394 *** (3.977)	0.392 *** (3.890)	0.391 *** (3.902)
lnPGDP	2.398 *** (9.256)	2.366 *** (8.811)	2.378 *** (8.836)	2.392 *** (9.210)	2.394 *** (9.228)
lnENG	0.748 *** (5.961)	0.884 *** (6.500)	0.819 *** (6.037)	0.823 *** (6.275)	0.831 *** (6.342)
INDUS	-0.078 (-0.107)	-0.395 (-0.489)	-0.212 (-0.268)	-0.160 (-0.205)	-0.226 (-0.287)
OPEN	1.373 * (1.733)	1.490 * (1.708)	1.352 (1.580)	1.466 * (1.820)	1.481 * (1.803)
EDU	0.016 (0.256)	0.062 (0.898)	0.051 (0.747)	0.043 (0.660)	0.041 (0.616)
EMP	0.059 (0.696)	0.081 (0.965)	0.078 (0.931)	0.077 (0.942)	0.075 (0.898)
D	0.309 ** (2.460)	0.252 ** (2.512)	0.256 ** (2.440)	0.185 ** (1.977)	0.223 ** (2.209)

续表

指标	模型（1）	模型（2）	模型（3）	模型（4）	模型（5）
CAPT	−0.337 *** (−3.802)	−0.271 *** (−3.190)	−0.351 *** (−3.346)	−0.386 *** (−3.319)	−0.280 *** (−3.258)
L. CAPT	−0.229 *** (−3.745)	−0.140 *** (−2.738)	−0.272 *** (−3.083)	−0.138 *** (−2.703)	−0.182 *** (−3.176)
DEEP	0.219 *** (2.733)	—	—	—	—
L. DEEP	0.136 *** (2.639)	—	—	—	—
CADP	0.118 * (1.733)	—	—	—	—
L. CADP	0.046 * (1.704)	—	—	—	—
EFF	—	0.168 * (1.893)	—	—	—
L. EFE	—	0.101 * (1.839)	—	—	—
CAEF	—	−0.097 (−1.731)	—	—	—
L. CAEF	—	−0.034 (−1.474)	—	—	—
STU	—	—	0.225 * (1.703)	—	—
L. STU	—	—	0.114 * (1.691)	—	—
CAST	—	—	−0.087 * (−1.716)	—	—
L. CAST	—	—	−0.034 * (−1.705)	—	—
FIP	—	—	—	0.204 * (1.695)	—
L. FIP	—	—	—	0.106 * (1.692)	—
CAFI	—	—	—	−0.105 (−1.121)	—

续表

指标	模型（1）	模型（2）	模型（3）	模型（4）	模型（5）
L. CAFI	—	—	—	-0.023 （-1.049）	—
SUS	—	—	—	—	0.165 （1.571）
L. SUS	—	—	—	—	0.103 （1.383）
CASU	—	—	—	—	-0.096 （-1.345）
L. CASU	—	—	—	—	-0.034 （-1.284）
CONS	-29.999 *** （-23.362）	-31.288 *** （-24.373）	-30.819 *** （-23.080）	-30.870 *** （-25.522）	-30.921 *** （-24.884）
N	108	108	108	108	108
Wald	3939.88	3747.76	3529.14	3318.50	3476.88
年度效应	控制	控制	控制	控制	控制
地区效应	控制	控制	控制	控制	控制

注：*** 、** 、* 分别表示模型系数在1% 、5% 、10% 的水平上显著。

表5-13 和表5-14 的核心解释变量结果显示，内陆地区的金融发展水平偏低，导致其虽在一定程度上改善了资本形成的低效率，但对 OFDI 的支持作用依然不足。

资本形成效率方面，两组样本的该指标与 OFDI 的相关系数在当期和滞后一期均呈显著的负相关关系。说明在经济相对落后的内陆地区，资本要素的匮乏导致企业参与跨国投资的意愿较弱。特别是由于海外市场的不确定性较多，再加上当地融资成本的偏高，导致企业多倾向于将有限的资本用于国内生产，从而使跨国投资活动受到影响。而内陆地区重点省份由于"一带一路"建设的政策定位及生产要素的倾斜，缓解了企业进行 OF-DI 所面临的融资约束问题，且边疆地区多数企业多与周边国家往来紧密，导致其带动 OFDI 的能力略强于非重点省份，该结果进一步验证了假设三的判断。

金融规模方面，内陆非重点地区因中部省份较多，故金融发展水平相对较好，因而金融规模对 OFDI 的直接作用效果略好于内陆地区重点省份。但无论是当期还是滞后一期，该指标带动 OFDI 的能力相较于东部地区偏弱，难以对 OFDI 产生显著影响。受此影响，内陆地区两组样本的金融规模对资本形成的促进作用不足，导致该交互项对 OFDI 的作用效果趋弱，且显著性较低，特别是非重点省份的交互项指标在长期内无法对 OFDI 起到显著的支持作用。这表明内陆地区金融发展水平的滞后，使得当地的金融规模难以为企业提供充足的资本支持。而企业因融资来源的困难，资本形成效率的偏低影响了参与跨国投资活动的意愿。

金融效率方面，两组样本的当期及滞后一期金融效率指标与 OFDI 在10% 的显著性水平上呈正相关关系，但相关系数偏低，长期内对企业对外投资的支持程度不足。这表明内陆地区金融机构的金融供给效率不足，对帮助企业获取市场投资机会的敏感性较低。相应地，两组样本的当期及滞后一期的交互项指标对 OFDI 的影响作用不足，并与 OFDI 呈负相关关系。说明内陆地区金融效率的偏低，导致其在改善资本形成效率以帮助企业参与对外投资的能力存在不足。

金融结构方面，内陆地区金融市场发育不够完善，国有银行在金融市场中的垄断程度较高，从而导致非国有企业在贷款方面存在融资歧视的问题，使得内陆地区金融结构对 OFDI 的相关系数较东部地区要小，且显著性偏弱。同时，因金融结构的单一，导致资本形成效率与金融结构的交互项指标也与 OFDI 呈负相关关系。受国有银行为主导的间接融资结构的影响，非国有企业存在融资约束，资本稀缺性问题的存在使其将所获得的有限资本多用于国内生产。特别是内陆地区非重点省份因政策红利有限，当地企业缺乏有效地金融支持，从而影响了其进行对外投资的意愿。

金融开放度方面，两样本的当期及滞后一期金融开放指标与 OFDI 尽管在不同的显著性水平上呈正相关关系，但带动能力较弱。原因在于内陆地区的金融发展程度较低，再加上以国有银行为主导的金融产业的竞争力相对不足，金融开放程度的提升会使本土金融产业受到强烈的冲击，影响对 OFDI 的带动能力。交互项方面，两组样本在加入金融开放指标后，资本形成效率的变化减小了对 OFDI 的负向作用。但影响系数较小，且不够显著。这说明金融开放度的提升能够帮助企业进行多渠道融资，有利于资本形成效率的改善。但由于内陆地区金融产业开放程度的不足，难以通过获取国际资本来解决当地的资本稀缺性问题，因而也就影响了当地企业的对外投资规模。

而在金融的可持续性方面，尽管内陆地区重点省份的金融发展程度偏低，但中央政府在政策方面的倾斜，使得金融产业对当地企业的成长扶持能力较为显著，因而该指标的当期和滞后一期对 OFDI 规模的影响系数均显为正。而非重点省份因缺乏金融支持，再加上资本要素的匮乏，因而对 OFDI 的支持力度要弱于重点省份，相关指标的显著性不足。交互项方面，两组样本当期及滞后一期指标的相关系数均呈不显著的负相关关系。这就表明内陆地区金融的可持续性不足影响了金融发展整体状况的改善，使得资本形成效率依旧处于较低水平，从而影响了 OFDI 规模的增长。

控制变量方面，实证结果基本与表 5 - 10 的结果保持一致。比较来看，内陆地区非重点省份在借助外商投资、人均资本及提升开放度方面对 OFDI 的带动作用要好于重点省份。而重点省份则在能源生产、民营经济活跃度及政策效应上对 OFDI 的带动作用要优于非重点省份，但两组的工业化水平无法有效地带动 OFDI 的增长。人力资源方面，内陆地区非重点省份的该指标系数尽管为正值，但不显著。说明这些地区虽具有丰富的人力资源，但尚无法形成资源红利以带动 OFDI 规模的增加。而内陆地区重点省份经济水平的落后造成人才流失严重，国际化人才的匮乏不利于企业"走出去"。

5.2.3 促进我国"一带一路"沿线 OFDI 的政策建议

本部分研究了国内金融发展与"一带一路"沿线 OFDI 的相关关系。在此基础上，通过采用 2006～2017 年国内 31 个省份的相关数据，利用全面的 FGLS 模型对国内各地区金融发展对 OFDI 的作用效果进行了实证分析，并随后实证检验了各地区影响 OFDI 规模增长的金融发展微观因素。研究结论如下：第一，从全样本的实证检验结果来看，国内当前的金融发展水平能够通过改善资本效率促进 OFDI 规模的增长。但从分样本的结果来看，东部地区金融发展、资本效率与 OFDI 相关关系较为明显，特别是东部地区"一带一路"重点建设省份在通过金融发展改善资本形成效率以带动 OFDI 规模增长方面具有更加显著的作用关系；而内陆地区无论是

"一带一路"重点建设省份还是非重点建设省份均由于金融发展的滞后，影响了资本形成效率对 OFDI 的作用效果。第二，东部地区金融开放和可持续能力不足，制约了 OFDI 规模的持续稳定增长。而内陆地区金融规模、效率、结构以及金融开放度和可持续性上都无法为企业的 OFDI 提供有效支持，导致在有限的资本下企业优先选择拓展国内市场而非从事跨国投资活动。

综上所述，中国金融发展水平是影响资本效率，制约企业在"一带一路"沿线进行跨国投资活动的一个主要因素。东部地区金融规模、金融结构及金融效率的水平均较高，可以提升地区的资本效率，对 OFDI 规模增长的贡献明显，但其金融开放度及可持续性在改善资本形成效率以带动 OFDI 规模的能力方面仍需提升。对于经济基础薄弱，金融发展相对滞后的内陆地区，尽管当地的金融规模能够在一定程度改善了资本效率，可为企业"走出去"提供帮助，但相较于东部地区，这种帮助力度显得有限，其金融效率、金融结构、金融开放度及金融的可持续性对改善当地的资本效率的能力存在不足。由于金融发展水平的制约，内陆地区的企业更倾向于将有限的资本用于国内市场的抢占，影响了 OFDI 规模的增加。

我们提出以下两点促进"一带一路"沿线 OFDI 的政策建议：

（1）优化金融供给侧结构，提高金融资本转化效率。

由于国内存在金融支持程度不足与区域金融发展差异过大等问题，导致资本形成效率不足进而影响 OFDI 增长。因而，需要提高金融资本向生产部门的转换效率。首先，对政府而言，就需要提高金融资本向生产部门的转换效率，加强对落后地区的金融资源供给。一方面，积极发展与地方经济相适应的地方性金融机构，构建多层次的融资服务体系，引导其为海外投资企业提供服务。另一方面，根据内陆地区的发展特点，选择金融发展相对突出的城市为试点，培育具有区域示范效应的金融市场。制定优惠政策以帮助从事跨国投资活动的企业与外国金融资本相结合，在实现企业"走出去"的同时带动相关产业结构的优化。其次，对金融部门而言，应主动与"一带一路"沿线有关国家展开金融合作，通过在当地设立金融机构、提供适应东道国法律法规的金融服务，为中国企业在当地开展投资提供资本支持。同时，在满足东部地区金融需求的前提下，将金融资源主动向发展相对落后的地区进行倾斜，改善内陆地区金融发展落后的状况。通过发挥金融的融资功能，对当地成长性高，科技性强，具有强烈海外投资意愿的企业提供精准的金融服务，以加速资本形成的方式帮助企业"走出去"。最后，企业在对自身的生产行为进行规范化管理的同时，还需要拓展多种形式的外源性融资，通过发行企业债券、项目抵押或置换以及企业间拆借的方式拓展多渠道的外源性融资。此外，还可通过拓展信息交流渠道及第三方背书的方式，消除银企间的信息不对称问题，以增加企业 OF-DI 规模的融资来源，提高自身的资本形成效率。

（2）多措并举，降低企业"走出去"的融资成本。

中国企业对外投资面临融资压力。为缓解这种压力，应加强与发展中国家的金融合作。通过构建双边或多边的金融合作机制，促进当地政府为投资企业提供融资支持。与金融发展水平高的国家进行的合作中，可通过双边金融机构的合作为投资企业提供资金支持。对于金融发展程度较低的国家，金融合作应以带动东道国金融发展为主，可通过建立资本市场的联通机制为投资企业提供服务。如联通两国间的支付清算系统，帮助东道国建立适当的评级体系和担保机制，为"走出去"企业在当地投融资提供了便利。可通过跨境金融支持计划，资源的共同开发，基础设施项目的共同建设、共同运营、共同分担的形式，缓解中国企业在当地的融资压力。

还可借助国际金融机构，如亚投行、金砖国家银行等国际金融机构的力量，为东道国的基础设施建设乃至整个金融发展状况的改善提供支持，并通过将总部级金融机构、功能性金融机构、新型金融机构向发展中国家集中，通过金融的规模效应推动周边区域的金融发展和资金融通，以此提高企业在当地的投资效率。

5.3 金融服务输出的效率和潜力分析

随着与"一带一路"沿线国家和地区以及 RCEP 成员的贸易和投资的推进，相关的金融服务输出成为必然和必要。金融服务的输出反过来也会倒逼国内金融市场的发展与开放，助推人民币国际化。为了降低金融输出的盲目性，有必要明确我国金融输出的方向、潜力和效率。本书认为，"重点国家"是我国金融输出的首选方向。下面在本书已筛选出贸易投资推进"重点国家"的基础上，分析我国对部分"重点国家"提供金融服务的效率和潜力，针对性地提出政策建议。

5.3.1 "重点国家"金融服务输出的影响因素检验

金融服务贸易是指发生在国家与国家或地区与地区之间的金融服务的交易活动和交易的过程。按照服务贸易总协定（GATS）金融服务附件的定义，金融服务是指成员国的金融服务提供者向金融人提供的服务，包括所有保险和与保险相关的服务，以及除保险以外的所有银行和其他金融服务，涵盖所有可能的融资、支付、证券发行、金融中介和咨询、资产管理等金融服务形式。

5.3.1.1 数据说明与模型设定

本章节构建随机前沿引力模型检验"一带一路"沿线我国金融服务贸易出口的影响因素，确保后续测度金融服务输出效率和潜力的模型准确性。选取的被解释变量为我国对东道国的金融服务贸易出口额，影响金融服务贸易的主要影响因素包括：双方的国内生产总值、人口数量以及四个贸易距离变量（经济距离、地理距离、文化距离和制度距离）；在检验影响双方服务贸易非效率具体影响因素时，选取的变量主要有双方金融服务业增加值占 GDP 比重、东道国金融发展程度以及双方是否签订区域服务贸易协定。

考虑到数据的可得性问题，选取与我国签订共建"一带一路"合作文件的 14 个贸易投资推进"重点国家"2010~2018 年的双边金融服务贸易出口流量数据，使用的金融服务贸易出口数据来自 OECD 数据库，总样本量为 702 个，观测值为 2106 个。值得注意的是，由于我国不统计金融服务贸易进出口数据，因此将 14 个国家分别对我国的金融服务贸易进口数据视为我国金融服务贸易出口数据。此数据是基于 EBOP2010 的统计，即数据范围只对应于 GATS 统计下跨境交付（模式 1）、境外消费（模式 2），不涵盖商业存在（模式 3）、自然人流动（模式 4）下的金融服务数据，且不包含保险部门。此外，在样本中，存在零贸易现象，此时无法取对数，处理方法是用 0.025 代替 0（Kalbasi，2001）。

GDP 在本书中作为衡量一国经济规模大小的代理变量，影响着该国的进出口贸易规模；人口数反映一国的国内市场规模，该值越大说明该国对外部市场的依赖越低；GDP 和人口数据均来源于世界银行的世界发展指标（WDI）数据库。

对于各个距离变量，使用我国与东道国人均 GDP 差额的绝对值作为双方经济距离的代理指标，数据根据 WDI 数据库相关数据计算得出；估计我国与东道国首都间的球面距离来代理双方的地理距离指标，数据来源于法国国际经济研究中心数据库（CEPII）；将霍夫斯泰德（Hofstede，1993）文化理论的六个单维文化指数合成，构建我国与东道国的文化距离指标，数据由 Hofstede 官网相关数据计算出；将制度质量的 6 项衡量指标取算术平均数作为各国制度距离的代理指标，数据来源于 WDI 数据库。

非效率项中，服务贸易增加值占 GDP 的比重反映一国服务贸易的发展在其国民经济中的地位，数据来源于 WDI 数据库；双方是否签订有区域经济合作协定（RTA）是根据世界贸易组织的 RTA 数据库整理而得；东道国金融发展程度由因子分析法构建金融发展指数算出，具体测算过程见前文的 4.2.1 节。

各模型变量的符号说明和数据来源如表 5 – 15 所示。

表 5 – 15   变量的符号说明与数据来源

	指标	符号说明	数据来源
被解释变量	金融服务贸易出口额	TRADE	OECD 数据库
金融服务贸易的影响因素	国内生产总值	GDP	WDI 数据库
	人口数	POP	WDI 数据库
	经济距离	D_e	WDI 数据库
	地理距离	D_g	CEPII 数据库
	文化距离	D_c	Hofstede 官网
	制度距离	D_z	WDI 数据库
非效率项的影响因素	服务贸易增加值占 GDP 的比重	Value	WDI 数据库
	双方是否签订区域服务贸易协定	RTA	RTA 数据库
	东道国金融发展程度	FIN	通过构建指标算得

下面将构建经济规模、人口、距离以及非效率项影响因素与我国服务贸易出口的函数方程。对随机前沿引力模型两边取对数后，得到表达式：

$$\ln TRADE_{ijt} = \beta_0 + \beta_1 \ln GDP_{it} + \beta_2 \ln GDP_{jt} + \beta_3 \ln POP_{it} + \beta_4 \ln POP_{jt}$$
$$+ \beta_5 \ln De_{ijt} + \beta_6 \ln Dg_{ijt} + \beta_7 \ln Dc_{ijt} + \beta_8 \ln Dz_{ijt} + V_{ijt} - \mu_{ijt}$$

$$(5-12)$$

其中，$\ln TRADE_{ijt}$表示 t 年 i 国与 j 国的我国服务贸易出口总额，$\ln GDP_{it}$与$\ln GDP_{jt}$为双方的国内生产总值，$\ln POP_{it}$和$\ln POP_{jt}$分别为两国的人口数量，$\ln De_{ijt}$、$\ln Dg_{ijt}$、$\ln Dc_{ijt}$、$\ln Dz_{ijt}$均为距离变量，分别表示两国的经济距离、地理距离、文化距离和制度距离。为进一步综合考虑影响非效率项的各种因素，选取在短期内容易随时间发生变化的影响因素，纳入到金融服务贸易的非效率项，对应的公式为：

$$\mu_{ijt} = \sigma_0 + \sigma_1 \ln Value_{it} + \sigma_2 \ln Value_{jt} + \sigma_3 \ln FIN_{jt} + \sigma_4 RTA_{ijt} + \varepsilon_{ijt}$$

$$(5-13)$$

其中，$\ln Value_{it}$与$\ln Value_{jt}$分别表示两国服务贸易增加值占 GDP 的比重，$\ln FIN_{jt}$表示 j 国的金融发展水平，RTA_{ijt}表示 i 国与 j 国是否签订区域服务贸易协定。

5.3.1.2   模型检验结果

在对模型进行估计之前，首先要对随机前沿模型的适用性及时变性进行检验。分别设定零假设 h_0：$\gamma = \mu = \eta = 0$ 和零假设 h_0：$\eta = 0$，然后基于约束与无约束两种情况下的对数似然值分别计算 LR 统计量，并与 1% 显著性水平下的 χ^2 分布临界值进行对比，以判断是否接受零假设。检验结果显示，模型在进行适用性及时变性检验时的 LR 统计量大于其相应的临界值，均拒绝其原假设。即 γ 值不显著为 0，说明双方的进出口服务贸易中均存在贸易非效率；η 值不为 0，即该随机前沿模型具有时变性，说明采用时变随机前沿引力模型是合理的。使用 Stata15.0 对面板数据进行回归，模型的回归结果如表 5-16 所示。

表 5 - 16 随机前沿引力模型估计结果

模型	变量	系数	值
随机前沿函数	Cons	110.432 ***	86.724
	$\ln GDP_{it}$	0.523 ***	4.740
	$\ln GDP_{jt}$	11.384 ***	4.834
	$\ln POP_{it}$	− 4.549 ***	− 9.835
	$\ln GDP_{jt}$	0.214 *	1.684
	$\ln De_{ijt}$	− 0.119	− 0.617
	$\ln Dg_{ijt}$	− 0.535 ***	− 2.014
	$\ln Dc_{ijt}$	0.143	0.772
	$\ln Dz_{ijt}$	0.008	− 0.052
贸易非效率项	$\ln Value_{it}$	0.375	0.482
	$\ln Value_{jt}$	− 0.991 *	− 0.106
	$\ln Fin_{jt}$	− 1.346 ***	− 2.523
	RTA_{ijt}	− 0.231 *	− 1.634
δ^2		1.127 ***	5.643
γ		0.874 ***	58.189
LL		− 185.363	
LR		501.972	

注: *** 、 * 分别表示模型系数在 1% 、10% 的水平上显著。

如表 5 - 16 所示,模型中各变量的回归结果与理论预期估计结果大体一致。其中,参数 γ 的估计值为 0.874,且通过了 1% 水平的显著性检验,说明贸易非效率项是影响双方金融服务贸易发展的主要因素。

从经济规模来看,中国与沿线"重点国家"的 GDP 前的系数均显著为正,其估计结果与预期一致,说明双边经济体的经济规模对双边贸易额的提升起着重要的促进作用。而在双边人口数量系数的估计中,作为金融服务贸易出口国的中国人口数变量前的系数估计值显著为负,表明我国的人口数越大,则国内的经济市场就会挤占一定的国外市场份额,其对外贸易额会相应减少;作为进口国的"一带一路"国家人口数变量前的系数估计值通过了 5% 水平的显著性检验,符号为正,说明随着"一带一路"沿线国家人口数量的逐渐增多，所需要的金融服务贸易的进口额度也会增加。

从距离因素来看，双边的地理距离前系数显著为负，地理距离代表的是双方在空间上的贸易成本，是金融服务贸易的重要阻力。双边的经济距离前的系数符号为负，但未通过显著性检验。双边的文化距离与制度距离前的系数符号均为正，与预期符号相反且均未通过显著性检验。可能是由于中国与样本国家间的需求、文化、制度结构较大的差异性不利于金融服务贸易的发展，从而抑制了我国金融服务贸易出口。

从贸易非效率项中的影响因素来看，我国服务贸易增加值占 GDP 比重前的系数显著为正，但未通过显著性检验；而东道国服务贸易增加值占 GDP 的比重前的系数为负，且在 10% 的水平上显著，说明这些"一带一路"样本国家的服务贸易增加值占 GDP 的比重对贸易非效率存在负向效应，即对我国金融服务贸易出口起到正面促进作用。此外，东道国的金融发展程度和双方是否签订区域金融服务贸易协定前的系数均显著为负，与预期符号一致，表示这些样本国的金融发展水平的提高和区域金融服务贸易协定的签订对贸易非效率存在负向效应，即这些因素可在一定程度上促进我国金融服务贸易出口的提升。

5.3.2　"重点国家"金融服务输出效率及潜力测算

利用上一章节随机前沿引力模型对我国金融服务输出影响因素的实证检验结果，可以得到我国与"一带一路"沿线 14 个"重点国家"的金融服务输出效率估计值。选取样本时间的年份为 2000 年、中国入世的 2001 年、金融危机爆发的 2008 年和"一带一路"倡议提出的 2013 年以及 2018 年，得到 14 个国家共计 5 个年份的我国金融服务出口效率估计值后，计算我国对每个国家的金融服务出口效率值在样本区间年份内的算数平均值并进行排序，结果如表 5 - 17 所示。

表 5 - 17　2000 ~ 2018 年我国对沿线"重点国家"金融服务出口效率

国家	2000 年	2001 年	2008 年	2013 年	2018 年	均值	排名
捷克	0.050	0.054	0.084	0.111	0.142	0.092	6
爱沙尼亚	0.094	0.010	0.021	0.032	0.048	0.030	11

国家	2000 年	2001 年	2008 年	2013 年	2018 年	均值	排名
匈牙利	0.010	0.011	0.022	0.034	0.049	0.026	12
以色列	0.049	0.053	0.083	0.109	0.140	0.090	7
日本	0.488	0.496	0.552	0.590	0.626	0.559	1
韩国	0.352	0.360	0.421	0.464	0.506	0.429	2
拉脱维亚	0.003	0.004	0.009	0.015	0.025	0.012	14
立陶宛	0.071	0.076	0.113	0.144	0.179	0.121	5
卢森堡	0.039	0.042	0.069	0.093	0.121	0.076	8
新西兰	0.022	0.024	0.043	0.062	0.084	0.049	9
波兰	0.016	0.018	0.033	0.049	0.069	0.038	10
斯洛伐克	0.004	0.005	0.011	0.018	0.028	0.013	13
斯洛文尼亚	0.133	0.139	0.189	0.227	0.268	0.198	3
俄罗斯	0.121	0.127	0.175	0.212	0.253	0.184	4
均值	0.125	0.124	0.152	0.175	0.201	0.158	

根据输出结果，我国金融服务出口效率的平均值为 0.158，这意味着中国与"一带一路"沿线"重点国家"的整体金融服务贸易效率偏低，还有很大开拓和释放的潜力空间。其原因一是中国与大多数样本国家间的金融服务贸易存在着非效率。除了日本、韩国外，其他样本国家的金融服务贸易效率均值在样本年份间均处于 0.4 以下，尤其是像拉脱维亚、斯洛伐克、匈牙利、爱沙尼亚和波兰等效率值非常低，其样本效率均值均低于 0.1。二是中国与"一带一路"沿线金融服务出口效率较高的地区主要集中在韩国、俄罗斯和日本等国家，且呈逐年递增趋势；而金融服务出口效率排名靠后的国家主要为一些与我国金融服务贸易往来较少的国家，造成双方金融服务贸易效率值较低的主要原因在于金融服务贸易流量不足。三是从趋势上来说，中国与 14 个"重点国家"在 2000～2018 年的金融服务出口效率值大体呈现上升趋势，但整体效率水平并不高，仍有待进一步提升。

为了深入分析，再根据实证结果对中国与"一带一路"样本国家在 2000～2018 年间的金融服务贸易潜力进行测度分析。其中，双方金融服务贸易潜力=实际金融服务出口额/金融服务贸易效率。表5－18列出了2000～2018年中国与"一带一路"14个样本国的金融服务出口潜力各测度指标的均值。

表5－18　　2000～2018年我国与"一带一路"沿线"重点国家"
金融服务贸易潜力

国家	实际金融服务出口额（万美元）	金融服务出口效率	金融服务出口潜力
捷克	711	0.092	7732
爱沙尼亚	66	0.030	2187
匈牙利	199	0.026	7648
以色列	906	0.090	10064
日本	19725	0.559	35287
韩国	10491	0.429	24455
拉脱维亚	37	0.012	3051
立陶宛	502	0.121	4146
卢森堡	107	0.076	14166
新西兰	368	0.049	7507
波兰	295	0.038	7763
斯洛伐克	57	0.013	4358
斯洛文尼亚	1162	0.198	5871
俄罗斯	1299	0.184	7062

综合表5－18和前面的分析，可得出以下实证结论：

中国与"一带一路"沿线"重点国家"的实际金融服务贸易出口额均远低于其金融服务出口潜力值（即最佳贸易水平），说明我国对"重点国家"的金融服务出口仍存在巨大的潜力释放空间。与我国金融服务出口潜力值排名前三位的国家分别为：日本、韩国、卢森堡；而与爱沙尼亚、拉脱维亚和立陶宛的金融服务出口潜力值则位居后三位。

同时，我国对多数样本国家存在"高金融服务出口效率"与"高金融服务出口潜力"并存的现象，这就意味着，对于这些我国金融服务出口效率高的国家,如日本、韩国、卢森堡,还存在着较大的金融服务出口潜力。因此,对于这些国家,在维持金融服务出口高效率的前提下,应该进一步加大对于这些国家的金融服务输出来推动我国金融服务出口潜力的释放,加强我国在"一带一路"沿线地区的金融服务布局。

5.3.3 金融推进"一带一路"人民币国际化的政策建议

前文研究发现,我国与"一带一路"重点国家的金融服务出口贸易等金融合作的潜在空间巨大,有待释放;贸易伙伴国的经济规模、人口数量、服务业增加值占 GDP 的比重和经济自由度水平以及双方签订区域服务贸易协定等因素对于金融服务贸易流量的提升有明显的促进作用,而中国人口数量、双方的地理距离等因素则在一定程度上对金融服务贸易有抑制作用等。虽然没有纳入近期俄乌战争和美国对中国全方位的打压的新情况,但我们认为这些结论仍有参考价值。

基于上述研究,提出以下四点金融推进"一带一路"人民币国际化的政策建议:

(1) 以服务跨境贸易和对外直接投资为核心,创新"一带一路"金融。

贸易和投资是"一带一路"合作的核心内容,也是人民币国际化的重要基础。金融创新只有为"一带一路"的贸易和直接投资合作的金融需求量身打造,才能发挥有效的金融支持作用。所以,"一带一路"金融的创新一定要以服务于"一带一路"的贸易和直接投资合作为核心。如开发与其相关的国际信贷创新,跨境支付结算创新,人民币资产管理创新,金融衍生产品创新,汇兑创新,金融合作模式创新和离岸市场创新等。"一带一路"的贸易和直接投资合作中出现的新的金融需求,可成为金融创新的领引。针对境外自贸区的特点,可在园区试点人民币数字货币等。

(2) 优先与金融服务效率高的"重点国家"金融合作。

"一带一路"沿线"重点国家"是与我国贸易投资合作效率高的国家,与我国的合作空间优于其他国家,进行金融合作的预期效果好,有良好的示范和辐射效应,对"一带一路"合作和人民币国际化有重要的正向影响。所以,我国应该主动加强与"重点国家"开展金融合作,如对

"一带一路"沿线上金融服务输出潜力较大的国家，放宽我国相关金融政策限制，建立更多的自由贸易区等，加大金融服务贸易出口等。应该着力推进我国金融服务"走出去"和多层次金融合作。

（3）加强风险防控，提高金融合作的可持续性。

"一带一路"合作要求我国的金融更进一步开放。金融开放必然会给金融安全增加不确定因素，可能引致诸多金融风险和国家金融安全问题，如汇率风险、信用风险、国际游资冲击、国家风险、战争风险等。风险对"一带一路"合作和人民币国际化带来负面影响。所以，在金融开放的同时，应该严格管控风险，确保我国的金融安全和金融合作可持续性。

为了应对可能的"一带一路"金融风险的冲击。可采用以下措施：一是有效管控"一带一路"国家风险。发展中国家的政治、经济及信用制度环境往往不完善，可能制约金融支持对外投资和贸易的作用。因此，应加强政府间的磋商，加强政治互信和信息互通，化解分歧，增加双边或多边合作，降低国家因素的冲击风险。二是完善相关金融政策和服务、金融机构的信息披露机制，降低获取金融政策和金融业务信息的门槛和获取成本，减少政府与私人部门之间、境内外主体之间的信息不对称性；三是实现监管的互联网平台化，提高监管效率和信息的透明化；四是加大先进电子信息技术的投入，完善其监管信息系统，从而降低相关电子支付系统的各类风险；五是通过线上线下联动措施，严打金融犯罪行为，提高金融服务贸易安全性；六是创新金融风险管理的产品和服务。如针对逐渐显现的"一带一路"投资的国家风险和信用风险，可以创新信用风险衍生品。

（4）协调资本账户项下的开放，推进高水平金融开放。

人民币的区域化推广需要顺畅的流入—流出机制，经常账户顺差下人民币结算导致人民币净流出，就需要通过资本账户进行回流。目前我国资本账户已经实现部分开放，以 QFII、RQFII 和沪港通、深港通、债券通等方式作为人民币回流途径。结合"一带一路"沿线人民币区域化的前景，可以考虑资本账户开放政策向"一带一路"沿线国家倾斜，加强与卡塔尔、迪拜等国际金融中心的互联互通等。在资本账户逐步开放的过程中，要协同构建跨境资本流动宏观审慎管理框架，加强对资本流动的管理能力，防范资本账户开放导致的系统性金融风险。

5.4 本章小结

本章人民币国际化金融推进是人民币国际化的贸易投资推进的延续和拓展，在贸易与投资筛选出来的"重点国家"基础上以"重点国家"为研究主体，探究我国对"一带一路"沿线国家贸易投资的金融支持，包括四个方面的研究内容。

一是从金融规模、金融效率、金融结构、金融开放、金融可持续五个方面构建了衡量我国金融发展的综合性指标，并以此对国内不同地区的金融发展状况进行全面、准确的评价。研究发现，我国金融发展水平提升较快，但整体水平不高，区域发展水平不平衡，由东向西呈阶梯状分布。长三角与珠三角地区的金融辐射效应还有待进一步发挥，更好地带动邻近省份的金融发展水平的提升。内陆地区需要进一步利用好"一带一路"合作的机会和相关政策，可通过打造区域金融中心等途径带动金融发展。东北地区应利用好政策资源，凭借区位优势，借鉴金融发展高水平省份的有益经验改善自身的金融发展水平。未来需要针对不同地域，尤其是"一带一路"重要节点地区提高金融发展水平，为人民币国际化的深入推进提供必不可少的金融基础。

二是利用该金融发展指标实证分析我国金融发展对"一带一路"沿线直接投资的影响，并提出相关建议。研究发现，中国金融发展水平是影响资本效率，制约企业在"一带一路"沿线进行跨国投资活动的一个主要因素。东部地区金融规模、金融结构及金融效率的水平均较高，对 OFDI 规模增长的贡献较为明显，但其金融开放度及可持续性在改善资本形成效率以带动 OFDI 规模的能力方面仍需提升。对于金融发展相对滞后的内陆地区，其金融效率、金融结构、金融开放度及金融的可持续性对改善当地的资本效率的能力存在不足，内陆地区的企业更倾向于将有限的资本用于国内市场的抢占，影响了 OFDI 规模的增加。

三是基于贸易投资的"重点国家"，进一步分析我国对"一带一路"沿线"重点国家"输出金融服务的影响因素、潜力和效率，在"重点国家"中进行再筛选，以便因地施策。研究发现，我国对"一带一路"重点国家的金融服务出口的潜在空间巨大，有待释放；贸易伙伴国的经济规模、人口数量、服务业增加值占 GDP 的比重和经济自由度水平以及双方签订区域服务贸易协定等因素对于金融服务贸易流量的提升有明显的促进作用，而中国人口数量、双方的地理距离等因素则在一定程度上对我国金融服务出口有抑制作用。

第6章

"一带一路" 人民币国际化的货币合作研究

本部分探讨货币合作推进。如果说贸易与投资推进对人民币国际化具有"突破"作用，金融对人民币国际化推进具有"深化"作用，那么货币合作对人民币国际化而言就有着"区域化实现"的作用（王晓芳和于江波，2015）。本章从四个方面探讨人民币国际化的货币合作推进：一是人民币国际化的货币互换；二是人民币国际化的区域"货币锚"；三是人民币国际化的货币区；四是人民币国际化的数字货币，给出了推进人民币国际化的一系列货币合作策略。

6.1 货币合作的内涵及相关概念

6.1.1 货币合作

货币合作是指不同国家或地区的货币当局在一定的协议框架下，在货币政策、汇率政策和外汇市场调控等领域进行的协作。货币合作具有狭义和广义两种形式，狭义的货币合作主要包含货币互换和汇率机制协调的合作，广义的货币合作不仅包含货币互换和汇率机制协调的合作，还包含货币政策、宏观经济政策制定等方面的合作以及组建货币联盟和货币区等。本书所讨论的货币合作指广义的货币合作。

货币合作可以分为初级、中级和高级三个层次，分别为货币互换层次、汇率合作层次和货币区层次。从地区范围来划分，货币合作可以分为区域性和全球性货币合作。区域性货币合作主要指在具体区域内的国家和地区的货币合作，全球性货币合作没有区域限制，是一个渐进的过程，如欧洲货币合作大致经历了货币政策合作为主的初级阶段、汇率协调为主的中级阶段和建立统一的欧元区高级阶段的发展历程。

6.1.2　货币互换

货币互换指两笔金额相同、期限相同，但币种不同的债务资金及其利息额的对换。标准的货币互换是指拥有不同货币的双方在期初交换价值相等，币种不同的本金，同时在一定的期限内按约定的时间表和固定利息率向对方支付以对方货币计息的利息，直至货币互换期满时，再按照约定的汇率双方换回本金。若货币合约条款不同于标准货币互换，则属于非标准货币互换，如没有本金转移的货币互换。非标准货币互换的具体条款可以为交易双方量身定做。货币互换可分为私人性质的货币互换和政府性质的货币互换。私人性质的货币互换发生在私人部门之间，其目的主要是管理汇率风险以及套利、投机等。政府性质的货币互换主要发生在中央银行之间，其目的一般是服务于本国的进出口贸易与投资，便利本国货币在对方使用。本书的货币互换指政府之间的货币互换。

政府之间的货币互换是非标准货币互换，一般是签约后两国先交换等值的本币金额，到期时再换回本金。在到期前两国均可在约定的额度内自主决定是否使用对方的本币。如果使用，则需按约定利率支付利息。

下面以 2015 年 9 月 3 日我国与塔吉克斯坦金额为 30 亿元人民币/30 亿索莫尼的货币互换为例说明双边货币互换的具体过程。为简单起见，这里取汇率为 1。签署货币互换协议之后，我国央行在账户体系中为塔吉克斯坦央行设立专门的银行账户，塔吉克斯坦央行同样为我国央行设立专门的银行账户。然后，我国央行将 30 亿元人民币划入专门为塔吉克斯坦设立的银行账户，塔吉克斯坦同样将 30 亿索莫尼划入专门为我国设立的银行账户。中塔签署的货币互换协议有效期为三年，在 2018 年到期。在有效期内，我国和塔吉克斯坦可以根据各自国家的经济情况决定如何运用互换资金。例如，如果塔吉克斯坦由于本国经济形式需要大量美元，而塔吉克斯坦国内的美元外汇储备不够，塔吉克斯坦可以运用互换的人民币兑换

美元。在中塔货币互换协议到期时可以续签或者互换回本金，中塔以签署
协议时的汇率换回双方的本金，即我国央行返回塔吉克斯坦 30 亿索莫尼，
塔吉克斯坦返回我国央行 30 亿元人民币，动用互换协议额度的一方按照
协议约定的利率支付一定的利息，未动用互换协议额度的一方不需要支付
利息，货币互换流程如图 6 - 1 所示。

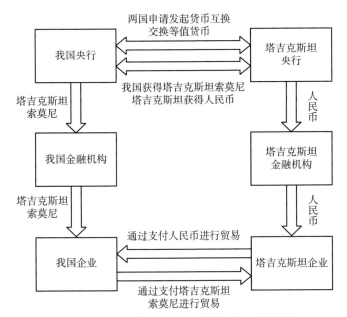

图 6 - 1 我国与塔吉克斯坦进行货币互换的流程

政府之间的双边货币互换的货币资金主要应用在双边贸易和投资中。
上例中，塔吉克斯坦央行与我国央行签署货币互换协议后，两国都互换到
对方国家的货币，若塔吉克斯坦的一家企业向我国的企业进口商品，双方
企业约定可以用人民币进行付款，则该企业可以向塔吉克斯坦的一家商业
银行申请人民币贷款，该商业银行向塔吉克斯坦央行提交使用人民币进行
互换融资贷款的申请。这一申请审核通过后，塔吉克斯坦央行将人民币划
到塔吉克斯坦商业银行在我国的代理银行账户中。最后，塔吉克斯坦的商业
银行与该国企业签署人民币贷款合同，塔吉克斯坦商业银行通知其在我国的
代理银行将人民币划到我国的企业。塔吉克斯坦商业银行收到该企业的还款

后，通过在我国的代理银行将资金返回到塔吉克斯坦央行的账户中。塔吉克斯坦可以通过央行间的货币互换得到人民币，在我国进行投资。

6.1.3　货币"锚"

货币"锚"是指一国货币当局在制定货币政策时所依据的一种参照基准。货币当局选择某种参照基准来管理本国货币，旨在实现本国货币价值稳定、降低货币交易费用等目标。货币"锚"有内部和外部之分，即对内价值稳定的内部锚和对外价值稳定的外部锚。本书主要讨论货币形式的外部锚，即一国货币钉住其他货币，保持相对稳定的价格比率，以确保本国货币汇率的稳定。此外，根据形成过程的区别，还可分为显性锚和隐性锚：显性锚是由中央银行公开宣布，属于制度化钉住的货币锚，隐性锚则是实际上的货币锚，指并非由中央银行指定而是自发形成的事实货币锚，本书所讨论的外部锚指的是外部隐性锚。

本书中的货币锚效应则是指当一国货币成为其他国家货币的货币锚，该国货币对于其他国家货币的影响，其影响程度主要取决于其他货币汇率对该国货币汇率的钉住程度。

6.2　人民币货币互换现状及其对人民币国际化的影响分析

本章节首先对人民币货币互换的现状进行分析，其次对货币互换对人民币国际化的影响进行探索，并依据我国和"一带一路"沿线国家的贸易情况，运用贸易引力模型分析我国与沿线国家签署货币互换协议对双边贸易的影响，为推进人民币国际化提供依据。

6.2.1　人民币货币互换的现状分析

从我国与泰国在 2001 年签署第一份货币互换协议开始，截至 2022 年 1 月份，我国与近 40 个国家和地区签署了货币互换协议，互换的总金额超过6万亿元人民币。

由表6-1可见,我国进行货币互换的国家地区数量与互换规模不断扩大。

表6-1 我国与其他国家和地区签署货币互换协议

时间	签署国家和地区	互换规模	有效期
2009.01.20	中国香港	2000亿元人民币/2270亿港元	三年
2009.02.08	马来西亚	800亿人民币/400亿马来西亚林吉特	三年
2009.03.11	白俄罗斯	200亿人民币/8万亿白俄罗斯卢布	三年
2009.03.23	印度尼西亚	1000亿元人民币/175万亿印尼卢比	三年
2009.04.02	阿根廷	700亿人民币/380亿阿根廷比索	三年
2009.04.20	韩国	1800亿人民币/38万亿韩元	三年
2010.06.09	冰岛	35亿人民币/660亿冰岛克朗	三年
2010.07.23	新加坡	1500亿人民币/300亿新加坡元	三年
2011.04.18	新西兰	250亿人民币/50亿新西兰元	三年
2011.04.19	乌兹别克斯坦	7亿元人民币/1670亿乌兹别克苏姆	三年(已失效)
2011.05.06	蒙古国	50亿元人民币/1万亿蒙古图格里克	三年
2011.06.13	哈萨克斯坦	70亿元人民币/1500亿哈萨克斯坦坚戈	三年
2011.10.26	韩国	3600亿元人民币/64万亿韩元	三年(续签)
2011.11.22	中国香港	4000亿元人民币/4900亿港元	三年(续签)
2011.12.22	泰国	700亿元人民币/3200亿泰铢	三年
2011.12.23	巴基斯坦	100亿元人民币/1400亿巴基斯坦卢比	三年
2012.01.17	阿联酋	350亿元人民币/200亿阿联酋迪拉姆	三年
2012.02.08	马来西亚	1800亿元人民币/900亿马来西亚林吉特	三年(续签)
2012.02.21	土耳其	100亿元人民币/30亿土耳其里拉	三年
2012.03.20	蒙古国	100亿元人民币/2万亿蒙古图格里克	扩大协议
2012.03.22	澳大利亚	2000亿元人民币/300亿澳大利亚元	三年
2012.06.26	乌克兰	150亿元人民币/190亿乌克兰格里夫纳	三年
2013.03.07	新加坡	3000亿元人民币/600亿新加坡元	三年(续签)
2013.03.26	巴西	1900亿元人民币/600亿巴西雷亚尔	三年(已失效)

续表

时间	签署国家和地区	互换规模	有效期
2013.06.22	英国	2000 亿元人民币/200 亿英镑	三年
2013.09.09	匈牙利	100 亿元人民币/3750 亿匈牙利福林	三年
2013.09.11	冰岛	35 亿元人民币/660 亿冰岛克朗	三年（续签）
2013.09.12	阿尔巴尼亚	20 亿元人民币/358 亿阿尔巴尼亚列克	三年（已失效）
2013.10.01	印度尼西亚	1000 亿元人民币/175 万亿印尼卢比	三年（续签，已失效）
2013.10.08	欧央行	3500 亿元人民币/450 亿欧元	三年
2014.04.25	新西兰	250 亿元人民币/50 亿新西兰元	三年（续签）
2014.07.18	阿根廷	700 亿元人民币/900 亿阿根廷比索	三年（续签）
2014.07.21	瑞士	1500 亿元人民币/210 亿瑞士法郎	三年
2014.08.21	蒙古国	150 亿元人民币/4.5 万亿蒙古图格里克	三年（续签）
2014.09.16	斯里兰卡	100 亿元人民币/2250 亿斯里兰卡卢比	三年
2014.10.11	韩国	3600 亿元人民币/64 万亿韩元	三年（续签）
2014.10.13	俄罗斯	1500 亿元人民币/8150 亿俄罗斯卢布	三年
2014.11.03	卡塔尔	350 亿元人民币/208 亿里亚尔	三年
2014.11.08	加拿大	2000 亿元人民币/300 亿加拿大元	三年
2014.11.22	中国香港	4000 亿元人民币/5050 亿港元	三年（续签）
2014.12.14	哈萨克斯坦	70 亿元人民币/2000 亿哈萨克斯坦坚戈	三年（续签）
2014.12.22	泰国	700 亿元人民币/3700 亿泰铢	三年（续签）
2014.12.23	巴基斯坦	100 亿元人民币/1650 亿巴基斯坦卢比	三年（续签）
2015.03.18	苏里南	10 亿元人民币/5.2 亿苏里南元	三年
2015.03.25	亚美尼亚	10 亿元人民币/770 亿德拉姆	三年
2015.03.30	澳大利亚	2000 亿元人民币/400 亿澳大利亚元	三年（续签）
2015.04.10	南非	300 亿元人民币/540 亿南非兰特	三年
2015.04.17	马来西亚	1800 亿元人民币/900 亿马来西亚林吉特	三年（续签）
2015.05.10	白俄罗斯	70 亿元人民币/16 万亿白俄罗斯卢布	三年（续签）
2015.05.15	乌克兰	150 亿元人民币/540 亿乌克兰格里夫纳	三年（续签）
2015.05.25	智利	220 亿元人民币/22000 亿智利比索	三年
2015.09.03	塔吉克斯坦	30 亿元人民币/30 亿索莫尼	三年

续表

时间	签署国家和地区	互换规模	有效期
2015.09.26	土耳其	120 亿元人民币/50 亿土耳其里拉	三年（续签）
2015.10.20	英国	3500 亿元人民币/350 亿英镑	三年（续签）
2015.12.14	阿联酋	350 亿元人民币/200 亿阿联酋迪拉姆	三年（续签）
2016.03.07	新加坡	3000 亿元人民币/640 亿新加坡元	三年（续签）
2016.05.11	摩洛哥	100 亿元人民币/150 亿摩洛哥迪拉姆	三年
2016.06.17	塞尔维亚	15 亿元人民币/270 亿塞尔维亚第纳尔	三年
2016.09.12	匈牙利	100 亿元人民币/4160 亿匈牙利福林	三年（续签）
2016.09.27	欧央行	3500 亿元人民币/450 亿欧元	三年（续签）
2016.12.06	埃及	180 亿元人民币/470 亿埃及镑	三年
2016.12.21	冰岛	35 亿元人民币/660 亿冰岛克朗	三年（续签）
2017.05.19	新西兰	250 亿元人民币/50 亿新西兰元	三年（续签）
2017.07.06	蒙古国	150 亿元人民币/5.4 万亿蒙古图格里克	三年（续签）
2017.07.18	阿根廷	700 亿元人民币/1550 亿阿根廷比索	三年（续签）
2017.07.21	瑞士	1500 亿元人民币/210 亿瑞士法郎	三年（续签）
2018.03.30	澳大利亚	2000 亿元人民币/400 亿澳大利亚元	三年（续签）
2018.04.03	阿尔巴尼亚	20 亿元人民币/342 亿阿尔巴尼亚列克	三年（续签）
2018.04.27	尼日利亚	150 亿元人民币/7200 亿奈拉	三年
2018.08.20	马来西亚	1800 亿元人民币/1100 亿马来西亚林吉特	三年（续签）
2018.11.12	英国	3500 亿元人民币/400 亿英镑	三年（续签）
2018.11.19	印度尼西亚	2000 亿元人民币/440 万亿印尼卢比	三年（续签）
2018.12.10	乌克兰	150 亿元人民币/620 亿乌克兰格里夫纳	三年（续签）
2019.10.25	欧央行	3500 亿元人民币/450 亿欧元	三年（续签）
2020.10.22	韩国	4000 亿元人民币/70 万亿韩元	五年（续签）
2020.11.25	中国香港	5000 亿元人民币/5900 亿港元	扩大协议
2021.01.08	泰国	700 亿元人民币/3700 亿泰铢	五年（续签）
2021.01.13	加拿大	2000 亿元人民币/300 亿加拿大元	五年（续签）
2021.11.12	英国	3500 亿元人民币/400 亿英镑	五年（续签）
2022.01.27	印度尼西亚	2500 亿元人民币/550 万亿印尼卢比	三年（续签）

资料来源：中国人民银行官方网站。

6.2.2 货币互换对人民币国际化影响的实证检验

伊朗、俄罗斯等国受美国为首的西方势力的制裁，被踢出 SWIFT 国际结算系统，导致这些国家的跨境贸易结算和国际市场融资等金融活动面临巨大困境。这也给我国和许多其他国家带来了重要警示，为了保障本国的跨境贸易支付结算安全，有必要减少对美元和 SWIFT 系统的依赖。货币互换则可在一定程度上降低对 SWIFT 系统的依赖。

同时，货币互换在人民币还不能完全自由兑换的情况下，可以在一定程度上解决人民币在境外的流通和使用问题。我国与其他国家和地区签署货币互换协议之后，外国货币当局动用的人民币互换金额在逐年增加，人民币的境外流通规模也在不断增加。货币互换增加了人民币在国际上的使用频率，增加了境外国家和地区对人民币的依赖程度和使用惯性。由于与我国签署货币互换协议的国家在贸易和投资中可以直接使用人民币或对方国家货币进行结算，不需要使用美元、欧元等中间货币，从而可避免双方再与第三方货币兑换的汇率风险和成本，促进双方贸易和经济一体化程度，进而推进人民币国际化。

根据第 3 章的理论分析，成为跨境贸易中的结算货币有助于推进人民币国际化，而货币互换主要通过推动贸易和投资中使用本国货币进行结算，进而影响人民币国际化，本章节运用贸易引力模型重点考察我国与"一带一路"沿线国家签署货币互换协议对双边贸易的影响。

1. 模型构建

本章节贸易引力模型的具体设置如下：

$$EXPOPT_{it} = \beta_0 + \beta_1 DISTANCE_i + \beta_2 CSA_{it} + \beta_3 CHINAGDP_t$$
$$+ \beta_4 GDP_{it} + \beta_5 OFDI_{it} + \mu_{it} \qquad (6-1)$$

在式（6-1）中，被解释变量为我国同"一带一路"沿线国家的贸易量，用我国同沿线国家的出口额来度量。其中，被解释变量 $EXPORT_{it}$ 代表我国与对应的贸易国 i 在第 t 年的出口贸易额（万美元），$DISTANCE_i$ 代表我国首都北京与贸易国 i 首都的地理距离（公里），CSA_{it} 代表我国与贸易国 i 在第 t 年签署的货币互换额度（亿元），$CHINAGDP_t$ 代表我国在第 t 年的国内生产总值（百万美元），GDP_{it} 代表贸易国 i 在第 t 年的国内生产总值（百万美元），$OFDI_{it}$代表我国对贸易国 i 在第 t 年的对外直接投资数额（万美元），μ_{it}代表误差项。β_0代表截距项，β_1、β_2、…、β_5为被解释变量对各解释变量的敏感系数。

被解释变量对各解释变量的敏感系数的符号预期如下：预计 $DISTANCE_i$ 的符号为负，由于两国之间的地理距离越大，则两国贸易的成本越高，对贸易额起到负向作用。预计 CSA_{it} 的符号为正，因为货币互换协议的签署有助于两国在进行贸易时使用两国的货币，有助于规避美元等其他国际货币汇率波动的风险，从而提高两国进行贸易的意愿，增加贸易额。预计 $CHINAGDP_i$ 的符号为正，因为在供需方面，我国的国内生产总值的规模决定了对外贸易额的规模，若我国的国内生产总值越大，则对贸易的需求越大。预计 GDP_{it} 的符号为正，因为贸易国的国内生产总值的规模决定了本国总体的经济规模，若贸易国的国内生产规模越大，则贸易国的出口供给规模越大，出口额越大。预计 $OFDI_{it}$ 的符号为正，因为一国的对外直接投资对于一国的贸易具有一定程度的促进作用，有助于一国贸易结构的完善，若一国对另一国的对外直接投资数额增加，则双边的贸易额将增加。

2. 数据来源和实证分析

考虑到我国在 2009 年开始启动跨境贸易人民币结算业务和数据的可得性，本章节的时间范围选取为 2009～2019 年。本章节选取与我国签署货币互换协议中的 21 个"一带一路"沿线国家①作为研究样本。其中，我国与贸易国的出口贸易额、我国的国内生产总值、贸易国的国内生产总值、我国对贸易国的对外直接投资数据来源于国泰安数据库，北京与贸易国首都的距离来源于 CEPII 数据库，我国与贸易国的货币互换数据来源于中国人民银行官方网站。由于指标数据选取的标准不同，指标之间存在量纲等差异，因此对原始数据进行了标准化处理。

在进行模型回归之前，对样本变量的统计特征进行分析，如表 6 - 2 所示。

---

① 阿尔巴尼亚、阿联酋、埃及、巴基斯坦、白俄罗斯、俄罗斯、哈萨克斯坦、卡塔尔、马来西亚、蒙古国、塞尔维亚、斯里兰卡、塔吉克斯坦、泰国、土耳其、乌克兰、乌兹别克斯坦、新加坡、匈牙利、亚美尼亚、印度尼西亚。

表6-2   变量描述性统计结果

变量	平均值	标准差	最小值	最大值
EXPORT	0.2479096	0.2863883	8.5700013	0.9999999
DISTANCE	0.6457379	0.2534827	4.5000009	1.0000000
CSA	0.1103290	0.2230493	0	1.0000000
CHINAGDP	0.5341065	0.3078273	-6.1100009	0.9999999
GDP	0.1289575	0.1802726	-3.9700011	1.0000000
OFDI	0.2313826	0.0890405	0	1.0000000

由表6-2可得,我国对"一带一路"沿线不同国家的出口额之间具有显著的差别,说明我国与沿线国家之间的贸易联系程度不尽相同,其中可能蕴含着双边货币互换对我国贸易的贡献度会因国别而异。

3. 回归结果分析

在应用贸易引力模型进行回归分析前,应依据面板数据结构特征选择适当的估计方法。本章节比较了混合回归、固定效应、随机效应三种估计方法。在混合回归和固定效应的比较中,固定效应优于混合回归;在混合回归和随机效应的比较中,随机效应优于混合回归。对于固定效应和随机效应的比较,运用了 Hausman 检验,得出检验结果的 P 值为0.1673。综合比较结果,得出的最终判断是对这里的面板数据,应运用随机效应估计方法最合适。基于我国与沿线国家2009~2019年相关变量的数据和随机效应估计方法得出的贸易引力模型回归结果如表6-3所示。

表6-3   回归结果

变量	系数	标准误	Z 值	P 值
DISTANCE	-0.2135 **	0.1010	-2.11	0.035
CSA	0.4048 ***	0.0663	6.10	0
CHINAGDP	0.0645 **	0.0260	2.48	0.013
GDP	0.9695 ***	0.1153	8.41	0
OFDI	0.1924 *	0.1149	1.67	0.094
_cons	0.1371 *	0.0759	1.81	0.071

注:*** 、** 、* 分别表示模型系数在1%、5%、10%的水平上显著。

回归的结果表明：我国与沿线国家首都的地理距离（DISTANCE）、双边货币互换额度（CSA）、我国的国内生产总值（CHINAGDP）、"一带一路"沿线国家的国内生产总值（GDP）和我国对沿线国家的对外直接投资数额（OFDI）在显著性水平上通过检验，对解释我国与"一带一路"沿线国家之间的货币互换对贸易的影响具有显著的解释效果。

我国与"一带一路"沿线国家的货币互换额度变量的系数为正，说明货币互换协议的签署对增加双边贸易额具有正向效应，原因在于签署货币互换协议会使得签约国家与我国之间的贸易关系变得更加紧密，双边贸易也会变得更加便捷。签署货币互换协议也可以规避使用第三方货币产生的汇率风险，促进货币互换国贸易中使用人民币计价和结算，降低双边出口中的贸易结算成本，促进我国对沿线国家的投资和贸易。实证结果表明，北京与签署货币互换协议的贸易国首都距离变量的系数为负，说明地理位置的差异对于两国贸易有一定程度的影响，两国距离越近，运输和交易成本越低，有利于贸易的增长；两国距离越远，运输和交易成本越高，从而会抑制两国的贸易。我国和沿线国家的国内生产总值变量系数为正，说明我国和沿线国家经济规模的增加，能够增加我国和沿线国家各自的内需和促进双边贸易的增长。我国对"一带一路"沿线国家的对外直接投资数额变量的系数为正，说明我国对沿线国家对外直接投资数额的增加能够促进沿线国家的经济发展，从而促进双边贸易的增长。

6.2.3 促进人民币货币互换的政策建议

通过分析货币互换对人民币国际化的影响，发现我国与其他国家进行货币互换能够促进人民币的境外流通，在双边贸易和投资中可以规避汇率风险，提高区域经济一体化程度，有助于人民币国际化。运用贸易引力模型分析，发现货币互换对双边贸易额的增加具有促进作用。

因此，货币互换对人民币国际化具有重要的作用，但我国与其他国家和地区在货币互换过程中缺乏足够的灵活性，市场需求不足和互换资金的使用效率不高等问题，据此，本部分提出进一步提升我国与其他国家和地区进行货币互换的政策建议。

6.2.3.1　通过政策协调机制和制度化建设促进货币互换

1. 完善货币互换的政策协调机制

我国与其他国家和地区的货币互换需要双边在经贸领域、货币领域和外交领域等方面的合作。构建符合双边国情的多领域协调机制。比如需要加强我国与沿线国家和地区在货币政策信息的交流等方面的合作，减少双边在货币政策合作方面的分歧，使得双边的货币互换能够发挥高效的作用。

2. 完善货币互换的制度化建设

货币互换的制度化是双边货币合作顺利实施的保障，因此需要加强我国与其他国家和地区货币互换的制度化建设，为双边的货币互换机制提供具有约束力的制度保障。具体而言，在货币互换的签署、信息披露等方面实行制度化管理，双边共同约定货币互换的有关制度，为实施货币互换的操作提供法律依据，推动双边货币合作实质性发展。

6.2.3.2　推进货币互换的市场化建设

1. 增强货币互换的灵活性和市场化需求

应提高人民币货币互换资金应用的灵活性，适当降低互换资金中备用金比例，拓展互换资金的多种用途。在货币互换中，应尽量降低货币合作中的阻碍因素，实现双边经济发展的互利共赢。实现货币互换的最大价值。在推进与其他国家和地区央行货币互换的同时，鼓励双边商业银行的货币互换，发展离岸互换市场，让市场发挥主导作用。

2. 提高货币互换的实际使用程度，强化双边金融合作

提高我国与其他国家和地区货币互换资金的实际使用率，更好地发挥互换货币在双边贸易、投资和金融合作中的作用。加快推动在"一带一路"沿线国家的人民币清算中心的建设，完善互换资金的使用和流通机制，加强对货币互换过程中配套设施的建设。不断加强对使用互换资金优势的宣传，提高企业使用互换资金的积极性，促进我国与沿线国家和地区货币互换的良好发展，助推人民币国际化进程。

6.2.3.3　扩大货币互换协议签署的范围

目前与我国签署货币互换协议的"一带一路"沿线国家的数量占全部

沿线国家数量的1/3左右,还有近2/3的"一带一路"沿线国家未与我国签署货币互换协议。应该进一步拓展与"一带一路"沿线其他国家货币互换协议签署,扩大人民币与其他货币的互换,提升人民币在"一带一路"沿线的使用范围。首先可选择与未签署货币互换协议的重点国家开展货币互换,如保加利亚、波兰、孟加拉国、伊朗和沙特阿拉伯等,同时积极拓展与非"重点国家"的货币互换,最大限度扩大与"一带一路"沿线国家的货币互换。

6.2.3.4 控制好货币互换的风险

需要积极防范货币互换的违约风险和市场风险。需要不断评估与其他国家或地区在政治、经济、外交等方面的关系变化,及时预测和发现在货币互换过程中存在的风险。建立有效的监管机制,不断强化双边监管部门的沟通协调,信息共享,建立互换风险预警机制,及时防范和化解可能的风险损失。

6.3 "一带一路"的区域"货币锚"效应分析

本章节梳理全球货币锚的演进历程及历史经验,结合当前环境,给出促进人民币发挥锚效应的可能路径,论证人民币是否具备成为"一带一路"沿线区域货币锚的现实基础,采用外部货币模型,对沿线国家的人民币锚效应进行衡量与比较,揭示人民币在沿线国家的货币锚效应程度,为我国与沿线国家的货币合作模式选择提供依据。

6.3.1 货币锚的历史演进与人民币成为货币锚的现实条件考察

本章节梳理货币锚的历史演进过程,归纳货币锚形成的不同方式,分析人民币成为"一带一路"沿线国家货币锚的条件,讨论人民币充当区域货币锚的可行性。

6.3.1.1　货币锚的历史演进与经验回顾

货币锚伴随国际货币体系的演变而不断更替。自 19 世纪末以来，国际货币体系的发展可划分为三个阶段，分别是金本位体系、布雷顿森林体系和牙买加体系。不同阶段均有其对应的货币锚。

1. 金本位制度下的"黄金—英镑锚"

最先得到广泛认可的国际货币是黄金。1816 年，以《铸币法》为标志，英国率先实行金本位制，规定英镑可以自由兑换为金条、金币，且不受出口限制。到 19 世纪 70 年代，以德国、美国为代表的欧洲和美洲国家先后实行了金本位制，各国货币纷纷与黄金挂钩，黄金因此成为国际货币锚。金本位制度下，各国货币含金量固定，汇率由货币含金量之比决定。同时，黄金是可以自由铸造和流通的无限法偿货币。在这一阶段，黄金锚恰当地处理了国际汇率稳定与跨境贸易结算的需求。与黄金可自由兑换的英镑以黄金的替代品的身份出现在许多应用场景中。19 世纪末 20 世纪初，超过 60% 的跨境贸易品以英镑计价，各国外汇储备超过 50% 的份额也被英镑占据。之后很长一段时间保持着以英镑为中心，以黄金为基础的国际货币体系，黄金与英镑共同成为世界性的货币锚。英镑成为货币锚，是多方面因素共同作用下的结果，其中最为重要的就是经济实力，英国抓住了工业革命的机遇壮大了经济，国际贸易规模随之扩张，推动英镑作为国际货币。英镑成为货币锚的另一个重要原因在于英镑与黄金挂钩。英国通过殖民扩张积累了大量黄金，并通过立法确定了英镑与黄金的自由兑换。英镑与黄金挂钩带来了币值的高度稳定，这使得英镑作为信用货币的可靠程度得到了极大保障。

2. 布雷顿森林体系下的"黄金—美元锚"

"二战"后以美元为中心的布雷顿森林体系确立，布雷顿森林体系从本质上说属于国际金汇兑本位制。美元在这一体系中与黄金共同发挥了"货币锚"的作用：美元与黄金挂钩，各国可按官方兑价用美元向美国兑换黄金；各国货币通过美元间接挂钩黄金，各国货币兑美元汇率由含金量之比决定，实行可调整的固定汇率制度。在布雷顿森林体系"双挂钩"的制度安排下，美元成了国际货币体系之锚。

3. 牙买加体系下的"多元化货币锚"

布雷顿森林体系瓦解后，国际货币体系进入牙买加体系。这一体系有别于前两种货币体系。首先是黄金非货币化，黄金逐渐退出国际货币。其次是浮动汇率制度合法化，浮动汇率制度可与固定汇率制度并存，由成员国自行选择汇率制度。最后是储备货币多元化，牙买加体系下不再有类似黄金或美元的绝对主导货币。虽然美国的经济实力与货币的使用惯性仍使美元处于主导地位，但欧元、日元等货币的国际影响力也不断增强，尤其特别提款权的国际储备地位得到显著提升，牙买加体系下的货币锚也呈现多样化的发展形态。目前国际货币体系下的货币锚呈现出以下特征：

（1）美元依然占据世界主要"货币锚"的地位。布雷顿森林体系瓦解后，美元与黄金脱钩，其地位因失去制度基础有所削弱，但依然占据世界主要"货币锚"的地位。美元作为世界主导国际货币，特别是国际大宗商品计价的使用惯性，其昂贵的转换成本使得人们难以放弃美元转而选择其他货币，对货币锚地位形成了一定程度的垄断效应。

（2）日元成为"货币锚"的路径仍在探索阶段。20世纪70年代，日本经济在"二战"后迅速崛起，其出色的经济表现使日元获得了国际硬通货的地位，同时日本政府也开始关注日元的国际化问题。1980年日本修订《外汇法》，在制度层面拉开了国际化的序幕，实现日元在资本项目下的可兑换。但由于日本有限的贸易实力以及不充分的金融市场改革，日元的货币锚地位的提升并未持续很长时间。20世纪90年代的日本泡沫经济更是给日元带来沉重打击，使日元国际化陷入停滞。1997年东亚金融危机爆发后，日元国际化的战略发生了变化，转而积极谋求提升日元在亚洲地区的地位提升，积极推进与亚洲各国的经济、金融领域的合作，以求实现日元成为区域货币锚的目标。

（3）欧元"货币锚"地位开始显现。布雷顿森林体系解体，美国世界"货币锚"地位削弱后，世界各个区域纷纷转而探寻更为稳定的汇率机制，这之中最成功的案例就是欧元区的诞生。欧洲货币合作的开端为1979年欧洲货币体系框架的建立，包括欧洲货币单位、汇率机制和货币基金的设立。此后在欧洲一体化建设的基础上，于1993年由德国和法国牵头成立欧盟，2002年1月欧元正式流通，成为有影响力的超越国家主权的流通货币，跻身主要国际货币行列，具有了锚货币地位。

从欧洲的经验可以看出，货币合作达到一定程度才诞生了欧元。在拥有共同政治和经济利益基础的欧洲，由当时占主导地位的货币（德国马克与法国法郎）牵头成立区域性的货币联盟，各成员国让渡货币主权，推出区域共同体的单一货币。我国可以借鉴这种思路。通过贸易便利、金融支持、货币合作等方式夯实基础、积累条件，培育在区域内发挥人民币货币锚的作用，以期未来在"一带一路"沿线牵头成立货币合作区。

综上所述，经过数百年的演进，货币锚已经进入了多元化发展时代，货币形式的单一锚不复存在，包括美元、日元、欧元、英镑等多种货币都在区域甚至国际范围内发挥了货币锚的作用，而人民币有望成为多元化货币锚中的一元。

从历史经验来看，一国货币发展成为货币锚的方式有以下几种：①以英镑为代表的货币锚主要采用"国际贸易＋殖民扩张"的方式，凭借生产力的提高在进出口贸易中居于主要地位，并且通过在全球建立殖民地积累黄金，从而树立英镑的国际流动货币地位，并通过立法将英镑与黄金挂钩增强英镑的锚效应；②以美元为代表的货币锚主要采用"国际组织＋金融市场"的方式，其借"战后"国际政治影响力通过多种国际组织渠道确立美元在全球货币体系中的货币锚地位；③以日元为代表的货币锚试图采用"国际贸易＋金融市场"方式，其依托于本国高度发达的制造业出口贸易以及开放的金融市场推进日元国际化使用确立锚地位；④以欧元为代表的货币锚主要采用"区域货币联盟＋贸易金融一体化"的方式，联合与自身贸易联系密切、金融市场一体化程度高的国家，构建区域货币合作，采用区域内单一货币与各国货币锚定。

从发展路径看，美元与英镑成为货币锚的路径存在其特有时代特点，难以复制。日元成为货币锚的发展方式要求金融市场高度开放，存在对于国内经济稳定产生强烈冲击的可能性，时至今日，日本仍在消化金融市场过快开放所造成的国内经济冲击。相比之下，欧元成为货币锚的方式则更具有借鉴意义。人民币可借鉴欧元经验，以"一带一路"为依托，率先提高与周边国家贸易和金融一体化程度，增强沿线国家对于人民币的使用与依赖，以提高人民币的锚效应，进而构建以人民币为主导的区域货币联盟。

6.3.1.2 人民币成为"一带一路"沿线货币锚的现实条件分析

本章节在美元、日元、欧元和英镑成为国际货币锚经验的基础上，考察人民币成为"一带一路"沿线国家货币锚的现实条件。

1. 世界多国积极寻求稳定的货币锚

长久以来，美元在国际货币体系中居于主导地位，在国际贸易中作为主要结算手段，在各国官方外汇储备中占有巨大份额，在外汇市场上成交量遥遥领先，其汇率也被许多国家的货币显性或隐性钉住。就美元主导地位而言，虽然多国在储备货币中引入了欧元、日元等其他货币，但都不足以替代美元的主导地位。欧元在外汇市场上交易量只有美元的一半，接受度远不如美元。日元受日本在泡沫经济后经济低迷的影响，也难以保持稳定良好的公信力。与黄金脱钩后的美元已不再是稳定的货币锚。寻求更稳定、可替代美元的货币锚，已成为多国的共同呼声。

2. 我国的周边国家积极寻求货币合作

1997 年金融危机席卷亚洲，泰国、韩国、马来西亚等国纷纷向国际货币基金组织寻求援助。由于延后的救援安排和苛刻的援助条款，这些国家错失了应对危机的最佳时机。金融危机的教训使得亚洲各国深刻认识到，以国际货币基金组织（IMF）为代表的国际组织危机救助框架存在很大弊端，单纯依靠其危机救助是不可靠的，通过政策协调加强区域货币合作，建立属于自己的货币基金组织体系是维护区域金融稳定的长久之计。另外，全球贸易和资本流动的进一步加强也催生了多个区域的货币合作新尝试。包括欧元区的成立、非洲法郎区的形成以及拉美地区的美元化等区域货币合作形式纷纷出现，给亚洲国家提供了宝贵的经验。在这种潮流下，亚洲特别是我国及周边国家与地区纷纷提出了货币合作的构想。2000 年 5 月，"东盟十国 + 中日韩（10 + 3）"财政部部长会议签署了《清迈协议》，正式拉开了亚洲地区货币合作的帷幕并在日后就制度框架、运作机制等层面不断完善。东盟互换协议中货币互换规模的扩大、中日韩三国与东盟国家双边互换协议的签署，也使建立区域性货币互换网络有望形成。2010 年总规模为 1200 亿美元的亚洲区域性外汇储备库正式生效。在周边国家对于区域货币合作的积极尝试下，亚洲货币合作有效性不断增强。2013 年 9 月，以我国为主导的"一带一路"倡议的提出，获得了周边国家的积极响应。此后，围绕"一带一路"倡议展开的货币合作不断增加，我国周边国家与地区纷纷受益，对区域货币合作的热情进一步提高。

基于前述对人民币成为国际货币以及作为"一带一路"货币锚的基础条件分析，"一带一路"建设强化了我国与沿线国家特别是周边地区的贸易、金融与货币合作，有利于推动人民币首先在"一带一路"沿线国家和地区成为货币锚。我国应抓住机遇，迎合周边国家货币合作的需要，积极展开区域性货币合作，助推人民币发挥区域货币锚效应

6.3.2   人民币在"一带一路"沿线货币锚效应的实证分析

本章节运用改进的外部货币模型对沿线国家的人民币锚效应进行衡量与比较，考察"一带一路"沿线国家人民币的货币锚效应及其变化特征。

6.3.2.1   模型构建与变量选取

本部分依据第3章指数编制中使用的篮子货币，选择美元、欧元、日元、英镑和人民币5种货币组成货币篮子。以新西兰元作为基准货币[①]，与瑞士类似，新西兰也属于中立国和小型经济开放体，也不存在外汇管制，其货币币值较少受到货币篮子的重大影响。本章节在第3章指数编制中使用的货币锚模型式（3-2）的基础上得出式（6-2）：

$$\Delta\log\left(\frac{X}{NZD}\right)_t = \alpha + \beta_1\Delta\log\left(\frac{USD}{NZD}\right)_t + \beta_2\Delta\log\left(\frac{EUR}{NZD}\right)_t + \beta_3\Delta\log\left(\frac{JPY}{NZD}\right)_t$$
$$+ \beta_4\Delta\log\left(\frac{GBP}{NZD}\right)_t + \beta_5\Delta\log\left(\frac{RMB}{NZD}\right)_t + \mu_t \qquad (6-2)$$

式（6-2）中，$\frac{k}{NZD}$（k = X, USD, EUR, JPY, GBP, RMB）分别表示"一带一路"沿线某国家的货币 X、美元、欧元、日元、英镑和人民币兑新西兰元的汇率。

---

① 本部分对于基准货币的选择与第3章指数编制中使用的基准货币不同，通过使用不同的基准货币来考察人民币在沿线国家的锚效应。

为了避免人民币汇率与其他货币的相关性以及引发的多重共线性问题，本部分同样运用第4章货币锚模型的两步估计方法，首先将人民币汇率变动对美元、欧元、日元、英镑汇率变动做辅助回归，之后将回归得到的残差序列作为人民币汇率变动的代理变量，进而估计人民币对"一带一路"沿线国家货币汇率变动的影响。具体过程如式（6-3）所示：

$$\Delta\log\left(\frac{RMB}{NZD}\right)_t = \varphi_0 + \varphi_1\Delta\log\left(\frac{USD}{NZD}\right)_t + \varphi_2\Delta\log\left(\frac{EUR}{NZD}\right)_t$$

$$+ \varphi_3\Delta\log\left(\frac{JPY}{NZD}\right)_t + \varphi_4\Delta\log\left(\frac{GBP}{NZD}\right)_t + \hat{\omega}_t \quad (6-3)$$

式（6-3）中，$\varphi_i(i=1,2,3,4)$分别表示人民币受美元、欧元、日元和英镑的影响程度；φ_0为常数项；残差序列$\hat{\omega}_t$表示人民币汇率自主波动的部分。

将$\hat{\omega}_t$作为人民币汇率变动的代理变量加入式（6-2），得到式（6-4）。

$$\Delta\log\left(\frac{X}{NZD}\right)_t = \alpha + \beta_1\Delta\log\left(\frac{USD}{NZD}\right)_t + \beta_2\Delta\log\left(\frac{EUR}{NZD}\right)_t + \beta_3\Delta\log\left(\frac{JPY}{NZD}\right)_t$$

$$+ \beta_4\Delta\log\left(\frac{GBP}{NZD}\right)_t + \beta_5\hat{\omega}_t + \mu_t \quad (6-4)$$

模型假设"一带一路"沿线国家货币的汇率波动仅由货币篮子的汇率波动所解释[①]，即$\beta_1 + \beta_2 + \beta_3 + \beta_4 + \beta_5 = 1$，最终回归方程整理得到式（6-5）。

$$\Delta\log\left(\frac{X}{NZD}\right)_t - \hat{\omega}_t = \alpha + \beta_1\left[\Delta\log\left(\frac{USD}{NZD}\right)_t - \hat{\omega}_t\right] + \beta_2\left[\Delta\log\left(\frac{EUR}{NZD}\right)_t - \hat{\omega}_t\right]$$

$$+ \beta_3\left[\Delta\log\left(\frac{JPY}{NZD}\right)_t - \hat{\omega}_t\right] + \beta_4\left[\Delta\log\left(\frac{GBP}{NZD}\right)_t - \hat{\omega}_t\right] + \mu_t$$

$$(6-5)$$

式（6-5）中，$\beta_j(j=1,2,3,4)$反映了X国隐含货币篮子中美元、欧元、日元和英镑的权重，而人民币的权重则为$\beta_5 = 1 - \beta_1 - \beta_2 - \beta_3 - \beta_4$。

---

① 本部分的算法不同于第4章编制中的货币锚模型对于人民币权重的算法，给出了更加严格的假设。

基于第 4 章对"一带一路"沿线国家的划分，鉴于部分国家数据缺失，本部分共选取可统计的 56 个国家①作为研究样本。考虑到在部分文献对"一带一路"国家划分中，韩国的定位比较模糊，在官方的文件中，"一带一路"没有明确划定地理界线，由于韩国在地理位置上距离我国较近，和我的贸易投资密切，目前与我国货币互换的金额较高，续约次数较多，还是与我国贸易投资的"重点国家"，因此在本部分探索人民币隐含的货币锚效应强度方面，和接下来的其他章节对"一带一路"沿线国家的分析中，将韩国考虑进去。另外，由于韩国、蒙古国属于东亚，涵盖东亚国家较少，为方便研究，本部分将韩国归为东南亚区域，蒙古国归为中亚区域。

考虑到 2008 年 8 月后为应对国际金融危机，我国在接下来近两年的时间内保持人民币兑美元固定汇率，2010 年 6 月 19 日央行宣布人民币重回有管理的浮动轨道。因此，本部分采用 2010 年 7 月 4 日至 2019 年 12 月 31 日"一带一路"沿线国家货币和篮子货币兑新西兰元汇率的日度数据。合计 60 组，每组共有 2375 个日度数据，数据均来源于 WIND 数据库。

6.3.2.2 变量的平稳性检验

为了排除时间序列不平稳而导致的伪回归问题，本章对各国汇率数据的对数一阶差分值进行 ADF 检验。结果如表 6 - 4 所示，对数一阶差分后的汇率数据全部是平稳的，可以建立回归方程展开估计。

---

① 根据各国地理位置，样本国家分别为东南亚的印度尼西亚、马来西亚、泰国、新加坡、菲律宾、越南、文莱、柬埔寨、缅甸、老挝、韩国，南亚的印度、巴基斯坦、孟加拉国、尼泊尔、斯里兰卡、马尔代夫，中亚的哈萨克斯坦、吉尔吉斯斯坦、乌兹别克斯坦、塔吉克斯坦、蒙古国，西亚的沙特阿拉伯、阿联酋、土耳其、以色列、也门、伊拉克、伊朗、叙利亚、科威特、卡塔尔、巴林、约旦、阿曼、黎巴嫩、阿富汗、阿塞拜疆、格鲁吉亚、亚美尼亚、埃及，东欧的俄罗斯、白俄罗斯、乌克兰、摩尔多瓦和中南欧的波兰、捷克、希腊、斯洛伐克、克罗地亚、匈牙利、罗马尼亚、保加利亚、塞尔维亚、阿尔巴尼亚、马其顿。

表 6-4 　　　　　　　　　　　　ADF 检验结果

货币	变量	t 值	货币	变量	t 值
美元	DlnUSD	-49.1601 ***	也门里亚尔	DlnYER	-48.8303 ***
欧元	DlnEUR	-49.3822 ***	伊拉克第纳尔	DlnIQD	-60.1973 ***
日元	DlnJPY	-49.054 ***	伊朗里亚尔	DlnIRR	-49.7647 ***
英镑	DlnGBP	-48.5295 ***	叙利亚镑	DlnSYP	-49.0233 ***
人民币	DlnCNY	-50.1177 ***	科威特第纳尔	DlnKWD	-50.493 ***
印尼卢比	DlnIDR	-39.9577 ***	卡塔尔里亚尔	DlnQAR	-52.5764 ***
马来西亚林吉特	DlnMYR	-54.2551 ***	巴林第纳尔	DlnBHD	-49.6457 ***
泰铢	DlnTHB	-49.9485 ***	约旦第纳尔	DlnJOD	-51.456 ***
新加坡元	DlnSGD	-50.01 ***	阿曼里亚尔	DlnOMR	-51.2655 ***
菲律宾比索	DlnPHP	-50.4565 ***	黎巴嫩镑	DlnLBP	-51.2079 ***
越南盾	DlnVND	-40.582 ***	希腊德拉克马	DlnGRD	-49.3771 ***
文莱元	DlnBND	-54.2324 ***	阿富汗尼	DlnAFN	-53.6887 ***
柬埔寨瑞尔	DlnKHR	-53.1968 ***	阿塞拜疆马纳特	DlnAZN	-48.4629 ***
缅甸元	DlnMMK	-49.8028 ***	格鲁吉亚拉里	DlnGEL	-47.614 ***
老挝基普	DlnLAK	-49.9092 ***	亚美尼亚德拉姆	DlnAMD	-49.9418 ***
印度卢比	DlnINR	-38.9809 ***	埃及镑	DlnEGP	-22.561 ***
巴基斯坦卢比	DlnPKR	-50.1479 ***	俄罗斯卢布	DlnRUB	-47.2394 ***
孟加拉国塔卡	DlnBDT	-49.9491 ***	白俄罗斯卢布	DlnBYN	-21.5877 ***
尼泊尔卢比	DlnNPR	-40.0764 ***	乌克兰格里夫纳	DlnUAH	-14.1335 ***
斯里兰卡卢比	DlnLKR	-49.472 ***	摩尔多瓦列伊	DlnMDL	-54.588 ***
马尔代夫卢比	DlnMVR	-49.9368 ***	波兰兹罗提	DlnPLN	-52.2045 ***
哈萨克斯坦坚戈	DlnKZT	-37.9882 ***	捷克克朗	DlnCZK	-50.2079 ***
吉尔吉斯斯坦索姆	DlnKGS	-54.234 ***	斯洛伐克克朗	DlnSKK	-49.3831 ***
乌兹别克斯坦索姆	DlnUZS	-50.385 ***	克罗地亚	DlnHRK	-51.1668 ***
塔吉克斯坦索莫尼	DlnTJS	-62.4762 ***	匈牙利福林	DlnHUF	-51.471 ***
蒙古国图格里克	DlnMNT	-49.6961 ***	罗马尼亚列伊	DlnRON	-51.1618 ***
沙特阿拉伯亚尔	DlnSAR	-50.8365 ***	保加利亚列弗	DlnBGN	-54.5575 ***
阿联酋迪拉姆	DlnAED	-50.0041 ***	塞尔维亚第纳尔	DlnRSD	-38.4741 ***
土耳其镑	DlnTRY	-31.164 ***	阿尔巴尼亚列克	DlnALL	-53.0289 ***
以色列新谢克尔	DlnILS	-50.5102 ***	马其顿第纳尔	DlnMKD	-53.0314 ***
韩元	DlnKRW	-50.636 ***	—	—	—

注：Dln 指汇率数据序列的对数一阶差分。*** 表示模型系数在 1% 的水平上显著。

6.3.2.3 全样本的检验结果

使用改进的外部货币模型，以美元、欧元、日元、英镑和人民币解释变量，分区域对"一带一路"沿线56个国家的隐含货币篮子进行全样本估计，结果如表6-5所示。

表6-5　　　　　　　　　全样本估计结果

区域	货币	美元	欧元	日元	英镑	人民币	R^2
东南亚	人民币	0.8947 ***	0.0198 ***	0.0106 *	0.0446 ***		0.9349
	印尼卢比	0.8772 ***	− 0.0134	− 0.0157	0.0338	0.1181	0.5757
	马来西亚林吉特	0.7782 ***	0.0281	− 0.0627 ***	0.0751 ***	0.1812	0.6869
	泰铢	0.6885 ***	0.1003 ***	0.0415 ***	0.0236 **	0.1462	0.8425
	新加坡元	0.4534 ***	0.1914 ***	0.0585 ***	0.0840 ***	0.2127	0.8450
	菲律宾比索	0.7479 ***	0.0637 ***	− 0.0124	0.0499 ***	0.1510	0.7846
	越南盾	1.0435 ***	− 0.0172	0.0001	− 0.0049	− 0.0216	0.5218
	文莱元	0.5721 ***	0.1574 ***	0.0384 ***	0.0719 ***	0.1602	0.8063
	柬埔寨瑞尔	1.0030 ***	0.0093	− 0.0052	− 0.0265	0.0194	0.7752
	缅甸元	0.9596 ***	0.0142	0.0299 **	− 0.0020	− 0.0016	0.8056
	老挝基普	1.0020 ***	0.0044	− 0.0072	− 0.0029	0.0038	0.9727
	韩元	0.3906 ***	0.1070 ***	0.1062 ***	0.0666 ***	0.3296	0.5480
南亚	印度卢比	0.7495 ***	0.0826 ***	− 0.0857 ***	0.0745 ***	0.1791	0.6298
	巴基斯坦卢比	0.8056 ***	− 0.0184	0.0011	0.0009	0.2107	0.5190
	孟加拉国塔卡	0.9763 ***	0.0077	0.0025	0.0045	0.0091	0.8530
	尼泊尔卢比	0.6666 ***	0.0396	− 0.0832 ***	0.0590 *	0.3180	0.3371
	斯里兰卡卢比	0.8042 ***	− 0.0293	0.0271	0.0095	0.1886	0.5980
	马尔代夫卢比	0.9641 ***	0.0629 ***	− 0.0039	− 0.0166	− 0.0065	0.7056
中亚	哈萨克斯坦坚戈	0.9339 ***	0.0179	0.0251	0.0521	− 0.0290	0.4440
	吉尔吉斯斯坦索姆	0.9837 ***	0.0398	− 0.0165	− 0.0053	− 0.0017	0.6496
	乌兹别克斯坦索姆	0.9896 ***	0.1564 **	− 0.0838	− 0.0367	− 0.0255	0.2000
	塔吉克斯坦索莫尼	0.9886 ***	0.0062	0.0099	− 0.0097	0.0051	0.5218
	蒙古国图格里克	0.9994 ***	− 0.0145	0.0057	0.0045	0.0049	0.7632

续表

区域	货币	美元	欧元	日元	英镑	人民币	R²
西亚	沙特阿拉伯亚尔	0.8708 ***	0.0067	0.0139	0.0413 ***	0.0673	0.8139
	阿联酋迪拉姆	0.8141 ***	− 0.0360	0.0046	− 0.0051	0.2224	0.6336
	土耳其镑	0.3840 ***	0.3286 ***	− 0.0759 **	0.0597	0.3036	0.2362
	以色列新谢克尔	0.5443 ***	0.3385 ***	− 0.0348 **	0.0412 **	0.1108	0.7106
	也门里亚尔	0.9898 ***	− 0.0048	− 0.0403 **	0.0249	0.0304	0.7482
	伊拉克第纳尔	1.0481 ***	0.0459	− 0.0559 **	− 0.0467	0.0086	0.5779
	伊朗里亚尔	1.0339 ***	− 0.0071	0.0471	− 0.0104	− 0.0635	0.2029
	叙利亚镑	0.9864 ***	0.1440	− 0.0193	− 0.0749	− 0.0362	0.1287
	科威特第纳尔	0.8754 ***	0.0876 ***	0.0143 ***	0.0203 ***	0.0024	0.9790
	卡塔尔里亚尔	0.8427 ***	− 0.0225	− 0.0040	− 0.0040	0.1879	0.5881
	巴林第纳尔	0.8320 ***	− 0.0317	0.0098	0.0030	0.1870	0.6815
	约旦第纳尔	0.7926 ***	− 0.0435 *	0.0024	− 0.0141	0.2626	0.5586
	阿曼里亚尔	0.7922 ***	− 0.0284	− 0.0020	− 0.0168	0.2550	0.5660
	黎巴嫩镑	0.6997 ***	0.1176 **	0.0518	− 0.0576	0.1885	0.1862
	阿富汗尼	0.9793 ***	0.0197	0.0040	− 0.0208	0.0178	0.6166
	阿塞拜疆马纳特	1.0233 ***	− 0.0128	− 0.0164	− 0.0149	0.0208	0.3118
	格鲁吉亚拉里	0.9642 ***	− 0.0093	− 0.0406 **	0.0384	0.0473	0.6511
	亚美尼亚德拉姆	1.0172 ***	− 0.0168	0.0004	− 0.0054	0.0046	0.8484
	埃及镑	0.8531 ***	0.0751	− 0.0038	− 0.0888	0.1644	0.1754
东欧	俄罗斯卢布	0.5598 ***	0.1796 ***	− 0.2220 ***	0.1256 ***	0.3569	0.2031
	白俄罗斯卢布	0.5312 ***	0.3834 ***	0.0619	0.0325	− 0.0090	0.1331
	乌克兰格里夫纳	0.8676 ***	0.1680 **	0.0022	− 0.0329	− 0.0049	0.1771
	摩尔多瓦列伊	0.9221 ***	0.0469 *	− 0.0130	0.0053	0.0388	0.6167
中南欧	波兰兹罗提	− 0.1642 ***	1.0565 ***	− 0.1265 ***	0.0715 ***	0.1627	0.6639
	捷克克朗	− 0.0759 ***	1.0648 ***	− 0.0375 ***	0.0111	0.0375	0.8094
	希腊德拉克马	0	1.0001 ***	0	− 0.0001	0	1.0000
	斯洛伐克克朗	0.0001	1.0001 ***	− 0.0001	− 0.0001	0	1.0000
	克罗地亚	0.0094 ***	0.9808	0.0015	− 0.0002	0.0085	0.8926
	匈牙利福林	− 0.1724 ***	1.1115 ***	− 0.1358 ***	0.0454 **	0.1513	0.6258
	罗马尼亚列伊	0.0304 *	0.9778 ***	− 0.0462 ***	0.0037	0.0342	0.8106
	保加利亚列弗	0.1692 ***	0.9088 ***	− 0.0307 ***	0.0030	− 0.0503	0.8389
	塞尔维亚第纳尔	0.1933 ***	0.8796 ***	− 0.0472 ***	0.0071	− 0.0329	0.7264
	阿尔巴尼亚列克	0.1800 ***	0.8608 ***	− 0.0209 *	0.0043	− 0.0242	0.8186
	马其顿第纳尔	0.3635 ***	0.6249 ***	− 0.0179	0.0238	0.0057	0.6702

注： ***、**、* 分别表示模型系数在1%、5%、10%的水平上显著。

从人民币对美元、欧元、日元和英镑的回归结果看，拟合程度较好，达到0.9349，并且美元、欧元、英镑的系数在1%的统计水平下显著，日元的回归系数也在10%的统计水平下显著。因此，有必要进行分步回归，以探究排除其他货币影响后人民币的独立波动对"一带一路"沿线国家主权货币的锚效应。在人民币的货币篮子中，美元占据绝大部分权重，锚效应系数高达0.8947，欧元、日元和英镑对人民币也存在货币锚效应，但与美元相比十分微弱，美元依旧是人民币隐性钉住的主要货币。

从"一带一路"沿线国家的全样本估计结果看，各国隐性钉住的货币篮子体现出多元化的特征，多个国家的货币隐性钉住了超过一种货币篮子，其中东南亚、中南欧和东欧国家的货币篮子多元化趋势表现得更为明显。同时，在各国货币篮子中都存在着一种占据绝大多数份额的核心锚货币，美元作为历史较为悠久的国际货币，在国际舞台上依旧具有巨大的影响力，在东南亚、南亚、中亚、西亚和东欧地区各国货币篮子中占有绝对的主导性地位，对于个别国家的系数甚至接近于1，而在中南欧地区，加入"一带一路"合作框架的国家同为欧盟成员国或候选成员国，故欧元替代了美元发挥出巨大的货币锚效应。

就人民币锚效应而言，实证结果显示，人民币被大多数"一带一路"沿线国家纳入了隐含货币篮子，其中人民币权重超过10%的国家达到23个。同时，与我国地理位置接近甚至接壤的国家表现出更为显著的人民币锚效应，人民币的货币锚效应体现出较强的"周边化"特征。此外，不同区域的人民币锚效应也有所不同，在东南亚和南亚地区，人民币基本确立了货币锚的地位，甚至于在这些区域内的绝大部分国家的货币篮子中，人民币已经超越了日元、欧元和英镑，成为仅次于美元的第二大锚货币。其次是西亚和东欧地区，部分国家以较高的人民币锚效应提升了该地区整体钉住人民币的水平。相比之下，人民币在中亚和中南欧地区的货币锚效应尚且比较微弱，美元和欧元几乎垄断了各国货币篮子的全部权重。同时各区域内部各国的货币篮子中人民币的权重也呈现出差异化的特征，其中中南欧和西亚国家之间呈现出的差异性最大。东欧国家中俄罗斯的人民币锚效应水平非常显著，而其余各国货币篮子中的人民币权重都处于非常低的水平。西亚地区的伊朗、伊拉克、叙利亚和科威特与该区域内其他国家显著的人民币锚效应形成了鲜明对比。中亚、中南欧、东南亚和南亚各国人民币锚效应水平则十分相近，中亚各国人民币权重普遍偏低，中南欧地区除波兰、匈牙利之外其余国家人民币锚效应并不显著，而在东南亚和南亚则体现出相对均衡并且显著的人民币影响力。

6.3.2.4 滚动回归检验结果

以往研究通常是分阶段对人民币锚效应进行考察，由于分段过程中主观性的存在，可能造成估计结果的偏差。为了更加准确且连贯地反映出货币锚效应在完整样本时间段内的变动情况，本章节采取滚动窗口回归方式对"一带一路"沿线国家隐含货币篮子的权重进行估计。考虑到剔除各国非一致的交易日后约以 250 天为一年，故设置窗口期为 250，步长为 1。

计算"一带一路"沿线国家的货币篮子中人民币权重的均值，结果如图 6-2 所示。

图 6-2 "一带一路"沿线国家中的人民币锚效应

如图 6-2 所示，在"一带一路"沿线国家，人民币锚效应表现出周期性波动的特征。2009 年人民币国际化正式启动以来，人民币国际化加速推进，在"一带一路"沿线区域的推广也经历了黄金发展期。2011 年人民币在沿线各国货币篮子中的权重呈现出高速增长的趋势，由 0.08 增长到 0.13，共计提升 5 个百分点。此后，受到经济结构调整、经济发展方式转变的影响，2012 年整体经济增速放缓，人民币在"一带一路"沿线国家货币篮子中的权重也出现了负增长。但随着 2013 年"一带一路"倡议提出，人民币的区域锚效应扭转下跌趋势，进入调整巩固期，稳定在0.06附近。之后随着"一带一路"倡议稳步推进，大批合作项目落地，区域经贸交流加深，人民币锚效应稳步向好发展。2015年12月人民币正式被纳入SDR篮子，以7.9%的权重成为仅次于美元和欧元的货币，进一步提升了人民币在"一带一路"沿线的货币锚地位，达到近几年来的最高点0.11。然而进入2016年后，全球经济复苏步伐放缓，风险事件频发，整体经济局势动荡不安，人民币区域化推广也受到人民币汇率走低、国内资本管制收紧、美联储启动加息周期等因素影响，致使人民币在"一带一路"沿线国家的货币锚效应一度出现大幅下滑，接近低位0.03。这种形势在2017年得到了改善，由于全球经济形势复苏向好，贸易投资回暖，同时我国经济新动能不断增强，增长表现高于预期，逐渐消化了前期的负面冲击。同时，人民币区域化推广积极转换发展方式，开发债券通、人民币计价的石油期货等，助力人民币市场需求缓慢回升，自2018年起，人民币锚效应正式进入新的上升区间。

根据全样本回归结果，"一带一路"沿线不同地理区域体现出差异化的人民币锚效应特征，因此，本章进一步分地区对人民币锚效应的变化趋势进行探究，观察各区域的隐含货币篮子中大权重的核心锚货币特征。东南亚、南亚、中亚、西亚和东欧地区是美元，中南欧地区是欧元，本章将核心锚货币与人民币的权重一同展示，以供分析比较。图6-3显示了分地区展示各区域隐含货币篮子中核心锚货币与人民币的权重。

如图6-3所示，人民币与传统锚货币的锚效应仍存在显著差异，人民币在"一带一路"沿线国家的锚效应水平相对较低，其在不同地区的锚效应远低于美元或者欧元的锚效应，未来需要继续推进人民币国际化以进一步提高人民币的国际地位，提高人民币的锚定效应。此外，人民币与传统锚货币对该国汇率波动的贡献度呈现出"此消彼长"的态势，即人民币锚效应的提高会导致该地区货币锚效应的降低，这也间接说明人民币成为某一地区的锚货币需要突破该地区原有货币锚的货币惯性。从不同区域人民币发挥锚定效应的水平来看，人民币锚效应表现出明显的地域差异。总的来看，在"一带一路"中东南亚和南亚地区人民币锚效应较为显著，并且在样本区间内长期保持相对稳定水平；中亚地区和中南欧地区人民币锚效应极其不显著，这两个区域在长期内锚定美元或者欧元，货币惯性相对较大；西亚地区在 2017 年前人民币锚效应保持较高水平，随后呈现"断崖式"下降，人民币近两年无明显锚效应；东欧地区人民币锚效应除在 2014～2015 年不明显外，其余时间人民币锚效应相对明显，呈现波动的趋势。

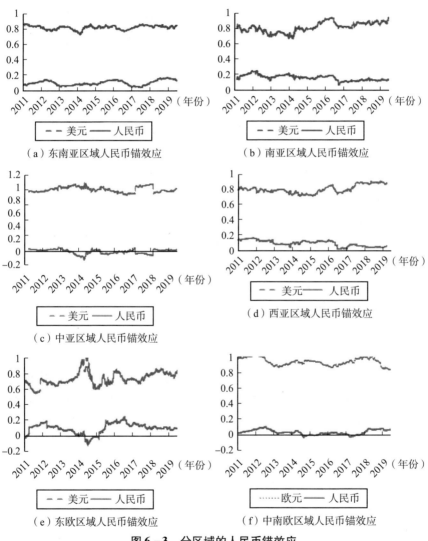

（a）东南亚区域人民币锚效应

（b）南亚区域人民币锚效应

（c）中亚区域人民币锚效应

（d）西亚区域人民币锚效应

（e）东欧区域人民币锚效应

（f）中南欧区域人民币锚效应

图 6-3 分区域的人民币锚效应

东南亚地区是与我国开展货币与金融合作基础最好的地区，其中新加坡、印度尼西亚、马来西亚与我国的货币合作规模、时间跨度与频率明显超越"一带一路"沿线的其他国家和地区，新加坡、泰国、马来西亚合计占据"一带一路"沿线国家人民币合格境外投资者（RQFII）额度的50%以上，菲律宾、马来西亚、新加坡的"熊猫债"与"点心债"等人民币债券的发行也走在"一带一路"沿线其他国家前列。货币与金融等方面的深度合作为人民币在东南亚推广打下较好基础，故样本区间内人民币在东南亚地区的货币锚效应得以在0.15高位波动，如图6-3（a）所示。随着2019年我国在东南亚"一带一路"投资大幅增加，人民币权重达到历史新高。

南亚地区与我国接壤，经济贸易联系十分紧密，人民币使用和接受程度较高。如图6-3（b）所示，在2017年之前人民币在南亚各国货币篮子中占据的权重接近0.2。在2017年后，人民币锚效应有所下降，稳定在0.12左右，持续至今，原因在于在2017年后我国与南亚主要国家印度边境局势紧张，双方贸易以及金融合作进程放缓。此外，2017年后南亚各国与美国的合作趋于密切，美元在南亚地区的货币使用惯性得到巩固，从而在一定程度上降低了人民币锚效应。

如图6-3（c）所示，中亚地区的人民币锚效应非常不显著，影响系数长期在0附近徘徊。这可能是如下原因导致的：一是美元强大的货币惯性阻碍了人民币流通规模的扩大。二是我国目前尚难打破国际大宗商品以美元为主的计价模式，而能源和矿产品是中亚国家向我国出口的主要商品，导致人民币的使用比例在双边贸易结算中难以显著提升。三是我国在中亚地区金融机构分支远不能满足需要，以我国银行为例，仅在哈萨克斯坦设立了一家分行，其余国家均无分支机构，这制约了我国与中亚各国经济金融发展的协调联动，阻碍了人民币的区域化使用。但未来在"一带一路"倡议下，我国与中亚地区经贸联系将不断加深，人民币在中亚地区的货币锚效应存在巨大的提升空间。

西亚地区与我国的经贸往来源远流长，具有良好的合作基础，是我国最重要的原油供应地与海外投资市场，截至2016年我国已经成为9个西亚国家最大的贸易伙伴，这使得人民币2011~2016年在西亚地区一直保持较为显著的锚效应，如图6-3（d）所示，此后人民币在货币篮子中的权重经历了探底与反弹，2018年起稳定在低位0.05附近。这可能是西亚地区进入政治风险上升期所致，包括伊朗和沙特阿拉伯断交危机，土耳其国内政变未遂等风险事件频发，区域内大国争夺地区主导权致使局势逐渐复杂化。充满不确定性的政治环境限制了我国与西亚地区经贸合作，人民币锚效应也较弱。

如图6-3（e）所示，东欧地区从2012年开始人民币权重不断下降的三年，于2015年止跌回升，此后人民币锚效应显著提高，原因在于近年来以俄罗斯为首的东欧国家与以美国为代表的西方国家贸易摩擦频繁，"去美元化"的呼声日益加强，因此需要寻求新的合作伙伴。我国所提出的"一带一路"倡议为东欧国家的发展带来了新的契机，双方贸易往来逐渐频繁、货币互换规模不断增加，并且双方开展了深入的文化交流，这在一定程度上减小了美元的货币惯性，使得人民币在该地区得到广泛使用。

中南欧地区与我国地理位置相距甚远，且文化背景存在很大差异，人民币的接受度不高。如图6-3（f）所示，总体上看人民币锚效应也不显著。2012年在我国倡导下，我国与中南欧16国在波兰华沙达成"16+1"合作，人民币锚效应获得短暂的提升，人民币权重抵达最高点0.07。然而欧洲货币合作中欧元的位置难以撼动，人民币在各国货币篮子中的高权重并未持续很久，2013年人民币权重下滑，之后近五年内一直在0附近波动。2017年，在欧洲央行宣布首次持有人民币外汇储备的带动下，中南欧各国纷纷向人民币示好，拟将人民币纳入本国外汇储备，使得人民币在中南欧地区的货币锚效应再度攀升。加之2019年中国—中东欧国家全球伙伴中心的成立，人民币在中南欧的地位得到了进一步提高。

6.3.3 基于货币锚效应的"货币篮子"合作分析

为了提升人民币在"一带一路"沿线国家的使用程度，本章节探讨从沿线国家选出人民币锚效应较强的国家的货币，构建"货币篮子"，作为沿线国家货币的共同价值锚，以此促进人民币的区域国际化。

基于货币钉住的国家间的货币合作模式主要有三种。第一种为部分国家货币钉住单一货币的模式，如钉住美元。第二种为部分国家组建共同货币区的模式，如欧元区。第三种为部分国家货币钉住共同的货币篮子模式。由于"一带一路"沿线国家的经济发展程度和经济结构存在差异，不同国家的政治制度和意识形态存在多样性，钉住单一货币和组建共同货币区的货币合作模式在短期内很难实现，所以，可以选择部分国家货币钉住共同的货币篮子模式。由于人民币在沿线国家锚效应强度的大小极大程度上影响着人民币在货币篮子中的定价影响力，在我国与沿线国家构成的货币篮子中，其篮子中的货币应尽可能以人民币为货币锚，即货币篮子的主权国选择以人民币锚效应强度为依据。基于对前文沿线国家人民币锚效应强度进行排序，我们选取其中人民币锚效应强度在0.18以上的"重点国家"作为货币篮子国家，共计8个国家，如图6-4所示。

（锚效应强度）

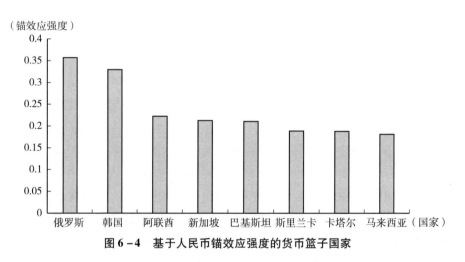

图6-4　基于人民币锚效应强度的货币篮子国家

借鉴欧元的形成经验，"货币篮子"模式中，采取以"货币篮子"中货币币值的加权值为基准，权重为成员国之间的贸易比重。这样选取权重的理由有三。第一，"货币篮子"国家经济发展水平具有差异性，不适合采用GDP比重为权重。贸易比例为权重一方面体现出"货币篮子"国家之间贸易合作的相对水平，另一方面体现出经济体之间贸易结构的互补性。第二，以贸易比例为权重构造"货币篮子"，对相关国家的货币主权影响相对较小，可行性高。如果以GDP比例为权重，则"货币篮子"中人民币的比例会过高，意味着钉住"货币篮子"相当于要求钉住人民币，可能难以征得其他国家的认可。第三，以"货币篮子"国家之间贸易比例为权重，有利于货币篮子中货币实现多样性，抵抗国际系统性风险。在

"货币篮子"中，成员国在确定汇率的时候，需要关于各成员国货币对"货币篮子"汇率的偏离程度制定详细的标准，建立成员国之间的汇率联动机制。由于"货币篮子"区域内的各成员国经济发展存在一定程度的差异，在汇率偏离程度的制定中保持宽泛标准，从而确保在汇率稳定的条件下具有一定程度的灵活性。

6.3.4 增强"一带一路"人民币锚效应的政策建议

自"一带一路"倡议提出以来，人民币周边化、区域化推广已经取得了阶段性的成果，人民币在"一带一路"沿线国家的认可度得到了提升。但人民币所发挥的货币锚效应与美元、欧元等核心货币锚之间仍存在较大差距，人民币锚效应也存在区域发展不平衡现象。要打破美元、欧元的使用惯性，全面提升人民币在"一带一路"沿线的使用水平，使人民币在"一带一路"沿线区域获得与我国经济和贸易地位相匹配的货币地位，仍需要长时间的不懈努力。结合前述分析，为增强"一带一路"人民币锚效应，本书提出如下建议。

1. 加深贸易合作，进一步推进人民币计价与结算功能的国际化

我国是"一带一路"倡议的发起国，在"一带一路"沿线各国组成的贸易网络中占据核心地位，应当抓住"一带一路"这一良好契机，充分挖掘我国与沿线国家双边贸易的发展潜力，深化双边贸易往来，进一步提高以我国为主导的贸易网络外部性，拓展沿线国家对于人民币的使用需求，丰富人民币使用场景。可以考虑以电子商务为突破点，发挥我国电子商务产业优势，鼓励跨境电商采用人民币结算，提升人民币接受度。此外，以石油为代表的大宗商品人民币结算作为另一个突破点，沿线国家的石油、矿产品等资源供给量庞大，与我国巨大的能源需求互补，积极开展石油等能源产品的人民币结算，有助于打破美元在大宗商品结算方面的垄断地位，能够很大程度上提升人民币在沿线国家中的地位。

2. 维持人民币汇率稳定，增强投资者信心

人民币发挥货币锚作用的关键之一在于币值稳定，因此央行应当从人民币流动性以及市场预期两个方面采取合理汇率调控政策对汇率波动进行管理。央行应当适时合理运用汇率调控工具，通过央行票据、货币互换等政策工具对市场人民币流动性进行管理，防范国际市场变动对人民币汇率的剧烈冲击；加强人民币汇率预期管理，通过"逆周期因子"对人民币汇率的顺周期性进行调整，对市场利用人民币汇率投机交易加强监测和管理，防范市场非理性预期对人民币汇率的冲击。此外，央行应当加强汇率政策调控的透明度，及时向市场公布政策调控目的及措施，引导市场参与者对汇率政策预期，防范汇率调控的政策风险。

3. 加强汇率政策协调

对于"一带一路"沿线的非"货币篮子"的"重点国家"而言，不断加强与"货币篮子"成员国之间的政策协调，尤其加强货币政策和通胀水平的协调，待"货币篮子"合作区发展到一定阶段后，加入到"货币篮子"国家范围内。我国和俄罗斯应积极发挥"货币篮子"区域内大国的作用，推动"货币篮子"区域救援机制和外汇、黄金储备机制的建立，成为同其他"货币篮子"国家强化汇率合作的基础。在"货币篮子"区域合作的基础上，加强对沿线非"货币篮子"的"重点国家"汇率政策的协调。

4. 推进货币一体化发展

综合考虑我国与"一带一路"沿线"货币篮子"各成员国自身汇率的发展情况，建立"货币篮子"的区域汇率协调合作体系。钉住"货币篮子"的汇率制度，虽然存在着一些不足，但各成员国将其作为名义货币锚，有助于避免汇率的过度波动，比较适合沿线"货币篮子"区域国家贸易、投资结构多元化的发展特点，是一种较优的选择模式。当我国与"一带一路"沿线"货币篮子"发展比较成熟时，逐步确立区域中的固定汇率制度，推进"货币篮子"区域的货币一体化发展。考虑到钉住货币篮子制度在长期过程中存在不稳定的特点，从长期维持汇率稳定的目标看，需要采用固定的汇率制度对钉住共同的货币篮子制度进行替代，实现区域货币一体化的目标。当"货币篮子"区域统一的汇率机制运行一段时间后，随着各成员国之间的趋同性加强，区域经济一体化程度得到提高，可以向单一货币模式逐渐过渡，最终实现统一的货币政策。由于实现单一货币模式是一个漫长的过程，因此各成员国在制定各项政策的过程中，需要依据不同时间段的实际情况进行调整。

6.4 货币区视角下与"一带一路"沿线国家的货币合作分析

本章节以蒙代尔的最优货币区理论为指导，对我国与"一带一路"沿线国家形成货币区的可行性进行分析。运用 OCA 指数模型对我国与"一带一路"沿线具有代表性的"重点国家"的货币合作成本进行测度，为我国与"一带一路"沿线国家实行更高阶段的货币合作提供依据。

6.4.1 "一带一路"沿线"重点国家"最优货币区条件分析

根据蒙代尔（1961）的最优货币区理论及其后续研究，一般认为形成最优货币区应具备以下六个前提条件：区域内生产要素自由流动、经济对外开放度高、贸易一体化、贸易结构单一、冲击对称以及产业结构相似。

由于在"一带一路"沿线国家中，哈萨克斯坦的国土面积辽阔，石油和矿产资源丰富，在地理位置上与我国西部接壤，与我国属于永久全面战略伙伴关系。我国是哈萨克斯坦的第二大贸易伙伴和最大出口国，我国在哈萨克斯坦的投资规模巨大，并且两国之间的金融联系非常紧密，同时哈萨克斯坦是"一带一路"的关键节点和通路，是我国与欧洲连接的重要桥梁（王晓芳和于江波，2016）。本章节以哈萨克斯坦为例研究我国与"一带一路"沿线国家是否具备建立货币区的条件。

1. 要素自由流动状况

蒙代尔最先提出生产要素流动性对最优货币区的重要性，并将生产要素在区域间的自由流动作为最优货币区的标准之一，其认为，市场需求在市场间的转移是市场失衡的最主要原因。在蒙代尔的论证中假设具有 A 和 B 两个经济体，且都处于均衡状态，国内劳动力充分就业，国外收支平衡，当对 A 经济体的商品需求增加，在市场容纳程度一定情况下，对 B 经济体的商品需求减少，则会出现 B 经济体商品滞销，生产商对商品生产动力不足，出现 B 经济体失业现象，而 A 经济体由于商品需求增加，商品价格上涨，产生通货膨胀。为防止 A 国通货膨胀以及 B 国失业增加，两经济体均会通过汇率调整实现此目标，即 A 经济体货币汇率上升，B 经济体货币汇率下降，这会造成两经济体的汇率不稳定。但是，当 A 经济体和 B 经济体均属于同一个封闭经济体系中，两经济体使用统一货币，汇率的变动不能同时满足 A 经济体的通胀和 B 经济体的失业，即浮动汇率对商品需求的调节是建立在不同货币区域的基础上，而对于同一货币区域，浮动汇率对商品需求的调节作用较弱，蒙代尔认为劳动力等生产要素在区域间的自由流动可同时解决 A 经济体的通胀和 B 经济体的失业问题。A 经济体商品供不应求时，B 经济体劳动力和资本等要素流向 A 经济体，创造 A 经济体的商品供给，抑制了 A 经济体的通胀，同时解决了 B 经济体的失业问题。即在一个经济区域内，如果劳动力和资本等生产要素能够自由流动，则要素的自由流动消除商品需求转移带来的通胀和失业问题，区域内的经济体可以组成共同的货币区，劳动力和资本要素的流动性越强，出现非对称性冲击时，放弃汇率政策和货币政策对冲机制的成本越低。

以哈萨克斯坦为例，在劳动力方面，哈萨克斯坦经历过两次较大的国家之间的移动，第一次是 20 世纪 90 年代中后期哈萨克斯坦劳动力的外流，以俄罗斯人（58%）和日耳曼人（19%）为主，1999 年，哈萨克斯坦劳动力外流 350 万人，净对外流出量达到 210 万人，同时入境移民数量超过 200 万人，移民数量相当于哈萨克斯坦总人口的 1/3[①]。面对不断外流的劳动力，对人口数量本身较小的哈萨克斯坦消极影响较大，哈萨克斯坦采取两项政策改善本国移民结构，第一，以民族聚合的方式吸引大国高质量劳动力回流；第二，提供简单劳动机会，吸引中亚其他国家劳动力向哈国汇聚。

资本方面通过金融市场改革实现资本的"向内"移动。哈萨克斯坦自独立时起便进行市场化经济体制改革，重视 FDI 的引入，通过政策优惠和经济特区两种方式吸引国外资本。政策上，1992 年在国家发展战略中提出"引进和有效地利用外资与发展哈萨克斯坦"，哈萨克斯坦积极从西方以及我国吸引资本，发展本国经济。1997 年，为吸引更多国外资本流向哈国，哈国政府搭建"哈斯塔那""阿拉木图"和"克孜勒奥尔达"经济特区。2003 年，《哈萨克斯坦共和国投资法》出台。2004 年纳扎尔巴耶夫总统曾指出，"哈萨克斯坦将进一步采取措施改善投资环境""共和国极

---

① 劳伦斯·哈里斯：《货币理论》，中国金融出版社，1989 年版。

其关注提高立法以保护投资者权利"。哈萨克斯坦外资流入速度较快且对哈国经济增长贡献显著，一单位外资的流入可带动4.5个单位GDP的增长（张养志和郑国富，2009）。我国在哈萨克斯坦FDI中排名第十，主要集中于哈萨克斯坦的建筑行业和资源开发行业（马斌和陈瑛，2014）。哈萨克斯坦在资本自由流动方面注重"向内"移动，并没有鼓励自有资本向外转移，资本要素并没有实现自由移动。

2. 对外开放状况

蒙代尔提出最优货币区要素自由流动的标准之后，麦金农（1963）提出最优货币区形成的另一标准，将经济开放程度作为衡量多个经济体是否能够组成最优货币区。麦金农使用贸易商品和非贸易商品的比率来衡量对外开放程度，该指标越高则说明该经济体的对外开放程度越高。麦金农认为，经济体的开放程度越高，则本国汇率对贸易调节的作用越小，以汇率贬值为例，当一个经济体试图降低本国汇率促进本国商品出口时，则会产生三种反作用效力，第一，本币贬值，出口商品价格下降的同时，进口商品的价格提高，带动国内商品价格提高，如果此时采取政策限制价格上涨，则会产生供给萎缩、失业率提高，出口商品规模减小；第二，经济开放程度高的经济体对国外商品的需求弹性小，通过汇率贬值促进本国商品的出口，则需要较大幅度调整本国货币汇率的变动，汇率不稳定带来的经济负向作用远大于正向作用，经济规模萎缩；第三，经济体的开放程度越高，汇率波动对居民的实际收入影响越大，因为在封闭经济体中，居民具有货币幻觉，当本币贬值时，居民消费水平不会有太大的下降，在开放的经济体中，居民货币幻觉消失，当本币贬值时，居民消费的货币支出增加，实际收入减少，则会要求工资待遇的提升，增加了生产商的成本，即在经济开放条件下，货币贬值在促进本国商品出口的同时，也会产生抑制本国商品生产的反向作用力。根据麦金农的理论，对于贸易往来密切的经济体应该形成最优货币区，因为最优货币区内的国家在形成内外经济均衡过程中受汇率影响较小，可减少国际系统性风险冲击汇率影响单个经济体的经济波动。对于经济规模越小的国家更应该形成统一的最优货币区以应对国际冲击。

1992年，哈萨克斯坦进行市场化经济改革，同年，我国基本形成社会主义市场经济模式，两国均重视对外开放对经济增长的影响，受资源禀赋的影响，哈萨克斯坦在商品贸易中以石油产品为主，丰富且廉价的劳动

力促使我国在商品贸易中以初级加工产品为主。本部分运用第 6 章中衡量
对外开放程度的贸易条件指数和外国直接投资净额占 GDP 比重进行分析，
反映一国商品贸易、投资对世界其他经济体的依赖程度。鉴于资源禀赋差
异导致商品贸易和投资规模不可直接比较，我们使用贸易条件指数的增长
率和外国直接投资净额占 GDP 比重的增长率反映两国对外开放程度，如
图 6 – 5 和图 6 – 6 所示。

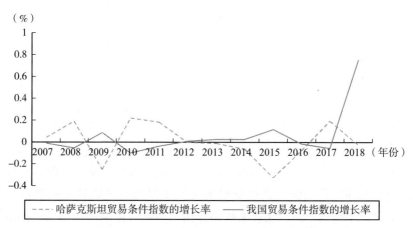

图 6 – 5   2007 ~ 2018 年我国与哈萨克斯坦贸易条件指数的增长率

资料来源：CSMAR 数据库。

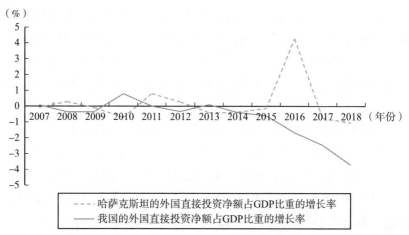

图 6 – 6   2007 ~ 2018 年我国与哈萨克斯坦的外国直接投资净额占 GDP 比重的增长率

资料来源：CSMAR 数据库。

如图 6 - 5 所示，由于哈萨克斯坦主要出口石油等矿产品，受到国际市场价格影响较大，因此其贸易条件指数波动较大，我国的出口产品种类较为丰富，因此波动相对较小。随着经济规模的增加，贸易条件指数增高，对外开放程度得到较大提高。在图 6 - 6 中，我国与哈萨克斯坦的外国直接投资净额占 GDP 比重的增长率随着世界经济形势变化呈现波动。在 2008 ~ 2009 年受世界性的经济危机影响，哈萨克斯坦的外国直接投资净额占 GDP 比重的增长率下降，我国的外国直接投资净额占 GDP 比重的增长率呈现负值。2009 ~ 2010 年，我国为应对经济危机采取多项措施防止对外经济下滑，如 2009 年我国与主要经济体实行更加优惠的协定税率和特惠税率等措施，推动了 2009 ~ 2010 年的外国直接投资净额占 GDP 比重的增长。2010 年国际油价大幅上涨，哈萨克斯坦的外国直接投资净额占 GDP 比重的增长率上升较快。2010 ~ 2011 年，受欧债危机的负面影响，我国的外国直接投资净额占 GDP 比重的增长率下降，哈萨克斯坦在 2011 年的外国直接投资净额占 GDP 比重的增长率下降。2011 年之后，两国的外国直接投资净额占 GDP 比重的增长率同样随着世界经济形势的变化而变化。综上所述，我国和哈萨克斯坦的贸易、投资依赖于世界经济环境的变化，对外开放程度较高。

3. 贸易一体化状况

在欧洲形成货币联盟前期，欧盟国家之间的内部贸易已具规模。1960 ~ 1967 年，欧共体国家之间的贸易比例达到 45%，1980 ~ 1984 年达到 52.2%，1997 年达到 61.2%。区域内经济体之间的内部贸易降低了汇率对国内经济的影响。区域内贸易一体化程度越高，经济体之间形成最优货币区后所取得的收益越高。经济体之间贸易越频繁，汇率的不稳定导致贸易之间的交易成本越大，形成最优货币区降低交易成本的意向越强烈。

为了揭示我国与哈萨克斯坦之间的贸易紧密程度，下面考虑以下经济体之间贸易紧密程度的衡量指标：

$$I_{jk} = (T_{jk}/T_j)/(T_K/T_W) \qquad (6-6)$$

其中，各字母所代表的含义如表 6 - 6 所示。

表6-6   贸易密度指数的构成

I_jk	T_jk	T_j	T_K	T_W
贸易密度指数	J 国从 K 国进口额	J 国进口总额	K 国出口总额	世界贸易出口总额

我国与哈萨克斯坦之间的 2007～2019 年贸易密度指数如图 6－7 所示。

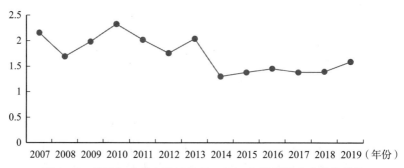

图 6-7　我国与哈萨克斯坦 2007～2019 年的贸易密度指数趋势

注：贸易密度指数是经济体贸易一体化程度的替代指标，本报告用进口密集度来反映经济体之间的贸易密集关系。

资料来源：CSMAR、WITS 数据库。

根据欧洲形成货币合作的经验，成员国之间平均贸易密度应达到2.35（何帆和覃东海，2005），我国与哈萨克斯坦的贸易密度指数的平均值为1.73，距离欧洲形成最优货币区的经验阈值具有一定的差距。我国与哈萨克斯坦均属于发展中国家，与美国和欧洲等发达国家之间具有经济互补性，可以较低技术含量的产品（石油、初级加工产品等）换取发达国家技术先进产品，进出口规模较大。但均与其他发展中国家之间的贸易往来总量相对较小。这表明，为了促进"一带一路"沿线货币合作，应该加大与"一带一路"沿线发展中国家经济体之间的贸易往来。

4. 贸易结构状况

巴尤米和莫罗（Bayoumi and Mauro，1996）认为，贸易结构也影响形成最优货币区的可能性，贸易商品中的制造品比例越高，贸易品价格由厂商而不是由国际市场决定的成分越高，贸易伙伴间越有动力形成最优货币区。我国和哈萨克斯坦均属于发展中国家，技术性产品在出口商品中所占比例不大。2007～2019 年，我国与哈萨克斯坦贸易结构中制造品所占比重的变动趋势相似，两国的制造品出口所占比例均较高，满足货币合作的条件中，贸易结构中制造品比例较高这一条件。我国和哈萨克斯坦的经济起步较晚，与发达国家之间的差距均较大，对外贸易商品偏低端化，价格受国际风险的影响均较大，我国和哈萨克斯坦形成最优货币区有利于共同抵御世界经济波动带来的系统性风险。

5. 冲击对称性分析

两国成为最优货币区的一个前提是受外界冲击后反应程度。其原因在于在这一前提下，建立最优货币区后，外部经济冲击不会造成两国间货币汇率的大幅度波动以及商品和资本的大量非对称流动。受冲击影响程度相似意味着两国受冲击的相关性高。欧洲形成最优货币区之前，德国和法国，以及意大利和西班牙之间的相关性极高（蒋莱，2001）。为了测算我国和哈萨克斯坦之间受冲击的相关性，借鉴巴尤米（1994）和王倩（2014）的方法，将经济冲击分为供给冲击和需求冲击，对称和非对称冲击，且采用 SVAR 模型作为分析工具。SVAR 模型的构建如下。

$y(t)$、$q(t)$ 和 $p(t)$ 分别表示供给冲击、需求冲击和物价水平冲击，将三者加总得：

$$X(t) = A_0 \varepsilon(t) + A_1 \varepsilon(t-1) + \cdots = \sum_{i=0}^{\infty} L_i A_i \varepsilon(t) \qquad (6-7)$$

L 为滞后算子，$X(t) = \begin{bmatrix} y(t) \\ q(t) \\ p(t) \end{bmatrix}$，$\varepsilon(t) = \begin{bmatrix} \varepsilon s(t) \\ \varepsilon d(t) \\ \varepsilon m(t) \end{bmatrix}$。

即有：

$$\begin{bmatrix} y(t) \\ q(t) \\ p(t) \end{bmatrix} = \sum_{i=0}^{\infty} L_i \begin{bmatrix} a_{11i} & a_{12i} & a_{13i} \\ a_{21i} & a_{22i} & a_{23i} \\ a_{31i} & a_{32i} & a_{33i} \end{bmatrix} \begin{bmatrix} \varepsilon s(t) \\ \varepsilon d(t) \\ \varepsilon m(t) \end{bmatrix} \qquad (6-8)$$

$y(t)$、$q(t)$ 和 $p(t)$ 数据平稳且随机，$\varepsilon s(t)$、$\varepsilon d(t)$ 和 $\varepsilon m(t)$ 是白噪声系列，各向量之间为正交关系，协方差为 0。简化模型可得：

$$X(t) = B_1 X(t-1) + B_2 X(t-2) + \cdots + B_n(t-n) + e(t) \qquad (6-9)$$

表示为残差项的无限移动平均过程：

$$X(t) = [I - B(L)]^{-1} E(t) \qquad (6-10)$$

$$e(t) = \begin{bmatrix} ey(t) \\ eq(t) \\ ep(t) \end{bmatrix}$$ 是 VAR 过程中的残差向量，$e(t)$ 可以表示为冲击向

量的线性组合，表示为 $e(t) = C\varepsilon(t)$，$C = \begin{bmatrix} c_{11} & c_{12} & c_{13} \\ c_{21} & c_{22} & c_{23} \\ c_{31} & c_{32} & c_{33} \end{bmatrix}$，将 $\varepsilon(t)$ 的协

方差矩阵标准化后得：

$$\sum \varepsilon(t) = I \tag{6-11}$$

$$\sum e(t) = C'C \sum \varepsilon(t) = C'C \tag{6-12}$$

根据实际冲击情况，我们假设：第一，长期内本国产出只受供给冲击，需求冲击和价格冲击在长期对产出无效；第二，长期内，产品价格水平只受供给和需求影响。

则
$$\begin{bmatrix} y(t) \\ q(t) \\ p(t) \end{bmatrix} = \sum_{i=0}^{\infty} L_i \begin{bmatrix} a_{11i} & a_{12i} & a_{13i} \\ a_{21i} & a_{22i} & a_{23i} \\ a_{31i} & a_{32i} & a_{33i} \end{bmatrix} \begin{bmatrix} \varepsilon s(t) \\ \varepsilon d(t) \\ \varepsilon m(t) \end{bmatrix}$$

其中，$\sum_{i=0}^{\infty} a_{12i} = \sum_{i=0}^{\infty} a_{13i} = \sum_{i=0}^{\infty} a_{23i} = 0$，系数矩阵 $\sum_{i=0}^{\infty} = A_i$ 为下三角矩阵。

因为：
$$X(t) = [I - B(L)]^{-1} e(t) = \sum_{i=0}^{\infty} D_i e(t)$$

$$= \sum_{i=0}^{\infty} D_i C\varepsilon(t) = \sum_{i=0}^{\infty} L_i A_i \varepsilon(t) \tag{6-13}$$

所以：
$$\sum_{i=0}^{\infty} D_i C = \sum_{i=0}^{\infty} A_i \tag{6-14}$$

由于在均衡状态：
$$X(t) = X(t-i) \tag{6-15}$$

故：
$$\sum_{i=0}^{\infty} D_i = [I - B(L)]^{-1} = (I - B_1 - B_2 - \cdots - B_n)^{-1} \tag{6-16}$$

由于：
$$e(t) = C\varepsilon(t) \tag{6-17}$$

可知：
$$\varepsilon(t) = C^{-1} e(t) \tag{6-18}$$

冲击变量分别选择 GDP 和物价水平，其中，以 GDP 平减指数代表物价水平，对 GDP 的对数进行差分代表产出增长率，对 GDP 平减指数的对数取差分代表物价波动率，测算结果如表 6-7 所示。

表6-7   我国与哈萨克斯坦之间受冲击的相关系数

	物价水平	需求冲击	供给冲击
我国与哈萨克斯坦相关系数	0.7205	0.2576	0.5233

如表6-7所示，受国际系统性风险的影响，我国与哈萨克斯坦在物价水平、需求冲击以及供给冲击几个方面均具有高度的相关性，其中物价水平受系统性风险冲击的相关性最高，其次为供给冲击和需求冲击。物价水平受冲击的相关性衡量两国受系统性风险的冲击，两国物价水平之间的联动性，我国与哈萨克斯坦物价水平相关性为0.7205，相关性极高，我国与哈萨克斯坦受同一系统性冲击后，两国物价水平互相影响程度较大；供给冲击从生产端衡量两国受冲击之后的产出联动性，我国和哈萨克斯坦之间供给冲击相关系数为0.5233，两国在提供市场产品方面高度相关。需求冲击衡量受同一系统性冲击后两国消费和投资变化的联动性，我国和哈萨克斯坦之间的需求冲击相关系数为0.2576，相关性不大，和两国的经济结构相关。

6. 产业结构相似性

具有相似经济结构和产业结构的经济体之间，因为冲击上更为对称，从而更容易组成货币合作。在我国的经济结构中，投资和对外贸易所占比重较高，消费所占比重较小，而哈萨克斯坦以消费为主，如图6-8所示。

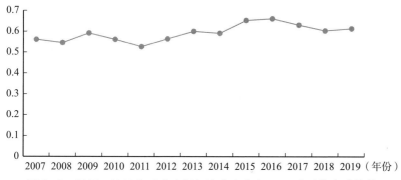

图6-8 2007~2019年哈萨克斯坦消费支出占GDP比重的变动趋势

资料来源：CSMAR数据库。

如图6-8所示，与我国投资和对外经济为主的经济结构不同，哈萨克斯坦经济结构中消费部门所占比重较高。在产业结构方面，我国在2012年之前均以第二产业为主，2012年之后以第三产业为主，而哈萨克斯坦2007~2019年均以第三产业为主，如图6-9所示。

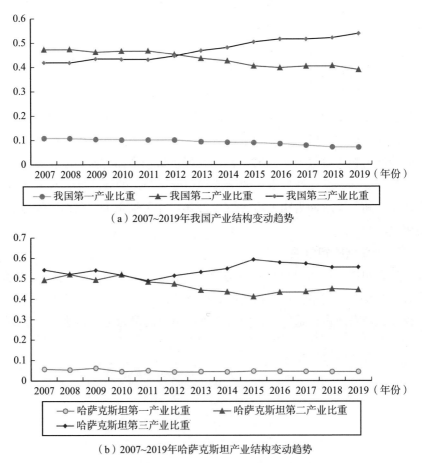

（a）2007~2019年我国产业结构变动趋势

（b）2007~2019年哈萨克斯坦产业结构变动趋势

图6-9　2007~2019年我国与哈萨克斯坦产业结构变动趋势

资料来源：CSMAR数据库。

从产业结构看，我国长期以第二产业为主，第三产业发展缓慢，但呈现上升趋势，2012年之后超过了第二产业，第一产业和第二产业比重呈现下降趋势。哈萨克斯坦作为苏联原料基地，20世纪80年代以资源采掘业和冶金工业为代表的产业成为哈萨克斯坦的支柱产业,受苏联长期国民经济比例失调的影响,投资主要集中在重工业上,1988年重工业投资占总投资的90%,消费品工业仅占3.7%,过高的第二产业比重造成居民生活用品缺乏,需要从国外大量进口。独立之后,哈萨克斯坦实行经济转轨,实行计划经济向市场经济转变,大力发展消费品和最终产品,第一产业保持平稳,第二产业呈现波动下降的趋势,第三产业呈现波动上升的趋势。

我国市场化改革与哈萨克斯坦在时间上同步,但哈萨克斯坦属于体制的彻底性革命,完全摆脱苏联计划经济模式,我国国有经济规模大,市场化改革进度较慢,产业结构调整步伐慢于哈萨克斯坦。经济结构和产业结构的差异,导致我国和哈萨克斯坦在面对冲击时,市场反应有可能具有差异,不利于促成最优货币区的形成。2012年之后,我国与哈萨克斯坦具有相近的产业结构,为形成最优货币区提供了一个基础条件。

综上所述,我国与哈萨克斯坦仅仅满足了部分最优货币区的条件。如我国与哈萨克斯坦受全球经济系统性风险冲击的影响具有对称性,因此具有形成最优货币区,抵御系统性风险的意愿。2012年之后两国在产业结构已调整为以第三产业为主,为两国形成最优货币区提供了一个有利的内部条件;但受两国经济发展水平和技术的制约,两国之间贸易密度过小;受国别政治的影响,劳动力和资本要素均以"向内"方向移动,并未形成两国之间生产要素的可自由流动。可以说,我国与"一带一路"沿线国家之间尚不满足建立类似欧盟最优货币区的条件。

6.4.2 我国与"一带一路"沿线"重点国家"货币合作成本分析

下面建立OCA指数模型测度和分析我国与"一带一路"沿线"重点国家"的货币合作成本。

6.4.2.1 OCA指数模型构建与实证分析

OCA指数法给出了一国加入最优货币区的成本分析框架。其基本观点是"任何一个国家在考虑本国影响加入最优货币区的因素时,最终都会表现在双边汇率上"。因此,可以将加入最优货币区对双边汇率波动率的影响作为一国加入货币区成本的考量指标。OCA 指数模型则在综合主要的最优货币区理论的基础上，给出了本国影响双边汇率波动的因素模型。本部分将 OCA 指数模型用于我国与"一带一路"沿线国家货币合作成本的实证分析。

1. 模型构建

下面将反映最优货币区对双边汇率波动的指标称为 OCA 指数。这意味着我国和"一带一路"沿线国家的 OCA 指数越高，则双边进行货币合作的成本越高；反之，则双边进行货币合作的成本越低。

OCA 指数法首先找出影响国家之间汇率波动的基本因素，建立双边汇率波动方程。参考克鲁格曼（1991）研究芬兰加入欧洲货币联盟的成本——收益曲线，即 GG – LL 模型和巴尤米（1996）的研究，此处构建的框架性双边汇率波动方程如下：

$$SD(e_{ij}) = \alpha + \sum_1^n \beta_i x_i \qquad (6-19)$$

$SD(e_{ij})$ 和 X_t 分别表示区域内双边汇率的波动、影响各国货币合作的国内因素。双边 OCA 指数越小，说明双边更加适合进行货币合作。双边汇率波动指标从"一带一路"沿线"重点国家"中选取 16 个国家[①]的货币对人民币（CNY）的波动率，样本区间为 2010 ~ 2019 年的年度数据。由于量纲的不统一，对数据进行标准化处理，通过将计算所得 β_i 进行平均所得 OCA 指数。

框架性方程具体化为可计算的 OCA 指数的回归模型如下：

$$EXCHANGE_{it} = \alpha + \beta_1 TRADE_{it} + \beta_2 OPEN_{it} + \beta_3 INFLATION_{it} + \mu_{it}$$
$$(6-20)$$

其中，i 表示不同国家或地区，t 表示样本时间，$EXCHANGE_{it}$ 表示人民币相对于其他经济体货币的汇率波动，$EXCHANGE_{it} = STDEV(EX_{it})$；$TRADE_{it}$ 表示经济体之间的贸易联系程度，$TRADE_{it} = LN\left(\dfrac{IM_{ij}}{GDP_i} + \dfrac{IM_{ji}}{GDP_j}\right)$；

---

① 由于部分"重点国家"受到国内外政治、经济局势的影响，其货币出现严重贬值，汇率波动较为剧烈，因此选取汇率波动位于相对合理区间范围内的 16 个国家作为研究样本。这 16 个国家分别是：阿联酋、巴基斯坦、保加利亚、波兰、俄罗斯、哈萨克斯坦、韩国、马来西亚、蒙古国、孟加拉国、塞尔维亚、沙特阿拉伯、塔吉克斯坦、泰国、乌克兰、新加坡。

$OPEN_{it}$表示经济开放度差异，$OPEN_{it} = LN \left| \dfrac{X_{it}}{GDP_{it}} - \dfrac{X_{jt}}{GDP_{jt}} \right|$；$INFLATION_{it}$表示通货膨胀水平差异，$INFLATION_{it} = \left| LNCPI_{it} - LNCPI_{jt} \right|$；$\mu_{it}$代表误差项。

2. 数据来源和实证分析

本章节的研究对象为我国和"一带一路"沿线具有代表性的 16 个"重点国家"为研究样本。在数据的处理方面，汇率波动性以人民币兑样本国家货币的汇率计算得出，贸易联系程度以双边的商品进口额各自占GDP 比重之和的对数来衡量，经济开放度差异以双边的贸易总额各自占GDP 比重之差绝对值的对数来衡量，通货膨胀水平差异以双边通货膨胀指数对数差值的绝对值来衡量。其中部分样本国家某些年份的指标数据缺失，故采用线性拟合的方法进行计算和补充。本部分的数据来源于中国人民银行网站、国泰安数据库以及 Wind 数据库等，其中所选取的国内生产总值、出口额和贸易总额以百万美元为单位。

（1）样本数据的描述性统计。

在进行模型回归之前，对样本变量的统计特征进行分析，如表 6 - 8所示。

表 6 - 8 变量描述性统计结果

变量	平均值	标准差	最小值	最大值
EXCHANGE	0. 0271	0. 0200	0. 0036	0. 1574
TRADE	- 2. 7185	0. 7536	- 4. 7998	- 1. 3197
OPEN	- 1. 0941	1. 5199	- 5. 6998	1. 1681
INFLATION	0. 9162	2. 1235	0	13. 5919

表 6 - 8 表明，"一带一路"沿线不同国家在与我国的贸易联系程度、经济开放度差异和与我国的通货膨胀水平的差异三个方面均存在一定程度的不同。

（2）回归结果分析。

依据面板数据结构特征对混合回归、固定效应、随机效应三种方法进行的比较性检验表明，在混合回归和固定效应的比较中，混合回归优于固定效应；在混合回归和随机效应的比较中，混合回归优于随机效应。所以，混合回归模型最适合该面板数据。运用该方法的回归结果如表6－9所示。

表6－9　　　　　　　　　　OCA指数模型回归结果

变量	系数	标准误	T值	P值
TRADE	－0.0038*	0.0021	－1.83	0.087
OPEN	0.0018**	0.0007	2.51	0.024
INFLATION	0.0071***	0.0005	15.69	0
_cons	0.0123*	0.0058	2.12	0.051

注：***、**、*分别表示模型系数在1%、5%、10%的水平上显著。

回归结果表明：双边贸易联系程度（TRADE）、经济开放度（OPEN）和通货膨胀水平差异（INFLATION）对人民币与"一带一路"沿线国家货币之间汇率的波动具有显著的影响。回归得出的OCA指数方程为：

$$EXCHANGE = 0.0123 - 0.0038TRADE + 0.0018OPEN$$
$$+ 0.0071INFLATION \tag{6-21}$$

在OCA指数方程中，反映两国双边贸易联系程度的指标与汇率的波动性呈负相关，说明两国的贸易联系程度越高，两国进行贸易合作的机会越多，其双边汇率波动越小，两国进行货币合作的成本越低。反映两国相对开放度的指标与汇率的波动性呈正相关，两国通货膨胀率差异的指标与汇率的波动性呈正相关，说明两国之间相对开放度越小，通货膨胀水平差异越小，则两国之间进行货币合作的成本越低，其中，物价的稳定性在两国之间保持一致是货币合作的有效条件。

6.4.2.2　货币合作的成本比较

根据得出的OCA指数回归方程（6－21）以及我国与"一带一路"沿线16个国家2010～2019年的贸易联系程度、经济开放度和通货膨胀率差异数据，测度我国与沿线国家的年度OCA指数，将结果值作为衡量我国与沿线国家进行货币合作成本的度量。即OCA指数值越大，反映了双边汇率波动越大，那么两国进行货币合作的成本越大；OCA指数值越小，则反映了双边汇率波动越小，那么两国进行货币合作的成本越小。通过对不同年份和不同国家的 OCA 指数进行分析，以探讨和比较我国与"一带一路"沿线国家的货币合作成本的大小。

根据具体模型的估计结果，将解释变量的实际值代入到回归方程中，测算出 2010～2019 年的 OCA 指数，即反映我国与"一带一路"沿线 16 个国家双边汇率的波动，测算结果如表 6-10 所示。

表6-10　　　　　　　　　　OCA 指数值

	2010 年	2011 年	2012 年	2013 年	2014 年	2015 年	2016 年	2017 年	2018 年	2019 年	均值
中－阿	0.0289	0.0291	0.0293	0.0295	0.0297	0.0285	0.0294	0.0296	0.0298	0.0293	0.0293
中－巴	0.0234	0.0243	0.0241	0.0238	0.0243	0.0239	0.0237	0.0238	0.0218	0.0181	0.0231
中－保	0.0285	0.0277	0.0274	0.0274	0.0272	0.0267	0.0268	0.0272	0.0264	0.0262	0.0272
中－波	0.0290	0.0288	0.0288	0.0289	0.0286	0.0282	0.0280	0.0278	0.0277	0.0273	0.0283
中－俄	0.0338	0.0338	0.0334	0.0355	0.0365	0.0374	0.0383	0.0403	0.0408	0.0404	0.0370
中－哈	0.0269	0.0279	0.0281	0.0277	0.0278	0.0287	0.0293	0.0289	0.0298	0.0295	0.0284
中－韩	0.0206	0.0207	0.0208	0.0206	0.0203	0.0201	0.0204	0.0203	0.0205	0.0203	0.0205
中－马	0.0221	0.0219	0.0210	0.0202	0.0204	0.0211	0.0207	0.0208	0.0212	0.0202	0.0209
中－蒙	0.0195	0.0191	0.0186	0.0192	0.0182	0.0187	0.0198	0.0203	0.0204	0.0207	0.0195
中－孟	0.0216	0.0201	0.0206	0.0195	0.0172	0.0205	0.0213	0.0185	0.0221	0.0206	0.0202
中－塞	0.0397	0.0399	0.0395	0.0401	0.0405	0.0407	0.0409	0.0405	0.0413	0.0415	0.0405
中－沙	0.0245	0.0240	0.0238	0.0240	0.0238	0.0231	0.0231	0.0233	0.0241	0.0230	0.0237
中－塔	0.0291	0.0294	0.0295	0.0307	0.0277	0.0304	0.0300	0.0310	0.0317	0.0312	0.0301
中－泰	0.0226	0.0222	0.0218	0.0218	0.0214	0.0208	0.0211	0.0213	0.0214	0.0214	0.0216
中－新	0.0219	0.0221	0.0219	0.0216	0.0214	0.0207	0.0215	0.0216	0.0221	0.0218	0.0217
中－乌	0.1168	0.1173	0.1178	0.1183	0.1157	0.1185	0.1198	0.1203	0.1208	0.1188	0.1184

从表6-10可以得出，我国与沿线具有代表性的"重点国家"的 OCA 指数较低，除了我国与乌克兰的 OCA 指数的均值在 0.11 左右，我国与其余国家的 OCA 指数的均值都位于 0.01～0.04，说明我国与沿线具有代表性的"重点国家"的货币合作成本较低。图6-10是表6-10的图形化，直观地给出了我国与沿线具有代表性的"重点国家"货币合作的 OCA 指数逐年的变化趋势。

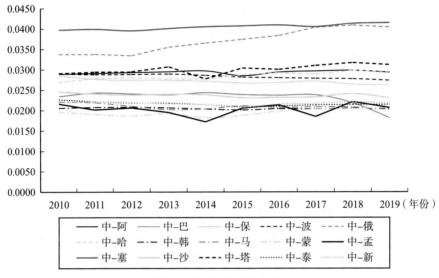

图 6 – 10　OCA 指数趋势

图 6 – 10 中涉及我国与"一带一路"沿线 15 个国家的货币合作的 OCA 指数的变化。其中中乌的 OCA 指数达到 0.11 左右,远高于我国与其他国家的 OCA 指数。为了显示整体 OCA 指数的直观性变化趋势,中乌的 OCA 指数未反映在趋势图中。从图中可以看出我国与部分国家的 OCA 指数呈上升的趋势,其中,中俄之间的 OCA 指数有一定程度的上升幅度外,我国与其余国家的 OCA 指数上升幅度微小,我国与部分国家的 OCA 指数呈现下降的趋势,OCA 指数下降的国家数量多于 OCA 指数上升的国家数量,说明我国与"一带一路"沿线具有代表性的"重点国家"的货币合作成本总体保持平稳和略微下降的趋势。

6.4.3　培育和建设"一带一路"货币合作区的政策建议

前文分析表明,我国与"一带一路"沿线"重点国家"还未达到形成最优货币区的条件,但与"重点国家"的货币互换规模和续约频次不断增加,与沿线多数"重点国家"的货币合作成本较低,且总体保持平稳和略微下降的趋势,而人民币在沿线多数国家存在货币锚效应。因此,我国与沿线"重点国家"形成货币合作区存在较大的可能性,可以作为"一带一路"人民币国际化的一个长期目标。以"重点国家"为着力点，继续创造形成货币区的条件和环境。

在沿线"重点国家"中，俄罗斯、韩国、阿联酋、新加坡、巴基斯坦、斯里兰卡、卡塔尔和马来西亚属于本书在前文中提出的人民币锚效应较强的8个"货币篮子"国家，可将其作为培育货币合作区的国家。结合货币合作的成本分析，我国与蒙古国、泰国、孟加拉国、哈萨克斯坦、塔吉克斯坦、沙特阿拉伯这些"重点国家"的货币合作成本较低，也可以将这些国家纳入货币合作区国家中。具体国家如表6－11所示。

表6－11 货币合作区国家

区域	国家
东亚	韩国、蒙古国
东南亚	新加坡、马来西亚、泰国
南亚	巴基斯坦、孟加拉国、斯里兰卡
中亚	哈萨克斯坦、塔吉克斯坦
西亚	沙特阿拉伯、阿联酋、卡塔尔
东欧	俄罗斯

我国与这些国家的货币区合作属于探索阶段，下面提出培育和建设货币合作区的几点建议。

1. 加强与货币合作区成员国的政策协调

建立货币合作区协调机构。在互信互利的基础上构建宏观政策区域协调框架，将货币政策、宏观审慎政策乃至结构改革纳入协调范畴和快速响应的区域协调机制，为货币合作区的培育和建设提供稳定的政策环境。加强货币合作区国家之间的沟通与交流，发挥我国主导建立的亚投行、丝路基金等国际组织在货币合作区国家的协调作用。

2. 有序推进货币合作区建设

（1）货币合作区建设应分阶段推进。

欧元区的发展历程说明了货币合作区的成立与发展需要长期的培育，需要货币合作区的国家在有效率合作的条件下进行充分的实践。货币合作区的发展应坚持分阶段实施的原则，规划货币合作区的阶段性和长期性的实施方案，确保各阶段的目标能够顺利实现。货币合作区的突破阶段应以"篮子货币"国家为重点，先形成小范围的货币合作区，发展到一定程度后，再不断吸收其余货币合作成本较低国家的加入。

（2）积极推进货币合作区跨境支付系统的国际合作。

跨境支付体系的建设对于货币合作区建设具有重要的基础性作用，是提高货币区国家之间跨境支付的效率、稳定性和安全性的关键所在，也是摆脱对 SWIFT 依赖的路径。我国应积极开展与货币合作区国家之间的支付清算合作。条件成熟时，可在货币区国家之间建立双边货币跨境支付系统和多边跨境支付系统。比如可推进我国与俄罗斯和伊朗之间的多边跨境支付系统建设。

3. 推进货币合作区成员国经济一体化

（1）促进"能源—货币"机制的形成。

加大我国与货币合作区中哈萨克斯坦和俄罗斯等国的贸易合作。我国是能源进口大国，需要从国外大量进口石油，而诸如哈萨克斯坦、俄罗斯等国是石油出口大国，与我国石油进口形成互补的贸易结构。可以以石油贸易为依托，推进能源贸易的人民币结算，打造潜在货币区的"石油—人民币"机制。

（2）形成内部市场的统一，实现要素的局部自由流动。

培育货币合作区的内部市场，消除生产要素流动的壁垒，建立共同市场。通过建立和拓展自贸区的地理位置，货币合作区国家在自由贸易区内的商品交易享受免税政策，取消贸易壁垒，允许生产性企业入驻贸易区，货币合作区国家的企业可在本国和他国自由选择劳动力，实现劳动力在区域内的自由流动。

（3）以能源结算中心促进金融合作，实现金融局部一体化。

拟构建货币合作区国家的贸易中能源贸易占比较高，可以建立区内国家间的能源贸易结算中心，并综合运用优惠政策和市场化渠道鼓励各国金融机构加入，开展能源贸易结算合作。进而以能源贸易和结算为依托，打造区内国家的能源金融市场互通平台，鼓励创新能源金融产品，培育统一的能源金融市场，推进区内货币和金融的局部一体化建设。

（4）深化与国际重要组织的合作。

不断深化与国际重要组织的合作，尤其与世界银行和国际货币基金组织等国际金融组织的沟通，强化我国在区域货币合作中的重要地位，为培育货币合作区创造较好的国际金融环境。

6.5 数字货币的国际合作对人民币国际化的影响分析

数字货币正在迅速发展，为人民币国际化提供了一个新的方向。本部分系统地分析了数字货币的国际合作对人民币国际化的影响。在对我国央行数字货币的发展现状及其对人民币国际化的影响专门讨论的基础上，提出加强数字货币的国际合作，推进人民币国际化的政策建议。

6.5.1 数字货币对人民币国际化的挑战和机遇

随着网络技术、大数据、人工智能和区块链等现代科技的发展，世界经济日益网络化和信息化，线上经济规模在迅速扩大，线上支付场景呈现出许多不同于传统线下支付场景的新特征，对货币的功能提出了许多新的要求，催生出了许多与网络化和信息化相适应的电子货币和加密货币等数字货币。数字货币的流通边界可以不受地理边界的约束，本质上属于国际化货币。未来主权国家对国际货币的影响力将在很大程度上表现为对数字货币的影响力。可以预期多种主权数字货币和私人数字货币共存，国际数字货币的形态和功能的场景化，是未来国际货币数字货币体系的特征，但各种数字货币之间的竞争和博弈十分激烈，胜负难定，国际化数字货币的未来格局并不完全清晰，还没有哪种主权数字货币在国际化数字货币形成绝对的主导地位，许多技术也在探索阶段，可塑性和变数较多。在传统的美元主导的国际货币体系下，数字货币可为人民币国际化提供新的机遇。所以借力数字货币国际化，应作为人民币国际化的一个重要推进策略。

6.5.1.1 人民币国际化面临的数字货币挑战

数字货币具有国际化、去中心化的技术属性，并展现出了较传统主权货币的诸多优势，如支付的便捷性、私密性、低交易成本和信用风险的降低，其应用场景日趋广阔。传统现金和银行支付功能不断被数字化货币替代。数字货币已成为挑战现有主权货币体系的一种独立的货币存在，成为不可忽视的影响世界货币体系的新变量，使得人民币国际化的环境呈现新的不确定性和复杂性，给人民币国际化提出了许多新的理论和实践问题。

1. 重塑人民币国际化的货币生态

货币的日益数字化，正在影响着主权货币的传统地位，也影响着人民币和美元等不同主权货币间的相对国际地位，改变着既有的国际货币的竞争格局。使人民币国际化不仅面临美元、欧元、日元和英镑等主要西方传统主权货币的竞争，还面临超主权数字货币、去中心化的比特币等私人数字货币的竞争，以及不同国家央行数字货币的竞争。

数字货币使得点对点的货币交易和支付变得十分便捷，银行的传统支付结算和相关账户管理等中间业务可能失去原有存续的意义，银行对人民币国际化的作用方式将会改变，货币政策传导机制将会呈现新的特征，货币和金融的监管面临新的环境，国际货币竞争也会呈现一种新态势。数字货币需要金融科技的基础性新投入和传统货币使用习惯的改变，以及与之相适应的法律法规、政策规章和监管制度等。这些意味着数字货币在重塑一种新的世界货币生态，给人民币国际化添加了许多未知的和不确定性因素。

2. 可能强化美元的相对国际地位

在数字货币环境下，一种主权货币被越多的稳定币选作挂钩法币，该货币的国际影响力就会被放大。从获得的数据看，排名靠前的稳定币中，无论从数量上还是从规模上，与美元挂钩的占绝大多数（见表 6 - 12），Paxos Standard、Gemini dollar 等新的与美元挂钩的稳定币还在不断产生。2019 年发布的 Libra 的白皮书表明，其发行和定价与一篮子货币挂钩，但其中美元占比 50%，而剩下的一半将由日元、英镑和欧元等通过协商确定分配比例，人民币被排除在外。所以，如果 Libra 成功发行，美元相对其他货币的国际影响力可能得到放大，对人民币的影响力形成抑制，不利于人民币国际化。

表6-12 主要的稳定币的概况

名称	挂钩法币	总发行量	交易所家数	市值（美元）
Tether/USDT、泰达币	美元，1:1	3080109502	139	2146196348
Gemini Dollar/GUSD、双子星美元	美元，1:1	3841111.28	14	230590
True USD/TUSD	美元，1:1	158632569.49	19	161386198
Paxos Standard/PAX	美元，1:1	63474357.12	18	42008425
USDCoin/USDC	美元	33554170.01	8	24124606
DAI/DAI	美元，1:1	62775869	7	62737786
bitUSD/BITUSD	美元，1:1	11037500	1	11198756
bitCNY/BITCNY、比特元	人民币，1:1	152062000	6	22161307
Wealth in Token/WIT、万通宝	离岸人民币，1:1	1000000000	1	无数据
Alchemint Standards/SDS、阿基米德	美元，1:1	1000000000	3	2045112
STASIS EURS/EURS	欧元，1:1	12291000	3	14043132

资料来源：非小号、coin marketcap等网络数据整理，数据截至2018年10月18日午间。

　　Libra倡导者脸书是一家美国私人公司，维护美国在世界货币体系中霸主地位的意愿强烈。2019年7月17日，Libra币负责人马库斯在Libra币发行听证会上说："我相信，如果美国不引领数字货币和支付领域的创新，其他人将会这样做，特别是中国。"[①] Libra强化美国货币霸权的意图昭然若揭。英、法等国央行均对Libra的发行表示反对，而美联储态度暧昧，没有明确表态反对Libra，表明美联储与Libra在维护美国货币优先的根本利益上的一致性。虽然出于对监管的担忧，目前美联储没有明确表示支持Libra，但不排除美联储可能与Libra达成某种默契和联合，待Libra方案进行修订后得到发行许可。Libra一旦对国际数字货币的潜在影响力形成后，再通过美元和Libra的国际影响力的强强联合，占据未来数字货币的制高点，制造新的美国主导的单极化国际货币体系，进一步强化美元的世界货币霸主地位。若人民币不采取相应的反制措施遏制这种可能性，将对人民币国际化形成新的潜在威胁。

　　① 脸书Libra之父承认将与支付宝微信竞争：希望成为全球流通电子货币 [EB/OL]. 观察者网，2019-07-18.

3. 给货币调控和管理带来新的挑战

私人数字货币在我国未获得合法地位，但有越来越多的外国政府和企业承认其货币地位，允许主权货币与比特币、稳定币等数字货币相互兑换，私人数字货币正在成为主权货币国际化流通的新渠道，因此会影响货币政策效应和物价的不确定性。虽然目前由于单一品种数字货币规模有限，其对货币政策效应和物价的影响有限，但私人数字货币品种近两千种，且还在不断涌现和无序增加，不排除数字货币总量超发，导致国际物价和国内物价不稳定的可能性，还可能为恐怖融资和犯罪洗钱提供新途径。天秤币方案表明，未来也可能出现与主权货币抗衡的单一私人数字货币，垄断国际货币供给。这说明私人数字货币的发展将增加货币管理的难度和效果的不确定性，影响人民币币值的稳定和国际化。

4. 数字货币的国际合作将变得更加复杂

比特币、以太币和天秤币等数字货币的出现表明，私人数字货币已成为一种具有国际影响力的存在，在国际货币体系中的作用已不容忽视。各国政府必须面对如何与私人数字货币共处，以及数字货币的技术标准、监管的国际合作问题。

各国对私人数字货币的态度差异较大。美国、日本、德国等大多数发达国家，对数字货币采取鼓励与监管并重的策略。在新加坡，数字货币获得了合法化地位。委内瑞拉、伊朗等为代表的受到经济制裁或者经济出现严重困难的国家，对数字资产大开绿灯，鼓励各类数字货币交易，甚至发行自己的数字货币。出于对金融安全和防范货币体系受到冲击等因素的考虑，我国于 2017 年开始严格管控比特币等数字货币的交易活动，关停交易所，禁止 ICO 等。目前数字货币交易所的交易品种主要是国外私人数字货币，投机主导，所以，对数字货币市场持保守的态度对遏制投机，削弱国外私人数字货币的影响力有其合理性。但长期而言，对中国造数字货币和相关技术的发展不利，如何细化相关政策，合理布局未来的私人数字货币的发展空间，打造具有国际竞争力的中国造数字货币，具有挑战性。

数字货币具有的匿名性、去中心化或部分去中心化、无国界性以及资金转移的瞬时性等特点，在提高了交易便利性，降低了交易成本的同时，也带来了一系列风险：如数字货币可能提供洗钱和恐怖组织融资便利，规避货币监管，助长国际游资投机和网络攻击等风险。如果得不到有效监管，数字货币会威胁我国的金融稳定和金融安全，也会掣肘人民币国际化。这些风险的监管涉及金融科技的许多领域，需要既懂金融，又懂金融科技的复合型专业化人才，需要广泛的国际监管合作。这对我国现行的金融监管体系提出了许多新的挑战。比如，如何处理"一带一路"合作中的数字货币监管合作问题。

5. 人民币国际化的内涵或将被拓展

人民币国际化一般被认为是人民币主权货币的国际化，私人部门开发的国际化数字货币没有纳入人民币国际化的范畴。数字货币的发展正在使得这种认识的改变成为必要。比特币的出现、天秤币等数字货币的发展，使得主权货币意识到，不能忽视来自私人数字货币的挑战。数字货币的发展也表明，一国私人部门创设的数字货币的数量、场景多样性和重要性、交易规模和被关注程度，以及主权货币对全球私人数字货币的影响力，正在从新的维度塑造该国在未来国际货币体系中的话语权。这对人民币国际化提出了一些需要思考的新问题：我国私人数字货币发展与我国主权货币国际化的关系是什么？是否应作为人民币国际化的一部分？人民币如何通过影响外国私人数字货币增加其国际影响力？等等。

6.5.1.2 数字货币给人民币国际化带来的机遇

1. 为人民币国际化提供了数字货币途径

私人数字货币的使用范围一般不受国家地理边界和政权边界的制约，本质上是国际化货币，为人民币国际化提供了多种可能的新渠道。

（1）充当数字货币的价值锚。私人数字货币往往需要与某种主权货币或主权货币的组合挂钩，以稳定其币值，赢得市场。人民币可通过成为私人数字货币锚货币角色，扩大人民币的国际影响。

（2）充当数字货币的储备资产。稳定币等私人数字货币需要某些资产储备为其币值担保。我国可以通过推出满足私人数字货币需要的人民币资产，增加私人货币的资产储备中人民币资产的比例，借助数字货币渠道让人民币走出去。

（3）充当数字货币资产的支付结算货币。有许多数字货币已成为国际投资品。争取让更多的数字货币交易以人民币计价，无疑可推进人民币的计价功能。我国可以在风险可控的条件下发展以人民币计价的资产型数字货币及其衍生品交易平台，推进人民币国际化。

（4）让更多数字货币打上"中国造"的标签。数字货币开发者的国别特征无疑可扩大开发者所在国在国际数字货币中的影响力。我们可以鼓励更多的本国企业进行数字货币开发，让更多数字货币打上中国造的标签。比如针对国际商务、国际社区、国际产业链、国际联盟和跨国企业等互联网线上场景，开发与人民币挂钩的数字货币。

（5）主权货币数字化。借助数字货币技术，推出人民币数字法币或央行数字货币，让人民币的跨境支付结算更便捷、保存和使用成本更低，无疑可以增强人民币的国际竞争力。

2. 数字货币技术优势可助力人民币国际化

我国对主权数字货币的探讨一直走在世界前列。早在 2016 年，周小川就提出将新一代支付和数字货币相结合和央行数字货币理念。这一理念和提议得到了许多国际金融机构的积极响应和支持。我国具有完善电子支付基础设施和当今世界最大和最完善的电子支付系统。我国的银联、阿里支付、微信支付在客户规模、技术和运营实践经验等方面在国际上的规模优势明显。我国央行数字货币的理论探讨、研发和试验在国际上具有优势。世界知识产权组织（WIPO）的网站 2019 年数据显示，中国的区块链专利数量位列第一。

我国的央行数字货币的设计和研发是推进人民币国际化的重要策略之一。我国的区块链技术优势，加之我国领先的 5G 技术，人工智能和大数据等技术，为我国央行数字货币的成功推出、占领数字货币领域的技术制高点提供了强有力的保障。这种保障在未来人民币的国际竞争力提升和国际化的推进中，必将发挥不可或缺的作用。我国的央行数字货币的技术上和阶段性试点的成功，以及各国对我国央行数字货币的高度关注，是这种作用的一种体现。随着数字货币的国际影响力日益趋强，我国的数字货币技术优势在人民币国际化中的推进作用会日益凸显。

3. 提供了与"一带一路"沿线国家货币合作的新途径

我国与"一带一路"沿线国家的经济贸易合作正在持续发展。许多"一带一路"沿线国家与我国央行有货币互换，人民币支付结算规模在不断增加，降低人民币跨境支付结算成本，增加便利性，必然是这些国家的共同需求，也是促进我国与"一带一路"沿线国家更高层次的货币合作和金融合作的重要方面。通过数字货币合作,实现与"一带一路"沿线国家的支付结算的数字化,无疑是满足这种需求的一条有效途径。比如,我国可以和这些国家建立数字货币联盟,共同开发某种联盟数字货币,推广人民币数字法币的跨境支付结算,增加人民币使用的便利性,降低人民币跨境支付结算成本,促进我国与"一带一路"沿线国家的互联互通。

4. 为改善人民币国际化的国际制度环境提供了机遇

数字货币的发展需要改革既有国际货币体系,构建与数字货币国际治理相适应的新的国际体系。这为人民币在数字货币治理国际体系中获得更多话语权提供了机会。旧的国际货币体系构建主要由美英等西方强国主导,由于过去经济发展较落后,没有获得应有的规则制定话语权,中国为此付出了不少代价。今天,我国经济实力和国际地位已今非昔比,恰逢数字货币新国际体系的创建时机,这给我国利用这一时机,更多地参与和影响国际新货币规则的制定,增加我国在新的国际货币体系中的话语权提供了机遇。利用这样的机遇,可为人民币国际化创造一个较好的国际制度环境。

我国可以与各国央行和国际组织沟通、协作,扩大 DC/EP 走出去的渠道,与国际货币基金组织等组织联合开发新产品,为现有国际货币体系向全球法定"数字货币"转型提供中国方案。

5. 为避免 SWIFT 对人民币国际化的掣肘提供了可能

人民币跨境清算高度依赖美国的 SWIFT(环球同业银行金融电讯协会)系统和 CHIPS(纽约清算所银行同业支付系统),两者正逐渐沦为美国行使全球霸权,进行长臂管辖的金融工具,使用的成本高、风险大。我国正在推进的央行数字货币具有在线和离线的双支付功能,意味着在人民币的国际支付中可以通过我国自己的央行数字货币 DC/EP(Digital Currency Electronic Payment)系统实现人民币点对点支付,绕过西方银行系统 CHIPS 和 SWIFT 系统,摆脱西方国家的控制,极大地便利世界各地的人民币日常交易,降低国际支付的成本,为人民币国际化提供重要的跨境支付基础设施保障,这对于推动人民币在全球范围内的流通意义重大。

6.5.2　我国的数字货币政策与 DC/EP

我国对数字货币市场的监管十分严格，2021 年 6 月，政府已全面禁止加密货币。但我国对中央银行的数字货币和区块链技术的发展持积极态度。

6.5.2.1　我国数字货币的主要政策

2013 年 12 月，中国人民银行联合四部委印发了《关于防范比特币风险的通知》，明确了比特币是一种特定的虚拟商品，不是真正意义上的货币；各金融机构和支付机构不得开展与比特币相关的业务；要加强对提供比特币登记、交易等服务的互联网站的管理，防范比特币可能产生的洗钱风险。2017 年 9 月，中国人民银行又联合六部委发布了《关于防范代币发行融资风险的公告》，明确代币发行融资本质上是一种未经批准非法公开融资的行为，任何组织和个人不得非法从事代币发行融资活动；各金融机构和非银行支付机构不得开展与代币发行融资交易相关的业务；对于存在违法违规问题的代币融资交易平台，将提请工商管理部门依法吊销其营业执照；各类金融行业组织应当督促会员单位自觉抵制与代币发行融资交易及"虚拟货币"相关的非法金融活动。

我国将发展区块链提升到国家科技战略的高度，写入了"第十三个国家信息化五年规划"。中国人民银行金融市场司负责人曾发文《央行数字货币理论探讨》指出，"数字货币作为法定货币必须由央行来发行，其发行、流通和交易都应当遵循传统货币与数字货币一体化的思路，实施同样原则的管理，尤其要服从于中央银行宏观调控的需要。在中央银行发行数字货币的实际操作中，不仅仅可以运用区块链技术，还可以借鉴吸收近年来涌现出的大数据分析体系、账户体系、云计算以及安全认证等领域的创新技术。"

6.5.2.2　我国的央行数字货币发展概况

中国人民银行已于 2014 年成立了专门的数字货币研究小组。2017 年 7 月，中央银行数字货币研究所正式开始作为中国人民银行内部的一个独立的业务部门运作。2018 年 6 月，中国人民银行数字货币研究所全权控股的深圳金融科技有限公司成立。2018 年 9 月，中国人民银行数字货币研究所（南京）应用示范基地正式揭牌成立。2020 年 2 月 5 日，央行正式发布《金融分布式账本技术安全规范》，规定了金融分布式账本技术的安全体系。据公开信息，截至 2010 年 2 月 20 日，央行数字货币研究所申请了 65 个专利，央行有关数字货币专利覆盖了发行的全流程，包括生成、流通和回收①。从技术上讲，中国已经准备好启动首个中央银行数字货币。

2019 中国国际大数据产业博览会上，央行数字货币研究所开发的 PBCTFP 贸易融资的区块链平台亮相，博览会举办时，在 PBCTFP 平台上已经搭建了 4 个区块链应用，有 26 家银行参与，实现了 1.7 万笔业务，超过 40 亿元的业务额②。

央行推出的数字货币 DC/EP 意为数字货币和电子支付工具，是人民币现金的替代品，功能和属性跟现钞完全一样，主要用于零售支付。从公开信息可知，DC/EP 在技术上具有世界领先性。功能上与既有的现金、支付宝、微信支付、比特币、天秤币等相比，DC/EP 具有明显的优势。

6.5.2.3 DC/EP 对人民币国际化的作用

我国的 DC/EP 是对现金一定程度上的替代。普遍认为央行货币的数字化有助于优化央行货币支付功能，提高央行货币地位和货币政策有效性。央行数字货币可以成为一种计息资产，满足持有者对安全资产的储备需求，央行数字货币的利率也可成为银行存款利率的下限。此外，央行数字货币利率可成为新的货币政策工具，央行可通过调整央行数字货币利率影响银行贷款利率，有助于打破零利率下限。

1. 有助于摆脱对 SWIFT 的依赖

在我国央行的 DC/EP 发行的双层运营的二元模式下，央行可直接向海外商业银行或支付机构授权开通人民币数字货币钱包和发放 DC/EP 的相关服务，向海外公众发行 DC/EP。海外公众便可通过人民币数字货币钱包实现 DC/EP 点对点支付，降低对美元和 SWIFT 的依赖。

---

① 资料来源：区块链网。
② 资料来源：作者整理而得。

账户松耦合、开放性、点对点支付等特点，使数字人民币天然适合跨境支付，且不同于境外代理行、清算行和 CIPS 等跨境收付清算体系，在报文处理上理论上可以不依赖于 SWIFT，从而绕过美元、SWIFT 和其他支付体系，多种途径实现数字人民币的跨境支付。

从目前情况看，DC/EP 点对点支付还只限于小额零售支付，还未见到 DC/EP 的报文处理的方案。要实现 DC/EP 的跨境支付摆脱对 SWIFT 的依赖还有许多工作要做。但技术上的可行性是无疑的。一旦摆脱 SWIFT，就可以摆脱跨境支付的低效和高成本，防止美国利用 SWIFT 窥探中国，为人民币国际化提供一种支付安全保障。美国也不再可能通过 SWIFT 阻挠人民币的国际支付，制裁我国公民。

DC/EP 的法偿性、可控匿名性和点对点支付的便利性等特性，无疑会受到海外市场的欢迎。但当数字人民币钱包的境外运用较多时，需要获得当地货币当局的许可，以避免货币主权纠纷。

2. 可通过兼容的支付网络，助力人民币国际化

DC/EP 可利用既有的国际化流通渠道较快实现国际化。第一，DC/EP 的设计一开始就遵循与银行支付系统以及第三方支付平台无缝衔接的原则，并且无须联网情况下也可使用。既有的银行、第三方国际化支付平台均可作为 DC/EP 的国际化渠道。目前国内除了各大商业银行的国际化渠道，还有支付宝与微信为 DC/EP 提供国际化渠道支撑。截至 2018 年，支付宝已经可以在 200 个左右的国家和地区使用，支持美元、英镑等 20 余种货币的直接交易，可以在全球主要 38 个国家和地区跨境支付。而微信已经合规地接入 49 个国家和地区，可以在 20 个国家和地区跨境交易，并支持 16 种货币直接交易。支付宝和微信支付平台可成为 DC/EP 在全球自由流动的较佳平台①。

第二，自贸区可成为 DC/EP 国际化的快速通道。截至 2019 年，国务院印发 6 个新设自由贸易试验区总体方案，目前中国的自贸区数量增至 21 个，实现了中国沿海省份自贸区的全覆盖②。自贸区是我国改革开放的试验区，政策资源丰富，可先行先试，是我国人民币国际化前沿区域。我们

---

① 资料来源：作者根据公开资料整理而得。
② 资料来源：中国政府官网。

可以首先在自贸区推广 DC/EP 的应用，然后再推广至其他地区。

第三，我国的海外各种园区可为 DC/EP 的流通提供国际渠道。我国海外产业园区指在中华人民共和国国内注册、具有独立法人资格的中资控股企业，通过在海外设立的中资控股的独立法人机构，投资建设的基础设施完备、主导产业明确、公共服务功能健全、具有集聚和辐射效应的产业园区。2013 年，"一带一路"倡议提出和实施以来，我国海外园区在数量的增幅和增速上都取得极大进展。截至 2018 年上半年，我国企业共在 46 个国家建设了 113 家初具规模的境外经贸合作区，累计投资 348.7 亿美元，入区企业 4542 家。其中，通过商务部确认考核的境外经贸合作区达 20 个，包括柬埔寨西哈努克港经济特区、越南龙江工业园、泰国泰中罗勇工业园等①。在这些园区内可以推广 DC/EP 的流通，同时带动海外周边和上下游企业使用 DC/EP。

第四，我国跨国企业内部可成为 DC/EP 纵向国际化的内部渠道。跨国公司在全球经济里起到非常重要的作用。有数据显示，全球贸易的 60% 是跨国公司完成的，全球的 FDI—外商直接投资，60% 是跨国公司完成的，全球的技术转让 60% 是跨国公司完成的②。所以，通过我国的跨国企业内部实现 DC/EP 国际化，是一条重要的渠道。我国有许多企业经营是国际化的，这些企业也可称为 DC/EP 国际化的渠道。

第五，我国已开通了诸多资本开放渠道，可以为 DC/EP 国际化所用。如沪（深）港通、沪伦通、中日 etf 互认、债券通、qfii、rqfii、qdfii，以及银行间市场的开放等。

3. DC/EP 有助于提升中国在国际货币体系中的话语权

我国数字支付技术发展早，在数字货币研究领域，中国一直走在科技金融的前沿。支付宝早在 2003 年 10 月就已经上线了。财付通与微信合作于 2013 年 8 月 5 日推出微信支付，2014 年 1 月 27 日正式推出微信红包。这些为 DC/EP 的推出提供了很好的技术和市场铺垫。2014 年央行成立法定数字货币专门研究小组；2016 年在原小组基础上设立数字货币研究所；2018 年 6 月，成立深圳金融科技有限公司；2019 年 8 月，中央发文在深

---

① 资料来源：中国商务部官网。
② 资料来源：公开资料整理。

圳开展数字货币研究和移动支付试点。我国取得的数字货币技术专利全球领先。相比之下，国外数字支付实践较晚。美国移动支付工具 Apple Pay 在 2014 年上线，韩国的三星 Pay 在 2015 年才上线，2019 年脸书才提出 Libra（2020 年 Libra 已更名为 Diem）[①]。

DC/EP 的发展已引起了世界的高度关注。Libra 开发的负责人向美国国会直言，其推出的目的就是害怕中国占据未来数字货币发展的主导权。这足以说明我国的数字货币领域的影响，这种影响有助于我国将获得更多的国际货币体系中的话语权。

4. DC/EP 是抢占数字货币制高点的战略利器

Libra 的初始方案中，其一揽子储备货币中不包含人民币，且其定价货币组合中美元权重 50% 以上，也不包含人民币，并由美国的几个大企业为主的私人联盟管理。2020 年 4 月推出的 Libra2.0 版本中，增加了分别锚定单一法币美元、欧元、英镑和新加坡元的稳定币，且对监管做出了妥协。未来不排除美国政府与 Libra 合作的可能。针对这种可能性，发行数字货币 DC/EP，成为与 Libra 抗衡，推进人民币国际化，抢占数字货币环境下世界货币制高点的唯一选择，也是一种制胜之道。我国推进人民币数字货币先行示范区建设，旨在通过 DC/EP 局部使用的战略演练，发现潜在问题，排除隐患，确保 DC/EP 在数字货币的国际竞争中立于不败之地，将 DC/EP 打造成人民币国际化的一种战略利器。

5. 增加对人民币的调控能力

在 DC/EP 的框架下，货币政策可能更加有效。我国央行完全控制了 DC/EP 的外生供给。在 DC/EP 的"双层运营"机制下，央行通过数字钱包首先将 DC/EP 兑换给工行、中行、建行、农行、银联和阿里巴巴等银行和支付机构，再由这些机构向大众直接发行。DC/EP 发行成功后，可以通过微信、支付宝、银行 App 直接用 DC/EP 进行支付。央行未来还将与国外银行达成合作，将 DC/EP 推向全世界。这样的机制下，我国央行完全控制了 DC/EP 的外生供给。DC/EP 的大数据监控使得央行可以实时了解商业银行和金融市场的货币创造的规模、分布和流向，实施精准的货币政策和金融监管，提供更好的货币安全和金融稳定环境。

---

① 资料来源：作者根据公开资料整理而得。

DC/EP还可为负利率政策创造条件。实践中，负利率政策的表现形式主要是央行向对商业银行在央行的存款收取费用，避免央行实行量化宽松政策释放的资金回流到央行体内，以刺激商业银行放贷，使资金流入实体。多个国家和地区的央行实施的负利率政策，主要针对的是商业银行在央行的存款利率，大部分并未传导致个人存款利率。

未来数字货币替代现金将在机制上解决居民提取现金对负利率政策的制约问题。通过央行数字货币，央行在需要时可以对私人钱包的私人数字货币实行明显低于零的负利率，直接刺激终端消费以应对通缩型衰退。

6.5.3 推进人民币国际化的数字货币策略与政策建议

6.5.3.1 力争数字货币国际规则的话语权

我国在国际数字货币治理领域的话语权对我国数字货币的发展和人民币国际化具有深远的战略性影响。话语权有利于引导国际数字货币的发展方向，营造有利我国数字货币发展的国际环境，培养我国数字货币的国际竞争力。目前，国际数字货币治理体系还在构建中，可塑性强。越早介入相关国际合作规则以及相关技术标准的制定，获得话语权和主动权的机会越大。我国应尽早提出国际数字货币治理的中国方案，争取更多的合作者。在该体系中争取与我国经济地位相称的地位和表决权，为我国数字货币发展赢得尽可能广阔的战略空间，避免布雷顿森林货币体系由美国主导的历史重演。

6.5.3.2 抢占数字货币核心技术制高点

数字货币技术还未完全成熟，比如作为数字货币的底层技术之一的区块链，业界流传着所谓的"三元悖论"猜想：去中心化（decentralization），安全性（security）和可扩展性（scalability）这三个属性，区块链系统设计中无法同时满足，最多只能三选其二。从长远来看，谁掌控了数字货币的核心技术，尤其是其对底层技术的掌控，谁就可以掌控数字货币的技术命脉。所以，只有占据了数字货币的技术制高点，在人民币数字货币国际化中才能摆脱来自他国的技术掣肘。

我国可出台相关的政策，鼓励科技企业从事数字货币的开发和技术创新以及相关的国际合作；鼓励国内尤其是关于稳定性、安全性、可延展性、离线在线双支付功能、摆脱网络依赖性等的相关数字货币的核心技术研发；鼓励网络技术、人工智能、大数据、区块链和密码学等多领域进行联合攻关；鼓励国际联合研发，尽快形成我国在国际数字货币领域中的技术优势和主导权，为人民币数字化提供具有独立知识产权的技术保障。

6.5.3.3　尽快全面推出 DC/EP，打造"一带一路"数字货币生态

央行数字货币之间的竞争在不同层级的国际数字货币竞争中具有主导地位。人民币无论是与美元、欧元等国际主要货币的竞争、还是与 Libra 等来势汹汹的私人稳定币的竞争，构建具有竞争力的我国央行数字货币是十分重要的。尽早推出 DC/EP 有利于在数字货币竞争中占领先机。比如，在国际数字货币技术标准制定、国际监管体系构建和国际合作中，相对没有推出央行数字货币的国家，自然会拥有更多的话语权。

我国有条件率先推出 DC/EP。首先，我国是世界上第二大经济体，军事实力日益强大，国际影响力与日俱增，国家信用品牌国际地位位列世界前茅，有国家信用背书的我国央行数字货币 DC/EP，相对于其他主权数字货币和基于私人信用的稳定币，无疑具有币值稳定和客户规模上的优势。其次，我国在数字货币相关金融科技领域处于国际领先地位。我国是最早开展央行数字货币研发的国家，根据英国《金融时报》的报道，截至2020 年 2 月，中国央行已申请了 84 项专利。再次，支付宝和微信支付的成功，已为我国央行数字货币的发展提供了丰富的可借鉴的经验。我国地域辽阔，人口众多，经济结构完整，可为数字货币试点提供丰富的场景。最后，我国央行数字货币的"熊猫模式"，将中心化管理的安全性和可扩展性，与分布式记账功能相结合，克服了基于区块链的去中心化私人货币的不可扩展性这一商业化瓶颈及其监管的不兼容性，具有相对于稳定币的明显优势。

基于这些优势，我国完全可以率先推出央行数字货币，在与美国等西方国家推出的央行数字货币竞争中，在技术和性能上脱颖而出，在数字货币领域超越美国等西方国家，摆脱西方对人民币国际化的"围追堵截"。

此外，许多"一带一路"国家与我国具有良好的贸易合作、货币合作

和金融合作基础,通过数字货币降低支付结算成本,便利相互间货币流通,无疑是巩固和深化相互间的经济金融合作,推进人民币国际化的一种途径。所以,我国应该在既有合作基础上,与这些国家共同打造数字货币生态,推进人民币的央行数字货币的国际化使用,如使用央行数字货币进行国际货币互换。

总之,我国有能力有资源在央行数字货币方面占领国际最高点。应该尽快推出我国的央行数字货币,获得先占优势。

6.5.3.4 适度发展中国造私人数字货币,辅助人民币国际化

私人数字货币与主权货币共存已成为一种必然趋势,其品种和规模不断增加,受到的关注度日益提升,已成为展现一国货币影响力的新维度。让更多的私人数字货币打上中国印,造就有影响力的私人数字货币中国品牌,对于我国在未来数字化的国际货币格局中的地位提升,具有战略意义。借助私人货币不仅可以是扩大中国在国际货币舞台影响力,还可为避免他国利用数字货币掣肘中国、与人民币联合保卫中国金融安全提供新的可能。

当然,私人数字货币的发展应以风险可控、保障人民币货币主权安全为前提。在此前提下,我国应该放松对本土私人数字货币创设的管制,发展中国造私人数字货币参与国际竞争,助力人民币国际化。

1. 鼓励中国造私人数字货币以人民币为价值锚

我国央行数字法币币值有政府信用背书,而我国政府信用的国际认可度高,应鼓励中国造稳定币应选择央行数字法币作为价值锚,选择央行数字法币资产作为储备资产,可避免因选择他国货币导致的汇率风险和国际摩擦,提升其币值稳定性的国际市场认可度。

2. 进一步推进国内私人数字货币品牌的国际化

支付宝、微信钱包等成熟的国内私人数字货币产品具有客户群大、技术和管理成熟等优势,但其国际化程度还不及脸书旗下私人货币,国际化空间还很大。我国央行数字货币的设计应充分考虑与这些国内品牌的互补性和兼容性,助力这些私人数字货币进一步国际化,扩大中国造私人数字货币的国际影响力。

3. 鼓励面向场景创新中国造数字货币

私人数字货币只有适应应用场景，服务实体经济，才有存在和发展的基础。参照美元绑定石油等大宗商品获得稳定的国际购买力保障，我国私人数字货币发展可以通过开发和绑定特定的有意义的重要应用场景和生态，争取稳定的生存空间，实现其国际化。

应用场景的重要性决定着与之关联的数字货币的重要性和影响力。Libra 普惠金融的构想就是一种应用场景全球化的构想，一旦发行，对全球货币系统会产生颠覆性的影响，所以引起了国际社会的广泛关注。而摩根币和沃尔玛币的应用场景是其集团内部，具有集团内部影响力。游戏币则通过绑定游戏虚拟网络应用场景得以生存。这些案例表明，应该鼓励面向多样化的场景开发私人数字货币，特别是面向具有国际影响力的重要场景开发中国造私人数字货币。也应鼓励与已具备国际影响力的私人货币合作，提升我国对国际私人数字货币的参与度。应鼓励跨国企业开发内部货币，鼓励开发由我国企业主导的特色化私人联盟币，鼓励构建人民币计价的私人数字货币交易平台，鼓励开发人民币计价的数字货币衍生品。

6.5.3.5 央行数字货币的发展应考虑与私人数字货币的协同性

未来的国际数字货币体系一定是多元化的，私人数字货币必将与主权数字货币并存，并对国际货币产生重要的影响。人民币可以通过与私人数字货币的合作增加国际影响力，提升国际地位。所以 DC/EP 的功能定位和设计中，应该考虑与私人数字货币合作的便利性。

DC/EP 作为我国主权货币的数字形态，可以从多方面影响私人数字货币。比如，充当稳定货币的价值锚，或根据私人数字货币构建储备资产组合的需要，提供对应的 DC/EP 资产；充当私人数字货币作为一种资产在交易时的计价货币；便利私人数字货币兑换 DC/EP 用于线下商品购买，等等。主权货币也可以通过私人数字货币网络延伸其适用范围。我国 DC/EP 的研发应考虑与私人数字货币合作的可能性，将 DC/EP 与私人货币平台的合作作为人民币国际化的一个策略。

我国应该密切关注国际化私人货币的动向，积极参与具有前景的国际化私人货币的研讨、对话、研发和合作。比如应关注 Libra 的发展，鼓励国内机构和企业成为 Libra 协会会员，增加中国要素对 Libra 的影响。

为选择 DC/EP 的合作对象，可从应用场景的重要性、技术成熟度、竞争力、潜在货币社群规模、发展潜力以及与 DC/EP 合作空间大小等方面，对私人数字货币进行筛选。

6.5.3.6　广泛开展央行数字货币的国际合作

英国、欧盟、瑞典、日本等国家正在开展数字货币的联合研究，意味着数字货币的国际竞争不是单打独斗的竞争，而是一种合作竞争。我国应该通过广泛的国际数字货币合作，营造适合人民币的国际数字货币生态，促进我国央行数字货币与其他央行数字货币的相容性和国际化应用，这也是推进人民币国际化的重要途径。

我们可以选择与我国政治上互信，经济上互补，贸易往来频繁，具有一定地区影响力的国家进行央行数字货币合作，比如共同打造央行联盟链数字货币平台，便利相互间的国际支付和结算。

"一带一路"合作中，可选择与我国关系良好的"重点国家"作为我国国际货币合作的重点对象。在合作中，可以利用我们国家的经济影响力，扩大数字人民币的货币锚作用，推进数字人民币功能的国际化。

6.6　本章小结

本章主要通过四个方面展开分析，一是人民币国际化的货币互换分析，二是人民币国际化的区域"锚货币"效应分析，三是人民币国际化货币区和 OCA 指数分析，四是数字货币对人民币国际化的影响分析。

首先，梳理了人民币货币互换的现状，运用贸易引力模型分析了货币互换对我国和"一带一路"沿线国家贸易以及对人民币国际化的影响。发现：我国与沿线国家进行货币互换对双边贸易具有促进作用。但我国与其他国家和地区在货币互换过程中缺乏足够的灵活性，市场需求不足等问题。为进一步推进人民币国际化，需要进一步提升我国与其他国家和地区进行货币互换。

其次，通过对全球货币锚演进历程的回顾，分析促进人民币成为"一带一路"区域货币锚的现实条件，并对"一带一路"沿线国家人民币锚效应进行衡量与比较。发现：（1）多国对稳定的货币锚具有一定程度的需求，东南亚各国对区域货币合作充满期待；（2）人民币在"一带一路"沿线一些国家显示出了货币锚效应，以东南亚、南亚地区较为显著，在中亚、西亚、东欧与中南欧相对较弱。美元、欧元依旧是在"一带一路"沿线各国占据主导地位的核心货币锚。

再次，以哈萨克斯坦为例对"一带一路"沿线经济带形成最优货币区的可行性进行了讨论以及运用 OCA 指数对我国与沿线具有代表性的"重点国家"的货币合作成本进行了测度，发现：（1）当前在"一带一路"沿线国家实现最优货币区不具可行性。（2）我国与"一带一路"沿线具有代表性的"重点国家"的货币合作成本较低且总体保持稳中有降。

最后，本章分析了数字货币国际合作对人民币国际化的影响，提出推进人民币国际化数字货币的策略与建议。

参 考 文 献

[1] 巴里·埃森格林. 嚣张的特权：美元的兴衰和货币的未来 [M]. 北京：中信出版社，2011.

[2] 保罗·克鲁格曼. 国际经济学 [M]. 北京：中国人民大学出版社，1998.

[3] 陈雨露，王芳，杨明. 作为国家竞争战略的货币国际化：美元的经验证据——兼论人民币的国际化问题 [J]. 经济研究，2005 (2)：35 - 44.

[4] 冯毓婷，蔡文彬. 我国金融可持续发展能力指标体系的构建 [J]. 统计与决策，2008 (21)：26 - 27.

[5] 高谦，何蓉. 现代国际贸易理论综述 [J]. 经济学动态. 1997 (7)：65 - 68.

[6] 郭杰，黄保东. 储蓄、公司治理、金融结构与对外直接投资：基于跨国比较的实证研究 [J]. 金融研究，2010 (2)：76 - 90.

[7] 海闻. 国际贸易理论的新发展 [J]. 经济研究，1995 (7)：67 - 73.

[8] 何帆，覃东海. 东亚建立货币合作的成本与收益分析 [J]. 世界经济，2005 (1)：3 - 16.

[9] 胡冰，王晓芳. 投资导向、东道国金融生态与中国对外投资效率——基于对"一带一路"沿线国家的研究 [J]. 经济社会体制比较，2019 (1)：126 - 136.

[10] 黄凌云，刘冬冬，谢会强. 对外投资和引进外资的双向协调发展研究 [J]. 中国工业经济，2018 (3)：80 - 97.

[11] 姜波克，杨槐. 货币替代研究 [M]. 上海：复旦大学出版社，1999：25.

[12] 姜浩. 金融发展、经济开放与对外直接投资的关系研究 [J].

中央财经大学学报，2014（S1）：13 - 22.

[13] 姜亚鹏，姜玉梅，王飞. 国有企业主导中国对外直接投资的成因分析 [J]. 财经科学，2014（7）：92 - 101.

[14] 蒋莱. 论"亚元"—东亚单一货币的可行性 [J]. 亚太经济，2001（4）：8 - 11.

[15] 景光正，李平. OFDI 是否提升了中国的出口产品质量 [J]. 国际贸易问题，2016（8）：131 - 142.

[16] 凯恩斯. 就业、利息和货币通论 [M]. 北京：商务印书馆，1981.

[17] 孔东民，傅蕴英，康继军. 政府支出、金融发展、对外开放与企业投资 [J]. 南方经济，2012（3）：66 - 82.

[18] 劳伦斯·哈里斯. 货币理论 [M]. 北京：中国金融出版社，1989.

[19] 李宗凯. 现代国际贸易理论的发展及其评价 [J]. 财经科学，1998（5）：29 - 31.

[20] 刘乃全，吴友. 长三角扩容能促进区域经济共同增长吗 [J]. 中国工业经济，2017（6）：81 - 99.

[21] 伦晓波，杨竹莘，李欣. 所有制、对外直接投资与融资约束：基于金融资源错配视角的实证分析 [J]. 世界经济研究，2018（6）：83 - 93 + 136 - 137.

[22] 马斌，陈瑛. 新形势下中国与中亚的能源合作——以中国对哈萨克斯坦的投资为例 [J]. 国际经济合作，2014（8）：79 - 82.

[23] 门罗. 早起经济思想 [M]. 北京：商务印刷馆，1985.

[24] 明秀南，阎虹戎，冼国明. 中国 OFDI 的 Linder 假说：基于二元边际的视角 [J]. 世界经济研究，2019，299（1）：72 - 82 + 138.

[25] 配第. 货币略论（配第经济著作选集）[M]. 北京：商务印书馆，1981.

[26] 乔臣. 货币国际化思想的流变——兼论人民币国际化的前景 [R]. 福建师范大学博士论文，2011.

[27] 盛洪. 分工与交易 [M]. 上海：上海三联书店，上海人民出版社，1994.

［28］苏治，胡迪．通货膨胀目标制是否有效？——来自合成控制法的新证据［J］．经济研究，2015（6）：74－88.

［29］王国松，张鹏．货币替代理论及我国货币替代问题研究［J］．国际金融研究，2001（3）：15－18.

［30］王倩．丝绸之路经济带加强货币金融合作的经济基础和可行性分析［J］．西南金融，2014（12）：19－22.

［31］王庆龙．跨境贸易人民币结算研究［D］．长春：东北师范大学，2019.

［32］王晓芳，胡冰．丝绸之路经济带人民币国际化问题研究——基于金融合作下的货币选择与竞争博弈［J］．河南师范大学学报（哲学社会科学版），2016，43（6）：108－116.

［33］王晓芳，于江波．丝绸之路经济带人民币区域国际化的渐进式路径研究［J］．经济学家，2015（6）：68－77.

［34］王晓芳，于江波．我国对丝绸之路经济带中亚五国出口贸易扩张路径研究［J］．管理学刊，2016，29（2）：22－34.

［35］王晓芳．中国金融发展问题研究［M］．北京：中国金融出版社，1991.

［36］王昱，成力为，王昊．基于动态门限的制度质量、金融发展与OFDI影响研究［J］．运筹与管理，2016，25（5）：155－164.

［37］吴先明．国际贸易理论与国际直接投资理论的融合发展趋势［J］．国际贸易问题，1999（7）：1－6.

［38］徐奇渊，刘力臻．《人民币国际化进程中的汇率问题》［M］．北京：中国金融出版社，2009.

［39］徐伟呈，王畅，郭越．人民币国际化水平测算及影响因素分析——基于货币锚模型的经验研究［J］．亚太经济，2019（6）：26－36.

［40］杨经国，周灵灵，邹恒甫．我国经济特区设立的经济增长效应评估——基于合成控制法的分析［J］．经济学动态，2017（1）：43－53.

［41］余官胜，都斌．企业融资约束与对外直接投资国别区位选择——基于微观数据排序模型的实证研究［J］．国际经贸探索，2016，32（1）：95－104.

［42］余永定．中美贸易战的深层根源及未来走向［J］．财经问题研

究，2019（8）：3 - 12.

[43] 张二震，方勇. 国际贸易和国际投资相互关系的理论研究述评 [J]. 南京大学学报（哲学·人文科学·社会科学版），2004（5）：95 - 101 + 118.

[44] 张明，陈胤默，王喆，张冲. 如何破解两岸贸易人民币结算的主要障碍？——基于对江苏省昆山市的调查研究 [J]. 国际经济评论，2022（4）：48 - 73 + 5.

[45] 张明. 中国国际收支改善的结构与原因 [J]. 中国外汇，2018（8）：12.

[46] 张养志，郑国富. 外国直接投资与哈萨克斯坦经济增长的实证分析 [J]. 俄罗斯中亚东欧研究，2009（2）：53 - 58.

[47] 郑强. 对外直接投资促进了母国全要素生产率增长吗——基于金融发展门槛模型的实证检验 [J]. 国际贸易问题，2017（7）：131 - 141.

[48] 周林，温小郑. 货币国际化 [M]. 上海：上海财经大学出版社，2001.

[49] 周伟，陈昭，吴先明. 中国在 "一带一路" OFDI 的国家风险研究：基于 39 个沿线东道国的量化评价 [J]. 世界经济研究，2017（8）：15 - 25 + 135.

[50] 周小川. 深化金融体制改革 [N]. 人民日报，2015 - 11 - 25（006）.

[51] 朱冰倩，潘英丽. 资本账户开放度影响因素的实证分析 [J]. 世界经济研究，2015（7）：14 - 23 + 127.

[52] Abadie A. , Diamond, Hainmueller J. Synthetic Control Methods for Comparative Case Studies：Estimating the Effect of California's Tobacco Control Program [J]. Journal of the American statistical association，2010，105（409）：493 - 505.

[53] Abadie A. , Gardeazabal J. The Economic Costs of Conflict：A Case Study of the Basque Country [J]. American Economic Review，2003，93（1）：113 - 132.

[54] Agodo O. The determinants of US private manufacturing investments

in Africa [J]. Journal of International Business Studies, 1978, 9 (3):
95 – 106.

[55] Alfaro L. , Kalemli – Ozcan S. , Volosovych V. Why doesn't capital
flow from rich to poor countries? An empirical investigation [J]. The review of
economics and statistics, 2008, 90 (2): 3.

[56] Aliber R. Z. A theory of direct foreign investment [J]. The interna-
tional corporation, 1970: 12 – 36.

[57] Aliber R. Z. Gold, SDR's, and Central Bank Swaps [J]. Journal of
Money, Credit and Banking, 1973, 5 (3): 819 – 825.

[58] Aliber R. Z. The multinational enterprise in a multiple currency world
[M]. The multinational enterprise. Routledge, 2013: 49 – 56.

[59] Amiti M. , Itskhoki O. , Konings J. Dominant currencies: How
firms choose currency invoicing and why it matters [J]. The Quarterly Journal of
Economics, 2022, 137 (3): 1435 – 1493.

[60] Amiti M. , McGuire P. , Weinstein D E. International bank flows
and the global financial cycle [J]. IMF Economic Review, 2019, 67 (1):
61 – 108.

[61] Andolfatto D. , Williamson S. Scarcity of safe assets, inflation, and
the policy trap [J]. Journal of Monetary Economics, 2015, 73: 70 – 92.

[62] Antràs P. Firms, contracts, and trade structure [J]. The Quarterly
Journal of Economics, 2003, 118 (4): 1375 – 1418.

[63] Bacchetta P. , Van Wincoop E. A theory of the currency denomina-
tion of international trade [J]. Journal of international Economics, 2005, 67
(2): 295 – 319.

[64] Bahaj S. , Reis R. Central bank swap lines: Evidence on the effects
of the lender of last resort [J]. The Review of Economic Studies, 2022, 89
(4): 1654 – 1693.

[65] Bayoumi T. , Eichengreen B. Shocking aspects of European monetary
unification [J]. 1992.

[66] Bayoumi T. A formal model of optimum currency areas [J]. Staff Pa-
pers, 1994, 41 (4): 537 – 554.

[67] Bayoumi T. and Eichengreen, B. Operation analyzing the theory of optimum currency areas [R]. CEPR discussion paper, 1996: 1484.

[68] Belderbos R. Antidumping and foreign divestment: Japanese electronics multinationals in the EU [J]. Review of World Economics, 2003, 139 (1): 131 –160.

[69] Bergsten C. F. New urgency for international monetary reform [J]. Foreign Policy, 1975 (19): 79 –93.

[70] Bernanke B. S., Bertaut C C, Demarco L, et al. International capital flows and the return to safe assets in the united states, 2003 – 2007 [J]. FRB International Finance Discussion Paper, 2011 (1014).

[71] Bettzüge M. O., Hens T. An evolutionary approach to financial innovation [J]. The Review of Economic Studies, 2001, 68 (3): 493 –522.

[72] Blinder A. S. The role of the dollar as an international currency [J]. Eastern Economic Journal, 1996, 22 (2): 127 –136.

[73] Bénassy – Quéré A., Brunnermeier M, Enderlein H, et al. Reconciling risk sharing with market discipline: A constructive approach to Eurozone reform [J]. CEPR Policy Insight No. 91, 2018.

[74] Bordo M. D., E. U. Choudhuri. Currency substitution and the demand for money: some evidence for Canada, Journal of Money [J]. Credit and Banking (Columbus, Ohio), 1982, Vol. 14, 48 –57.

[75] Boyer & Kingston. Currency Substitution under Finance Constraints [J]. Journal of International Money and Finance, 1987, 6 (3): 235 –250.

[76] Bruno V., Shin H. S. Currency depreciation and emerging market corporate distress [J]. Management Science, 2020, 66 (5): 1935 – 1961.

[77] Bruno V., Shin H. S. Dollar exchange rate as a credit supply factor-evidence from firm-level exports [J]. 2019.

[78] Caballero R. J., Farhi E., Gourinchas P. O. Financial crash, commodity prices and global imbalances [R]. National Bureau of Economic Research, 2008.

[79] Caballero R. J., Farhi E., Gourinchas P. O. The safe assets shortage conundrum [J]. Journal of economic perspectives, 2017, 31 (3): 29 –46.

［80］ Calvo G. A. , Vegh C. A. Currency Substitution in Developing Countries: an Introduction ［J］. Review of Economics, 1992, (7).

［81］ Cantwell J. , Tolentino P E E. Technical Accumulation and Third World Multinationals ［J］. Discussion Papers in International Investment and Business, 1987 (139).

［82］ Caves R. E. International corporations: The industrial economics of foreign investment ［J］. Economica, 1971, 38 (149): 1 –27.

［83］ Chen B. , Y. P. Woo, 2010, "Measuring Economic Integration in the Asia-pacific Region: A Principal Components Approach", Asian Economic Papers, Vol. 9, No. 4, 121 –43.

［84］ Chetty V. K. On Measuring Nearness of Near Money ［J］. American Economic Review, 1969, 56 (6).

［85］ Chinn M. D. , Frankel J. A. Will the euro eventually surpass the dollar as leading international reserve currency? ［J］. 2005.

［86］ Cohen B. J. The seigniorage gain of an international currency: an empirical test ［J］. The Quarterly Journal of Economics, 1971, 85 (3): 494 –507.

［87］ Cuddington J. T. Currency Substitution, Capital Mobility and Money Demand ［J］. Journal of International Money and Finance, 1983, 2 (2).

［88］ De Grauwe P. , Schnabl G. The Eastern Enlargement of the European Monetary Union ［J］. Journal of European Affairs, 2004, 2 (2): 17 –26.

［89］ De la Fuente A. , Marin J. M. Innovation, bank monitoring, and endogenous financial development ［J］. Journal of Monetary Economics, 1996, 38 (2): 269 –301.

［90］ Despres E. , Salant W. S. The dollar and world liquidity: a minority view ［M］ //International Money. Routledge, 2013: 42 –52.

［91］ Diamond D. W. , Dybvig P. H. Bank runs, deposit insurance, and liquidity ［J］. Journal of political economy, 1983, 91 (3): 401 –419.

［92］ Dunning J. H. , Lundan S. M. Multinational enterprises and the global economy ［M］. Edward Elgar Publishing, 2008.

［93］ Dunning J. H. A note on intra-industry foreign direct investment

[J]. PSL Quarterly Review, 1981, 34 (139).

[94] Du W., Im J., Schreger J. The us treasury premium [J]. Journal of International Economics, 2018, 112: 167 – 181.

[95] Egorov K., Mukhin D. Optimal Policy under Dollar Pricing [R]. CESifo Working Paper, 2020.

[96] Eichengreen B., Frankel J. A. Implications of the future evolution of the international monetary system [J]. The Future of the SDR: In Light of Changes in the International Financial System, International Monetary Fund, Washington, 1996: 337 – 78.

[97] Eichengreen B., Kawai M. Issues for Renminbi Internationalization: An Overview [J]. East Asian Bureau of Economic Research Finance Working Papers, 2014 (23961).

[98] Eichengreen B. Digital Currencies—More than a Passing Fad? [J]. Current History, 2022, 121 (831): 24 – 29.

[99] Eichengreen B. Global monetary order 29 [J]. The future of the international monetary and financial architecture, 2016, 21.

[100] Eichengreen B. Imbalances in the euro area [J]. Unpublished, University of California at Berkeley, 2010.

[101] Eichengreen B. Out of the Box Thoughts about the International Financial Architecture [R]. International Monetary Fund, 2009.

[102] Eichengreen B. The European economy since 1945 [M]. The European Economy since 1945. Princeton University Press, 2008.

[103] Eichengreen B. The Renminbi Goes Global: The Meaning of China's Money [J]. Foreign Aff., 2017, 96: 157.

[104] Ellison G., Glaeser E. L., Kerr W. R. What causes industry agglomeration? Evidence from coagglomeration patterns [J]. American Economic Review, 2010, 100 (3): 1195 – 1213.

[105] Eren E., Malamud S. Dominant currency debt [J]. Journal of Financial Economics, 2022, 144 (2): 571 – 589.

[106] Farhi E., Gourinchas P. O., Rey H. Reforming the international monetary system [M]. CEPR, 2011.

［107］ Fleming J. M. On exchange rate unification ［J］. Economic Journal, Vol 81, 1971.

［108］ Florida R. , Smith Jr D F. Venture capital formation, investment, and regional industrialization ［J］. Annals of the Association of American Geographers, 1993, 83（3）: 434 - 451.

［109］ Frankel J. A. , Wei S. J. Yen Bloc or Dollar Bloc? Exchange Rate Policies of the East Asian Economies ［J］. NBER Chapters, 1994.

［110］ Fratianni M. , Marchionne F. Trade costs and economic development ［J］. Economic Geography, 2012, 88（2）: 137 - 163.

［111］ Fratianni M. Global financial crisis: Global impact and solutions ［M］. Ashgate Publishing, Ltd. , 2013.

［112］ Friberg R. In which currency should exporters set their prices? ［J］. Journal of international Economics, 1998, 45（1）: 59 - 76.

［113］ Goldberg L. , Tille C. Macroeconomic interdependence and the international role of the dollar ［J］. Journal of Monetary Economics, 2009, 56（7）: 990 - 1003.

［114］ Goldberg L. S. , Tille C. The international role of the dollar and trade balance adjustment ［J］. 2006.

［115］ Goldsmith R. Financial structure and development ［J］. New Haven: Yale University Press, 1969.

［116］ Goldsmith R. W. Financial structure and development as a subject for international comparative study ［M］. The comparative study of economic growth and structure. NBER, 1959: 114 - 123.

［117］ Gopinath G. , Boz E. , Casas C. , et al. Dominant currency paradigm ［J］. American Economic Review, 2020, 110（3）: 677 - 719.

［118］ Gopinath G. , Stein J. C. Banking, trade, and the making of a dominant currency ［J］. The Quarterly Journal of Economics, 2021, 136（2）: 783 - 830.

［119］ Gopinath G. , Stein J. C. Trade invoicing, bank funding, and central bank reserve holdings ［C］. AEA Papers and Proceedings. 2018, 108: 542 - 46.

[120] Gopinath G. The great lockdown: Worst economic downturn since the great depression [J]. IMF blog, 2020, 14: 2020.

[121] Gopinath G. The international price system [R]. National Bureau of Economic Research, 2015.

[122] Gorton G., Lewellen S., Metrick A. The safe-asset share [J]. American Economic Review, 2012, 102 (3): 101 –06.

[123] Gorton G. The history and economics of safe assets [J]. Annual Review of Economics, 2017, 9: 547 –586.

[124] Gourinchas P. O., Rey H. International financial adjustment [J]. Journal of political economy, 2007, 115 (4): 665 –703.

[125] Gourinchas P. O., Rey H. Real interest rates, imbalances and the curse of regional safe asset providers at the zero lower bound [R]. National Bureau of Economic Research, 2016.

[126] Grassman, Sven. A Fundamental Symmetry in International Payments [J]. Journal of International Economics, 1973, 3: 105 –116.

[127] Grassman, Sven. Currency Distribution and Forward Cover in Foreign Trade [J]. Journal of International Economics, 1976, 6: 215 –221.

[128] Grassman S. A fundamental symmetry in international payment patterns [J]. Journal of International Economics, 1973, 3 (2): 105 –116.

[129] Grubel H. G. The theory of optimum currency areas [J]. The Canadian Journal of Economics/Revue canadienne d'Economique, 1970, 3 (2): 318 –324.

[130] Haberler, Gottfreid, "The international monetary system: some recent development and discussions", in "Approaches to Greater Flexibility of Exchange Rates", Halm, G ed., Princeton University Press, 1970.

[131] Hamilton W., East R., Kalafatis S. The measurement and utility of brand price elasticities [J]. Journal of Marketing Management, 1997, 13 (4): 285 –298.

[132] Handa J. Substitution Among Currencies: a Preferred Habitat Hypothesis [J]. International Economic Journal, 1988, 2 (2).

[133] Hannon T. H., Mc Dowell J. M. Market concentration and diffusion

of new technology in the bank industry [J]. Review of Economics and statistics, 1984, 11.

[134] Hartmann P. The currency denomination of world trade after European Monetary Union [J]. Journal of the Japanese and International Economies, 1998, 12 (4): 424 - 454.

[135] Hassan M. K. , Kayhan S. , Bayat T. Does credit default swap spread affect the value of the Turkish LIRA against the US dollar? [J]. Borsa Istanbul Review, 2017, 17 (1): 1 - 9.

[136] Hassan T. A. Country size, currency unions, and international asset returns [J]. The Journal of Finance, 2013, 68 (6): 2269 - 2308.

[137] Heckscher E. F. The effect of foreign trade on the distribution of income [M]. 1919.

[138] Helpman E. , Melitz M. J. , Yeaple S. R. Export versus FDI with heterogeneous firms [J]. American economic review, 2004, 94 (1): 300 - 316.

[139] He Q. , Guo Y. , Yu J. Nonlinear dynamics of gold and the dollar [J]. The North American Journal of Economics and Finance, 2020, 52: 101160.

[140] He Z. , Krishnamurthy A. , Milbradt K. A model of safe asset determination [J]. American Economic Review, 2019, 109 (4): 1230 - 62.

[141] Hirsch S. An international trade and investment theory of the firm [J]. Oxford economic papers, 1976, 28 (2): 258 - 270.

[142] Hymer S. H. The international operations of national firms, a study of direct foreign investment [D]. Massachusetts Institute of Technology, 1960.

[143] Imbs J. , Méjean I. Trade elasticities [J]. Paris School of Economics, unpublished mimeo, 2010.

[144] Ingram J. C. "Comment: the currency are problem", in "Monetary Problem of the international economy", Mundell, Alexander, & Swoboda eds, University of Chicago Press, 1969.

[145] Ishiyama Y. The Theory of Optimum Currency Areas: A Survey [J]. IMF Staff Papers, 1975, Vol. 22 (7): 344 - 383.

[146] J. F. O. Bilson. The Choiceofan Invoice Currencyin International Transactions [A]. J. Bhandari, B. Putnam, eds. Interdependence and Flexible Exchange Rates [C]. MA: MITPress, 1983.

[147] Jagtiani J., Saunders A., Udell G. The effect of bank capital requirements on bank off-balance sheet financial innovations [J]. Journal of Banking & Finance, 1995, 19 (3 -4): 647 -658.

[148] J. Caballero R., Farhi E. The safety trap [J]. The Review of Economic Studies, 2018, 85 (1): 223 -274.

[149] Jiang Z., Krishnamurthy A., Lustig H. Foreign safe asset demand for us treasurys and the dollar [C]//AEA Papers and Proceedings. 2018, 108: 537 -41.

[150] Johnson H. G. A Note on Distortions and the Rate of Growth of an Open Economy [J]. The Economic Journal, 1970, 80 (320): 990 -992.

[151] Kalbasi H. The gravity model and global trade flows [C]//75th International Conference on Policy Modeling for European and Global Issues, Brussels. July. 2001: 5 -7.

[152] Kalemli - Ozcan S., Sorensen B., Volosovych V. Deep financial integration and volatility [J]. Journal of the European Economic Association, 2014, 12 (6): 1558 -1585.

[153] Kalirajan K. Gravity model specification and estimation: revisited [J]. Applied Economics Letters, 2008, 15 (13): 1037 -1039.

[154] Kawai M., Pontines V. Is there really a renminbi bloc in Asia?: A modified Frankel - Wei approach [J]. Journal of International Money and Finance, 2016 (62): 72 -97.

[155] Kenen P. B. The international position of the dollar in a changing world [J]. International Organization, 1969, 23 (3): 705 -718.

[156] Kenen P. B. Use of the SDR to Supplement or Substitute for Other Means of Finance [M]. International Finance Section, Department of Economics, Princeton University, 1983.

[157] Keynes J. M. The economic transition in England [J]. The Collected Writings of John Maynard Keynes, 1981, 19: 1922 -1929.

[158] Kindleberger C. P. , Kindleberger C P. Government and international trade [M]. International Finance Section, Department of Economics, Princeton University, 1978.

[159] Kindleberger C. P. American business abroad [J]. The International Executive, 1969, 11 (2): 11 – 12.

[160] Kindleberger C. P. Dominance and leadership in the international economy: Exploitation, public goods, and free rides [J]. International studies quarterly, 1981, 25 (2): 242 – 254.

[161] Kindleberger C. P. United States economic foreign policy: research requirements for 1965 [J]. World Politics, 1959, 11 (4): 588 – 613.

[162] King, Putnam & Wilford, 1978, A Currency Portfolio Approach to Exchange Rate Determination [J]. The Money Approach to International Adjustment, New York: Praeger.

[163] Kojima K. Direct Foreign Investment: A Japanese Model of Multi – National Business Operations [M]. London, Croom Helm, 1978.

[164] Koopman R. , Wang Z. , Wei S. J. Tracing Value – Added and Double Counting in Gross Exports [J]. Social Science Electronic Publishing, 2014, 104 (2): 459 – 494.

[165] Kravis I. B. , Lipsey R. E. The location of overseas production and production for export by US multinational firms [J]. Journal of international economics, 1982, 12 (3 – 4): 201 – 223.

[166] Krugman Paul. Vehicle Currencies and the Structure of Inter-national Exchange [J]. Journal of Money, Credit and Banking, 1980, 12.

[167] Krugman P. The international role of the dollar: theory and prospect [J]. Exchange rate theory and practice, 1984, 1: 261 – 278.

[168] Krugman P. The move toward free trade zones [J]. Economic Review, 1991, 76 (6): 5.

[169] Krugman P. What's new about the new economic geography? [J]. Oxford review of economic policy, 1998, 14 (2): 7 – 17.

[170] Lall S. The rise of multinationals from the third world [J]. Third world quarterly, 1983, 5 (3): 618 – 626.

[171] Lee R. Thomas, 1985. Portfolio Theory and Currency Substitution, Journal of Money, Credit and Banking, Vol, 17, 8.

[172] Leontief W. Some Basic Problems of Stuctural Analysis [J]. The Review of Economics and Statistics, 1952: 1 - 9.

[173] Maggiori M, Neiman B, Schreger J. The rise of the dollar and fall of the euro as international currencies [C]. AEA Papers and Proceedings, 2019, 109: 521 - 26.

[174] Maggiori M. Financial intermediation, international risk sharing, and reserve currencies [J]. American Economic Review, 2017, 107 (10): 3038 - 71.

[175] McKinnon R. I. Currency substitution and instability in the world dollar standard [J]. The American Economic Review, 1982, 72 (3): 320 - 333.

[176] McKinnon R. I. Foreign trade regimes and economic development: A review article [J]. Journal of International Economics, 1979, 9 (3): 429 - 452.

[177] McKinnon R. I. Monetary theory and controlled flexibility in the foreign exchanges [M]. International Finance Section, Princeton University, 1971.

[178] McKinnon R. I. Money in international exchange: the convertible currency system [M]. Oxford University Press on Demand, 1979.

[179] McKinnon R. I. Optimum currency areas [J]. The American economic review, 1963, 53 (4): 717 - 725.

[180] McKinnon R. I. The Dollar Exchange Rate as a Leading Indicator for American Monetary Policy [R]. 1985.

[181] McKinnon R. I. The order of economic liberalization: Financial control in the transition to a market economy [M]. JHU Press, 1993.

[182] Melitz M. J. The impact of trade on intra-industry reallocations and aggregate industry productivity [J]. econometrica, 2003, 71 (6): 1695 - 1725.

[183] Miles M. A. , 1978, Currency substitution, flexible exchange

rates, and monetary independence, American Economic Review (Nashville, Tennessee), Vol. 68, 428 – 36.

[184] Molyneux P. , Shamroukh N. Diffusion of financial innovations: the case of junk bonds and note issuance facilities [J]. Journal of Money, Credit and Banking, 1996, 28 (3): 502 – 522.

[185] Mukhin D. An equilibrium model of the International Price System [J]. American Economic Review, 2022, 112 (2): 650 – 88.

[186] Mundell R. A. A theory of optimum currency areas [J]. The American economic review, 1961, 51 (4): 657 – 665.

[187] Mundell R. A. International trade and factor mobility [J]. the american economic review, 1957, 47 (3): 321 – 335.

[188] Mundell R. A. Optimum currency areas [J]. presentación en la Universidad de Tel – Aviv, 1997, 5.

[189] Mundell R. A. The international monetary system and the case for a world currency [M]. Leon Koźmiński Academy of Entrepreneurship and Management, 2003.

[190] Mun T. England's treasure by forraign trade [M]. Macmillan and Company, 1895.

[191] Niehans J. Financial innovation, multinational banking, and monetary policy [J]. Journal of banking & Finance, 1983, 7 (4): 537 – 551.

[192] North D. Discourses upon trade [M]. Johnson Reprint Corporation, 1822.

[193] Oxelheim L. , Randøy T, Stonehill A. On the treatment of finance-specific factors within the OLI paradigm [J]. International Business Review, 2001, 10 (4): 381 – 398.

[194] Page S. A. B. 1977. Currency of Invoicing in Merchandise Trade [J]. National Institute Economic Review, 33, pp. 1241 – 1264.

[195] Pearson D. The chemical analysis of foods [M]. Longman Group Ltd. , 1976.

[196] Pesendorfer W. Financial innovation in a general equilibrium model [J]. Journal of Economic Theory, 1995, 65 (1): 79 – 116.

［197］Pittaluga G. B. , Seghezza E. Euro vs Dollar: an improbable threat ［J］. Open economies review, 2012, 23 (1): 89 – 108.

［198］Poloz, Stephen S. 1986, Currency substitution and the precautionary demand for money, Journal of International Money and Finance (Guildford, England), Vol. 5, 115 – 24.

［199］Poloz S. S. Currency substitution and the precautionary demand for money ［J］. Journal of International Money and Finance, 1986, 5 (1): 115 – 124.

［200］Rauch J. E. Networks versus markets in international trade ［J］. Journal of international Economics, 1999, 48 (1): 7 – 35.

［201］Ricardo D. , McCulloch J. R. The Works of David Ricardo ［M］. Murray, 1846.

［202］R. James Markusen, Lars E. O. Svensson. Trade in Goods and Factors with International Differences in Technology ［J］. International Economic Review, 1985 (26).

［203］R. Vernon. International Investment and International Trade in the Product Cycle ［J］. Quarterly Journal of Economics, 1966 (80).

［204］Saaty T. Modeling unstructured decision problems: A theory of analytical hierarchies ［C］. Proceedings of the first international conference on mathematical modeling, 1977, 69 – 77.

［205］Sambharya R. B. Foreign Experience of Top Management Teams and International Diversification Strategies of U. S. Multinational Corporations ［J］. Strategic Management Journal, 1996, 17 (9): 739 – 746.

［206］Shaw E. S. Financial deepening in economic development ［J］. 1973.

［207］Silber W. L. The process of financial innovation ［J］. The American Economic Review, 1983, 73 (2): 89 – 95.

［208］Smith A. The wealth of nations ［J］. University of Chicago Bookstore, 2005.

［209］SP. Magee. Currency Contracts, Pass-through, and Devaluation ［J］. Brookings Paperson EconomicActivity, 1973 (1).

[210] Swoboda A. K. Reserve policies, currency preferences, and international adjustment [R]. 1969.

[211] Tavlas G. S. Internationalization of currencies: the case of the US dollar and its challenger Euro [J]. The International Executive, 1997, 39 (5): 581 – 597.

[212] Tavlas G. S. The "new" theory of optimum currency areas [J]. World Economy, 1993, 16 (6): 663 – 685.

[213] Tower E. & Willett, T. The Theory of Optimum Currency Areas and Exchange Rate Flexibility [J]. International Finance Section, 1976 (11).

[214] Triffin R. The evolution of the international monetary system: Historical reappraisal and future perspectives [J]. 1964.

[215] Wells Jr L. T. Mobile exporters: new foreign investors in East Asia [M]//Foreign direct investment. University of Chicago Press, 1993: 173 – 196.

[216] Wells L. T. Third world multinationals: The rise of foreign investments from developing countries [J]. MIT Press Books, 1983, 1.

[217] Yeaple S. R. A simple model of firm heterogeneity, international trade, and wages [J]. Journal of international Economics, 2005, 65 (1): 1 – 20.

后　记

　　本书是我主持的教育部哲学社会科学研究重大课题攻关项目"人民币国际化推进策略研究"的阶段性成果。百年未有的国际大变局复杂环境和既有国际货币体系的巨大惯性使得人民币国际化进程充满变数、曲折和不确定性，而"一带一路"国际合作的推进为人民币国际化提供了难得的机遇。因此，我将如何借力"一带一路"国际合作推进人民币国际化作为这一重大项目的一个重要的探索方向，组织项目研究团队展开了积极的研究。本书就是这一研究和探索的前期成果。人民币国际化涉及的问题错综复杂，在研究中新的问题不断涌现，本书旨在抛砖引玉，期望能为后续研究提供一定的启迪。我的项目研究团队中周驭舰、马斌峰、杨永健、董玉卓、鲁科技、赵登攀、秦曦昀、许力、周家欣、刘蔚恒、齐雨、孙科璇、薛夏泽、李文心、周薇等在资料收集与整理，数据分析和处理方面做了许多工作，对本专著的完成贡献较大。在此表示衷心感谢。

王晓芳

2022 年 10 月 30 日